HANGIL
GREAT BOOKS
151

# 프랑스혁명에 관한 성찰

에드먼드 버크 지음 | 이태숙 옮김

한길사

HANGIL
GREAT BOOKS
151

Edmund Burke
*Reflections on the Revolution in France*

Translated by Lee Taesook

Published by Hangilsa Publishing co., Ltd., Korea, 2017

"기존 제도들에 대한 자신들의 적대감을 하나의 철학과
하나의 종교로 만들었던 일부 인사가 하듯이 기존 제도와
반목하는 대신에 우리는 그 제도들에 열성적으로 집착한다.
우리는 현재의 국교회, 현재의 왕정, 현재의 귀족제도 그리고
현재의 민주제도를 각각 더도 아니고 현재 존재하는 정도
그대로 유지하기로 결심한 상태다."

• 에드먼드 버크

# 에드먼드 버크의 『프랑스혁명에 관한 성찰』과 보수주의

이태숙 경희대학교 사학과 명예교수

## 1. 『프랑스혁명에 관한 성찰』의 개관

『프랑스혁명에 관한 성찰』(*Reflections on the Revolution in France*, 1790)의 저자 버크(Edmund Burke, 1729~97)는 아일랜드 출신으로 영국에서 활약한 정치가 겸 문필가다. 문필가로서 버크의 저술 분야는 미학, 문학, 정치에 걸쳐 있다. 1759년 영국 정계에 입문한 후에는, 1794년에 은퇴할 때까지 30년간 평민원의원으로 활약하면서 휘그파의 입장을 대변했다. 버크가 의회 연설과 저술에서 다룬 정치문제들은 18세기 후기 당시 영국의 주요 정치문제들을 망라했는데, 국왕 조지 3세의 권력, 미국독립, 인도통치 그리고 프랑스혁명이 그것이다.

1789년 7월 프랑스에서 국민의회의 설립과 바스티유 함락 등 일련의 사태가 발생하자, 버크는 그 기본 동력으로서 혁명원리들을 밝혀내고 그것이 오류이며 위험하다고 비판한 『프랑스혁명에 관한 성찰』을 출간했다. 출간 시기는 1790년 11월로 그는 초기 1년의 사태만으로도 벌써 프랑스혁명 원리의 파괴적 측면을 꿰뚫어본 것이다. 그리고 기존 제도의 과격한 파괴는 개선된 새로운 질서로 이어지기는커녕 무정부 상태를 초래할 뿐이며, 그리하여 결국 군사적 독재자의 출현을 보게 될 것이라고 예언했다. 버크는 이러한 통찰력을 기반으로, 영국의 개혁론자들이 프랑스혁명을 찬양하면서 그러한 변혁을 도입하려는 데 맞서서 그들을 효과적으로 논박할 수 있었다. 『프랑스혁명에 관한 성찰』은 일반적인 반(反)혁명론인 동시에 아일랜드인 출세자 버크의 영국 헌정제도 수호론인 것이다.

『프랑스혁명에 관한 성찰』은 책 전체가 한 프랑스인에게 보내는 편지 한 통이다. 이 긴 편지는 논설, 선언, 경구로 가득하고, 광범위한 주제들의 번잡한 변환, 현란한 수사, 긴 나열, 교묘한 풍자, 격렬한 비난, 편향된 미화 등으로 점철되어 있다. 편지 형식이 책의 실상을 호도하는 것만큼 "성찰"이라는 제목도 그러한 것이다. 따라서 책이 발간된 당시에는 여러모로 너무 지나치며 편파적이라는 평가도 있었다. 그러나 프랑스의 혁명사태가 과격 일로로 치닫고 버크의 장광설을 넘어 그 통찰력이 인식되면서, 『프랑스혁명에 관한 성찰』은 반혁명 담론의 시발점이자 구심점이 되었다.

『프랑스혁명에 관한 성찰』의 영향력은 단기간에 사라질 성격이 아니었다. 버크가 프랑스혁명이라는 거대한 변혁에 대항하여 영국의 헌정제도들을 수호하기 위하여 썼던 책이, 이후에도 "급격한" 변혁에 대항하려는 사람들에게 유용한 시각과 논지를 풍부하게 제공한 것이다. 일반적 혁명은 물론이고 특정한 개혁 주장에 대하여 그것이 "성급하고" "과격한" 개혁안이라고 반대하는 사람들을 보수주의자라고 규정할 때, 버크의 책은 보수주의자들의 항구적 경전이 된 것이다. 버크보다 후대의 사상가인 벤담(J. Bentham)과 마르크스(K. Marx)의 저술이 각각 공리주의와 사회주의의 원천이 된 것처럼 버크의 『프랑스혁명에 관한 성찰』은 보수주의의 원천이 되었다. 역사상 중요한 이념과 사상을 원천적이고 대표적으로 제시하는 저작을 우리는 고전의 반열에 올려놓는다. 그런 면에서 『프랑스혁명에 관한 성찰』은 의심할 바 없는 고전이다.


## 2. 『프랑스혁명에 관한 성찰』의 저자 버크

정치가이며 문필가로서 버크의 위상에 관하여, 최근 한 연구자는 "영국에서 가장 위대한 정치 저술가"이며 "대의정부 역사상 가장 영감에 찬 웅변가"라는 명칭을 부여했다.[1] 다소 과장된 감은 있지만 버크의 탁월한 능력이 발휘된 분야를 잘 포착한 평가라고 하겠다.

버크는 1729년 아일랜드에서 변호사의 아들로 태어났다. 그가 영국 본토 출신이 아니라는 사실과, 아버지와 자신은 영국 국교도였으나 어머니와 누이는 가톨릭교도였다는 사실은, 영국제도에 관한 그의 태도에 심대한 영향을 미쳤다. 즉 주변부 출신으로서, 많은 법률적 제재가 따랐을 뿐 아니라 의심과 멸시의 대상이기도 했던 가톨릭과 연루됨으로써 "가톨릭 지하세계에서 브리스틀 해협을 넘어온 아일랜드인 벼락출세자"라는 호칭을[2] 얻은 그는 영국제도에 관하여 영국인들보다 더 심층적으로 파악할 필요가 있었을 것이다. 결국 버크는 영국제도에 관한 출중한 해설자가 되었는데, 그의 해설은 찬양과 집착 쪽으로 기운 것이었다.

버크의 재능은 거의 신동 수준이었던 듯하다. 그는 15세에 아일랜드 최고 명문 대학인 더블린의 트리니티 칼리지에 입학해 문필가적 재능을 보이면서 주목받았다. 대학 졸업 후, 1750년 21세 나이로 런던에

---

1) D. Bromwich, "Introduction," *Edmund Burke on Empire, Liberty, and Reform*, Bromwich ed.(Yale Univ., 2000), p. 1.
2) C. C. O'Brien, "Introduction," *Reflections on the Revolution in France*, O'Brien ed.(Penguin Books, 1969), p. 41.

가서 영국 법학원에 등록했다. 그러나 그는 법률가의 길을 접었고 이로써 부친과 결별하게 되었다. 당시 그는 "부친에게서 도망 나온 아들"이라고 자처했다.[3]

버크의 문필가로서의 활동은 1756년과 1757년에 각각 『자연사회의 증명』(*A Vindication of Natural Society*)과 『숭고와 미 관념의 기원에 대한 철학적 탐구』(*A Philosophical Enquiry into the Origin of Our Ideas of Sublime and Beautiful*)를 발표함으로써 시작되었다. 이 두 작품에 관하여는 그 주제가 자연사회, 숭고와 미적 관념이라는 점에서 버크의 낭만주의적 성향을 드러냈다고 평가할 수 있다. 반면 어떤 연구자는 "의심이 초래하는 위기"를 다룬 점에서 안정을 중시하는 관점이 표명되었다고 읽기도 한다. 즉 이 초기 작품들에서도 보수주의적 시각과 관심을 찾아낼 수 있다는 것이다. 어쨌든 두 책은 정치와 미학 두 영역에서 상당한 영향력을 미쳤다고 평가된다. 이후 버크는 "숭고와 미의 버크"로 불리게 되었고,[4] 곧 정치와 저술을 다루는 잡지 『연감』(*Annual Register of the Year's Events*)의 편집을 담당했다. 이 직책은 버크를 두 분야에 걸친 평론에서 당대의 선두에 서게 했다.

버크의 정치가 경력은 의회의원 해밀턴(W. G. Hamilton)의 개인 비서로서 1759년에 시작되었다. 1761년 관직에 부임하는 해밀턴을 따라 아일랜드에 간 버크는 가톨릭 농민 반란자들인 화이트보이 소요 사태와 그에 대한 가혹한 처벌을 목격하게 되었다. 이 경험은 버크에게 혹독한 처벌에 대한 공포뿐 아니라 비록 자유의 이름 아래 자행된 것이라도 폭력에 대한 반감을 지니게 했다고 해석된다.[5] 1765년 버크는

---

3) Bromwich, p. 2.
4) 같은 글, pp. 3~4.

해밀턴과 결별하고 휘그파의 거물 로킹엄 후작(Marquess of Rockingham)의 개인 비서가 되었다. 그리고 이 관계는 버크에게 로킹엄이 소유한 버러 선거구에서 평민원의원이 되는 길을 열어주었다. 버크는 이후 30년간 휘그당 평민원의원으로서 영국정치에 참여했다. 정치가로서의 이 위상은 거의 변하지 않았다. 1774~80년 기간에는 서부의 대상업도시 브리스톨의 대표였지만, 1780년에 낙선하자 다시 버러 의원 자리로 돌아갔다. 그리고 1782~83년의 짧은 기간에 육군 재무관(Paymaster of Forces)을 지냈다.

1770년대에 버크의 관심은 아메리카 식민지 정책에 쏠려 있었다. 버크를 포함한 로킹엄파는 아메리카 식민지인들에 대하여 유화 정책을 펴라고 촉구했다. 이러한 정책 기조는 이미 1766년 로킹엄 정부 때 식민지인들의 거센 저항을 야기했던 인지세법을 폐지한 데에서 표명된 바 있다. 그러나 한편으로 로킹엄파가 정부의 새로운 과세 기도들과 억압 조처들 그리고 전쟁을 반대하고 비난한 데에는 1770년대 내내 야당이었다는 정치적 입지도 작용했다. 이 시기에 버크의 토론과 웅변 재능은 의회에서 유감없이 발휘되었다. 1770년대 중반에 이르면 그는 아메리카 식민지문제 전문가로 알려지게 되었고, 뉴욕 주의 런던 주재 대리인으로 고용되었다.[6]

버크가 영국에 저항하는 식민지인들을 옹호한 논리는, 그들의 "왕성하고 도전적인 자유정신"을 인정하고 그와 타협해야 한다는 것이었다. 한편 그가 1770년에 저술한 『현재 불만의 원인 고찰』(*Thoughts on the Cause of the Present Discontents*)은 정치에서 정당의 순기능을

---

5) 앞의 글, pp. 4~5.
6) O'Brien, p. 78.

역설한 정당 옹호론으로서 성가가 높은데, 그 직접적 계기가 된 것은 당시 조지 3세가 부당하게 왕권을 확장한다는 판단이었다. 그는 왕의 정책이 영국인의 정신적 특성에 저촉되기 때문에 불만이 팽배하게 되었다고 주장했다. 이 시기 버크는 정부 정책을 비판하는 기준을 식민지인이든 영국인이든 자유가 침해되었다는 점에 두었다.[7] 버크를 자유의 옹호자 또는 "자유주의자"라고 규정하는 근거가 여기서 마련된 것이다.

아메리카 독립 후 1780년 이래 주요 관심사였던 인도 문제에서도 버크는 유사한 견해를 표방했다. 영국의 인도 통치를 주제로 한 버크의 저술과 연설은 방대하여, 16권에 달하는 버크 저작전집에서 3분의 1을 차지한다. 그중 대표적인 것이 「인도 문제에 관한 의회 조사위원회 보고서」들과, 인도 총독 헤이스팅스(Waren Hastings)의 탄핵과 관련하여 1788년에는 4일간에 걸쳐서 그리고 1794년에는 무려 9일간에 걸쳐서 계속했던 연설들이다. 헤이스팅스를 비롯하여 동인도회사 직원의 처벌과 규제를 주장하는 버크의 논리는, 동방의 무력한 사람들에게 경제적 비리와 사법적 범죄가 저질러졌다는 도덕적 고발을 기반으로 한다.[8] 또 그의 비난은 인도에서 들어온 전리품들이 영국정치를 타락시키고 영국의회의 권위를 훼손한다는 헌정적 관심에서도 전개되었다. 당대의 만화가 길레이(Gillray)는 1788년 인도 문제에 관한 버크의 행동을 풍자하는 만화에서, 로킹엄파를 "절망의 수렁"으로 몰아가는 예수회 수사 복장의 버크를 그리고, 전체 제목을 "오 자유! 오 미덕! 오 나의 나라!"라고 달았다.[9] 이 제목은 당시 버크의 이념을 정확

---

7) 이태숙, 「에드먼드 버크의 역사관과 보수주의」, 『역사학보』 65(1975), 81~88쪽.
8) Bromwich, p. 15.
9) 같은 글, pp. 14~15에 실린 만화 참조.

하게 파악한 것이지만, 만화 전체는 버크를 가톨릭과 연계하고 그의 동인도회사 고발에 적대적인 당시의 세론을 대변하는 것이었다. 프랑스혁명이 발발하기 직전 버크는 세간의 평가에서 그러한 위치에 있었다.

1789년 7월 프랑스에서 국민의회가 제헌의회임을 선언하고 민중이 바스티유를 함락하였을 때 많은 사람에게 그것은 자유의 새 여명이었다. 로킹엄의 후계자인 휘그파 폭스(C. J. Fox)뿐 아니라 토리파 피트(W. Pitt)도 자유롭게 재건된 프랑스를 기대했다. 다소 비판적 방관자였던 버크는 프랑스의 혁신을 영국에 도입하려는 열성적 찬양자들이 대두하자, 1790년 초 프랑스혁명의 원리에 대하여, 그리고 그 원리를 영국에 도입하려는 기도에 대하여 강력한 반대 의지를 천명했다.[10] 이 의지의 결실인 『프랑스혁명에 관한 성찰』은 1790년 11월 초에 발간되었다.

『프랑스혁명에 관한 성찰』에 대한 즉각적인 반응은 그리 열렬하지 않았다. 프랑스혁명에 대한 비판에서, 영국의 개혁론자와 그 주류인 비국교도에 대한 공격에서, 영국 헌정체제에 대한 위협 우려에서, 그리고 그리 절박하지도 않은 이슈를 가지고 정치 동료들과 절교하는 등 야단법석을 떠는 데서 버크가 너무 지나치다는 것이었다. 그러나 프랑스의 사태 추이는 버크가 예언한 방향으로 흘러갔고, 그것이 식자층 사이에서 『프랑스혁명에 관한 성찰』의 성가와 버크의 명성을 높였다. 책은 1년 동안 1만 9천 부가 팔렸다. 유럽 대륙의 프랑스혁명 반대자들은 즉각 프랑스어로 번역했고 독일어 번역판도 1793년에 발행하여 반(反)혁명론의 구심점으로 만들었다.[11] 『프랑스혁명에 관한 성찰』에

---

10) O'Brien, pp. 13~18.
11) 같은 글, p. 22, 80.

대한 많은 응답 저술도 쏟아져 나와서 "팸플릿 전쟁"이 전개되었는데, 이 프랑스혁명 논쟁은 쟁점의 포괄성과 높은 논설 수준 때문에 정치사 상사 연구자들의 주목 대상이 되었다. 버크에 대한 반박 저서 중 가장 유명한 것이 1791년과 1792년에 제1부와 제2부가 각각 발간된 페인 (Thomas Paine)의 『인권』(*The Rights of Men*)이다. 페인은 평이하 고 직설적인 문체로 프랑스혁명을 인권의 이름으로 옹호하며 영국에 서도 공화주의적 헌법을 제정하자고 주창했다. 부분적으로 그러한 대 중적 성격에 힘입어 『인권』은 『프랑스혁명에 관한 성찰』보다 10배 이 상 많이 팔렸다.[12]

버크의 이후 저술에서는 『프랑스혁명에 관한 성찰』의 논지가 더욱 강렬하게 표현되면서 반복되었다. 새로 추가된 주제는 정치 동료였던 폭스 휘그파와 결별——버크는 1792년 말 결별 표시로 의사당 바닥에 단도를 내던짐으로써 폭스를 울게 만드는 극적 장면을 연출했다—— 하고, 왕 및 토리파와 가까워진 방향 전환에 관한 설명이었다. 페인의 『인권』제1부에 대항하여 저술된 『신(新)휘그를 떠나 구(舊)휘그에게 항소함』(*An Appeal from the New to the Old Whigs*, 1791)에서 버 크는 영국에서 프랑스혁명과 유사한 개혁을 추진하려는 개혁론자들을 "신휘그"라고 명명하면서 비판했다. 그리고 자신은 명예혁명을 담당 했던 "구휘그"의 진정한 후계자라고 자처했다.[13]

버크는 1794년 헤이스팅스 탄핵 기도가 실패로 끝났을 때 65세 나

---

12) 프랑스혁명 논쟁은 시기적으로는 버크의 책이 출판된 1790년부터 급진 의견 유포를 반역으로 규정하여 언론이 통제된 1795년 12월까지 계속되었다. 이 논 쟁에 관하여는 이태숙, 「프랑스혁명 논쟁자들의 영국헌정 인식」, 『영국연구』 14(2005), 163~188쪽 참조.
13) 버크의 명예혁명 해석에 관하여는, 이태숙, 「보수주의 사상가 에드먼드 버크 의 명예혁명 해석」, 『경희사학』 24(2006) 참조.

이로 평민원의원직에서 은퇴했다. 이때 왕과 수상 피트는 1년 수령액 1,200파운드의 연금을 마련해주었고, 그는 1795년『빈곤에 관한 고찰과 설명』(*Thoughts and Details on Scarcity*)을 저술하여 피트에게 제출했다. 이에 버크의 프랑스혁명 비판과 국왕제도 옹호가 연금 때문이라는 비난이 힘을 얻게 되었다. 즉 버크가 뇌물에 팔려 미국혁명 때 표명했던 주장을 접고『프랑스혁명에 관한 성찰』에서 상반된 견해를 표방했다는 것이다. 이 혐의는 그가 내내 휘그파의 대변자였다가 이제 "토리파의 우상"이 되었기 때문에 제기된 것이지만,[14] 실제로 버크의 연금 수령이 책 출판 후 성공에 힘입은 것인 만큼 그가 연금을 염두에 두고 저술했을 리는 만무했다. 그러나 프랑스혁명에 관하여 당시에 벌어진 치열한 찬반 공방 속에서, 버크는 연금 지급에 반대했던 귀족에게 1796년 자신의 입장을 설명하는 편지(A Letter to a Noble Lord)를 쓰지 않으면 안 되었다. 그러나 그의 최후 논설은 프랑스혁명 세력과 그들에 유화적인 영국인들에 대한 비판에 돌려졌다. 1797년의『국왕시해자 집정관정부와의 강화에 관한 편지』(*Two Letters on Peace with the Regicide Directory of France*)가 그것인데, 1793년 이래 지속된 프랑스와의 전쟁을 종결하려는 영국정부에 대하여 인류와 기독교 공동체의 대의를 거론하며 비판했다.

## 3.『프랑스혁명에 관한 성찰』과 보수주의

『프랑스혁명에 관한 성찰』과 보수주의의 관계를 알아보기 위해서는, 보수주의자 또는 보수주의 연구자들이 버크의 책에 어떤 평가를 내리

---

14) O'Brien, p. 19, 55.

는지 먼저 살피는 것이 효과적이다. 그런데 여기서 문제점은 보수주의가 다양한 수준 또는 분야에서 존재한다는 것이다. 예를 들어 『사회과학 국제백과사전』에 「보수주의」 항목을 집필한 로시터(C. Rossiter)의 경우 보수주의를 기질적(temperamental), 상황적(situational), 정치적(political), 철학적(philosophical)이라는 4분야로 분류했다.[15] 이렇게 나열된 여러 분야의 보수주의는 보수주의에 관한 총론적 논설의 경우 의당 검토해야 할 사항들이다. 그러나 이 글은 보수주의 자체에 관한 포괄적 논설을 목표로 하지 않으므로 특정한 분야의 보수주의만을 주제로 한다. 이 글에서 버크와 관련하여 검토하는 보수주의는 정치사상 또는 이데올로기로서의 보수주의다.

앞에서 『프랑스혁명에 관한 성찰』이 유럽 대륙의 프랑스혁명 반대자들에게 주목받고 이용되었다고 언급했는데, 독일어 번역자는 메테르니히(Metternich)의 보좌관이었다. 프랑스혁명 이념에 대항하는 신성동맹체제가 19세기에 작동하는 데 버크가 사상적 기반을 제공했다는 한 증거인 것이다.[16] 물론 영국에서도 버크의 성가는 매우 높았다. 버크에게 경의를 표한 많은 영국 정치가와 문필가 중에는, 19세기 중반 『영국 헌정』의 저자로서 영국 헌정의 권위 있는 해설자인 배젓(Walter Bagehot)이 있다. 배젓은 버크가 자연권 이론의 오류를 넘어 진정한 정치의 진수를 "세계에 처음으로 가르쳤다"고 평가했다.[17]

20세기에 와서 보수주의자들이 괄목할 정도로 대두한 경우는 1950

---

15) C. Rossiter, "Conservatism," *International Encyclopedia of the Social Sciences*(Macmillan, 1974) vol. 3, pp. 290~295.

16) O'Brien, p. 68.

17) 배젓의 영국 헌정론과 보수주의에 관하여는 이태숙, 「W. 배저트의 영국 헌정론: 빅토리아기의 보수주의?」, 『역사학보』 174(2002), 229~262쪽 참조.

년대 미국에서 "신보수주의자"가 출현한 것이다. 이들의 이념적 기반이 버크의 논설이라는 증거는 대표 논객인 커크(R. Kirk)의 책에 나타난다. 커크는 책 제목을 『버크에서 산타야나에 이르는 보수주의 정신』이라고 달았다.[18]

1950년대 신보수주의자를 포함하여 20세기 보수주의자의 사상과 전략에 관하여 치밀하게 탐구한 학자는 헌팅턴(S. Huntington)이다. 그는 우선 보수주의에 관한 기존의 정의를 세 가지로 정리했다. ① 귀족계급의 유지론이라는 정의(aristocratic theory), ② 보편적인 이념체계여서 특정 계급이나 상황과 관계없이 발생한다는 자생론적 정의(autonomous definition), ③ 특정한 상황에서 발생하는 상황적 이데올로기라는 정의(situational definition)가 그것이다. 그리고 이 세 정의는 모두 보수주의의 기본 내용을 유사하게 정리하고 있으며 버크의 사상에 기반을 둔다고 파악했다.[19] 버크의 논설이 보수주의의 원천이라는 점을 확인한 것이다.

그러면 보수주의자들이나 학자들이 보수주의의 기본 내용 또는 "신조"로서 파악한 바는 무엇인가? 헌팅턴은 여섯 개 항목으로 정리했는데, 각 항목을 주제에 중점을 두어 요약하면 다음과 같다. ① 인간은 종교적 동물이다. ② 사회는 점진적 역사과정을 통하여 성장한 유기체다. ③ 인간은 이성적이면서 또한 본능적·감정적이다. ④ 공동체는 개인보다 우월하다. ⑤ 인간은 궁극적·도덕적 의미를 제외하고는 불평등하다. ⑥ 현재의 해악을 고치려는 기도는 대개 더 큰 해악을 초래한다.[20]

---

18) R. Kirk, *The Conservative Mind from Burke to Santayana*(Henry Regnery, 1953).

19) S. P. Huntington, "Conservatism as an Ideology," *American Political Science Review* 51(1957), pp. 454~456.

헌팅턴의 이 정리는 신보수주의자 커크가 주창한 보수주의의 '규범'과 별로 다른 데가 없다. 커크에 따르면 보수주의는 다음 여섯 가지 규범을 지닌다. ① 인간의 이성은 유약하고 신의 의도가 양심과 사회를 지배한다. ② 편협한 획일성·평등주의·공리주의 대신에 전통적 생활의 다양성과 신비함에 대하여 애정을 지닌다. ③ 문명사회에는 계층과 계급이 필요하다고 확신한다. ④ 재산과 자유가 긴밀한 관계라고 믿는다. ⑤ "궤변가와 계산가들"을 불신하고 관례를 신뢰한다. ⑥ 혁신은 진보를 이루기보다는 더 자주 "모든 것을 삼켜버리는 거대한 화마(火魔)"라고 본다.[21]

대표적 보수주의자가 천명하고 정치학자들이 파악한 이 보수주의 사상은 다소간 포괄적인 사상이 으레 그렇듯이, 인간·사회·역사에 관한 특정한 규정을 포함하고 있다. 그리고 그러한 규정을 기반으로 타당한 정치양식을 제안하고 있다. 이에 따라 보수주의 사상은 우선 다음과 같이 요약된다. 즉 약한 이성을 지니고 본능과 감정의 지배 아래 있는 개인이라는 관념에, 사회적·역사적으로 발전되어온 제도들에 대한 높은 평가를 대비시킴으로써 기존 질서와 제도의 보수 정책을 타당하다고 제시한 사상이다.

최근의 한 연구는 '보수주의 논지'를 구명했는데 보수주의의 기본 논리를 집약한 장점이 있다. 이에 따르면 보수주의의 기본 논지는 "인식론적 겸손", 즉 인식론적 회의주의와 "역사적 공리주의"라는 두 가지다.[22] 전자는 기존 제도를 옹호할 때나 변혁주장을 논박할 때 인간의 지식의 한계를 강조하는 논지다. 후자는 역사적으로 발전되어온 제

---

20) 앞의 글, p. 456.
21) Kirk, pp. 7~8. 로시터가 보수주의 신조로 요약한 9개 항목도 이와 유사하다. Rossiter, p. 293.

도들을 현존하는 이익과 행복의 원천이라고 규정하는 논지다.

이렇게 추출된 보수주의의 핵심·"신조"·"규범"은 『프랑스혁명에 관한 성찰』에서 찾아볼 수 있는가? 답은 '그렇다'이다. 책의 여기저기에 흩어져 있는 버크의 인간관, 사회관, 국가관, 역사관을 모아보면 다음과 같다. 버크는 인간이 종교적이라고 규정했고, 복잡한 인간 본성속에서 이성은 연약하다고 보았다(83, 122, 164쪽). 이성은 오히려 감상과 감정에서 교훈을 얻어야 한다(148~149, 157쪽). 반면에 오랜 시간에 걸쳐 유지해온 기존 제도와 관념은 지혜의 보고일 뿐 아니라(158~159쪽), 국가 자체가 영원한 연합으로서 신이 마련한 제도다(171~174쪽). 사회적 불평등을 자연의 질서라고 규정한 데서(93~94, 104~105쪽) 드러난 것처럼 버크는 역사의 진전에서 신의 섭리를 보았던 것이다. 따라서 버크가 타당한 정치양식으로 제시한 것은, 타협과 절제뿐 아니라(86쪽) 기존 제도와 조상에게 존경심을 지니고 무한히 조심하며 신중하게 대해야 한다는 것이다(79, 121, 271~273, 377~378쪽). 이러한 견해에서 그는 "혁신하는 정신"을 "이기적 성향과 편협한 시각의 산물"이라고 매도할 수 있었다(82쪽).[23]

최근의 연구자가 구명한 보수주의 논지들도 『프랑스혁명에 관한 성찰』에서 찾을 수 있다. 버크는 사회문제에서 인과관계가 장기적일 뿐 아니라 중대한 요인들은 오히려 "모호하며 잠복되어 있다"고 지적했다. 더 나아가 그는 제도가 처음 의도나 작동원리와는 다르게 진전하

---

22) J. Z. Muller, "Introduction," *Conservatism*(Princeton Univ., 1997),
   pp.3~18. 보수주의의 기본 논지를 이 두 가지로 압축하는 논의에 관하여는
   이태숙, 「W. 배저트의 영국헌정론: 빅토리아기의 보수주의?」 참조.
23) 버크는 역사를 가치가 축적되는 한편 신의 섭리가 개입하는 과정으로 보았다.
   이태숙, 「에드먼드 버크의 역사관과 보수주의」 참조.

기도 한다고 주장했는데(121쪽) 여기서 그의 인식론적 회의주의를 확인할 수 있다. 그리고 인식론적 회의주의는 버크의 중심 주제인 영국 헌정제도에 관한 설명에 채용되었다. 즉 영국 헌정제도의 발전 경로는, 애초의 계획이나 원리라고 후대 사람들이 생각하는 바——여기서도 버크는 원래의 계획이나 원리라는 것이 명백하지 않고 다만 후대 사람들이 추측할 뿐이라는 회의주의를 표명한다——와 일치하지 않은 것들이 종종 더 좋은 결과를 가져오는 형태라는 것이다(276~277쪽). 한편 버크가 역사적 제도와 "편견"을 시대를 통하여 모아온 민족들의 지혜와 미덕의 종합은행이라고 명명한 데서(158~159쪽) 역사적 공리주의의 전형을 발견할 수 있다. 특별히 영국 헌정제도들은 무한한 가치를 지닌 일종의 보물로서 영국인의 행복의 기반이라고 규정한 것도 같은 맥락이다(71, 377쪽).

물론 『프랑스혁명에 관한 성찰』에서 보수주의의 기본 이념과 논지를 발견할 수 있다는 점은 차라리 당연하다고 하겠다. 왜냐하면 보수주의자들이 자신에게 적합하고 필요한 관점과 견해와 논지를 다른 어느 곳보다도 버크의 책에서 찾아냈기 때문이다. 결국 버크가 『프랑스혁명에 관한 성찰』에서 전개한 논설이 보수주의의 핵심을 이룬다는 점이 확인된 것이다.

이제 위의 논의를 바탕으로 보수주의를 설명하면 다음과 같다. 보수주의는 인간·사회·역사에 대한 특정한 규정을 기반으로 인식론적 회의주의와 역사적 공리주의를 주요 논지로 삼는다. 이 논지들은 특정한 정치양식의 옹호로 이어진다. 즉 역사적으로 발전되어온 기존 제도들은 사람들의 인식 범위를 넘어서는 효능을 지니므로, 기존 제도를 그대로 유지하는 것이 타당한 정치양식이라는 것이다. 따라서 보수주의는 기본적으로 현재 상황에 대한 정치양식——기존 상황에 대하여 어떤 태도가 타당한지──을 규정한 이데올로기다. 이 때문에 보수주의는 정치 목표에 주안을 두는 이데올로기들──사회주의, 민주주의, 자유주의 등──과는 본질적으로 다른 종류로 분류된다. 보수주의와 같은 기반에서 대립하는 이데올로기는 마찬가지로 정치양식의 하나인 급진주의다.

그런데 보수주의가 주창하는 '보수주의적 정치양식'은 구체적으로 어떠한 형태인가? 이 물음은 보수주의 이념이 기존 제도의 변경을 허용하는가, 허용되는 개혁의 범위는 어느 정도인가 하는 문제로 귀결된다. 이 문제에 대하여, 적어도 '버크의 보수주의'에 관한 한 많은 논평자는 버크가 개혁을 배제하지 않았으며, 보수하기 위해서는 오히려 개혁이 필요하다고 보았다고 결론짓는다. 그리고 증거가 필요하다면 『프랑스혁명에 관한 성찰』에서 다음 구절을 즐겨 인용한다.

약간을 변화시킬 수단을 갖지 않은 국가는 보존을 위한 수단도 없는 법이다. 국가에 그러한 수단이 없다면 독실한 마음으로 보존하려 했던 헌정 부분마저 상실하는 위험에 빠질 수 있다(65쪽).

이리하여 보수주의자 버크는 난데없이 개혁주의자 버크가 되어버렸다. 그러나 버크의 보수주의가 철학적 기반을 지닌다는 사실을 상기하고 그를 마땅히 고려한다면, 버크는 절대로 개혁주의자로 평가될 수 없다. 인식론적 회의주의와 역사적 공리주의의 논지──즉 기존 제도가 우수한 가치를 지녔으되 그 우수성은 그 결점과 마찬가지로 구체적으로 명확하게 인식될 수 없다는 주장──는 기존 제도에 대한 개혁을 허용할 여지를 남기지 않는다. 버크는 기존 제도를 그대로 유지해야 한다고 인간성 · 신 · 역사의 이름으로 역설했던 것이다. 따라서 『프랑스혁명에 관한 성찰』에서 버크의 지침과 보수주의의 원칙을 핵심적으로 드러내는 부분은 다음 구절이다.

기존 제도들에 대한 자신들의 적대감을 하나의 철학과 하나의 종교로 만들었던 일부 인사가 하듯이 기존 제도와 반목하는 대신에 우리는 그 제도들에 열성적으로 집착한다. 우리는 현재의 국교회, 현재의 왕정, 현재의 귀족제도 그리고 현재의 민주제도를 각각 더도 아니고 현재 존재하는 정도 그대로 유지하기로 결심한 상태다(164~165쪽).

예리한 보수주의 논객 헌팅턴도 버크의 의도와 지침의 핵심으로서 바로 이 구절을 거론했음은 참고할 가치가 있다.

이상에서 검토한 대로 보수주의를 현상유지 이념으로 규정하면, 보수주의자의 입지는 상당히 협소하게 보인다. 그러나 한편으로 보수주의자는 모든 개혁 주장에 대하여 반박논리를 제공할 수 있다는 점을 상기하면 상당히 넓은 입지를 확보한다고도 말할 수 있다. 여기서 보수주의가 대두할 수 있는 여건이 파악되는데, 그것은 기존 체제에 대하여 개혁 주장이 제기된 상황이다. 개혁 주장이 대두된 곳에 그 대항논리로서 보수주의가 채용될 수 있는 것이다. 이러한 기본 구도를 넘어 좀더 구체적으로 보수주의는 어느 상황에서 대두되고 호소력을 지니는지 살펴볼 필요가 있다.

## 4. 보수주의의 대두 요건과 호소력

보수주의의 대두 요건을 살피는 데는 우선 역사적 접근을 채용하는 것이 효과적이다. 20세기에 보수주의자의 괄목할 만한 대두 현상이었던 1950년대 신보수주의자의 경우, 자신들의 등장을 어떻게 설명했던가? 그리고 어떤 논리로 보수주의의 호소력을 높이려고 노력했는가? 1950년대 신보수주의자들은 앞에서 보았듯이 자신들의 신조를 버크의 논설에서 구했다. 그리고 버크의 논설로 채워진 보수주의 이념을 언제 어디서나 채용될 수 있는 일종의 보편적 이념으로 제시하고 표방했다. 그들에게 보수주의는 그 자체가 통찰이며 진리여서 사람들은 그 가치를 인식할 필요가 있고, 그들의 안내에 따른다면 조만간 계명되어 보수주의자가 될 것이었다.[24]

이러한 신보수주의자들의 전략을 비판하고 보수주의의 대두 요건을 본격적으로 탐구한 것이 헌팅턴의 1957년 논문이다. 헌팅턴의 결론은 두 가지로 요약된다. 하나는 보수주의의 사상적 기반은 버크가 거의 완벽하게 제시했다는 것이며, 또 하나는 보수주의가 기존 제도에 대하여 심각한 위협이 대두했을 때 비로소 그에 대항하는 설득력 있는 논설로서 채용된다는 것이다. 따라서 헌팅턴에 따르면, 보수주의는 그러한 상황에서만 호소력을 지니며 번창할 수 있는 "상황적 이데올로기 (situational ideology)"다. 그는 이 논문을 냉전시대에 썼는데, 그 자신이 미국체제를 지키려는 보수주의자로서 보수주의자가 어떤 전략을

---

24) 최근 사회학자 기든스(Anthony Giddens)는 전 지구적 불확실성에 대처할 방법으로 보수주의를 주창했는데, 그의 보수주의 인식도 이들과 유사하다. 기든스도 보수주의를 마치 덕목 저장고처럼 취급한 것이다. 기든스, 김현옥 옮김, 『좌파와 우파를 넘어서』(한울, 1997).

구사해야 하는지에 답을 찾은 것이다. 즉 보수주의자들은 수호하고자 하는 체제에 대하여 심각한 위협 세력이 존재함을 설득력 있게 제시할 수 있을 때 세력을 얻을 수 있다는 것이다.[25]

냉전시대에 기존 체제에 대한 위협세력이 공산주의 진영이라는 인식은 이른바 자유 진영에서는 진리였다. 그런데 1980년대 말 소련과 동구권 체제가 붕괴하자 그것은 미국 보수주의자에게는 지목해왔던 위협세력이 붕괴된 것을 의미했다. 여기에 헌팅턴은 보수주의의 호소력에 관한 자신의 견해에 충실하게도 거의 반세기 만에 미국이 주도하는 세계질서에 대한 새로운 위협세력을 지목하기에 이르렀다. 이슬람교와 그 신자인 무슬림들이 미국이 주도하는 체제에 대한 새로운 위협세력으로 등장한 것이다! 무슬림 세력을 부각시킨 헌팅턴의 최근 저서 『문명의 충돌』이 지닌 의미는, 다른 무엇보다 미국 보수주의자의 전략적 사고의 산물이라는 점에 있다.[26]

필자는 보수주의가 상황적 이데올로기라는 헌팅턴의 정의에 동의한다. 그 정의는 버크가 미국혁명은 옹호한 반면 프랑스혁명은 격렬하게 비판한 사실에서 제기된 이른바 '버크 사상의 일관성 문제'에 대한 필자의 결론과 같은 맥락이기 때문이다. 필자는 버크의 미국혁명 시기의 논설들과 『프랑스혁명에 관한 성찰』 이후의 논설들을 비교하여 그 핵심 사상인 역사관에서 변화를 발견할 수 있으므로 버크가 일관성이 없다고 주장했다.[27] 이 결론은 버크의 사상과 보수주의에 관한 두 가지 주장을 뒷받침한다. 첫째는 버크의 사상에서 본격적인 보수주의 논설은 프랑스혁명에 대항한 『프랑스혁명에 관한 성찰』에서 비로소 피력

---

25) Huntington, "Conservatism as an Ideology," pp. 468~473.
26) 헌팅턴, 이희재 옮김, 『문명의 충돌』(김영사, 1997).
27) 이태숙, 「E. 버크의 역사관과 보수주의」 참조.

되었다는 점이다. 그리고 버크가 프랑스혁명에서 영국체제에 대한 심각한 위협을 감지하고 그에 대항하기 위하여 전개한 논설이 보수주의의 경전이 되었다는 사실에서, 보수주의가 심대한 체제 위협에 대항하는 상황적 이데올로기라는 헌팅턴의 정의가 확인된다. 둘째는 버크가 『프랑스혁명에 관한 성찰』에서 '비로소' 보수주의 논설을 제시했으므로, 보수주의를 규명할 때 버크의 전기 논설을 후기 논설과 혼합해서 자료로 삼아서는 안 된다는 점이다. 버크는 프랑스혁명이 영국체제를 위협한다고 인식되자, 인간성과 역사와 신의 이름을 동원하여 그 체제를 지켜야 한다고 역설함으로써 보수주의자로 '전환'했다. 그리하여 보수주의자들은 세련된 보수주의 논설을 갖게 되었다. 버크를 상당한 개혁주의자로 묘사하는 견해들은, "자유주의"로 평가되기도 하는 버크의 초기 언설들에 부당하게 비중을 둔 데서 종종 연유한다.

이제 보수주의를 특정 상황에서 대두하고 호소력을 지니는 상황적 이데올로기로 규정하면, 19세기 이래 몇몇 보수주의자들의 대두를 잘 설명할 수 있다. 먼저 19세기 후기 영국에서 영국헌정 해설가인 배젓을 비롯하여 뉴먼(Newman), 메인(Maine), 리키(Lecky) 등 일단의 보수주의자들이 등장한 것은 당시 체제에 대한 민주주의자들의 공세가 치열했기 때문이다.[28] 한편 20세기 사상가 하예크(F. A. Hayek)는 자유주의자로 규정되지만 동시에 탁월한 보수주의자로 꼽을 수 있다. 그의 시장 옹호론은 인식론적 회의주의와 역사적 공리주의를 완벽하게 채용하기 때문이다. 그리고 그의 시장 옹호는 사회주의와 케인즈주의의 침해에 대항하여 자유시장제도를 보수하기 위한 것이었다.[29]

---

28) Huntington, "Conservatism as an Ideology," p. 466; Noel O'Sullivan, *Conservatism*(J. M. Dent and Sons, 1976), pp. 82~118.
29) J. Z. Muller가 편집한 *Conservatism*에 하예크의 다음 두 논문이 수록되어 있

그런데 19세기와 20세기에 나타난 이 두 보수주의는 보수주의가 자유주의와 대립되지 않음을 잘 보여준다는 점에서 특기할 만하다. 하예크는 자유주의자인 동시에 보수주의자이며, 19세기 영국의 반민주주의자들이 보수하려 한 체제는 17세기 이래 자유주의의 이념 아래 발전된 체제였다. 동시에 여기서 유의할 사항은, 19세기 보수주의자들이 당시 자유주의 체제의 옹호자였고 20세기 보수주의자들도 많은 경우 자유주의자로 자처하며 자유주의 체제를 보수하는 것을 자신들의 목표로 삼고 있지만, 보수주의가 자유주의와 본질적 친연관계에 있는 것은 아니라는 점이다. 위에서 보는 양자의 관계는 역사적으로 전개된 관계일 뿐이다. 앞에서 살펴보았듯이 보수주의는 기존체제를 "급격하게" 개혁하려는 주장에 대항하는 이념으로서, 역사적으로 보수주의자들이 수호하려 한 기존체제가 19세기 이래 영국을 비롯한 서구에서는 자유주의 체제였던 것이다. 현재 일부 보수주의자들이 자신들이 수호하고자 하는 체제를 "자유민주주의"라고 언명하는데, 이는 19세기 보수주의자들이 민주주의적 개혁에 저항했다는 사실을 상기하며 평가해야 할 사항이다. 그리하여 여기서 드러나는 사실은 보수주의자들이 수호하려는 기존체제의 성격이 일정하지 않고 역사적으로 변화한다는 것이다. 요컨대 보수주의는 기존체제에 대한 변혁 주장에 대항하여 기존체제가 어떠한 성격이든 그 체제를 옹호하기 위해 채용할 수 있는 이데올로기다. 물론 그때 채용된 보수주의가 호소력을 얼마나

다. F. A. Hayek, "The Errors of Constructivism," *New Studies in Philosophy, Politics, Economics and History of Ideas*(Chicago, 1978); "'Social' or Distributive Justice," *Law, Legislation and Liberty: A New Statement of the Liberal Principles of Justice and Political Economy* (Chicago, 1976).

갖느냐는 문제에서는 기존체제의 성격이 상당한 변수로 작용하기 마련이다.[30]

끝으로 한국의 보수주의 문제를 살펴보기로 한다.[31] 우리나라에서 보수주의는 상당한 위세를 지니고 있다. 특히 1990년대 정치권에서 "보수 대연합론"이 제안되고 "'선명' 보수 논쟁"이 진행되는 등 "보수주의의 급격한 부상"이라고 진단되는 상황이 벌어졌다. 이러한 한국적 보수주의를 보수주의 연구자들은 대체로 비판하고 폄하했다. 한국의 보수주의가 체계적 이론은커녕 어느 정도 사상적 기초마저 갖추지 못했다는 이유에서였다.[32]

그러나 한국 정치권의 보수주의에 대하여 문제삼을 것은 그 이론적·철학적 측면이 아니라 제도적 측면이다. 즉 한국 보수주의자들은 보수하고자 하는 전통제도를 설득력 있게 제시하지 못하는 데 취약성을 지니는 것이다. 그들은 자유민주주의와 자유시장제도 수호를 천명하지만 역사가 일천한 우리나라의 자유민주주의와 자유시장제도는 오랜 역사와 찬란한 효능에 근거하는 보수주의 본래의 제도 옹호론에 부합되지 않기 때문이다.

---

30) 예컨대 공산주의처럼 그 자체가 상당한 개혁 성향을 지닌 기존체제의 경우 그 체제를 수호하려는 보수주의의 호소력은 강력하기가 어렵다. 체제 역사가 짧고 변혁 지향적인 파시즘의 경우 보수주의의 호소력은 더욱 약할 수밖에 없다. 한편 후진국의 경우에도 보수주의의 호소력은 약하기 마련이다. 아래에서도 지적하듯이, 후진국에서는 변혁을 통하여 후진성을 벗어날 필요성이 절박한 데다 개혁 모델을 선진국에서 비교적 쉽게 찾을 수 있기 때문이다.

31) 한국 보수주의에 관한 이 논의는 이태숙, 「W. 배저트의 영국헌정론: 빅토리아기의 보수주의?」에서 전개한 것에 기초했다.

32) 서병훈, 「한국 보수주의의 성격과 발전 방향」, 『한국의 보수주의』(인간사랑, 1999), 55, 58쪽; 강정인, 「보수와 진보」, 『에드먼드 버크와 보수주의』(문학과지성사, 1997), 9~62쪽.

여기서 보수주의의 대두에서 중요한 한 요건이 부각되는데, 그것은 보수주의가 원래 선진국에서 호소력을 지니며 따라서 선진국에서 효과적으로 채택될 수 있는 이념이라는 점이다. 현재의 번영과 위세를 이룩한 체제가 그대로 유지되어야 한다는 논설이 설득력을 지닐 수 있는 곳이 바로 선진국이기 때문이다. 사실 버크가 영국체제를 옹호하기 위하여 동원한 논지는 인간·신·역사에 관한 철학적 규정 외에 두 가지가 더 있는데, 그중 하나가 영국체제를 당시 번영의 원천으로 제시한 주장이다.[33] 이렇듯 버크의 논설이 당시에 가장 번영을 누리던 영국의 체제 수호론이라는 사실, 보수당이라는 이름의 정당이 결성되어 계속 번창할 수 있는 곳이 빅토리아 시대 이래 영국이라는 사실, 그리고 20세기에 와서는 세계 최강국 미국이 보수주의자들의 아성이 되었다는 사실은, 보수주의가 선진국의 이념이라는 점을 증명한다. 역으로 로시터는 보수주의 정치가 "아시아와 아프리카 지역에서는 대부분" 존립하기 어렵다고 지적한 바 있다.[34] 후진지역에서는 후진적 상황을 개혁하여 발전시킬 필요성이 절박할 뿐 아니라 개혁 모델을 선진국에서 비교적 쉽게 찾을 수 있기 때문이다.

이런 관점에서 보면 한국에서 보수주의의 강세는 한국이 선진국이 아닌 한 기이한 현상일 수밖에 없다. 한국의 보수주의를 이론과 사상이 결여되었다고 비판하며 폄하하는 견해는, 이 기이한 현상을 설명하

---

33) 또 하나의 논지는 영국체제가 단순하고 굼뜬 영국 국민성을 반영하여 기질적 적합성을 지닌다는 주장이다. 19세기 영국헌정의 옹호자인 배젓도 영국체제와 영국 국민성을 긴밀하게 연결했다. 국가 제도와 국민성을 결부하는 이 논리 자체는 이제 설득력을 상실했지만, 여기서 주목할 점은 보수주의자들이 보수하려는 제도가 역사적으로 발전된—영국사람들이 오랜 기간 자신들의 성향에 맞추어 발전시킨 것과 같은—전통 제도라는 사실이다.

34) Rossiter, p. 292.

려는 시도로 보인다. 그러나 분명히 비판과 폄하는 설명이 아니다. 이 현상에 대한 설득력 있는 설명은 보수주의의 정의와 보수주의자들의 전략에 관한 헌팅턴의 시사에서 찾을 수 있다. 기존 체제에 대하여 심대한 위협이 존재한다고 주장할 수 있다면 보수주의자는 기존 체제를 유지하려는 자신들의 목적을 달성할 수 있다는 파악이 그것이다. 이 시각에서 보면 우리에게 북한이 바로 그러한 역할을 하는 존재였음이 금방 분명해진다. 한국 보수주의자들 사이에서 "공산주의와 북한에 대한 반대"가 "가장 중요한 공통분모"라는 발견은[35] 한국 보수주의의 이해에서 핵심 사항인 것이다.

이 맥락에서 한국 보수주의의 미래 전망도 가능하다. 한국 보수주의의 장래, 즉 기존 체제의 보수론이 힘을 얻을 수 있느냐의 여부는 북한의 위협을 계속 설득력 있게 제시할 수 있느냐에 달려 있다. 한국 보수주의자들이 헌팅턴처럼 대담하다면 기존 체제에 대한 새로운 위협세력을 만들어낼 수 있느냐는 가능성에도 달려 있다고 하겠다.

---

35) 서병훈, 76, 97쪽. 그러나 서병훈은 "사상체계로서의 보수주의"라는 개념에 집착하여 이 요소의 의미를 적절히 평가하는 데 실패한 듯 보인다.

## 일러두기

I. 이 번역서의 원본은 Edmund Burke, *Reflections on the Revolution in France: and on the Proceedings in Certain Societies in London Relative to that Event*, edited with an Introduction by Conor Cruise O'Brien(Penguin Books, 1969)이다.

### II. 전체 체제
원문은 전체가 편지 한 통으로 아무런 구분 없이 전부 이어져 있다. 옮긴이가 전체를 3부로 나눈 다음 각 부에 다시 장과 절을 설정하고 제목을 붙였다.
버크식으로 연속된 것을 옮긴이가 독자의 편의를 위해 자의적으로 나누고 제목을 붙였음을 밝힌다.

### III. 기호와 글자체
1. 원문에서 강조하기 위해 사용된 이탤릭체는 고딕체로 표시했다.
2. 이 책의 ( )와 〔 〕는 원문대로다.
3. 버크는 하이픈을 대체로 문장이 끝난 뒤 다음 문장 앞에서 사용했다. 문장 중간에 있는 하이픈은 옮긴이가 넣은 것이다.

### IV. 주석
1. 버크의 원주는 차례대로 번호를 매겨 각주로 표시했다. (1803) 표시가 있는 원주는 1803년판 원주에서 1792년판에 버크가 추가로 기입한 각주라고 추정되는 부분이다.
2. 독자의 이해를 돕기 위해 각주에 옮긴이주를 넣었다. 옮긴이주에서 버크가 인용한 고전에 관한 정보는 주로 오브라이언이 작성한 펭귄판 주석에서 얻었다.
3. 이 책에서 인용한 역자의 논문 이태숙, 「에드먼드 버크의 역사관과 보수주의」, 『역사학보』 65(1975); 「프랑스혁명 논쟁자들의 영국헌정 인식」, 『영국연구』 14(2005); 「W. 배저트의 영국헌정론: 빅토리아기의 보수주의?」, 『역사학보』 174(2002); 「명예혁명과 휘그, 그리고 휘그 역사해석」, 『영국연구』 15(2006)은 일부 수정을 거쳐 이태숙 저, 『근대영국헌정: 역사와 담론』(한길사, 2013)에 수록되었다.

# 프랑스혁명에 관한 성찰

에드먼드 버크의 『프랑스혁명에 관한 성찰』과 보수주의 | 이태숙 —————— 7

서문 ————————————————————————— 37


제1부 프랑스 사태와 일부 영국인의 경거망동                          39

　1. 프랑스 국민의회에 축하인사를 보낸 혁명협회 ———————— 39

　2. 프랑스 사태를 찬양하는 프라이스 박사의 오류 ——————— 48

　　"프랑스혁명은 이제까지 벌어진 일 중 가장 경악스럽다" ——— 48

　　프라이스 박사가 말하는 "우리의 통치자를 선택할 권리" ——— 53

　　프라이스 박사가 말하는 "통치자를 추방할 권리" ————— 72

　　프라이스 박사가 말하는 "우리 힘으로 정부를 세울 권리" —— 78

　　정치적 상속제도의 장점 ————————————————— 82

## 제2부 프랑스혁명의 실상     85

1. 국민의회의 과오와 의원들의 자질 —————————— 85
   국민의회는 고래의 모든 것을 파괴하는 잘못을 저질렀다 ———— 85
   국민의회 의원들의 면모 ————————————————— 92
   통치계급의 자격 ——————————————————— 105

2. 영국 헌정에 대한 개혁 주장의 부당성과 자연권 이론의 오류 ——— 110
   현재 프랑스를 영국의 모범으로 제시하는 견해 ——————— 110
   인간의 진정한 권리 ————————————————— 117
   극단파의 폐해 ——————————————————— 123

3. 프랑스 왕과 왕비의 수난: "10월 6일의 잔악한 광경" ———— 130
   국민의회의 위상과 프랑스의 "개선행진" ———————— 130
   기사도 상실의 폐해 ————————————————— 142

4. 영국인의 대조적인 성향: 옛것과 교회의 존중 ——————— 153
   영국인은 옛 감성을 유지하고 있다 ——————————— 153
   종교는 문명 사회의 기반이며 인간은 종교적 동물이다 ———— 163
   영국인은 신이 국가를 마련했다고 인식한다 ——————— 171
   영국의 교회제도 —————————————————— 175

5. 국민의회의 교회재산 몰수 ——————————————— 183
   교회재산 몰수의 의도 ———————————————— 183
   프랑스의 화폐 소유 계급과 문필가 도당 ————————— 188
   국민의회의 재정 정책과 교회재산 몰수 ————————— 194
   교회 토지 몰수 후의 조치들 —————————————— 205

6. 혁명 전의 프랑스: 경제 상황, 귀족, 성직자 ——————— 209
   민주정의 폐단 ——————————————————— 209
   프랑스 왕정 ———————————————————— 212
   프랑스의 인구 및 경제 상황: 왕정과 현재 ———————— 214
   프랑스의 귀족 ——————————————————— 222
   프랑스의 성직자들 ————————————————— 229

7. 국민의회의 교회 정책 ————————————————— 240
   새로운 교회 제도 —————————————————— 240
   수도원 제도의 이점 ————————————————— 253
   재산 이전 정책으로서 수도원 재산 몰수 ———————— 258

# 제3부 국민의회의 새 국가 건설 사업 265

1. 국민의회 정책의 기본 성격과 그 오류 ———————— 265
2. 입법부 계획 ———————————————————— 276
3. 프랑스를 당분간 결속시키는 접착제의 실체 ———————— 300
4. 행정부 계획 ———————————————————— 312
5. 사법부 계획 ———————————————————— 322
6. 군대 관련 조치들 ——————————————————— 328
7. 재정 조치들 ———————————————————— 351
8. 국민의회의 무능과 모범적 영국 헌정 ————————— 374


참고문헌 ———————————————————————— 381
찾아보기 ———————————————————————— 391

# 프랑스혁명에 관한 성찰


프랑스에서 일어난 혁명에 관한 성찰
그리고 그 사건과 관련하여 런던의 몇몇 협회들의 행동에 관한 성찰.
파리의 한 신사에게 보낼 예정이던 편지에 담았다.

# 서문

『프랑스혁명에 관한 성찰』은 저자와 파리에 있는 아주 젊은 신사 사이에 오간 한 편지에서 비롯되었다고 독자에게 알리는 일이 필요 없지는 않을 것이다. 그 신사는 당시에 그리고 이후 지금까지 모든 사람의 이목을 그토록 집중시키고 있는 중대한 사건들에 관해 영광스럽게도 본인의 견해를 듣고자 했다. 답장을 1789년 10월 며칠인가에 썼다. 그러나 신중을 기하려고 보내지 않고 지니고 있었다. 그 편지에 관해서는 아래 글의 처음 부분에서 언급했다. 그 후 편지는 원래 의도한 수신인에게 발송되었다. 발송이 지연된 이유도 그 신사 앞으로 보낸 짧은 편지에 설명했다. 그런데 이것이 그 신사에게 저자의 소감을 다시 열렬하게 청하도록 만들었다.[1]

그리하여 저자는 이 주제에 관해 다시 한 번 더 전면적인 검토를 시작했다. 그리고 올해 초봄에 책으로 출판하려고 생각했다. 그러나 일

---

1) 버크가 말하는 "파리에 있는 아주 젊은 신사"는 파리 고등법원에 적을 두고 있던 드퐁(de Pont)이다. 그는 도지사인 부친과 함께 버크를 방문한 적이 있는데, 1789년 11월 초 국민의회를 지지하는 입장을 표명하면서 버크의 견해를 묻는 편지를 보냈다. 버크는 여기서 답장을 "10월 며칠인가에 썼다"고 말했지만, 실제로 11월에 썼으며, 1789년 말에 그 편지를 보냈다고 추정된다―옮긴이.

이 저자에게 점점 더 버거워지면서, 착수한 작업이 한 통의 편지라는 수단에 담을 수 있는 것보다 훨씬 많을 뿐 아니라, 사안의 중대성 때문에 당초에 저자가 작업에 들였던 시간보다 더 면밀한 고찰이 필요하다는 점을 알게 되었다. 그러나 처음 생각을 편지 형식으로 적었고, 실제 쓰기 시작했을 때에도 개인적인 편지로 마음먹었기 때문에, 소감이 확대되고 다른 방향을 취하게 되었다고 해서, 이야기 형식을 바꾸기는 어렵다고 느꼈다. 저자는 자신의 주제를 편리하게 구분하고 배치하기 위해서는 다른 계획이 나을 것이라는 점을 인식하고 있다.

# 제1부 프랑스 사태와 일부 영국인의 경거망동

## 1. 프랑스 국민의회에 축하인사를 보낸 혁명협회

친애하는 신사분께.

귀하는 최근에 프랑스에서 전개된 사태에 관한 내 생각을 자못 열성적으로 다시 요청했다. 나 자신은 내 소감을 남이 듣고자 청했으면 하고 바랄 정도로 가치가 있다고 생각하지 않는다. 내 생각은 아주 가치 없는 것들이어서, 다른 사람에게 알릴지, 알리지 않을지 크게 마음 쓸 일이 못 된다. 당신이 처음 내 생각을 듣기 원했을 때, 나는 다른 누구도 아닌 바로 당신에 대한 배려에서 망설였다. 영광스럽게도 당신 앞으로 써놓았다가 한참 후에야 전달한 첫 번째 편지는, 어떤 특정한 부류의 사람들을 위해서거나, 그들의 입장에서 쓴 것이 아니었다. 이번 편지에서도 그럴 것이다. 오류가 있다면 그것은 나 자신에게서 비롯된 것이다. 내 오류에 대해서는 오직 나에 대한 평판으로 응답될 것이다.

당신에게 전한 긴 편지에서 보는 바와 같이, 나는 프랑스가 합리적 자유정신으로 활기를 얻기를 진심으로 바란다. 그리고 당신들이 매우 진지한 정책을 통해 합리적 자유정신이 깃들 영구적인 조직체와 그 정신이 작동할 실제 기관을 마련해야 한다고 생각한다. 그러나 유감스럽게도 나는 최근 당신들이 행한 조치들 가운데 몇몇 중요한 점에 관해 커다란 의문을 품게 되었다.

저번에 보낸 편지에서 당신은, 헌정협회(Constitutional Society)[1]와 혁명협회(Revolution Society)[2]라는 런던의 두 신사클럽에서 프랑스에 보낸 엄숙한 공개적 승인서를 보고 나도 프랑스에서 벌어지고 있는 행위들을 옹호하는 사람들 가운데 하나일 것이라고 생각했다.

물론 나는 이 왕국의 헌정제도[3]와 명예혁명(Glorious Revolution)[4]의 원리를 기리는 클럽들에 영예롭게도 하나 이상 소속되어 있다. 그리고 헌정제도와 그 원리를 가장 순수하고 활발한 상태로 유지하려는 열정에서는 앞선 사람들 가운데 하나라고 자부한다. 나 자신을 그렇게 여기므로, 나는 이 점에 관해 오해가 없게 하는 것이 필요하다고 생각한다. 우리의 혁명인 명예혁명의 유산을 소중히 가꾸고 이 왕국의 헌

---

1) 1780년 헌정정보협회(Society for Constitutional Information)라는 이름으로 선거권 확대를 목표로 설립되어 1790년 이후 활발해졌다. 버크의 『프랑스혁명에 관한 성찰』을 반박한 『인권』의 저자 페인(T. Paine)도 회원이었다─옮긴이.
2) 명예혁명 100주년을 기념하기 위해 1788년에 설립되었다. 협회 의장 스태너프 백작(Earl Stanhope)은 바스티유 함락을 축하하는 연설문을 파리에 보냈다─옮긴이.
3) 원문은 보통 헌법이라고 번역되는 constitution인데, 영국에는 별도의 헌법전이 존재하지 않으므로 헌정제도라고 번역했다. 그러나 영국에서 constitution은 법과 제도만을 의미하지 않고 원리, 관행 등도 포함하는 넓은 의미로 쓰인다. 아래에서 constitution을 헌법이라고 번역하기도 했는데, 어느 경우나 (영국의) 헌정원리·헌정제도를 포괄한다─옮긴이.
4) 1688년 가톨릭교도인 제임스 2세를 축출하고 그 사위인 네덜란드의 오렌지 공 윌리엄과 딸인 메리를 공동 군주로 추대한 사건인데, "명예혁명"이라는 명칭에 대한 설명으로는 유혈사태가 일어나지 않았기 때문이라는 휘그 측 주장이 정설이다. 의회의 권리를 확장해 영국 왕을 '의회 안에서의 왕'으로 만든 권리장전이 반포되었다. 이태숙, 「명예혁명과 휘그, 그리고 휘그 역사해석」, 『영국연구』, 15(2006) 참조─옮긴이.

정제도에 애착을 갖는 이들은, 그 혁명과 헌정제도에 대한 열정이라는 구실 아래 원래의 원리로부터 너무도 빈번하게 벗어나는 사람들에 휩쓸리지 않도록 주의를 기울일 것이다. 명예혁명을 발생시켰고 현재 헌정제도를 주재하는, 단호하면서도 주의 깊고 신중한 정신에서 매번 쉽게 벗어날 태세인 사람들에 휩쓸리지 않도록 주의를 기울일 것이다. 당신 편지에 씌어 있는 더 중요한 구체적 사항들에 대해 답하기 전에, 프랑스 일에 단체로서 관여하는 일이 적절하다고 여기는 두 클럽에 관해 내가 얻을 수 있었던 정보를 당신에게 전하고자 한다. 먼저 분명히 밝히고 넘어갈 것은 나는 현재 그 협회들 어느 곳도 회원이 아니며, 회원인 적이 없다는 사실이다.

우선, 자칭 헌정협회라든가 헌정정보협회라든가 어쨌든 그 비슷한 이름의 협회는 창립된 지 7, 8년 되었다. 협회 창설은 자선하려는 의도에서 비롯된 듯하여 그 점에서는 칭찬할 만하다. 회원이 비용을 내서 여러 책을 유포하려 한 것이다. 그런데 그 책들은 돈을 내고 살 사람들이 그들 외에는 거의 없을 그런 종류이며, 서적 판매상들의 재고품으로 남아 그 유용한 집단에게 큰 손해를 끼칠 그러한 것들이다. 그렇게 자선심에서 유포된 책들이, 자선에 맞게 읽혔는지 어떤지는 나로서는 알 길이 없다. 아마도 몇 권쯤은 프랑스로 수출되었을 텐데, 여기 영국에서 수요가 없는 물품들이 그러하듯 당신 나라 프랑스에서는 판로를 발견했을지도 모르겠다. 나는 영국에서 보내진 책들에서 얻게 되는 광명에 관해 이야기를 많이 들었다. 프랑스로 건너가는 도중에 무엇이 개선되었는지는 (술은 바다를 건너면서 더 나아진다고 하므로) 나로서는 알 길이 없다. 그러나 상식적 판단력과 조금이라도 정보를 지닌 사람들이 그 협회가 배포하는 출판물 대부분에 대해 칭찬하는 것을 나는 한마디도 듣지 못했다. 그들의 활동에 관해서도, 그들 몇 명을 제외하고는 무슨 대단한 중요성을 지닌다고 여겨진 적이 없다.

　당신네 국민의회(National Assembly)[5]도 이 변변찮은 자선클럽에 대해 나와 똑같은 의견인 듯하다. 국민 전체를 자임하며 당신네들은 유려한 감사의 말을 전부 혁명협회에만 보냈기 때문이다. 영국 헌정협회에 소속된 그들 동료들도 형평의 원리에 따라 약간의 몫을 받을 자격이 있는데도 그러했던 것이다. 당신네들이 혁명협회를 국가적 감사와 칭송을 전할 훌륭한 상대로 선택했으므로, 내가 그 협회의 근래 활동을 고찰 대상으로 삼는 것을 용납할 것이다. 프랑스 국민의회는 혁명협회의 신사들을 선택함으로써 그들의 중요성을 높여주었다. 그들은 국민의회의 원리들을 전파하는 영국 주재 위원회로서 활동함으로써 그 호의에 답례하고 있다. 앞으로 우리는 그 신사들을 일종의 특권층으로 생각해야겠다. 즉 외교에 관계하는 단체의 무시 못할 회원들이라고 말이다. 이것이 미미한 자들에게 영광을 부여하고 알려지지 않은 재능이 두각을 나타내도록 하는 혁명의 한 기능이다. 아주 최근까지도 그 클럽에 관해 나는 들어본 기억이 없다. 확실히 그 클럽에 관해 한순간도 생각해본 일이 없다. 그들 패거리를 제외하고는 누구도 그러하리라고 믿는다. 조사 결과, 종파는 모르겠으나 비국교도[6] 클럽 하나가

---

5) 1789년 5월에 소집된 성직자, 귀족, 제3신분으로 이루어진 신분제의회를 거부하고, 새로운 개념인 국민의 대표자를 자임하는 새 의회로 선포되었다. 1791년 새 헌법에 입각하여 입법의회라는 새 의회가 구성될 때까지 프랑스혁명의 초기 국면을 주재했다─옮긴이.

6) 1534년 잉글랜드의 헨리 8세가 교황청과 절연하고, 왕을 수장으로 하는 개신교 국교회(Church of England)를 수립했다. 16세기 후반부터 영국국교회는 칼뱅 교리를 채용한 퓨리턴 등 개신교 급진파의 도전을 받았고, 17세기 중반 영국내전 후 성립한 공화정에서 국교회가 폐지되기에 이르렀다. 그러나 왕정복고(1660)로 국교회도 부활했다. 이후 비국교도에게는 공직 취임이나 대학 입학 등이 금지되었지만 예배 자유는 인정되었는데, 18세기 초 스코틀랜드와 잉글랜

1688년 혁명기념일에 자신들의 교회 한곳에서 설교를 듣고, 이어서 다른 클럽들이 그러하듯이, 선술집에서 그날을 유쾌하게 보내는 것을 오랫동안 관행으로 해왔다는 것을 알아냈다. 그러나 그들이 외국 헌정 제도의 장점은 말할 것도 없고 어떤 정책이나 정치제도를, 자신들의 축제일에 정식 행사의 주제로 삼았다는 이야기는 들은 바가 없다. 따라서 그들이 일종의 공적 자격으로 축하 연설을 통해 프랑스 국민의회의 조처들에 대해 권위 있는 허가를 내주었을 때, 나는 형언할 수 없이 크게 놀랐다.

그 클럽의 원래 원칙이나 행동에 관해 그것이 표명된 한에서는, 내가 특별취급을 할 만한 것이 없다. 짐작건대 어떤 목적에서든 클럽에 새 회원들이 들어온 듯하다. 그리고 그들 몇몇 신실한 기독교인 정치가들이, 도움을 베풀기는 좋아하면서 자선을 행하는 손길을 감추려고 주의하여, 회원들을 자신들의 경건한 의도를 위한 도구로 만들었을 수도 있다고 생각한다. 내가 몇몇 회원의 개인적 행위에 대해 의심을 품을 이유가 있다고 해도, 나는 공적인 것 외에는 확실하다고 말해서는 안 된다.

나로서는 그들의 행태에 내가 직접적이든 간접적이든 관련되었다고 여겨진다면 유감이다. 분명 나는 공적 무대에서 행해졌던 일들 또는 행해지고 있는 일들을 고찰하는 데 세상의 다른 사람들과 더불어 개인적 자격 범위 안에서 내 몫을 다한다. 그 무대가 고대나 현대의 어느 장소이든, 로마 공화국이든 파리 공화국[7]이든 그러하다. 그러나 보편

---

드가 통합한 통합왕국(United Kingdom)이 성립하면서 스코틀랜드의 장로교도 등 비국교도 수도 증가해 상당한 세력을 형성하게 되었다. 비국교도는 글자 그대로 말하면 가톨릭도 포함하지만, 실제로는 개신교도로서 국교 신봉자가 아닌 사람을 지칭한다—옮긴이.

적 사도라는 사명감을 지니고 있지 않으며 특정 국가의 국민으로서 그 나라의 공식 견해에 상당한 정도로 결속되어 있는 나는, 내가 그 치하에 살고 있는 정부의 명시적 허가 없이 외국의 실제 정부와 정식으로 공적 서신 관계를 맺는다는 것은, 적어도 부적절하며 변칙적이라고 생각한다.

더구나 나는 지위를 모호하게 기재한 채 서신을 주고받는 일은 더욱 하지 않을 것이다. 우리 용례에 익숙하지 않은 많은 사람에게, 내가 이름을 올린 인사말이 이 나라의 법에 따라 승인되었고 국민 정서 일부를 대변하도록 권위를 부여받은 어떤 단체적 자격을 지닌 사람들의 행위로 보이도록 만드는, 그런 모호한 직함을 기재하고는 서신을 주고받지 않을 것이다. 영국평민원이라면 단지 형식상의 문제에서가 아니라, 공인되지 않은 일반적 직함을 기재한 데서 비롯되는 모호함과 불확실성 때문에 그리고 그런 이름으로 저질러질지도 모르는 기만 때문에 아주 사소한 목적 아래 매우 은밀한 그 청원을 거부했을 것이다. 그러나 그런 식으로 기재된 것에 당신들은 접견실 문을 활짝 열고, 마치 영국민 전체를 대표하는 귀빈이 모두 방문한 것처럼, 법석을 부린 예식과 대열을 갖추어 큰 갈채 속에서 국민의회로 안내했다. 만일 그 클럽이 프랑스로 보내기에 적절하다고 생각한 것이 하나의 주장이었다면, 그것이 누구의 주장이었는지는 중요하지 않았을 것이다. 주장은 그것을 보낸 집단 때문에 더 설득력이 있거나 없거나 하지 않을 것이다. 그러나 그들이 보낸 것은 표결을 거친 단 하나의 결의서다. 결의서는 그 권위에 기반해서만 평가되겠는데, 이 경우는 개인들의 권위에 지나지 않

---

7) 이 당시 프랑스는 아직 공화국이 아니었다. 버크는 여기서 국민의회와 파리 지역이 과도한 권력을 행사한다고 비꼬았다―옮긴이.

으며 그 개인들이 누구인지도 거의 드러나지 않는다. 나는 그들의 문건에 서명이 첨부되었어야 했다고 생각한다. 그래야만 사람들은 그들이 몇 사람인지, 그들이 누구인지 그리고 그들 개인의 능력, 학식, 경험 또는 그들이 이 나라에서 지니는 지도력과 권위에서 그들의 견해가 어떤 가치가 있는지 알아낼 수단을 갖게 되었을 것이다. 단지 보통 사람일 뿐인 나에게는, 그들의 행위가 너무 세련되고 너무 영리해 보인다. 그들의 행위는 정치적 전략의 기미를 매우 많이 풍긴다. 근사하게 들리는 명칭을 이용하여 그 클럽의 공식 선언들에 중요성을 부여하려는 전략이 그러하다. 그 선언들은 면밀히 검토해보면 그런 좋은 대우를 받을 자격을 전혀 갖추지 못했다. 이 방책은 사기성이 매우 농후하다.

　나는 그 협회의 어느 신사 못지않게 남자답고 도덕적이고 절도 있는 자유를 사랑한다고 자부한다. 그리고 내 공적 활동 전체를 통해, 그 대의에 대한 애착의 증거를 제시했다고 생각한다. 나는 그들과 마찬가지로 다른 나라의 자유를 시기하지 않는다. 그러나 인간의 행동과 관심사에 관련된 사항에 대해서, 그 대상을 다른 모든 관련성을 떼어버리고 형이상학적 추상성만을 지닌 벌거벗고 고립된 상태로 두고 단순하게 고찰하여 칭찬하거나 비난하는 일에 나설 수는 없다. 상황 (circumstances)은 (일단의 신사들은 그것을 아무것도 아닌 것으로 치부하지만) 실제로 모든 정치적 원리에 각각의 독특한 성격과 각기 다른 영향력을 부여한다. 모든 공적 계획을 인류에게 유익한 것으로 또는 해로운 것으로 만드는 것이 상황이다. 추상적으로 말하면 정부는 자유와 마찬가지로 좋은 것이다. 그러나 상식적으로 봐서도, 내가 10년 전에 (그때는 프랑스에 정부가 있었으니까) 프랑스에 대해 정부를 가졌다는 이유로, 그 정부의 성격이 어떤지, 어떻게 통치되는지 조사해보지도 않고 축하를 보낼 수 있었을까? 지금 내가 같은 국민에 대해 그들의 자유를 축하할 수 있는가? 자유가 추상적으로 인류의 축복으로 간주된다는 이유에서, 독방의 보호적 성격의 감금과 건강에 이로운 어둠에서 도망나온 정신병자를, 그가 광명과 자유를 다시 누릴 수 있게 되었다고 진정으로 축하할 수 있는가? 내가 감옥에서 탈출한 강도와 살인자에게 자연적 권리를 회복했다는 이유로 축하해줘야 하는가? 이것이야말로 갤리선으로 보내지는 범죄자들과 그들의 영웅다운 해방자인 형이상학적이고 용모가 가련한 기사가 등장하는 장면[8]을 재현하는 것이 될 것이다.

　나는 작동 중인 자유정신에서 하나의 강력한 원리가 작용한다고 파악한다. 당분간 이것이 그에 관해 내가 알 수 있는 것 전부다. 세찬 가스가 갇혀 있던 기체가 확연히 터져나왔다. 그러나 우리는 그 첫 거품이 조금 가라앉고 액체가 맑아질 때까지 그리고 요란하고 거품투성이인 표면에서의 소란보다도 더 깊은 것을 볼 수 있을 때까지 판단을 유보해야만 한다. 내가 어떤 사람들을 축복받았다고 공식적으로 축하하러 나서기 전에, 그들이 정말 축복을 받았다고 어느 정도 확신해야만 한다. 아첨은 아첨하는 사람이나 받는 사람을 모두 타락시킨다. 그리고 아부도 왕에게나 일반 백성에게나 마찬가지로 도움이 되지 않는다. 그러므로 나는 프랑스의 새 자유에 축하를 보내는 일을, 그들의 자유가 통치와 어떻게 결합되었는지, 자유가 공적 권력, 군대의 기율과 복종, 효율적이고 잘 배당된 조세 징수, 도덕과 종교, 재산의 안정성, 평화와 질서 그리고 정치적·사회적 관습들과 어떻게 결합되었는지 알게 될 때까지 미룰 것이다. 이 모두가 (각각의 방식으로) 마찬가지로

---

8)『돈키호테』에 나오는 이야기인데, 용모가 가련한 기사는 돈키호테가 스스로 칭한 이름이다—옮긴이.

좋은 것들이다. 그리고 그것들이 없다면 자유는 지속되어도 혜택이 아니며, 오래 유지될 성싶지도 않다. 개인에 대한 자유의 효력은 각자 좋아하는 것을 해도 된다는 것이다. 우리는 곧 불평으로 변할지도 모를 축하를 하러 나서기 전에 그들이 무엇을 하고 싶어 하는지 지켜보아야 한다. 이것이 각자 고립된 사사로운 개인의 경우에 분별력에 따르는 처사다. 그러나 자유는 사람들이 집단으로 행동할 때 권력이 된다. 사려 깊은 국민은 태도를 천명하기 전에 권력이 어떻게 이용되는지 지켜볼 것이다. 특히 그들의 원칙, 기질 그리고 성향에 관해 겪어본 적이 없는 거의 새로운 사람들 손에 새로운 권력이 주어진 매우 어려운 경우에는, 그리고 표면적으로 가장 요란하게 움직이는 사람들이 진정한 추진자가 아닐 수 있는 상황에서는 그러할 것이다.

그러나 이 모든 사려와 분별은 혁명협회의 초월적 위엄에는 미치지 못했다. 내가 시골에 머물면서 당신에게 편지를 쓰는 영광을 누리는 동안, 그 협회 행태에 관해 충분한 지식이 없었다. 도시로 나오자마자 나는 그 협회 회보를 구했다. 협회 회보에는 협회의 공식 출판물로 프라이스 박사(Dr. Price)[9]의 설교가 로슈푸코 공작(Duke de Roche-foucault)과 엑스 대주교(Archibishop of Aix)의 편지 그리고 다른 몇 가지 문건들과 함께 수록되어 있다. 그 출판물 전체는 우리에게 프랑스 국민의회의 행동을 모방하도록 만들어서 프랑스의 사태를 영국

9) 프라이스(Richard Price, 1723~91). 저명한 비국교도 목사로, 인문학자며 수학자여서 그의 저서는 도덕·정치·경제·인구 등 다양한 주제에 걸쳐 있다. 버크는 그의 「우리나라 사랑에 관한 논설」(Discourse on the Love of our Country)을 주요 대상으로 삼아 당시 영국 내 프랑스혁명 찬양자들을 비판했다. 프라이스에 대한 버크의 평가는 아래에 나오는데, "문필가 파벌 및 음모꾼 철학자들과 깊이 연계되고, 또 국내외의 정치적 신학자들 및 신학적 정치가들과 넓게 연루된 인물"이라고 했다―옮긴이.

상황과 연결하려는 명백한 의도를 지닌 것이어서, 나는 적지 않게 불안했다. 국민의회의 조치가 프랑스의 권력, 신용, 번영 그리고 평온에 미치는 영향은 매일매일 더욱 분명해졌다. 프랑스의 장차 국가 조직을 규정할 헌법이 어떤 형태로 결정될지가 더욱 분명해졌다. 우리는 이제 모방 대상이라고 내세워진 것의 진정한 성격을 상당히 정확하게 알아볼 수 있는 위치에 있다. 조심성을 지니고 예의를 갖추도록 하는 분별력이 우리에게 어떤 상황에서는 침묵하도록 명령한다고 하면, 다른 상황에서는 더 고차원의 분별력이 우리에게 우리 생각을 말하도록 정당화할 수 있다. 우리 영국에서 혼란의 조짐은 현재는 매우 미미한 상태다. 그러나 당신들의 경우, 더욱 연약했던 어린애가 시시각각 자라 강력해져서, 산 위에 산을 쌓고 마침내 하늘 그 자체와 전쟁을 벌이는 것을 우리는 보았다. 만일 이웃집에 불이 났다면 우리 집에도 물을 좀 뿌리게 하는 것이 잘못일 수는 없다. 너무 안달하고 걱정한다고 멸시받는 편이, 안전을 과신하여 파멸하는 것보다 낫다.

## 2. 프랑스 사태를 찬양하는 프라이스 박사의 오류

### "프랑스혁명은 이제까지 벌어진 일 중 가장 경악스럽다"

내 나라의 평화를 먼저 염려하지만 당신 나라에 대해서도 결코 무관심하지 않으므로, 나는 애초에는 당신 개인을 위해 시작한 일을 더욱 확대해 의견을 개진하고자 한다. 당신네 사태를 지켜보면서, 당신에게 계속 편지를 쓸 작정이다. 편지 교환 형식이 주는 자유에 기대어서, 나는 의례적인 것에는 주의를 별로 기울이지 않고 생각나는 대로 내 생각을 발표하고 느끼는 그대로 감정을 표현하고자 한다. 먼저 혁명협회의 회보에서 시작하겠다. 그러나 그것에 한정하지는 않겠다. 그렇게 한정하는 것이 가능하겠는가? 나에게는 프랑스만의 사태가 아니라, 전 유럽 그리고 아마도 유럽 너머까지도 미치는 큰 위기 가운데 내가 처해 있는 듯 보인다. 모든 정황을 종합해볼 때, 프랑스혁명은 이제까지 세상에서 벌어진 일 중 가장 경악스러운 일이다. 매우 놀라운 이 사태가 많은 경우 매우 불합리하고 우스꽝스러운 수단에 의해, 매우 우스꽝스러운 방식으로 그리고 명백히 가장 멸시받아 마땅한 도구들에 의해 생겨났다. 경박함과 잔인함이 빚어내고, 온갖 종류의 죄악이 온갖 어리석은 짓과 더불어 뒤범벅이 된 괴상한 이 혼란 속에서는, 모든 것이 본성에서 벗어난 듯싶다. 이 기괴스러운 희비극을 보고 있으면, 어쩔 수 없이 정반대 감정이 교대로 생겨나면서, 때때로 마음속에서 서로 뒤섞이기도 한다. 멸시와 분노가 번갈아 치밀어오르고, 웃음과 눈물이, 냉소와 공포가 교차한다.

그러나 이 이상한 장면을 어떤 사람들은 매우 다른 관점에서 볼 수도 있다는 점을 부인할 수 없다. 그들에게 이 사태는 환희와 열광만을 불러일으켰다. 그들은 프랑스에서 벌어진 일에서, 자유가 단호하고 절도 있게 발휘된 점만을 본다. 그들은 그 사태가 전체적으로 보아 도덕과 경건함에 그대로 일치하므로, 대담한 마키아벨리식 정치가의 세속적인 갈채를 받을 뿐 아니라, 모든 경건한 종교적 웅변을 쏟아내기에 적합한 주제라고 여긴다.

작년 11월 4일 오전에 명망 높은 비국교도 목사인 프라이스 박사는 올드쥬리 거리[10]에 있는 비국교도 교회당에서, 그의 클럽 또는 협회 사람들에게 유별난 잡동사니 설교를 했다. 그 설교에는 건전한 도덕심

---

10) 프라이스 목사의 교회당이 있는 거리 이름인데 번역하면 "구유대인 가"이다. 이하에서는 고유명사로서 올드쥬리로 표기한다—옮긴이.

과 종교심이 들어 있고, 그런대로 잘 표현된 다양한 정치적 의견과 성찰이 죽처럼 뒤섞여 있다. 그러나 그 큰 냄비 안의 주요 재료는 프랑스에서 일어난 혁명이다. 나는 혁명협회가 스태너프 백작[11]을 통해 프랑스 국민의회에 전달한 인사말이, 이 설교에 나타난 원리에서 비롯된 것이며, 그 귀결이라고 생각한다. 설교자가 인사말 전달을 발의했으며, 설교의 영향을 받은 사람들에 의해 명시적이든 암묵적이든 어떤 비난이나 유보 없이 통과되었다. 그러나 만일 관련된 신사들 중 누군가 설교와 인사말 전달 결의를 분리하고자 한다면, 그들은 하나는 인정하는 대신 다른 하나는 부인하는 방법을 아는 셈이다. 그들은 그렇게 할 수 있을지 모르지만, 나로서는 그런 일이 불가능하다.

나는 그 설교를, 문필가 파벌 및 음모꾼 철학자들과 깊이 연계되고, 또 국내외의 정치적 신학자들 및 신학적 정치가들과 폭넓게 연루된 한 인물의 공적 선언으로 본다. 그들이 그 설교자를 일종의 신탁소 예언자로 추켜세웠음을 나는 안다. 왜냐하면 그는 세상에서 가장 선한 의도를 갖고 자연스럽게 '세속 권력에 영합하며'(philippize),[12] 그들의 계획과 정확하게 같은 음으로 그의 예언 노래를 부르기 때문이다.

생각건대 그 설교는, 1648년 이래 이 나라에서 허용되고 장려된 설교대 어디에서도 들은 바 없는 종류의 것이다. 1648년에는 프라이스 박사의 선구자인 휴 피터스 목사(Reverend Hugh Peters)[13]가 세인트 제임스 궁 왕실 예배당의 천장을 성도들의 명예와 특권으로 울려

---

11) 혁명협회의 회장으로, 바스티유 함락을 축하하는 연설을 파리에 보냈다―옮긴이.
12) 마케도니아의 필립 2세가 델피 신전의 사제를 정치 도구로 삼았다고 데모스테네스가 비난한 데서 유래한 단어다―옮긴이.
13) 17세기 영국 내전 때 의회파 군대의 군목이던 급진적 개신교인 독립파 성직자다. 왕정복고 후 찰스 1세의 처형에 가담한 죄로 처형당했다―옮긴이.

퍼지게 했는데, 성도들은 "입으로 하나님을 높이 찬양하면서, 손에는 양날의 칼을 들고 이교도에 대한 심판을 단행하며, **민족들**을 벌하고, **왕들**은 사슬로, **귀족들**은 족쇄로 묶을 것이었다."[14] 설교대에서 행해진 장광설 중에서 올드쥬리에서의 이 설교보다 더 절제심이 부족한 것은 없다. 예외가 있다면 프랑스에서 당신들의 가톨릭 연맹(league) 시대와 우리 영국에서 장엄 동맹과 서약(solemn league and covenant) 시대의 설교다.[15] 그러나 절제 비슷한 것이 이 정치적 설교에 보인다고 가정하더라도, 정치와 설교대는 서로 합의를 이룰 요소가 아니다. 교회에서는 기독교적 사랑이 담긴 위무하는 목소리만이 울려나와야 한다. 각각의 의무를 이렇게 혼동하면, 정치적 자유와 통치라는 대의는 종교적 대의나 마찬가지로 얻을 것이 없다. 각각의 고유 성격을 버리고 각자에 속하지 않은 것을 자임하는 자들은 대부분 그들이 버린 특성과 자임한 특성 모두에 관해서 마찬가지로 무지하다. 그들이 그처럼 간섭하기 좋아하는 그 세계에 관해 전적으로 무지하고, 그들이 그처럼 자신감을 표명한 그 모든 사무에 관해 전혀 경험이 없어서, 그들에게서 정치는 실종되고, 그들이 자극한 열정만 남게 된다. 실로 교회는 인류의 분쟁과 적의에 대해 하루 동안 휴전이 허락되어야만 하는 장소다.

이런 설교단상의 스타일은, 오랫동안 단절되었다가 부활된 것이어서 나에게는 새롭게 느껴진다. 그런데 그 새로움은 위험이 전혀 없는 것이 아니다. 나는 설교의 모든 부분에 똑같이 이러한 위험이 있다고

---

14) 「시편」 149편.
15) 프랑스의 가톨릭 연맹은 16세기 종교전쟁 시기의 산물이고, 영국의 장엄 동맹과 서약은 17세기 내전기에 잉글랜드 의회파와 스코틀랜드 장로파 사이에 맺어졌다—옮긴이.

비난하는 것은 아니다. 우리나라 한 대학에서 지위가 높은 사람으로 생각되는 한 고결하고 존경스러운 속인(俗人) 신학자에게, 그리고 다른 "지위와 학식 있는" 속인 신학자들에게 준 충고는,[16] 비록 약간 새로운 감이 있지만 적당하고 시기적절하다고 볼 만하다. 만일 고결한 시커파(Seekers)가,[17] 그들의 경건한 환상을 만족시킬 만한 것을 국교회의 오래된 소재에서건, 비국교도 종파라는 고루 갖춰진 물품 창고의 풍부한 다양함 속에서건 찾지 못한다면, 프라이스 박사는 그들에게 종교적 불일치를 밀고 나가라고 조언한다. 그리고 그들 각자의 독특한 원리에 입각한 별개의 회합 장소를 세우라고 조언한다.[18] 이 목사가 새 교회들을 세우는 데 그렇게 열성이면서, 그 안에서 가르치는 교리들에 관해서는 그처럼 무관심하다는 점은 주목할 만하다. 그의 열성은 독특한 성질의 것이다. 그 자신의 의견을 선전하려는 열정이 아니고, 어떤 의견이건 선전하려는 열정이다. 그의 열정은 진리의 전파가 아니라, 반론을 퍼뜨리려는 열정이다. 성직자들이 서로 반대하기만 하도록 하라. 누구에게 반대하든, 무엇에 반대하든 문제되지 않는다. 이 위대한 요점이 일단 확보되기만 하면, 그들의 종교가 합리적이며 남자다울 것이라는 점이 당연시된다. 나는 이 계산가 목사가[19] 이러한 "많은 설

---

16) 프라이스 박사, 「우리나라 사랑에 관한 논설」, 1789년 11월 4일(3판, 17, 18쪽).

17) 17세기 급진 개신교인 독립파로서 후에 지도자 대부분이 퀘이커교도가 되었다—옮긴이.

18) "국가가 권위로 지정한 예배 형태를 좋아하지 않는 사람들은, 만일 그 자신이 찬동하는 교회 외에서는 예배할 수 없다면, 자신들을 위한 예배당을 따로 설립해야 한다. 이렇게 함으로써 그리고 이성적이고 남자다운 예배의 실례를 제공함으로써 지위와 학식이 있는 유력자들은 회중과 세상에 매우 큰 공헌을 할 수 있게 된다." 프라이스 박사, 「논설」, 18쪽.

19) 프라이스는 도덕론·정치론을 발표한 외에, 수학자로서 재정과 인구문제에 관해서도 저술했다—옮긴이.

교자들로 이루어진 대집단"에서 계산해내는 모든 이익을 종교가 거둘 수 있는지 의심스럽다. 의심할 바 없는 것은, 비국교도라는 '말린 식물 표본집'을 현재 장식하고 있는 이미 알려진 강(綱)과 속(屬) 그리고 종(種)의 방대한 수집에 그것은 정체불명의 것들로 이루어진 또 하나의 가치 있는 추가가 될 것이라는 점이다. 지체 높은 공작, 후작, 백작이 행하는 설교 또는 대담한 남작이 행하는 설교가 틀림없이 이 도시의 즐거움을 증가시키고 다양화할 것이다. 현재 이 도시는, 따분한 유흥이 획일적으로 만연해 있는 데 싫증을 내기 시작한 참이다. 나는 다만 이 새 설교자들이, 그들이 차지한 설교대에서 발설하리라고 예상되는 민주적이며 평준화 원리에 어떤 종류든 한계를 지키기를 요구할 뿐이다. 이 새 복음주의자들은 내가 감히 말하건대, 그들에게 걸었던 희망을 실망으로 바꾸어버릴 것이다. 그들은 문자 그대로이든 비유적이든 논쟁적인 신학자가 되지 않을 것이며, 옛적 은혜로운 시기에 그랬던 것처럼 기병대와 보병, 포병 군단에게 자신들의 교의를 설교할 수 있도록 회중을 훈련하려고도 하지 않을 것이다. 그러한 행위들은 강제적인 정치적·종교적 자유의 노선에는 유익할지라도, 국가의 평온에는 마찬가지로 도움이 되지 않을 것이다. 내가 바라는 이러한 몇 가지 한계는 불관용을 크게 확대하는 것이 아니며, 전제주의를 매우 난폭하게 시행하는 것도 아니다.

**프라이스 박사가 말하는 "우리의 통치자를 선택할 권리"**

그러나 나는 우리의 설교자에 대해 "그가 폭력에 기울일 모든 시간을 난센스에 집중하기를"[20]이라고 말하려 한다.──호통 치는 그의 교

---

20) 1세기 말 2세기 초 로마의 풍자시인 유베날리스(Juvenalis)가 『풍자시』

서(敎書)에 있는 모든 것이, 그 경향에서 그렇게 무해하지만은 않기 때문이다. 그의 교리는 우리 헌정제도에서 중요한 부분들에 영향을 미친다. 그는 혁명협회 회원에게 이 정치적 설교에서, 우리 국왕이 "그 왕관을 인민의 선택에 의해 얻었으므로 세계를 통틀어 거의 유일한 합법적 왕이다"라고 말했다. 이 인간의 권리의 최고사제는 힘이 넘쳐서, 그리고 12세기 절정기의 격렬함 속에서 행사된 교황의 왕위 박탈권보다도 더 대담하게, 세계의 왕들을 모두(한 명만 빼고) 파문이라는 단 하나의 포괄적 조항 속에 끌어넣고서, 지구상의 위도와 경도 전체에 걸쳐 찬탈자들을 지정한 것이다. 이제 왕들은 백성에게 그들이 합법적인 왕이 아니라고 말할 이 사도 전도사들을 자기 영토에 받아들일 것인지 곰곰 생각해보아야 할 것이다. 그것이 왕들의 문제다. 우리 몫은 상당히 중요한 국내 문제로서, 이 신사들이 영국 왕 한 명에게 그들의 충성을 받을 자격이 있다고 인정하는 데 기반이 된 유일한 원리가 건실한지 여부를 고찰해보는 일이다.

　이 교리는 영국 왕위에 있는 왕에게 적용된 경우, 난센스로서 참도 아니고 거짓도 아니거나 또는 가장 근거 없고 위험하며 불법적이고 비헌정주의적 견해를 표명하는 것이 된다. 이 신학적 정치박사에 따르면, 만일 왕께서 왕위를 신민의 선택에 따라 얻은 것이 아니라면, **합법적 왕이 아니라는** 것이다. 이 왕국의 왕이 그런 식으로 즉위한다고 말하는 것처럼 더 사실무근인 것은 없다. 따라서 만일 그들의 규칙을 따른다면, 영국 왕은 어떤 형태든지 인민의 선출에 의거한 바 없으므로, 그는 이 불행한 세계 전체에 걸쳐 군림하고 강탈하는 나머지 찬탈자들

---

(Satires)에서 황제 도미티아누스(Domitianus, 재위 81~96)를 비난하며 읊은 글귀다─옮긴이.

의 무리——백성의 충성을 요구할 수 있는 어떤 형태의 권리나 자격을 가진 바 없는——에 비해 더 나은 점이 없게 된다. 이 일반적인 이론을 그렇게 한정하는 그 책략의 의도는 아주 명백하다. 이 정치적 복음의 전파자들은, 자신들의 추상적 원리(군주가 합법적으로 존재하기 위해서는 인민에게 선택받을 필요가 있다는 그들의 원리)가 영국 왕에게 영향을 미치지 않는 한, 별 탈 없으리라는 희망을 갖고 있다. 그러는 사이에 그들이 담임하는 회중의 귀는 점차로 그에 익숙해져서, 그것이 마치 논란 없이 받아들여질 일차적 원리처럼 될 것이다. 현재로서는 그것이 하나의 이론으로서, 설교대에서의 열변이라는 보존액으로 절여져서 장차 이용되도록 놓여 있는 상태로만 작용할 것이다. "찾고 또 찾아 지혜를 발견하면, 나는 비 오는 날을 위해 예비해둘 것이다."[21] 이러한 술책에 의해, 정부에 유리한 유보조항——우리 정부가 주장할 수 있는 것이 아닌데도——을 가지고 우리 정부를 달래놓으면서, 한편으로 여론이 보장하는 역할을 하는 한, 우리 정부가 모든 정부와 공통으로 지니는 그 보장을 박탈해버렸다.

이렇게 하여 이 정치가들은, 그들의 교리에 사람들이 거의 주의를 기울이지 않는 동안 전진하는 것이다. 그러나 그들이 하는 말의 명백한 의미와 그들 교리의 직접적 경향에 근거하여 검사받는 단계가 되면, 얼버무리기와 발뺌하는 설명 방식이 등장한다. 그들은 아마도 우리에게, 그들이 우리 왕은 신민의 선택에 의해 즉위하므로 세계에서 유일하게 합법적 군주라고 말할 때, 왕의 선조 중 몇몇이 일종의 선택에 따라 즉위했고, 그러므로 왕이 왕위를 인민의 선택에 의거했다고 말하는

---

21) 기원전 1세기 로마 시인 호라티우스(Horatius)의 『서간』(*Epistles*)에 나오는 구절이다. 대표작은 신, 로마 초대 황제 아우구스투스, 친구들, 술자리, 여자, 전원생활 등 다채로운 주제를 다룬 『서정시』이다—옮긴이.

것일 뿐이라고 이야기할 것이다. 그리하여 그들은 궁색한 핑계로 자신들의 주장을 안전한 것으로 둔갑시키려 하지만, 이는 자신들의 주장을 무효화하는 짓이다. 그들은 죄지은 다음 찾는 피신소에 쉽게 들어갈 수 있는데, 그 이유는 자신들의 오류 속으로 피신하기 때문이다. 이 해석을 받아들인다면, 그들의 선출 개념(their idea of election)이 우리의 세습 개념(our idea of inheritance)과 어느 정도나 다르다고 하겠는가? 제임스 1세 후손인 브룬스윅 가계(Brunswick)의 왕위 계승이,[22] 어떻게 이웃 나라의 어떤 왕가보다도 이 왕국을 합법화하게 되는가? 물론 모든 왕조의 창시자들은 어떤 시점에서든, 그들에게 통치하도록 요청한 사람들에 의해 선택되었다. 유럽의 모든 왕국이 아주 옛날에는, 선택 대상에 다소간 제한이 있었지만, 모두 선거에서 비롯되었다고 보는 견해에는 충분한 근거가 있다. 그러나 이 나라나 다른 나라의 왕들이 천 년 전에 무엇이었든지, 영국이나 프랑스를 지배하는 왕조가 어떤 방식으로 시작되었든지, 영국의 왕은 현재 자신의 나라의 법에 따라 세습이라는 확고한 규칙에 의거하여 왕이 된 것이다. 통치에 관한 협약의 법적 조건들을 왕이 이행하는 한(현재 이행되고 있는 바대로), 왕은 개인적으로나 집단적으로나 왕을 선출하는 데 한 표도 갖지 못하는 혁명협회의 선택을 전혀 무시하고, 왕위를 보유한다. 만일 때가 무르익어 그들의 주장이 실시되게 되면, 그들이 곧 자신들을

---

22) 권리장전의 규정에 따라 윌리엄과 메리를 계승한 앤 여왕이 자녀 없이 죽자(1714) 영국 왕위를 계승한 독일계 조지 1세의 가계로, 하노버(Hanover) 선제후였으므로 보통 하노버 가로 불린다. 버크가 아래에서 설명한 대로 조지 1세는, 제임스 1세의 외손녀 소피아(Sophia)와 하노버 선제후 에르네스트 아우구스투스(Ernest Augustus) 사이의 소생이다. 하노버 가라는 명칭은 빅토리아 여왕 때까지 지속되다가 제1차 세계대전 중 독일에 대한 반감을 고려하여 윈저(Windsor)로 변경되었다—옮긴이.

선거인단으로 구성하리라는 점에 나는 의문을 제기하지 않지만 말이다. 국왕 폐하의 후손과 후계자는 각각의 시기와 순서에 따라, 국왕 폐하가 왕위에 오른 것과 똑같이 그들 협회의 선택은 전혀 무시하고 왕위에 오를 것이다.

국왕 폐하께서 왕위를 신민의 선택에 의거한다고 상정하여 (왕은 왕위를 백성의 소망과 일치하여 보유하지만) 사실에서 중대한 잘못을 저지른 것을 해명하는 데에 회피 전략이 얼마나 성공할지 몰라도, 그들이 직접적으로 주장하고 끈덕지게 고집한 인민의 선택권에 관해 명명백백하게 선언한 사실은 무엇을 가지고도 회피할 수 없다. 선거에 관한 모든 에두른 암시의 바탕에 이 전제가 있으며 이와 관련 지을 수 있다. 국왕을 합법적 자격자로 만드는 유일한 기반이 자유에 대한 아첨 섞인 호언장담에 불과한 것으로 비춰지지 않게 하기 위해 그 정치적 목사는 영국인이 명예혁명의 원리에서 세 개의 근본적 권리——그는 그 권리들이 하나의 체계를 이루며 하나의 짧은 문장 속에 개괄된다고 본다——를 획득했다고 독단적으로 주장한다.[23] 즉 우리는 다음 권리를 획득했다는 것이다.

1. "우리의 통치자를 선택할" 권리
2. "부당 행위를 이유로 통치자를 추방할" 권리
3. "우리 힘으로 정부를 세울" 권리

이 새롭고 들어본 적이 없는 권리장전은, 비록 전체 인민의 이름으로 만들어졌지만 그 신사들과 그 일당에게만 속하는 것이다. 전체 영

---

23) 프라이스 박사, 「우리나라 사랑에 관한 논설」, 34쪽.

국민은 그것에 관여한 바 없다. 영국민은 그것을 전적으로 부인한다. 그 원리를 실천하려고 할 경우 영국민은 생명과 재산을 바쳐 저항할 것이다. 영국민은 바로 그 명예혁명 때 만들어진 자신들 국가의 법률에 따라 그렇게 해야만 한다. 그 협회는 허구의 권리들을 옹호하기 위해서 명예혁명을 끌어들였는데, 이는 명예혁명의 이름을 악용하는 것이다.

올드쥬리에 모인 이 신사들은 1688년의 혁명에 관해 추론하면서, 그보다 40년 전에 영국에서 일어난 혁명과[24] 최근의 프랑스혁명을 너무 많이 눈앞에 그려내고 마음속 깊이 유념함으로써 세 혁명을 계속 혼동하고 있다. 우리는 그들이 혼동하는 것을 분리할 필요가 있다. 그들의 잘못된 환상에 대항하여 명예혁명의 진정한 원리들을 찾기 위해서는, 우리가 존경하는 그 혁명 때 제정된 **법률**들을 불러내야 한다. 1688년의 혁명 원리를 발견할 수 있는 것이 있다면, 그것은 권리선언(Declaration of Right)[25]이라고 불리는 법률에서다. 정열적이고 경험 없는 열성분자들에 의해서가 아니라, 위대한 법률가와 정치가가 작성한 매우 현명하고 분별 있고 사려 깊은 그 선언에는, "우리 자신의 **통치자**를 선택하고 부당 행위를 이유로 추방하고 우리 **힘으로** 정부를 **세울**" 보편적 권리에 관해서는 한마디도 또는 암시조차도 들어 있

---

24) 보통 "영국혁명", "청교도혁명", "영국 내전" 등으로 불린다. 1640년에 소집된 장기의회와 국왕 찰스 1세의 갈등이 심화되어 의회파와 왕당파 사이의 내전, 찰스 1세의 처형, 크롬웰의 호국경 즉위 등을 거쳐 1660년 왕정복고가 이루어지기까지의 사태를 말한다—옮긴이.

25) 권리선언은 윌리엄과 메리가 왕과 여왕으로 즉위한 1689년 2월에 낭독된 문서다. 이 문서는 약간 수정되어 권리장전(Bill of Rights)이라는 이름으로 그해 말에 법률이 되었다. 버크는 권리선언과 권리장전을 구별 없이 썼다. 권리선언과 권리장전의 제정과정과 내용에 관하여는 이태숙, 「명예혁명과 휘그 그리고 휘그 역사해석」, 『영국연구』 15(2006) 참조—옮긴이.

지 않다.

이 권리선언(윌리엄과 메리 1년 제2회기 제2법)은 보강되고 해석되고 개선되었으며, 그 기본원리는 영구적으로 확정된 채 우리 헌정의 주춧돌이 되었다. 그것은 "신민의 권리와 자유를 선언하고 왕위 계승을 정한 법"이라 불린다. 당신은 이 권리들과 이 계승이 한 몸으로 선언되어서 나뉠 수 없게 결합된 것을 인식할 것이다.

몇 년 후 국왕을 선출할 권리를 주장할 수 있는 두 번째 기회가 왔다. 윌리엄 왕과 메리 여왕이 그리고 그 후 앤 여왕까지도 후손을 남길 수 없다는 전망이 서자, 의회는 왕위 계승을 정하고 인민의 자유를 더 보장해야 하는 과제에 당면했다.[26] 의회는 이 두 번째 기회에서 올드 쥬리의 사이비 혁명 원리에 입각하여 왕위를 합법화하는 조항을 마련했던가? 아니다. 그들은 권리선언에서 천명된 원리를 따랐다. 즉 왕위 계승자를 더 정확하게 개신교도 가계에서 지정한 것이다. 이 법은 또한 같은 정책에 입각하여, 동일한 법 안에 우리 권리와 세습적 계승을 결합했다. 우리 자신의 통치자를 선택할 권리 대신에, 그들은 그 가계(제임스 1세에서 이어지는 개신교도 가계)에서 계승하는 것이 "왕국의 평화와 평온 그리고 안전에" 절대적으로 필요하며, "신민이 그 보호를 위해 안전하게 의지할 수 있는 왕위 계승의 확실성을 유지하는 것"이 마찬가지로 시급하다고 선언했다. 이 두 법률은 명예혁명의 정책에 관해 오해 여지없이 명쾌한 신탁을 들려준다. 이 두 법률은 "우리의 통치자를 선택할 권리"라는 집시식의 현혹하는 예언을 장려하는 대신에, 필요성에서 나온 하나의 사례를 법의 원칙으로 만드는 데 대해 국민의 지혜가 얼마나 전적으로 반대했는지를 명시하는 증거다.

---

26) 이 필요에서 제정된 법이 1701년 왕위계승법이다─옮긴이.

의문의 여지없이 명예혁명에서는, 윌리엄 왕의 경우 정상적인 세습 계승의 엄격한 순서에서부터 사소하고 일시적인 이탈이 있었다. 그러나 특수한 사례로 한 개인에 관해 제정된 법에서 원리를 이끌어내는 것은 법리학의 모든 진정한 원리에 역행하는 것이다. "개별적 특권은 선례가 될 수 없다."[27] 인민이 선택한 왕이 유일하게 합법적인 왕이라는 원리를 이끌어낼 수 있는 절호의 시기가 있었다고 한다면, 의심할 바 없이 그 혁명 때였다. 당시에 그러한 일이 행해지지 않았다는 사실은, 언제든지 그런 일은 행해져서는 안 된다는 것이 국민 의견이었다는 증거다. 두 정당의 의회 다수파는 그 원리와 닮은 어떤 것에도 찬동할 의사가 전혀 없었다는 것, 처음에 그들은 공석이 된 왕위를 오렌지 공에게가 아니라 그의 아내이며 제임스 왕의 첫째 소생으로 그들이 의심할 바 없이 제임스 왕의 딸이라고 인정한[28] 메리에게 부여하려고 결심했다는 사실을 모를 정도로, 우리 역사에 완전히 무식한 사람은 없을 것이다. 당시 상황 전부를 당신에게 상기시키는 일은 매우 진부한 이야기를 반복하는 것이 될 것이다. 그들이 윌리엄을 왕으로 받아들인 것은 원래 의미에서 선택이 아니었다. 제임스 왕을 실제로 다시 불러들여 나라를 피바다로 만들고, 그들의 종교와 법률 그리고 자유를, 그들이 막 벗어났던 위험 속에 다시 빠뜨리기를 원하지 않았던 그들 모두에게는, 그것은 필요성이 지닐 수 있는 가장 엄격한 도덕적 의미에서 **필수적인 행위**였다.

---

27) 로마법의 금언인데, 버크는 라틴어로 적어놓았다—옮긴이.

28) 제임스 2세가 재혼해서 얻은 아들에 관해, 제임스 반대파는 제임스의 아들이 아니라고 주장했다. 제임스 2세가 명예혁명으로 축출되면서 이 아들은 왕위계 승권을 상실했는데, 그를 영국 왕위에 복위하려는 제임스파(Jacobites) 운동이 18세기 중반까지 지속되었다. 그는 "왕위계승권 참칭자"(the Pretender)로 불렸다—옮긴이.

일시적으로 그리고 단 한 번의 사례로서, 의회가 세습의 엄격한 순서에서 벗어나 제1계승자는 아니지만 계승 서열에서 매우 상위에 있는 왕을 옹립했던 바로 그 법에서 권리선언이라고 불리는 그 법안을 기초한 솜머스 경(Lord Somers)[29]이 그 미묘한 시기에 어떻게 대처했는지 주목할 만하다. 바로 이 위대한 인물과 그를 따르는 의회가 이 부득이한 법에서 세습계승의 관념에 도움이 될 만한 모든 것을 동원하고 강화하고 이용하면서도, 연속성에서 이러한 임시 분리를 어떻게 솜씨 좋게 숨겼는지를 살펴보는 것도 흥미롭다. 솜머스 경은 귀족원과 평민원에게 의회 법이 지니는 딱딱하고 명령조의 양식에서 벗어나서 경건한 감정에 휩싸여 다음과 같이 선언하도록 했다. 즉 "상술한 폐하 두 분을 얻어서 그들의 조상의 왕좌에 앉아 우리를 통치하시는 것은 놀라운 섭리요 이 나라에 대한 신의 자비로운 은혜라고 여기며, 그들의 가슴 깊은 곳에서부터 감사와 찬양을 올린다"라고 선언한 것이다.── 이 의회는 분명히 엘리자베스 여왕 1년 제3법과 제임스 1세 1년 제1법인 승인법을 염두에 둔 것으로 보이는데, 이 두 법은 왕위가 세습되는 성격임을 강력하게 선언하는 것이었다. 그리고 그들은 이 옛 선언적 법들에 있는 감사의 단어들과 형식까지도 많은 부분에서 거의 문자 그대로 따랐다.

귀족원과 평민원은 윌리엄 왕 때의 법에서, 그들이 자신들의 통치자를 선택할 권리를 행사하고, 더욱이 선출을 왕의 유일한 합법적 근거로 만들 좋은 기회를 가졌다는 점에 대해 신에게 감사한 것이 아니었다. 그러한 겉모습조차 최대한 피할 수 있는 상황에 놓여 있었다는 점이

---

29) 남작 작위를 지닌 휘그 정치가로서 윌리엄 3세의 고문관과 대법관을 역임했다─옮긴이.

그들에게는 섭리가 내려준 도피처로 생각되었다. 그들은 개선된 계승 순서를 통해 지속하려고 한 권리를 약화시킬 경향이 있는 모든 상황에, 또는 그들이 영구적으로 결정한 바로부터 후에 이탈할 선례를 제공할지 모르는 모든 상황에 현명하고 정교한 베일을 덮었다. 따라서 그들은 왕국의 활기를 떨어뜨리지 않도록 하고, 메리 여왕과 엘리자베스 여왕의 선언적 법에서[30] 보는 바대로 선조의 관행에 그대로 따르기 위해, 다음 구절에서 왕위에 속하는 모든 법적 대권(all the legal prerogatives of the crown)을 왕에게 부여했다. 그들은 "왕들에게 대권이 완전히, 정당하게 그리고 **전면적으로** 부여되고 편입되고 결합되고 소속된다"라고 선언했다. 다음 구절에서는 왕위 자격에 대한 참칭 때문에 문제가 발생하는 것을 방지하기 위해, 그들은 (여기서도 전통적인 어휘를 국가의 전통적 정책과 함께 준수하고, 전례 규정집처럼 앞서의 엘리자베스와 제임스 시대 법들의 언어를 반복하면서) "이 나라의 통합과 평화 그리고 평안이, 신의 가호 아래 계승의 확실성을 지키는 것에 전적으로 달려 있다"라고 선언했다.

왕위계승 자격이 의심되는 경우, 그것이 선출과 매우 비슷하게 되리라는 점을 그들은 알고 있었다. 그리고 선출이 그들이 중요하게 여기는 "국가의 통합과 평화 그리고 평안"에 전적으로 파괴적이리라는 점을 알았다. 그러한 목표를 달성하기 위해, 그리하여 "우리 통치자들을 선택하는 권리"라는 올드쥬리의 교리를 영원히 배제하기 위해 그들은 한 구절을 덧붙였다. 그 구절은 앞선 엘리자베스 여왕 시기의 법에서 따온 매우 엄숙한 서약을 포함하는데, 세습에 따른 계승을 옹호하면서 서약한 것 중에서 또는 서약할 수 있는 것 중에서 가장 엄숙한 것이다.

---

30) 메리 여왕 1년, 제3회기 제1법.

그리고 그 서약은 협회가 그들에게 귀속시켰던 원리를 부인하는 데도 마찬가지로 매우 엄숙하다. "귀족원과 평민원은 상기한 모든 인민의 이름으로 공손하고 충성스럽게, 그들 자신과 상속인과 후손들에 이르기까지 영원히 복종을 바친다. 그리고 자신들의 폐하와 여기에 명기된 왕위의 계승 순서를, 그들의 힘이 다할 때까지 지키고 유지하고 방어하기를 충실하게 서약한다" 운운.

우리가 그 혁명에 의해 우리 왕을 선출할 권리를 획득했다는 말처럼 사실과 동떨어진 것은 없다. 그리고 설사 우리가 전에 그 권리를 지니고 있었더라도, 영국민은 당시에 자신과 후손을 위해 영원히 엄숙하게 부정하고 폐기했다. 이 신사들은 자신들의 휘그(Whig)[31] 원리에 대해 자신들 좋을 대로 자만할 수 있을 것이다. 그러나 나는 솜머스 경보다 더 나은 휘그로 받들어지고 싶은 생각이 없다. 명예혁명을 성사시킨 사람들보다 명예혁명의 원리를 더 잘 이해할 마음도 없다. 그리고 우리 법률과 가슴에 감동적인 문체로 그 영원한 법의 언어와 정신을 새겨 넣은 사람들조차 알지 못하는 신비한 뜻을 권리선언에서 읽을 마음도 없다.

이 나라 사람들은 그때 무력과 기회에서 얻은 권력에 힘입어, 왕좌의 행방을 결정할 방식을 택하는 데 어떤 의미에서 자유를 지니고 있었다는 것이 사실이다. 그러나 그 자유는 그들이 왕정과 함께 헌정의 다른 모든 부분도 전면적으로 폐지해버릴 수 있는 바탕 위에서만 행사

31) 명예혁명 전에 후일의 제임스 2세를 왕위계승에서 배제하려 한 일파를 반대파가 스코틀랜드 반란자 명칭인 휘그로 부른 데서 유래한다. 그 반대파도 아일랜드 도적을 가리키는 토리라고 불림으로써 휘그와 토리는 영국의 전통적 양대 당파 이름이 되었다. 휘그파는 대체로 국왕보다 의회 중심이며 비국교도와 상업적 이익에 우호적인 반면 토리파는 국왕과 국교회 그리고 지주인 젠트리를 중시한다―옮긴이.

될 수 있는 것이었다. 그러나 그들은 그처럼 대담한 변화가 그들의 임무에 속한다고 생각하지 않았다. 아마도 당시 의회에서 행사했던 것과 같은 최고 권능에 대해, 단지 추상적으로 한계를 설정하는 일은 진정 어렵고 아마도 불가능할 것이다. 그러나 더 논란 없는 최고 권력도, 때때로의 자의적 의사를 영원한 이성에 종속시키고 신의와 정의 그리고 확고한 근본적 정책의 건실한 원리에 종속시키는 도덕적 의미에서 권한의 한계에 관해서는 완전하게 이해할 수 있다. 그리고 그 한계들은 국가에서 어떤 명칭이나 직위로든 권위를 행사하는 사람들을 전적으로 규제한다. 예를 들어 귀족원은 평민원을 해산할 능력을 도덕적인 면에서 지니지 않는다. 그뿐 아니라 귀족원은 스스로 해산할 수 없고, 원한다고 해서 입법부의 자체 몫을 포기할 수도 없다. 왕은 개인으로서는 양위할 수 있으나 왕국 전체를 양위할 수는 없다. 마찬가지로 강력한 또는 더 강력한 이유에서 평민원은 자체가 지닌 권위의 몫을 부인할 수 없다. 통상 헌법(constitution)이라는 이름으로 불리는 사회의 약속과 협정은, 그러한 침해와 포기를 금지한다. 국가의 헌정 기구들은 서로 그리고 약속에 의해서 중대한 이해관계를 맺는 모든 사람과 공적 신뢰를 유지할 의무를 진다. 그것은 국가 전체가 개별 공동체와 약속을 지켜야 하는 것과 마찬가지다. 그렇지 않다면 법적 권한과 세력이 곧 혼동되어버려서, 우세한 세력이 갖는 의사 말고는 어떤 법률도 남아나지 않게 된다. 이 원리에서 왕위 계승은, 법에 따라 세습하는 현재 형태대로 행해져왔다. 이전의 왕가 계승은 보통법(common law)에 따른 계승이었다. 이제 새 왕가 계승은 보통법의 원리에 입각하여 운용되는 제정법(statute law)에 의거한다. 제정법은 내용을 변화시키지 않고 방식만을 규제했으며, 왕이 될 인물을 규정했을 뿐이다. 이 두 종류의 법은 동일한 효력을 지니는데, 국가에 관한 공동 동의와 최초 협정, 즉 '국가 전체의 공통 약속'에서 유래하는 하나의 동등한 권위에 기반을 둔다. 따라서 계약 조건이 지켜지는 한, 그리고 동일한 정치체를 지속하는 한, 왕과 신민을 똑같이 속박한다.

우리가 만일 형이상학적 궤변이 만들어내는 미로에 빠지지 않는다면, 확정된 규칙과 일시적 이탈을 둘 다 이용하는 것을 조화하는 일이 결코 불가능하지 않다. 즉 우리나라의 통치에서 세습원리에 따른 왕위 계승의 불가침성과 극단적 비상사태의 경우에 그를 적용할 때 변화의 힘을 조화하는 문제가 그것이다. 그러한 극단적 시기에도 (명예혁명 때의 권리행사를 우리 권리의 기준으로 삼는다면) 변경은 불가피한 이탈을 초래한 문제 있는 부분에만 한정되어야 한다. 그리고 그 경우에도 변경은, 사회의 제일 요소에 근거하여 새로운 공공질서를 창조하려는 목표 아래 시민적·정치적 집합체 전체를 분해하는 일 없이 이루어져야 한다.

약간을 변화시킬 수단을 갖지 않은 국가는 보존을 위한 수단도 없는 법이다. 국가에 그러한 수단이 없다면, 독실한 마음으로 보존하려 했던 헌정 부분마저 상실하는 위험에 빠질 수 있다. 보존과 교정이라는 두 원리는, 영국에 왕이 존재하지 않았던 때인 왕정복고와 명예혁명이라는 위기의 두 시기에 강력하게 작동했다. 그 두 시기에 국민은 그들의 오랜 건축물에 존재하는 통합의 유대를 상실해버렸다. 그러나 그들은 전체 구조를 해체하지는 않았다. 반대로 두 경우 모두에서, 손상되지 않은 부분들을 통해 옛 헌정체제의 결함 부분을 쇄신했다. 그들은 이 오래된 부분들을 이전 상태 그대로 유지해 쇄신된 부분이 잘 들어맞도록 했다. 그들은 옛 조직의 형태를 유지하며 옛날에 조직되었던 신분제의회로 행동했던 것이지, 유대가 풀린 인민이라는 유기체 분자들로 행동한 것이 아니었다. 세습에 따른 계승 원리에서 이탈했던 명예혁명 때처럼, 최고권력을 지닌 입법부가 영국 헌정의 근본 원리에 대해 애정 어린 존중을 드러낸 적은 아마 없었을 것이다. 당시에 왕위는 계승되던 직계에서 벗어났다. 그러나 새 가계는 동일한 줄기에서 나온 것이었다. 새 가계도 마찬가지로 세습으로 전달되는 가계였다. 비록 세습에 따른 전달은 개신교도로 한정되었지만 같은 혈통 내에서 세습에 따른 전달이었다. 입법부가 방향을 바꾸었으나 원리를 지켰을 때, 그들은 그 원리를 불가침인 것으로 지킨다는 점을 보인 것이다.

이 원리에 입각하여 세습 법칙은, 옛적에 그리고 명예혁명 오래전에 몇몇 수정을 용인한 바 있었다. 노르만의 정복[32] 얼마 후, 세습 계승의 법적 원리에 관해 큰 문제가 제기되었다. 균분상속인(the heir *per capita*)이 상속해야 할지 직계상속인(the heir *per stirpes*)이 상속해야 할지가 의문 대상이 되었다. 그러나 **직계상속**이 행해지고 **균분상속**이 포기되든 또는 개신교도가 채택되어 가톨릭 후계자가 밀려나든, 세습 원리는 모든 변전 속에서 일종의 영생적인 것으로서 지속되었다. ── "영속하는 가계가 확실한 계승에 따라 통치한다. 가문의 재산은 유지되며 조부의 조부는 긴 명단을 이룬다."[33] 이것이 우리 헌정 제도의 정신이다. 고정된 경로의 경우뿐 아니라, 모든 혁명의 경우에도 그러하다. 누가 왕위에 오르든 어떤 방식으로 오르든, 왕관을 적법하게 얻든 무력으로 얻든, 세습에 따른 계승은 지속되거나 채택되었다.

혁명협회의 신사들은 1688년의 혁명에서 헌정제도 이탈 외에는 아

---

32) 1066년 현재 프랑스 지역의 노르망디 공이 영국에 침입해 앵글로색슨계 왕 해럴드 2세를 헤이스팅스 전투에서 격파하고 정복왕 윌리엄 1세로 즉위함으로써 노르만 왕조를 열었다ㅡ옮긴이.
33) 기원전 1세기 로마 시인 베르길리우스(Vergilius)의 『농경시』(*Georgics*)에서 벌들에 관한 구절이다. 대표작은 로마 건국을 다룬 장편 서사시 『아이네이스』(*Aeneid*)다ㅡ옮긴이.

무엇도 보지 못한다. 그리고 그들은 원리 이탈을 원리로 간주한다. 그들은 알고 있을 터이지만, 자신들의 교설이 초래할 명백한 결과에 거의 아랑곳하지 않는다. 그들의 교설에 따른다면, 우리나라의 실제 제도들 중에 매우 소수를 제외하고는 확실한 권위를 갖지 못한다는 결과가 그것이다. 선출에 따르지 않으면 어떤 왕도 합법적이지 않다는 그러한 부당한 원칙이 일단 세워지면, 그들의 허구적인 선거 이전의 왕들이 통치하던 시기에 제정된 어떤 법도 유효할 수 없다. 이 이론가들은 우리의 옛 통치자들의 시신을 무덤의 고요함에서 꺼내 끌고 다녔던 그들의 선구자들을 모방하려고 작정했는가? 그들은 명예혁명 이전에 통치했던 모든 왕을 소급해서 먹칠하고 무자격자로 만들어서, 결과적으로 영국의 왕위를 지속적인 찬탈이라는 오명으로 더럽힐 작정인가? 그들이 찬탈자로 취급한 왕들 치하에서 통과된 방대한 법률 전체를, 우리 왕들 전체의 가계가 지니는 자격과 함께 무효화하고 폐지하고 의문의 대상으로 만들 작정인가? 우리의 자유에 측정할 길 없이 귀중한 법들을, 적어도 명예혁명 시기에 또는 이후에 통과된 법들만큼이나 큰 가치가 있는 법들을 무효로 만들려는가? 만일 신민의 선택으로 왕위를 얻지 않은 왕들은 법률을 제정할 권리를 갖지 못한다면, "의회에 의하지 않고는 과세 없다"는 법률은 어떻게 될 것인가?──**권리청원은**[34] 또 어떻게 되는가?──인신보호법은? 인간의 권리에 관한 이러한 신예 박사들은, 그 당시에 아무 유보 조건도 없었던 계승법에 따라 제1

---

34) 1628년 의회가 제정해 찰스 1세의 재가를 얻은 법으로, 의회 동의 없이 과세하지 말 것, 정당한 법 절차에 의하지 않고는 투옥하지 말 것, 군대를 민가에 자의로 숙박시키지 말 것, 민간인을 군사재판에 회부하지 말 것 등을 요구했다. 찰스 1세는 1629년 의회를 해산하고, 영국 내전을 주재하게 되는 장기의회가 1640년 소집될 때까지 11년 동안 의회를 소집하지 않았다─옮긴이.

순위로 왕위에 오른 제임스 2세가 왕위를 버린 것으로 정당하게 해석되는 행위들을 자행하기 이전에, 전적으로 합법적인 왕이 아니었다고 감히 주장하려는가? 만일 그가 합법적인 왕이 아니었다면, 의회는 이 신사들이 기념하는 그때에 많은 수고를 하지 않아도 되었을 것이다. 그러나 제임스 2세는 정당한 권리를 지닌 나쁜 왕이었지 찬탈자는 아니었다. 왕위 계승자를 개신교도로서 선제후 왕비 소피아(electress Sophia)와 그 후손으로 정한 의회의 법률에 따라 왕위를 계승했던 왕들은, 제임스와 마찬가지로 상속권에 따라 왕위에 올랐다. 제임스는 그가 왕위에 오를 당시의 법에 따라 왕위에 올랐다. 그리고 브룬스윅가의 왕들도 선거에 의해서가 아니라 개신교도 후손과 세습에 관한 당시 법에 정해진 대로 법에 의거하여 왕위를 상속했다. 이 점은 이제 충분히 보여주었다고 생각한다.

특별히 이 왕가의 왕위 계승에 준거가 되는 법률은 윌리엄 왕 12년과 13년 법이다.[35] 이 법의 규정은 "우리와 우리 상속자들, 우리 후손들을 왕들과 그 상속자들, 그 후손들에게" 그들이 개신교도라면 세상이 끝날 때까지 속박한다. 권리선언이 우리를 왕과 여왕인 윌리엄과 메리에게 결속시켰던 것과 같은 용어다. 그 법은 그리하여 세습 왕위와 세습적 충성이라는 두 가지를 확보했다. 인민의 선택을 영원히 배제하는 형태의 계승을 확보하고자 하는 헌정 정책이 아니라면, 어떤 근거에서 의회가 우리나라에서도 찾을 수 있는 정당하고 많은 선택 대상을 까다롭게 거부했겠는가? 그리고 의회가 그 때문이 아니라면 어떤 근거에서, 낯선 나라에서 외국 왕의 왕비를 찾아내어 그녀에서부터 우리 왕들의 가계를 수립하고, 몇 세대를 통해 수백만의 사람을 통치할 권리

---

35) 1701년에 제정된 왕위계승법을 가리킨다—옮긴이.

를 부여했겠는가?

소피아 왕비(Princess Sophia)는 윌리엄 왕 12년과 13년의 왕위 계
승법에서, 우리 왕들의 **계승의 줄기와 뿌리**로 지명되어 있다. 이것은 그
녀가 권력의 임시 관리인으로서 능력을 발휘했기 때문이 아니다. 그녀
는 아마도 자신이 권력을 행사하려 하지 않았을 것이며, 실제로 행사
하지도 않았다. 그녀는 한 가지, 오직 한 가지 이유 때문에 선택되었
다. 그 법은 이유를 다음과 같이 제시한다. "선제후 하노버 공작의 미
망인(Electress and Dutchess Dowager of Hanover) 소피아 왕비
는, 우리의 군주였던 제임스 1세의 딸이며 사망한 보헤미아의 왕비인
엘리자베스의 딸이므로, 개신교도 혈통의 계승에서 제1위 계승권자임
을 선언한다" 운운. "그리고 왕위는 그녀 **자손**으로서 개신교도로 계승
된다." 이러한 한정은 의회가 정했다. 이리하여 소피아 왕비를 통해 세
습 가계가 장래에도 지속되도록 했을 뿐 아니라 (그들은 이 점을 매우
중요하게 생각했다) 그녀를 통해 왕의 가계가 제임스 1세 쪽 옛 혈통
과 연결되게 했다. 왕국이 내내 깨지지 않는 통합을 유지하고, 세습이
라는 예로부터 승인된 방식으로 보존될 수 있도록 (우리 종교도 안전
하도록) 하기 위한 것이었다. 그 방식을 통해, 우리의 자유가 한때 위
험에 처한 적이 있었다고 하더라도, 대권과 특권[36]이라는 모든 폭풍과
갈등을 헤치고 거듭 유지될 수 있었다. 그들은 훌륭하게 처리했다. 우
리의 자유를 우리의 **세습 권리**로서 정연하게 지속되도록 하고 신성하
게 보존될 수 있도록 하는 경로나 방식이, 세습제 왕위 외에 다른 어떤

---

36) 영국헌정에 관한 전통적 담론에 따르면, 영국정치 공동체의 구성원은 왕, 귀
족, 신민 3부분이며, 각각 대권(prerogative), 특권(privilege), 자유(liberty)
를 지녀 균형을 이룬다. 왕의 대권은, 영국법의 근간인 보통법의 경로—판례
가 그 구체적 표현의 하나다—에서 벗어나 있다—옮긴이.

것이 있다고 가르쳐주는 경험은 어디에도 없다. 불규칙적이고 간헐적인 동작은, 불규칙적이고 간헐적인 질병을 떨쳐버리는 데 필요할 것이다. 그러나 그 계승 노선은 영국 헌정제도의 건강한 습관이다. 입법부가 제임스 1세의 여계 쪽 후손을 통해 하노버 가에 왕위를 한정하면서, 영국 왕위에 두 명이나 세 명 또는 아마도 더 많은 외국인이 즉위하는 데서 오는 불편을 마땅히 고려하지 않았다는 말인가? 아니다! 그들은 그러한 외국인 통치에서 올지 모르는 폐해에 대해 응분의 고려를, 그 이상의 고려를 했다. 그러나 영국민은 자신들 마음대로 그리고 우리 통치의 고래의 근본 원리에 아무런 주의도 기울이지 않으면서, 왕을 선출하는 권한을 명예혁명의 원리들에서 부여받은 바 없다고 확신하고 있었다. 그들은 외국 가계라는 점에서 오는 모든 위험과 모든 불편을 뻔히 보면서도, 그리고 그것이 그들의 마음을 강하게 짓누르는데도 옛 혈통에서 개신교도 세습 계승의 방식을 계속 채택했던 것이다. 영국민의 이러한 확신에 대해 이 사실보다 더 결정적인 증거는 있을 수 없다.

몇 년 전만 해도 나는 그처럼 자명한 사항에 대해, 그때는 불필요했던 논지를 장황하게 동원하는 행위를 부끄러워했을 것이다. 그러나 이 선동적이고 반헌법적 교리가 현재 공공연하게 가르쳐지고 선언되고 인쇄되고 있다. 혁명——그 신호가 종종 설교대에서 나온다——에 대한 혐오감, 사방에 유포된 변화의 정신, 현재의 편의주의적 의식 또는 현재의 성향과 대비되어 모든 오래된 제도에 대한 전면적인 멸시가 당신들 사이에서 만연해 있고 우리나라에도 퍼질 수 있다는 인식, 이러한 것들이 나에게 우리 자신의 법의 진정한 원리에 주의를 환기하는 것이 부적절하지 않다고 여기게 만들었던 것이다. 그렇게 하면 프랑스인 친구인 당신은 이제부터 그 원리를 알게 될 것이며, 우리 쪽에서는 계속 소중히 할 것이기 때문이다. 우리는 해협 양쪽에서, 몇몇 사람들이 이중으로 사기를 치면서 우리 땅과는 전혀 관계가 없는데도 영국산 원료라면서 불법적으로 배 밑바닥에 실어 당신네에게 수출한 가짜 물품들에 속지 말아야 할 것이다. 그들은 그 물품들을 개선된 자유라는 파리 최신 유행에 따라 가공한 후, 다시 이 나라로 몰래 들여오려고 획책한다.

영국 사람들은 시험해보지 않은 유행들을 흉내내려고 하지 않을 것이다. 그들이 겪어봐서 해롭다는 점을 안 후에는, 다시 그리로 돌아가지도 않을 것이다. 영국인은 법에 따른 왕위 세습 계승을, 자신들이 지닌 오류가 아니라 옳은 것으로 간주한다. 불평거리가 아니라 혜택으로, 예속의 표지가 아니라 자유의 보장으로 여긴다. 그들은 자신들의 국가 구조가, 현재 그대로의 상태에서 헤아릴 수 없는 가치를 지닌다고 여긴다. 그리고 그들은 왕위가 혼란 없이 계승되는 것을, 우리 헌정의 다른 모든 부분의 안정과 영속성에 대한 보증이라고 인식한다.

더 앞으로 나가기 전에, 왕의 합법적 권리가 선거에 기반을 둔다고 교사하는 사람들이, 우리 헌정제도의 정당한 원리를 지지하는 일을 자못 불유쾌한 것으로 만들기 위해서 기꺼이 채용하는 시시한 책략에 주의를 돌리려 한다. 이 궤변가들은 허구적 대의와 가짜 인물들을 만들어내서 당신들이 왕위 세습제를 두둔할 때마다 그런 가짜 대의와 인물들을 위해 힘을 다한다고 상정한다. 그들의 상투적 방식은 이제는 논파된 종속제도의 광신도들과 투쟁하는 것처럼 논쟁하는 것이다. 현재는 아무도 주장하지 않겠지만 그 광신도들은 이전에 "왕은 신이 정한 세습과 불가침적 권리에 의해 왕위에 오른다"라고 주장했다. 단지 자의적 권력을 옹호할 뿐인 이러한 옛 광신도들은, 세습에 따른 왕이 세계에서 유일한 합법적 통치자인 것처럼 독단적으로 주장했다. 이는 마치 민중의 자의적 권력에 대한 우리 시대 새 광신도들이 민중 선거가 권위의 유일한 합법적 근원이라고 주장하는 바와 같다. 확실히 예전의 열광적 대권 옹호자들은 우둔하게도 그리고 아마도 불경스럽게도, 국왕제가 다른 어떤 통치체제보다도 더 신의 재가를 받았다고 상정했다. 그리고 그들은 세습에 따른 통치권이, 왕위에 누가 오르게 되든지 개개 인물 모두의 경우에 그리고 어떤 시민적·정치적 권리도 존재할 수 없는 모든 상황에서도, 절대로 파기될 수 없다고 생각했다. 그러나 왕위 세습권에 관한 터무니없는 견해가 있다고 해서, 합리적이며 법과 정책에 관한 건실한 원리에 입각한 견해가 손상되지는 않는다. 법률가와 신학자들이 내놓는 모든 터무니없는 이론이 그들이 논하는 대상을 손상한다면, 세상에 어떤 법도, 어떤 종교도 남아나지 못했을 것이다. 그러나 어떤 문제의 한 측면에서 터무니없는 이론이 제시되었다고 해서, 다른 측면에서 허위 사실을 주장하거나 유해한 원리를 유포하는 것에 정당성이 부여되지는 않는다.

### 프라이스 박사가 말하는 "통치자를 추방할 권리"

혁명협회의 두 번째 주장은 "부당 행위를 이유로 통치자를 추방할 권리"다. 아마도 우리 조상들은 "부당 행위를 이유로 추방하는" 것에 대한 선례를 남기지 않으려고 염려하여, 그 때문에 제임스의 왕위 포기를 표현하는 선언을,[37] 흠을 잡아 말하면, 너무 조심스럽고 너무 형식

---

37) "제임스 2세는 왕과 신민 사이에 맺어진 원초적 계약을 파기함으로써 왕국의 헌법을 전복하려고 기도했고, 예수회 수도사들과 다른 사악한 자들의 권고에 따라 기본법을 위반했으며, 자신이 이 왕국의 밖으로 도망침으로써, 통치를 방기했다. 그리하여 왕위가 공석이 되었다"(제임스 2세가 도피한 뒤 윌리엄이 소집한 공회Convention—의회 소집권은 왕에게 있었으므로 정식 의회가 아니다—에서 윌리엄과 메리의 즉위를 위해 마련한 결의문의 일부다. 권리장전에는

적으로 만들고 말았다. 그러나 이러한 모든 조심성과 주의력이 동원되었다는 사실은, 압제에 분개하고 그에 대한 승리로 고양되어 격렬하고 극단적인 노선으로 빠지기 쉬운 상황에서도, 당시 국가회의들에서 우세했던 신중함의 정신을 보여준다. 또 그것은 그 위대한 사건에서 사태 처리에 영향을 미쳤던 위대한 인물들이, 그 혁명을 장차 혁명의 온상으로가 아니라, 안정의 부모로 만들기 위해 노심초사했음을 보여준다.

만일 정부가 "부당 행위"라는 의견과 같이 헤프고 정의되지 않은 것 때문에 붕괴될 수 있다면, 어떤 정부도 일순간도 지탱할 수 없다. 명예혁명을 지도했던 인사들은, 제임스 왕의 실질적 왕위 포기를 그처럼 가볍고 불확실한 원리에서 논지를 세우지 않았다. 그들은 왕을, 개신교 교회와 국가를 전복하고 그들의 기본적이고 의문의 여지가 없는 법과 자유를 전복하려는 바로 그 기획을 이유로 죄를 물었다. 그리고 왕의 기획은 많은 불법적인 명백한 행위에 의해 확인된 바였다. 그들은 왕에 대해 왕과 인민 사이의 원초적 계약을 파기했다고 죄를 물은 것이다. 이는 부당 행위 이상이었다. 엄중하고 선택의 여지가 없는 필요성 때문에 그들은 그러한 조처를 취했으며, 모든 법 중에서도 가장 엄격한 법의 지배를 받는 것처럼 끝까지 주저했다. 그들이 헌정제도를 장래에도 보존하려고 하면서 신뢰한 것은 미래에 일어날 혁명들이 아니었다. 그들의 규칙이 지향하는 전체 기획은, 장차 어떤 지배자도 왕국의 고위 신분들이 또다시 그러한 난폭한 치유책을 선택할 수밖에 없도록 만드는 것이 거의 불가능하게 하는 데 있었다. 그들은 왕을 법의 관점과 평가에서, 이전과 똑같이 전적으로 책임지지 않는 존재로 두었다. 왕의 책

---

"원초적 계약 파기", "기본법 위반" 등의 구절이 빠졌다—옮긴이).

임을 더 가볍게 만들기 위해 그들은 대신들의 책임을 강화했다. 윌리엄 왕 1년 제2회기에 제정된 "신민의 권리와 자유를 선언하고 왕위 계승을 확정하는 법"에서, 그들은 대신들이 그 선언의 조항에 따라 왕을 보필해야 한다고 규정했다. 그들은 그 후 곧 의회의 빈번한 회합을 확보했다. 이것은 정부 전체를, 국민 대표들과 왕국의 명사들의 부단한 감시와 실제적 통제 아래 두기 위해서였다. 왕권을 더 많이 제약하고 신민의 권리와 자유를 더 잘 확보하기 위한 다음 단계의 위대한 기본적 법률은 윌리엄 왕 12년과 13년 법인데, 그들은 "평민원의 탄핵에 대해 영국의 옥새에 따른 어떤 사면도 인정될 수 없다"라고 규정했다. 권리장전에 마련된 정부에 관한 법칙, 의회의 상시적 감시, 탄핵할 실질적 권리, 이러한 것이 그들의 헌정적 자유를 지키는 데뿐 아니라, 행정의 폐해를 방지하는 데 훨씬 더 나은 보장책이라고 그들은 생각했다. "통치자의 추방"이라는——실행상 매우 어렵고 논점도 매우 불확실하며, 그 결과에서 종종 매우 해로운——권리 확보 방법에 비해서 그렇게 생각한 것이다.

프라이스 박사는 이 설교에서[38] 매우 적절하게 왕에 대해 천박하고 아첨하는 언사를 사용하는 행위를 비난했다. 이러한 역겨운 양식 대신에 그는 경축행사장에서 "왕이 자신을 인민의 통치자가 아니라 좀더 적절하게 하인으로 생각하여야 한다"라고 왕에게 말해야 한다고 제안했다. 인사말로서 이 새 형태는 그렇게 마음을 달래주는 것 같지 않다. 명칭에서든 실질적이든 하인인 자들은, 자신들의 처지와 의무 그리고 책임에 관해 말을 듣는 것을 좋아하지 않는다. 옛 연극에서 하인이 주인에게 말한다. "그렇게 상기시키는 것은 책망이나 다름없습니다."[39]

---

38) 22, 23, 24쪽.

그것이 칭찬이라고 해도 귀에 즐겁지 않고 가르침이라 해도 유익하지 않다. 그리고 만일 왕이 이 새로운 종류의 언설에 그대로 따라 왕의 칭호에 인민의 하인이라는 딱지를 달기까지 한다면, 그로부터 왕이나 우리가 얼마나 개선될지 나는 짐작도 하기 어렵다. 나는 "당신의 가장 충실하고 미천한 하인이"라고 사인한 매우 거만한 편지들을 본 적이 있다. 지구상에 존재하는 가장 오만한 지배자가, 자유의 사도가 왕에 관해 제안한 것보다 한층 더 겸손한 칭호를 택한 것이다. 왕들과 민중은 "하인들의 하인"이라고 자신을 칭하는 자의 발밑에 짓밟혔다. 그리고 왕들을 쫓아내는 명령서는 "어부"라는 인장으로 봉해졌다.[40]

만일 이 언설이 "부당 행위를 이유로 왕을 추방하는" 사상으로 그 계획의 일부를 명백하게 지지하는 것이 아니라면, 나는 이 모든 것을 경박스럽고 허영에 찬 논설 정도로 간주해야 마땅했을 것이다. 어떤 역겨운 냄새 속에 있는 경우처럼, 증발해버릴 자유정신 때문에 몇 사람이 고통을 받는다고 하더라도 그냥 지나쳤을 것이다. 그러나 이 언설은 그 사상과 계획 때문에 몇 가지 사항을 고찰할 필요가 있다.

왕은 어떤 의미에서는 의심할 바 없이 인민의 하인이다. 왜냐하면 왕의 권력은 일반의 이익 외에는 다른 어떤 합리적 목표를 지니지 않기 때문이다. 그러나 그렇다고 해서 왕이 보통 의미에서 (적어도 우리의 헌정제도에서는) 하인은 결코 아니다. 하인의 처지의 핵심은 다른 사람의 명령에 복종하며, 임의로 해고된다는 데 있다. 그러나 영국의 왕은 다른 어떤 사람에게도 복종하지 않는다. 다른 모든 사람은 개별

---

39) 기원전 2세기 로마시대 극작가 테렌티우스(Terentius)의 『안드리아』(*Andria*)에 나오는 구절이다. 테렌티우스는 카르타고 출생으로 원로원 의원의 노예였다가 해방되면서 그 이름을 땄다—옮긴이.

40) 이 명칭들은 로마 교황이 사용한다—옮긴이.

적으로 그리고 집단적으로 그의 통치 아래 있으며, 그에게 법적으로 복종할 의무가 있다. 아첨이나 능멸을 알지 못하는 법은, 그 겸손한 척 하는 성직자가 자신을 부르듯이 이 고위 행정관을 우리 하인이라고 부르지 않고, "우리의 **최고 군주인 왕**"이라고 칭한다. 그리고 우리 자신도 그 법의 기본 언어만을 말하도록 배웠지, 그들의 바빌론식 설교대에서 나오는 혼란스러운 헛소리를 말하도록 배우지 않았다.

왕이 우리에게 복종해야 하는 것이 아니라 우리가 왕에 체현된 법에 복종해야 하므로, 우리 헌법은 결코 왕을 하인처럼 책임지게 만드는 어떤 종류의 규정도 마련해놓지 않았다. 우리 헌법은 아라곤의 대법관 (Justicia)[41]과 같은 관직을 전혀 상정하지 않았다. 또 하인이라면 모 두 지게 되는 책임을 왕에게도 부과하려는 목적에서, 법률에 의해 설립 된 어떤 법정이나 법에 규정된 어떤 소송 절차도 보유하지 않는다. 이 점에서 왕은 평민원의원이나 귀족원의원과 다를 바 없다. 그들은 각각 공적 자격을 지녀 그들의 행위에 대하여는 책임을 물을 수 없게 되어 있다. 그러나 혁명협회는 우리 헌법의 가장 현명하고 가장 아름다운 부 분의 하나에 정면 대립되게도, "왕은 인민에 의해 세워지고 **인민에게 책임을 지는** 인민의 제1하인에 불과하다"라고 주장하는 쪽을 택했다.

만일 우리 선조들이 명예혁명 때 자신들의 자유를 위한 보장책을, 정부의 작동을 약화시키고 그 유지를 위태롭게 하는 방법 외에 다른 방법을 찾아내지 못했다면, 만일 그들이 자의적 권력에 대한 대비책으 로서 국가 혼란 외에 더 나은 것을 고안해내지 못했다면, 우리 선조들 은 현명했다는 평판을 얻을 자격이 없다고 할 것이다. 이 일단의 신사

---

41) 중세 아라곤의 대법관은 그 권력이 막강하여 왕과 귀족의 다툼을 조정하는 위 치에 있었다—옮긴이.

들에게, 왕이 하인으로서 책임져야 한다고 그들이 주장하는 그 대상인 이른바 **대표적** 공중이 누구인지 발언하게 하라. 그런 다음 내가 그들에게 왕이 그렇지 않다고 확인하는 법률 조항을 제시하는 것이 순서에 맞을 것이다.

이 신사들이 그렇게 가볍게 말하는 국왕을 추방하는 행사는, 만일 시행된다고 해도 무력의 동반 없이는 거의 불가능하다. 그렇게 되면 전쟁이지 헌법에 따른 것이 아니다. 법률은 무기 가운데서는 침묵하도록 명령받는다. 그리고 법정은 자신들이 더 이상 유지할 수 없는 평화와 함께 붕괴되고 만다. 1688년의 명예혁명은 정의로운 전쟁에 의해 달성되었다. 내전은 물론 전쟁이 정당할 수 있는 유일한 경우인 정의로운 전쟁에 의해서인 것이다. "전쟁은 그것이 **불가피한** 사람의 경우에만 정당하다."[42] 왕을 폐위하는 문제 또는 이 신사들이 선호하는 표현대로 "왕을 추방하는" 문제는 언제나 그랬던 것처럼 앞으로도 언제나 국가 비상시 문제로서 전적으로 법의 테두리 밖에 있게 될 것이다. 그것은 실정법적 권리의 문제이기보다는, (국가의 모든 다른 문제처럼) 처리방법과 수단 그리고 일어날 결과에 관한 문제다. 그 문제는 일반인들의 악용에 관한 사안이 아니므로, 평범한 정신의 소유자들에 의해 선동될 것도 아니다. 복종이 마땅히 끝나고 저항이 시작되어야 하는 그 사변적인 경계선은 희미하고 모호하며 쉽게 규정되지 않는다. 그것을 결정하는 것은 단일한 행위나 단일 사건이 아니다. 그 경계선을 생각할 수 있는 시점은 통치가 남용되고 진정 혼란에 빠진 후가 아니면

---

42) 1세기 황제 아우구스투스의 후원을 받은 역사가 리비우스(Livius)의 『로마사』 (*The Annals of the Roman People*)에 나오는 구절이다. 『로마사』는 로마 건국부터 아우구스투스까지의 역사로 40년 동안 142권이 저술되었다고 하는데 현존하는 것은 35권이다—옮긴이.

안 된다. 그리고 미래 전망도 과거의 경험과 마찬가지로 암담하지 않으면 안 된다. 사태가 그렇게 한탄스러운 상황에 빠졌을 때 그 질병의 성격은, 자연이 자격을 준 사람들에게 치료법을 알려주기 마련이다. 그 자격자들은 병이 난 국가에 대해 위급시에 이 치명적이고 독도 되고 약도 되는 쓰디쓴 약을 투여하는 것이다. 여러 시기와 상황 그리고 도발적 사건들이 각각 교훈을 줄 것이다. 현명한 자는 사태의 중대성을 두고 판단할 것이며, 화를 잘 내는 사람들은 압제에 대한 민감성에서, 고상한 자들은 자격 없는 자의 수중에서 남용되는 권력에 대한 경멸과 분개에서, 용감하고 대담한 자들은 고귀한 대의에 수반되는 명예로운 위험에 대한 애호에서 판단할 것이다. 그러나 권리가 있든 없든 간에, 혁명이란 사려 깊은 자들과 선량한 자들에게는 최후의 수단이다.

### 프라이스 박사가 말하는 "우리 힘으로 정부를 세울 권리"

올드쥬리의 설교대에서 주장된 권리의 세 번째 항목, 즉 "우리 힘으로 정부를 세울 권리"는, 그들이 주장하는 앞의 두 권리처럼, 명예혁명 때 행해졌던 어떤 것에서도 선례로나 원리로서 어느 쪽으로도 지원을 얻지 못한다. 명예혁명은 우리 고래(ancient)의 논란의 여지없는 법률과 자유를 보존하기 위한 것이었으며, 또 법과 자유에 대한 우리의 유일한 보장책인 고래의 헌법을 지키기 위해 발생했다. 만일 당신이 우리 헌법 정신을 알고자 한다면 그리고 그 헌법을 오늘날까지도 확보해놓은 그 위대한 시기에 채용되었던 정책을 알고자 한다면, 올드쥬리의 설교나 혁명협회 만찬 후 건배에서가 아니라, 우리 역사, 우리 기록들, 의회 입법들 그리고 의회 의사록들에서 그 두 가지 것을 찾기 바란다. ──전자의 언설들에서는 후자의 것들과는 다른 생각과 다른 말들을 발견하게 될 것이다. 전자의 주장들은 우리 성향과 소망에 합치되지 않으며, 그것들을 지지하는 어떤 권위 비슷한 것도 없다. 새로운 정부를 축조한다는 바로 그 생각 자체가, 우리를 혐오와 공포 속에 몰아넣기에 충분하다. 우리는 명예혁명 때 우리가 보유한 모든 것을 우리 조상들의 유산으로 갖게 되기를 원했고, 현재도 그렇게 원한다. 그 유산의 몸통과 줄기에 원래 나무의 성질과는 다른 어떤 가지도 접붙이지 않도록, 우리는 주의를 기울여왔다. 우리가 이제까지 시행한 모든 개혁은, 옛것에 대한 참조 원리를 바탕으로 하여 이루어졌다. 그리고 나는 장차 행해질 모든 것이 유사한 선례와 권위 그리고 예시를 바탕으로 하여 조심스럽게 이루어지기를 희망한다. 아니, 그렇게 확신하는 바다.

우리나라에서 가장 오래된 개혁은 대헌장(Magna Charta)[43]이다. 당신은 우리 법의 위대한 권위자인 쿡(Sir Edward Coke)[44]과 블랙스톤(Blackstone)[45]에 이르는 쿡을 추종한 모든 위대한 인물이, 우리 자유의 계보를 증명하기 위해 노력했다는 점을 알 것이다. 이 법학자들은 옛 헌장인 존 왕 때의 대헌장이 헨리 1세가 반포한 헌장[46]과 연결

---

43) 존 왕(1199~1216)에 대항한 반란자들이 1215년 왕에게 승인을 강요해 발효된 문서로, 이후 왕에 대한 신민의 권리를 주장하는 데 기본 헌장으로 간주되었다. 봉건적 부담, 재판, 도시특권, 교회의 자유 등에 관한 조항을 포함한다―옮긴이.
44) 17세기 전반기 찰스 1세 때 재판관이며 법학자로서, 법의 엄밀한 유지와 전례의 답습을 주장한 보통법 옹호자다. 국왕의 재판 간섭에 저항했으며 권리청원을 기초했다―옮긴이.
45) 블랙스톤의 『대헌장』(Oxford, 1759)을 보라(재판관이며 법학자로서 1759년 대헌장을 편집했다. 그의 『영국법 주석』은 법학 교육 과정을 수립했다고 평가되는데, 한편으로 영국 제도들에 대한 과도한 찬양과 보수주의적 성격이 지적된다―옮긴이).
46) 헨리 1세(1100~35)가 왕위에 오르면서 발표한 자유헌장(Charter of Liberties)을 가리키는데, 헨리 1세는 형인 전임 왕 윌리엄 2세의 강압적 지배를 비난하고 교회, 가신, 그 밖에 신민들의 특권을 인정했다―옮긴이.

된다는 사실과, 양자 모두 이 왕국에 그 전부터 존재했던 법의 재확인에 불과하다는 사실을 증명하기 위해 노력했다. 사실 여부의 문제에서 이 저술가들은 대체로——반드시는 아닐지라도——옳다고 여겨진다. 그러나 만일 이 법학자들이 몇몇 구체적인 점에서 오류를 범했다고 한다면, 오히려 내 견해를 더욱 강력하게 증명해주는 것이 된다. 왜냐하면 그것은 고래의 것에 대한 강한 애호를 보여주기 때문이다. 우리의 모든 법률가와 입법자 그리고 그들이 영향을 미치고자 했던 모든 사람의 마음이 그러한 애호로 차 있었다. 또 그것은 가장 신성한 권리와 특권을 하나의 유산으로 여기는 이 왕국의 변치 않는 방침에 대한 증거가 되기 때문이다.

찰스 1세 3년에 제정된 유명한 권리청원(Petition of Right)에서 의회는 왕에게 "폐하의 신민들은 이 자유를 상속받았다"라고 말했다. 그들은 자신들의 권리를 추상적 원리에 의거한 "인간의 권리"로가 아니라, 영국인의 권리로 그리고 그들 조상에게서 물려받은 것으로 주장했다. 권리청원을 기안했던 셀던(Selden)[47]과 다른 학식 높은 사람들은, "인간의 권리"에 관한 모든 일반 이론을 우리 설교단이나 당신네 의사당 연설자들만큼 잘 알고 있으며, 프라이스 박사나 시에예스(Abbé Seyes)[48]만큼 잘 알고 있었다. 그러나 이론적 학식을 넘어서는 실천적 지혜를 지녔던 그들은 그 지혜에 걸맞은 이유로 인간과 시민에게 소중

---

47) 찰스 1세에 대항한 햄프던(Hampden)의 법률 고문으로 권리청원 작성에 참여했다. 옥스퍼드대학 선거구에서 장기의회 의원으로 선출되었다—옮긴이.

48) 프랑스혁명 직전에 『제3신분은 무엇인가』를 저술해 신분제를 부정하는 근대적 국민 개념을 형성하는 데 결정적 역할을 했다. 혁명 지도자로서 국민의회, 국민공회 의원, 집정관을 지냈는데, 나폴레옹의 쿠데타를 도와 나폴레옹제국이 설립되도록 했다. 물론 여기서 버크는 국민의회 의원으로서 시에예스의 경력만을 알고 있을 뿐이다—옮긴이.

한 모든 것에 대한 이 실제적이고 기록되어 있는 상속 권리를 그 모호한 사변적 권리보다 선호했다. 후자는 확실한 유산을, 여러 터무니없는 분쟁적인 정신이 작동하여 쟁탈하는 대상으로 만들고 조각나도록 만들어버렸다.

우리 자유를 유지하기 위해 그 후에 제정된 모든 법에도 동일한 방침이 적용되었다. 윌리엄과 메리 치세 1년의 유명한 법, 즉 권리선언에서 귀족원과 평민원은 "우리 힘으로 정부를 세울 권리"에 관해서는 한마디도 하지 않았다. 당신은 그들의 모든 관심이 오랫동안 지녀왔다가 근자에 위태롭게 된 종교와 법과 자유를 확보하는 데 있었음을 알 것이다. 그들은 "그들의 종교, 법 그리고 자유가 또다시 전복될 위험에 빠지지 않도록 조치를 마련하는 최선의 방법을 매우 진지하게 고려하면서" 그러한 최선의 수단으로서 "일차적으로" "그러한 고래의 권리와 자유를 옹호하기 위해 그들의 조상이 유사한 경우에 통상적으로 했던 바와 같이" 행동하여 "선언한다"고 언명함으로써 자신들의 업무를 시작했다. 그리고 그들은 왕과 여왕에게 "주장되고 선언된 모든 권리와 자유가, 이 왕국의 인민이 예로부터 지녔던 바이며 의심할 바 없는 권리와 자유라고 선언하고, 법으로 제정하기를" 요청했다.[49]

당신은 이제 대헌장에서 권리장전까지로 이어지는 우리 헌법의 일관된 방침을 알 수 있을 것이다. 우리는 우리 자유를, 조상에게서 우리에게 전했으며 후손에게 전달해야 할 지정상속(entailed inheritance)[50] 유산으로 주장하고 선언했다. 이 재산은 이 왕국의 인민에게 특별히 귀속되는 것으로, 더 일반적이거나 선행하는 다른 권리와는 어떤 관련

---

49) 윌리엄과 메리 통치, 1년.
50) 특정한 직계 자손만이 상속하도록 규정함으로써 피상속자가 상속 재산을 임의로 처분하지 못하도록 하는 상속제도다―옮긴이.

도 없다고 간주된 것이다. 이 방법에 따라 우리 헌법은 그 부분들에서 매우 다양하면서도 하나의 통일성을 유지하고 있다. 우리는 세습되는 국왕과 귀족제를 가지고 있다. 그리고 긴 계보를 이루는 조상들로부터 특권과 권리와 자유를 상속받는 평민원과 인민을 두고 있다.

### 정치적 상속제도의 장점

이 방침은 나에게는 심오한 성찰의 결과로 보인다. 또는 차라리 자연을 따른 다행스런 결과로 보이는데, 이것은 성찰하지 않고 얻은 지혜며, 그보다 더 상위의 지혜다. 혁신하는 정신은 일반적으로 이기적 성향과 편협한 시각의 산물이다. 선조를 결코 돌아보지 않는 사람들은 후손도 내다보려 하지 않는다. 게다가 영국인들은, 상속 개념이 개선 원리를 전혀 배제하지 않으면서, 확실한 보수의 원리와 전달의 원리를 제공한다는 점을 잘 알고 있다. 그것은 자유롭게 획득하게 하지만, 그럼에도 획득한 것을 확보한다. 이 원칙에 따라서 시행한 국가가 얻은 모든 성과는, 일종의 가족계승재산처럼 단단히 잠기고 일종의 영구양도(mortmain)[51]재산처럼 영구히 확보된다. 자연의 양식을 따르는 헌정 방침에 의해, 우리는 우리 정부와 특권을, 재산과 생명을 향유하고 전달하는 것과 똑같은 방식으로, 받고 보유하고 전달한다. 정치제도, 재산 그리고 섭리가 부여한 재능이 동일한 경로와 순서에 따라 우리에게 전달되며, 우리에게서 전달되어 나간다. 우리의 정치체제는 세상의 질서와 일시적인 부분들로 이루어져 영원한 전체가 된 존재 양식과 그대로 상응하며 조화 속에 자리 잡고 있다. 이 존재 양식에는 인류를 거

---

51) 부동산을 교회, 자선단체 등의 법인에 양도할 때, 영구적으로 다른 데에 양도할 수 없도록 하는 제도다—옮긴이.

대하고 신비한 통합체로 엮어내는 위대한 지혜에 의해, 전체는 어느 한 시기도 노년이라거나 중년이라거나 연소한 상태에 있지 않다. 그것은 변함없는 항구성 속에서 영원한 쇠퇴, 몰락, 쇄신, 진전이라는 여러 가지 행로를 거치면서 움직인다. 국가운영에서 자연 양식을 견지함으로써 우리가 개선하는 경우에도 우리는 결코 전적으로 새롭게 되지 않으며, 우리가 보유하는 경우에도 결코 전적으로 낡은 것이 되지 않는다. 이런 방식으로 그리고 그러한 원리에 입각하여 우리 조상들을 따름으로써 우리는 골동품 애호가의 미신에 의해서가 아니라 철학적 유추(philosophic analogy)의 정신에 의해서 인도된다. 이런 방식의 상속을 채택함으로써, 우리는 정치체제의 골격에 혈연의 이미지를 부여했으며, 우리 헌법을 가장 절친한 가족적 유대로 결합시켰다. 우리 기본법을 가족적 애정의 품속에 품었으며, 융합하고 상호반영하는 사랑이 지니는 따스함을 지니고 우리 국가·가정·묘지·교회를 소중히 여기며, 상호 분리될 수 없는 것으로 유지한다.

우리의 인위적 제도들을 자연과 일치시키는 동일한 계획을 통해, 그리고 우리 이성이 고안해내는 잘못되기 쉬운 연약한 것들을 보강하고자 자연의 무오류적이며 강력한 본능에 도움을 청함으로써, 우리는 우리 자유를 상속이라고 보는 데서부터 결코 적지 않은 이익을 얻어왔다. 그러한 이익과 더불어 몇 가지 다른 이익도 얻어왔다. 마치 성인으로 추앙된 조상들의 면전인 것처럼 행동함으로써 그 자체로는 무질서와 과도함에 빠지게 되는 자유정신이, 외경심이 깃든 진지함에 의해 조절된다. 풍부하게 상속받았다는 이 관념은 우리에게 관습적이며 태생적인 존엄성의 감각을 지니게 하여 두각을 나타내기 시작한 자에게 거의 틀림없이 수반되어 그의 품위를 떨어뜨리는 벼락부자의 오만함을 방지한다. 이런 방식으로 우리의 자유는 고상한 자유가 된다. 자유가 위엄 있는 모습을 띠게 되는 것이다. 자유는 계보와 그를 예증하는 선조를 지니게 되었다. 자유는 자체의 문장과 문장이 새겨진 깃발을 갖게 되었으며, 자체의 초상화 전시장을 갖추게 되었다. 자유는 기념 비의 명문을 지니게 되었고 그 자체의 기록·증거·지위를 갖추게 되었다. 우리는 자연이 사람들을 존경하도록 가르치는 원리——조상들을 그들의 연령 때문에 그리고 우리가 그 후예이기 때문에 존경하는 ——에 의거하여, 우리의 정치제도가 존경을 얻도록 한다. 당신네 궤변 가들은 모두 합리적이고 남자다운 자유를 보존하는 데 우리가 추구하는 노선보다도 더 적합한 어떤 것을 만들어낼 수 없다. 우리는 권리와 특권의 위대한 보존소와 창고로 사변 대신에 본성을, 고안 대신에 가슴을 선택했다.

# 제2부 프랑스혁명의 실상

## 1. 국민의회의 과오와 의원들의 자질

### 국민의회는 고래의 모든 것을 파괴하는 잘못을 저질렀다

당신들이 그럴 마음이 있었다면 우리를 모범으로 삼음으로써 혜택을 누릴 수 있었을 것이다. 그래서 당신들이 회복한 자유에 걸맞은 위엄을 부여할 수 있었을 것이다. 당신들의 특권은 중단되었을지라도 기억 속으로 사라진 것은 아니었다. 당신네 헌법은 당신들이 손놓아버린 동안 쇠약해지고 황폐된 것이 사실이나, 당신들은 담장의 몇 부분과 기품 있고 고상한 성채의 기반 전부를 지니고 있었다. 당신들은 담장을 수리하고 그 옛 기반 위에 건물을 세울 수도 있었다. 당신네 헌법은 완성되기 전에 정지되어버렸다. 그러나 당신들은 바랄 수 있는 최선의 것에 매우 근접한 헌법의 요소들을 지니고 있었다. 이전의 당신네 신분제의회는, 공동체를 이루는 다양한 종류에 상응하는 여러 부분을 지니고 있었다. 당신들은 이익의 모든 연합과 대립을 보유하여 작용과 반작용을 지니고 있었는데, 그것이 자연세계와 정치세계에서 불화하는 세력들의 상호 투쟁에서 우주의 조화를 이끌어내는 것이다. 당신은 이러한 상반되고 갈등하는 이익을 당신들의 옛 헌법과 우리 현재 헌법의 매우 큰 오점이라고 생각하지만, 이는 모든 성급한 결정에 유익한 억제 작용을 하는 것들이다. 숙고를 선택의 문제가 아니라 필수적인 것으로 만들며, 모든 변화를 타협할 주제로 만들어 자연스럽게 온건함을 생성시키는 것들이다. 또 절제를 낳아 가혹하고 조잡하며 부적절한 개혁이 지니는 심한 폐해를 방지하는 것들이다. 그리고 소수의 손에 있든 다수의 손에 있든 간에 자의적 권력의 모든 무모한 행사를 영원히 불가능하게 만드는 것들이다. 구성원과 이해관계의 다양성을 통해 사회 전체의 자유는 여러 계층에서 표명되는 개별 견해가 존재하는 만큼 많은 보장을 갖게 되었다. 그런 한편으로 전체를 진정한 왕정의 무게로 누름으로써, 각 부분은 정해진 위치에서 휘거나 비켜나가는 것이 방지되었을 것이다.

당신네 옛 신분제의회는 이 모든 장점을 지니고 있었다. 그러나 당신들은 질서 잡힌 사회로 구성된 적이 없는 것처럼 행동하기로 선택해서, 모든 것을 새롭게 시작했다. 당신네는 잘못 시작했다. 왜냐하면 당신들에게 속하는 모든 것을 멸시하면서 시작했기 때문이다. 당신들은 밑천 없이 사업을 시작한 것이다. 만일 당신 나라의 바로 앞 세대가 별로 영광스럽게 보이지 않는다면, 그들을 지나쳐버렸으면 될 것이다. 당신들의 주장을 더 이전의 조상들로부터 끌어오면 될 일이었다. 그러한 조상에 대한 경건한 애호 속에서, 당신의 상상력은 요즈음의 천박한 행동을 넘어서 그들에게서 덕과 지혜의 기준을 인식했을 것이다. 그리고 당신들은 닮고자 하는 모범과 더불어 향상되었을 것이다. 조상을 존경하면서 자신을 존경하는 것을 배웠을 것이다. 프랑스인을 어제 갓 태어난 사람들로 간주하거나 1789년 해방의 해까지는 미천하고 예속된 가련한 사람들로 여기도록 하는 선택을 하지 않았을 것이다. 당신들의 명예를 손상해가며, 여기 영국에 있는 당신네 변호인들에게 당신들이 저지른 몇몇 극악함에 변명거리를 마련해주기 위해서 갑자기 예속된 집에서 해방되었기 때문에 익숙하지도 적합하지도 않은 자유를 남용한 것을 용서받을 수 있는 처지인 서인도의 노예 무리처럼 당신들을 묘사하는 것을 감수하지 않아도 되었을 것이다. 소중한 나의 친구여, 내가 언제나 당신들을 생각해왔던 대로, 자신들을 자비롭고 용감한 국민이라고 여기도록 했던 것이 더 현명하지 않았을까? 다만 당신네의 고상하고 낭만적인 성정인 성실성, 명예심 그리고 충성심에 의해 오랫동안 불이익을 당하는 방향으로 잘못 인도되었던 것뿐이라고 생각하게 하는 것이 더 현명하지 않았을까? 사태가 당신들에게 불리했지만, 어떤 편협하고 예속적인 성향에 따라 노예가 된 것은 아니었다고 생각하게 하는 것이 더 현명하지 않았을까? 당신들이 매우 헌신적으로 복종할 때 그것은 공공정신의 원리에서 비롯되었으며, 당신네가 숭배하는 것은 국왕으로 체현된 당신네 나라였다고 생각하게 하는 것이 더 현명하지 않았을까? 당신들이 이러한 참작의 여지가 있는 과오에 현혹되어 당신네 현명한 조상들보다 더 지나쳐 나갔다고 그렇게 이해시켰더라면 좋았을 것이다. 당신들이 예전과 현재의 충성심과 명예심을 간직하면서, 당신네 고래의 특권을 되찾기로 결심했다고 그렇게 이해시켰더라면 좋았을 것이다. 또는 만일 당신들이 자신감을 잃었고 당신네 조상의 헌법이 거의 지워져 알아내기 어렵다면 여기 이웃 영국을 살펴보았더라면 좋았을 것이다. 영국은 고래의 원리를 여전히 살아 있게 하고, 유럽의 옛 보통법을 현재의 국가에 맞추고 개량하여 유지하고 있다. ──이 현명한 사례들을 따랐더라면 당신들은 지혜의 새 모범을 세상에 제공할 수 있었을 것이다. 당신들은 자유의 대의를 모든 나라의 모든 덕망 있는 자들의 눈에 존경스러운 것으로 만들었을 것이다. 당신들은 자유가 법과 조화될 뿐 아니라, 절제된다면 법의 보조자라는 것을 보여줌으로써 전제정치를 수치스럽게 만들어 지구상에서 사라지게 했을 것이다. 당신들은 과중하게 부과하지 않으면서도 조세 수입을 상당히 많이 갖게 되었을 것이다. 당신들은 그를 뒷받침할 번영하는 상업을 갖게 되었을 것이다. 자유로운 헌법을 가졌을 것이다. 유능한 왕정, 규율 있는 군대, 개혁되어 존경받는 성직자들을 지녔을 것이다. 당신네 덕성을 억압하는 것이 아니라 인도하는 온화하면서도 활력을 지닌 귀족과 그러한 귀족을 모방하고 충원하는 자유로운 평민층을 두게 되었을 것이다. 당신들은 행복이 모든 상황에서 덕에 의해서 얻을 수 있다고 인정하고 추구하도록 배운, 보호되고 만족하며 근면하고 복종적인 인민들을 두게 되었을 것이다. 거기에 바로 인류의 진정한 도덕적 평등이 존재하는 것이지, 그 터무니없는 허구에 존재하는 것이 아니다. 그러한 허구는, 노동하면서 후미진 길을 가도록 운명 지어진 사람들에게 잘못된 생각과 헛된 기대감을 불러일으킴으로써 결코 없앨 수 없는 실제 불평등을 더욱 악화하고 쓰라리게 만드는 데 기여할 뿐이다. 그리고 당신네 사회생활의 질서는, 더 화려한 위치로 상승할 수 있으나 더 행복해지는 것은 아닌 사람들에게 이익이 되는 것 못지않게, 보잘것없는 지위에 남아 있을 수밖에 없는 사람들에게도 이익이 되도록 세워졌을 것이다. 세계 역사에 기록된 어떤 것보다도 더한 행복과 영광을 위한 순탄하고 쉬운 길이 당신들 앞에 펼쳐져 있었다. 그러나 당신들은 고난이 인간에게 약이 된다는 것을 보여주었을 뿐이다.

당신들이 얻은 것을 세어보라. 당신네 지도자들에게 선조들과 모든 동시대인을 멸시하도록 가르치고, 자신들조차 멸시하도록 가르쳐서 정말로 멸시당할 상태로 만들어버린 그 터무니없고 방자한 사변들(speculations)로 무엇을 얻었는지 보라. 그러한 잘못된 빛을 따라감으로써 프랑스는 다른 나라들이 매우 확실한 축복을 획득하면서 지불한 것보다 더 비싼 값에 기품이라고는 전혀 찾아볼 수 없는 재앙을 얻었다! 프랑스는 범죄를 저지르며 빈곤을 산 것이다! 프랑스는 이익을 얻기 위해 덕성을 희생한 것이 아니었다. 오히려 덕성을 팔아넘길 수 있도록 자신의 이익을 내던진 것이다. 다른 모든 나라는 종교적인 이러저러한 예식을 마련하거나 더 엄격하게 실시함으로써 새 정부 구축이나 옛 정부 개혁에 착수했다. 다른 모든 나라는 정치적 자유의 기반을 더 엄격한 예절에 두었고, 더 준엄하고 남자다운 도덕 체계를 수립했다. 프랑스는 왕권의 속박에서 풀려나자 예절을 난폭하게 파괴하고, 의견과 실행에서 방자한 반종교로 나아가게 하는 방종을 배가했다. 그리고 마치 특권을 나누어 갖는 것처럼, 또는 따로 두었던 이익을 개방하는 것처럼, 재산과 권력이 흔히 걸리는 질병인 온갖 불행한 타락을 모든 계층에게 확산시켰다. 이것이야말로 프랑스에 나타난 새로운 평등 원리 가운데 하나다.

프랑스는 지도자들의 배신으로 왕의 회의실에 있는 온건한 추밀원의 품격을 철저히 능멸하고, 추밀원이 다룰 가장 중요한 의제를 박탈했다. 프랑스는 불신하는 폭군에게나 속하는 음침하고 의심 많은 행동 원리들을 재가했다. 그리고 왕들에게 도덕적 정치가들의 (앞으로 그렇게 불릴 텐데) 기만적인 말주변 앞에서 전율하라고 가르쳤다. 앞으로 군주들은 신민들을 무제한으로 신뢰하라고 충고하는 사람들을 왕권 전복을 획책하는 자로 간주할 것이다. 뻔뻔하고 신뢰할 수 없는 도당을 권력에 참여시키라고 군주의 태평스런 선한 성품을 그럴듯한 구실로 유도함으로써 군주의 파멸을 획책하는 반역자로서 여길 것이다. 이것 하나만으로도 (다른 것이 없다고 하더라도) 당신들과 인류에게는 복원될 수 없는 재난이다. 당신네 파리 고등법원이 왕에게 했던 말을 상기해보라. 왕이 신분제의회를 소집하면, 왕을 지원하려는 열정의 과도함 외에는 두려워할 것이 없다고 말하지 않았는가.[1] 그들은 머리를 감추고 부끄러워해야만 옳다. 자신들의 조언으로 군주와 나라에 초래한 파멸에 대해 그들 몫의 책임을 져야 옳다. 그러한 낙관적 호언들은 권력자를 잠에 빠져들게 만들기 십상이다. 또 권력자가 시험해보지 않은 정책을 성급히 위태롭게 모험하도록 부추기기 십상이다. 자비를 유약함과 구별하게 만드는 그러한 준비, 예비 그리고 조심을 게을리 하도록 만들기 십상이다. 그리고 그러한 것 없이는, 정부나 자유에 관한 어떠한 추상적 계획에 대해서 누구도 유익한 결과를 보증할 수 없다. 그러한 것이 결여된 까닭에, 국가에 대한 약이 국가에 독으로 타락하는 것을 그들은 경험했다. 다른 나라 국민이 가장 비합법적인 찬탈자나 가장 잔인한 전제자에 대항하여 봉기한 것보다도, 프랑스 사람들이 온화하고 합법적인 군주에 대해 더 사납고 더 격렬하고 더 공격적으로 반항하는 것을 그들은 보았다. 프랑스인들의 저항은 양보에 대항한 것이며, 그들의 반역은 보호를 뿌리친 것이며, 그들의 타격은 자비와 호의와 특전을 내민 손을 겨냥한 것이었다.

　이것은 자연에 반하는 것이었다. 나머지도 그런 식으로 뒤따른다. 그들은 성공을 거둔 데서 벌을 받게 되었다. 법률은 전복되고, 법정은 와해되고, 산업은 활기를 잃었으며, 상업은 소멸했다. 세금을 납부하지 않았으나 인민들은 가난해졌다. 교회가 약탈당했으나 한 신분도 구제되지 못했다. 정치적·군사적 무정부 상태가 왕국의 헌법이 되었다. 인간에 관한 것과 신에 관한 것이 모두 공공 채권이라는 우상을 위해

---

1) 버크는 여기서 17세기 초 이래 소집되지 않았던 신분제의회인 "삼부회"가 파리 고등법원의 요구로 170년 만에 1789년 개회된 상황을 평가했다―옮긴이.

희생되었으니, 그 결말은 국가의 파산이었다. 그리고 그 모든 것 위에 자리잡은 것은, 위태롭게 흔들리는 새로운 권력이 발행한 종이 채권이다.[2] 가난에 찌든 사기와 구걸하는 약탈의 산물로 가치가 추락한 그 종이 채권은 제국을 지탱하기 위해, 인류의 지속적이며 관습적인 신용을 상징하는 두 종류의 인정된 대표인 정금[3] 대신에 화폐로 통용되도록 마련되었다. 그리하여 재산의 원리가 체계적으로 전복되었을 때, 재산의 산물이며 대표자인 귀금속 주화들은 본래 나왔던 그 땅속으로 다시 사라지고 스스로 자취를 감추었다.

이 모든 무서운 일이 필요했던가? 평화롭고 번영하는 자유라는 조용한 해변에 이르기 위해 유혈과 소란을 헤쳐나가야 했던 결의에 찬 애국자들의 필사적인 투쟁이 초래한 불가피한 결과였던가? 아니다! 결코 그렇지 않다. 어디에 눈을 돌리든 우리 감성에 충격적인 프랑스가 겪은 근래의 폐허는 내전에 따른 참화가 아니다. 태평스러운 시기에 채택된 성급하고 무지한 기획이 초래한 바를 보여주는 비극적인, 그러나 교훈을 주는 기념비다. 그 폐허는, 저항받지 않았으며 저항할 수도 없었기 때문에 무분별하고 방자해진 권력의 전시물이다. 이와 같이 자신들의 범죄라는 값비싼 비장품을 아낌없이 써버린 자들, (국가의 궁극적 보석금으로 남겨두어야 할 최후의 보루인) 공공에 대한 해악을 마구잡이로 낭비한 자들은, 거의 또는 전적으로 어떤 반대도 받지 않았다. 그들의 행진 전체는 전쟁에서의 전진이기보다는 오히려 개

---

2) 혁명 직후 재정 궁핍을 해결하기 위한 방안으로 교회 재산을 담보로 아시냐(assignat) 공채를 발행했는데, 1790년부터는 강제 통용되는 불환지폐의 성격을 갖게 되었다. 혁명의 진전과 더불어 화폐 가치가 급속히 떨어져 끝내 액면가의 0.3퍼센트에 이를 정도가 되었다—옮긴이.

3) 금, 은 주화를 가리킨다—옮긴이.

선 행진과 같았다. 그들의 선도자들이 앞장서 가면서 모든 것을 파괴하고 발아래 쓰러뜨렸다. 자신들이 무너뜨린 국가를 위해 그들은 피한 방울 흘리지 않았다. 그들은 심각한 결과를 초래하는 자신들의 기획을 위해 구두 버클보다 가치 있는 것은 아무것도 희생하지 않았다.[4] 그러면서 그들은 자신들의 왕을 감금하고 동포 시민들을 살해하고, 수천의 존경스런 인물과 가문들을 눈물 속에 잠기게 했고 빈곤과 고통 속에 빠뜨렸다. 그들의 잔인성은 공포 때문에 빚어진 경멸스러운 결과가 아니었다. 그들이 통제하는 나라 전체에 걸쳐 배신과 강탈과 강간과 암살과 살육과 방화를 허가하면서 그들이 지녔던 완벽한 안전감의 결과였다. 그 모든 것의 원인은 처음부터 명백했다.

### 국민의회 의원들의 면모

강요되지 않았는데도 자행한 이러한 선택, 악에 대한 이러한 기꺼운 선택은, 국민의회의 구성을 고려하지 않는다면 설명하기가 전혀 불가능한 현상으로 보일 것이다. 나는 국민의회의 형식적 구성에 관해 말하고 있지 않다. ——국민의회는 현재 상태를 보아도 매우 예외적이기는 하다. 나는 세상의 모든 형식보다도 만 배나 더 중요한, 국민의회의 대부분을 구성하는 실질에 관해 말하고 있다. 만일 우리가 이 의회에 관해 그 명칭과 기능 외에 아무것도 모른다면, 어떤 색채로도 더 고귀한 것을 상상 속에 그려넣지 못할 것이다. 조사하는 사람은 전 국민의 덕성과 지혜를 한곳에 모은다는 경외할 만한 이미지에 압도되어, 최악의 양상인 사태를 비난하는 데에도 주저하고 머뭇거릴 것이다. 비난거

---

4) 버크는 국민의회가 재정궁핍을 덜기 위해서 은제품을 헌납하도록 호소한 것을 풍자했다—옮긴이.

리가 되는 대신에 신비하게만 보일 것이다. 그러나 어떤 이름도, 어떤 권력도, 어떤 기능도, 어떤 인위적인 제도도 권위 체제를 구성하는 사람들을 만들어낼 수 없다. 신, 자연, 교육, 생활 습관만이 그들을 만들어낸다. 이러한 것들을 넘어서는 능력을, 민중은 부여하려고 할지라도 지니고 있지 않다. 덕성과 지혜가 민중이 선택하는 대상이 될 수는 있다. 그러나 민중의 선택이, 민중 자신의 손으로 자격을 수여한 사람들에게 그러한 미덕을 부여할 수는 없다. 민중이 그러한 능력을 갖도록 자연이 약속한 바도 없고 계시 약속도 없다.

"제3신분" 대표로 선출된 사람들의 명단과 그들에 대한 설명을 읽어본 후 나에게 그들이 이후 행한 일 중 어떤 것도 놀라운 일로 보이지 않았다. 그중에는 고명한 사람들이 있었으며 재능이 빛나는 이도 있었다. 그러나 정치에 실제 경험이 있는 자는 단 한 명도 발견하지 못했다. 최상의 사람들이라도 이론가일 뿐이었다. 그러나 빼어난 몇몇 사람들이 있다고 해도 제3신분회의 성격을 만들어내고 그 방향을 결정하는 것은 결국 구성원 다수다. 어떤 집단이든 선도하려는 자들은, 상당한 정도 추종도 해야 한다. 그들의 계획을 자신들이 지휘하려는 사람들의 기호와 재능 그리고 성향에 일치시켜야 하기 때문이다. 그러므로 만일 의회가 대부분 사악한 자들로 또는 유약한 자들로 구성되었다면, 세상에 매우 드물게 나타나는 최고의 덕성을 제외하고는 아무것도, 그 의회에 여기저기 흩어져 있는 재능 있는 자들이 터무니없는 기획의 전문적 도구가 되는 것을 막지 못하는 것이다! 그러한 매우 드문 최고의 덕성은 바로 그 때문에 계산에 넣을 수 없다. 그러한 덕성 대신에 더 가능성 있는 사태는, 재능 있는 자들이 사악한 야망과 저속한 영광을 향한 열망에 따라 활동하는 것이다. 그렇게 되면 그들이 처음에는 장단을 맞추었던 의회의 유순한 자들이, 반대로 그들의 기획의 수단이 되고 봉이 되어버린다. 이 정치적 거래에서 지도자는 그 추종자들의 무지에 머리를 숙여야 하고, 추종자들은 지도자의 최악의 기획에 굴종해야 한다.

어떤 공적 회의체에서도 지도자의 제안이 어느 정도 건전성을 확보하는 경우는, 지도자들이 추종자들을 존경하며 어느 정도는 두려워하는 때다. 추종자 측에서도 맹목적으로 통솔되지 않으려면, 시행자로서는 아니더라도 적어도 심판자로서 자격을 갖추어야 한다. 그들은 또한 자연이 부여한 세력과 권위를 지닌 심판자여야 한다. 그러한 공적 회의체에서 건실하고 온건한 행위를 보장하는 것은, 그 구성원이 생활 여건, 고정 자산, 교육, 이해력을 확대하고 자유롭게 만드는 습관 등의 면에서 존경할 만한 사람들이어야 한다는 요건뿐이다.

프랑스 신분제의회가 소집될 때 나에게 충격적인 첫 사항은 옛 경로에서 크게 벗어났다는 점이다. 나는 제3신분회가 600명으로 구성되었다는 점을 알게 되었다. 그들은 다른 두 신분의 대표자 수와 같게 된 것이다. 만일 각 신분이 개별적으로 행동한다면, 그 숫자는 비용을 논외로 한다면 그리 크게 중요하지 않을 것이다. 그러나 세 신분이 하나의 회의체로 통합할 것이 명백해지자, 이 많은 대표자가 겨냥한 바와 그 필연적 결과가 명백해졌다. 다른 두 신분에서 매우 소수만이 이탈하여도 두 신분회의 권력은 제3신분회의 손에 들어가버릴 것이 틀림없다. 실제로 신분제의회의 권력 전부가 곧 그 집단에 녹아들어갔다.[5] 따라서 그 집단이 적절하게 구성되는 것이 훨씬 더 중요해졌다.

내가 그 회의체 구성원 대부분이 (출석자의 대다수라고 생각되는데)

---

5) 신분제의회는 성직자인 제1신분과 귀족인 제2신분 그리고 나머지인 제3신분 세 신분으로 이루어지는데, 1789년 전국 신분제의회가 소집될 때, 제3신분의 대표 수는 이전의 배인 600명이 되었다—옮긴이.

법률가임을 발견하고 놀란 정도를 짐작해보라. 국민의회는 자신들의 지식과 현명함 그리고 성실성을 조국에 바치기로 서약했던 고위 관리들로 구성된 것이 아니었다. 법정의 자랑거리인 일류 변호사들도 아니었다. 대학의 고명한 교수들도 아니었다.——그 대신에, 그렇게 수가 많은 경우 으레 그럴 것이지만, 훨씬 많은 부분이 법률가 중에서 하급으로 무식하고 사무적이며 단지 보조 역할을 하는 사람들로 채워져 있었다. 출중한 예외도 있었다. 그러나 전체적으로 미미한 지방 변호사들, 지방 법원의 사무원들, 시골 법무사들, 공증인들, 지역 소송사건에 관여하는 모든 대리인들, 마을 분쟁을 부추기고 자행하는 자들로 구성되어 있었다. 명단을 읽는 순간부터 나는 분명하게 그리고 실제로 일어난 바와 매우 가깝게, 다음에 올 모든 것을 예상할 수 있었다.

어떤 직업이든 그것이 얻는 존경의 정도는, 그 직업인들이 자신들을 평가하는 기준이 된다. 개개 법률가가 지닌 장점이 무엇이든지간에, 그리고 많은 경우 의심할 바 없이 상당할 것이지만, 그 군사적 왕국에서는 법률가들의 어떤 부류도 크게 존경받지 않았다. 큰 권력과 권위가 주어진 최고위직——위대한 가문의 찬란함을 이 직책과 결합한 경우가 많은데——의 법률가들은 예외였다. 이들은 확실히 많은 존경을 받으며 적잖은 경외심의 대상이 되기도 했다. 그다음 계층은 그리 존경받지 못했다. 사무직에 있는 자들에 대한 평판은 매우 낮았다.

그렇게 구성된 집단에 최고 권위가 부여되면 언제나, 자신들을 존중하도록 습관적으로 배우지 않은 사람들의 손에 최고 권위가 놓인 데에 수반되는 결과를 낳기 마련이다. 그들은 위험에 처해질 평판을 애초부터 갖지 않았다. 자신들의 손에 권력이 쥐어진 것에 다른 누구보다도 스스로 더 놀랄 이들이, 절제하고 분별 있게 행동하리라고 기대할 수는 없다. 갑자기 마치 마술을 부린 것처럼, 예속된 미천한 지위에서 빠져나온 이들이 자신들의 준비되지 않은 위대함에 도취되지 않으리라고 주장할 수 있는 자 누구인가? 습관적으로 간섭하고, 무모하며, 교활하고, 잘 나서며, 분쟁하는 기질이고, 평온치 않은 정신의 소유자인 이들이, 하찮은 분쟁에 종사하고 힘들고 비루하게 이익 없는 술책을 자행하는 자신들의 옛 상황으로 쉽사리 돌아가리라고 생각할 자 누구인가? 그들이 전혀 이해하지 못하는 국가를 희생해가면서, 자신들이 너무도 잘 아는 사사로운 이익을 추구할 것이라는 점을 의심할 자 누구인가? 그러한 사태는 우연이나 부수적으로 발생할 일이 아니었다. 필연적이고 불가피한 일이었다. 사태의 본성에 심어져 있는 일이었다. 그들은 분쟁 덩어리 헌법을 확보할 수 있는 어떤 기획에도 참여할 것이 틀림없다. (만일 그들의 능력이 지휘하는 데까지는 미치지 못하는 경우 그렇다.) 그러한 헌법은 국가의 대격변과 혁명의 와중에서 그리고 특히 재산의 급격한 대규모 변동에서, 뒤이을 무수한 수지맞는 일거리들을 그들 앞에 제공할 수 있을 것이었다. 자신들의 존재가 재산을 의심스럽고 모호하며 위태롭게 만드는 모든 것에 의존하는 자들이, 재산의 안정에 전념하리라고 정녕 기대할 수 있는가? 그들의 목적은 그들의 세력이 커짐에 따라 더 확대될 것이다. 그러나 그들의 성향과 습관 그리고 기획을 달성하는 방식은 여전할 것이 틀림없다.

잠깐! 그러나 이들은 다른 종류의 사람들, 더 분별력 있는 사람들과 더 큰 이해력을 지닌 사람들에 의해서 완화되고 억제될 수 있을 것이었다. 그렇다면 그들은 국민의회에 의석을 차지한 한줌의 시골 광대들——그중 몇 명은 글을 읽을 줄도 쓸 줄도 모른다고 알려진——이 지닌 드높은 권위와 경외할 위엄에 의해 압도될까? 그리고 비록 더 유식하고 사회 계층에서 더 낮지만, 자신들의 계산소 밖의 일은 아무것도 모르는 몇몇 상인들에 의해 압도될 것이라고? 천만에! 이 두 부류는 법률가에 대한 균형추가 되기보다는 그들의 음모와 술책에 휘둘리고 압도되기 마련이다. 그렇게 위험한 불균형이 존재하므로, 전체가 법률가들에 의해 지배될 수밖에 없다. 법률가 집단에 덧붙여 의사 집단이 상당수 있었다. 이 집단은 프랑스에서 법률가나 마찬가지로 정당한 존경을 받지 못하였다. 따라서 평소 자긍심을 지닌 위인들이 아니다. 그러나 그들이 마땅히 차지할 위치에 있었다고——그들이 우리나라에서와 같이 실제 그러한 위치를 차지한다고——가정할지라도, 병자 침대 옆은 정치가와 입법자를 길러낼 학교가 아니다. 그다음으로 주식과 채권 매매인들이 있다. 그들은 어떤 대가를 치르더라도 화폐가 지닌 관념상의 재산을 토지라는 더 확실한 실체로 바꾸는 데 열중할 것이다. 이들 외에 다른 부류들도 있었다. 그러나 이들에게서는 나라 전체의 이익에 관한 어떤 지식이나 고려도 기대할 수 없으며, 어떤 제도에 대해서든지 그 안정성에 대한 배려를 기대할 수 없었다. 그들은 보조자가 될 사람들이지 통솔자가 될 사람들이 아니다. 국민의회의 제3신분회의 구성이 대체로 그와 같았다. 그러한 데서는 우리가 국가의 타고난 지주 계층이라고 하는 사람들을 그 자취조차 찾아볼 수 없었다.

우리는 영국평민원이 어떤 계급의 어떤 장점에도 그 문을 닫지 않은 채, 적절한 원인들을 착실하게 작동함으로써 계층, 문벌, 상속된 또는 획득한 부, 교양, 군사적·정치적 두각 등에서 나라에서 제공될 수 있는 모든 것으로 가득하다는 점을 알고 있다. 현실적으로 거의 일어날 수 없는 일이지만 어쨌든 평민원이 프랑스의 제3신분회와 동일하게 구성되었다고 가정하면, 술책이 압도하는 상황을 참을성 있게 인내할 수 있을까? 또는 공포심 없이 상상조차 할 수 있을까? 하느님은 신성한 재판 의식을 담당하는 또 하나의 성직자인 법률가들에 대해 멸시하는 어떤 말도 내가 암시하지 못하게 금지하신다. 그러나 그들에게 속하는 직능을 행하는 사람들을 존경하며, 그들을 어떤 일에서든 배제하려는 기도를 막는 데 어느 누구 못지않게 노력할 것이지만, 나는 그들에게 아첨하기 위해 자연에 대해 거짓말할 수는 없다. 법률가들은 구성원이 되면 유능하고 유용하다. 그러나 그들이 실질적으로 전체가 될 만큼 압도적이라면 해를 끼친다. 그들이 특정 기능에 탁월하다는 점에서 다른 직책을 위한 자격과는 거리가 멀어진다. 사람이 전문적이고 기능적인 습관에 너무 한정되고 그 협소한 범위에 계속 몰두하는 경우, 인류에 대한 지식과 혼합된 업무에 대한 경험 그리고 국가라는 복합적인 것을 형성하는 다양하고 복잡한 외적·내적 이익들에 관한 종합적이며 연관된 견해가 필요한 모든 직책에 대해서는, 자격이 있기보다는 부적격자가 된다.

만일 평민원 전체가 전문적 직능인들로 구성된다면 법률, 선례, 이론과 실천에 관한 규칙이라는 제거할 수 없는 장벽에 둘러싸이고 갇혀버리며, 귀족원에 견제당하며, 어느 순간이라도 왕의 재량에 따라 지속되고, 정회되고, 해산되는 평민원의 권력은 대체 무엇이란 말인가? 평민원의 권력은 직접적이든 간접적이든 진정 막강하다. 평민원이 그 위대함과 진정한 위대함 속에 깃든 정신을 온전히 오래 계속 지켜나가기 바란다. 평민원은 인도에서의 위법자들이 영국의 입법자가 되는 일을 방지할 수 있는 한 그렇게 될 것이다.[6] 그러나 평민원의 권력은 감소되지 않았을 경우에도, 당신네 국민의회의 절대 다수가 쥐고 있는 권력에 비하면 대양의 물 한 방울과 같다. 국민의회는 신분 위계가 소멸된 이래, 그를 규제할 어떤 기본법도, 정해진 관례도, 존중되는 관습도 가지고

---

6) 버크는 동인도회사에 대한 조사에 적극 참여했으며, 부패를 이유로 1788년 전 인도 총독 헤이스팅스의 탄핵을 주장했다. 1794년 헤이스팅스 측의 변호에 대해 의회에서 9일간의 연설로 응수했다—옮긴이.

있지 않다. 정해진 헌법에 합치할 의무 대신에, 그들의 기획에 맞는 헌법을 제정할 권력을 지녔다. 천상의 어떤 것도, 지상의 어떤 것도, 그들을 규제할 수 있는 것이 없다. 정해진 헌법 아래서 법률을 제정할 뿐 아니라, 큰 왕국에 적합하고 왕좌의 군주에서 교구의 관리에 이르기까지 모든 부분에 적용되는 완전히 새로운 헌법을 단번에 만들어낼 자격을 갖추기 위해서는 또는 만들어내려고 덤비기 위해서는 어떤 두뇌와 어떤 심정과 어떤 기질을 지녀야 할까? 그러나——"천사가 두려워하는 길을 바보는 달려나간다." 무한정이며 한정될 수도 없는 목표를 위해 구속받지 않는 권력을 장악한 그러한 상황에서는, 그 업무에 대해 거의 본성적이라고 할 도덕적 무능력이 초래할 해악은, 인간사를 처리하는 데 우리가 발생하리라고 예상할 수 있는 최대의 해악이 될 것이 틀림없다.

제3신분회의 구성을 그 원래의 틀대로 검토한 다음, 나는 성직자 대표들을 살펴보았다. 여기에서도 대표자 선출 원칙에서, 재산에 대한 전반적 보장이나 공공 목표를 위한 대표자의 적합성에 관해서는 거의 고려하지 않은 듯했다. 이 선거는 한 국가를 새로 형성하는 거창하고 힘든 일을 수행하는 자리에 미미한 시골 보좌신부들을 매우 높은 비율로 보내도록 고안되었다. 국가라는 것을 묘사된 것조차도 살펴본 적이 없는 자들을, 후미진 마을의 경계선을 넘어선 세계에 관해서는 아무것도 모르는 자들을, 절망적으로 가난한 탓에 세속 재산이든 교회 재산이든 모든 재산을 시기심 가득한 눈으로만 보는 자들을, 그들 중 대다수가 약탈에서 아주 하찮은 배당금이라도 얻을 전망이 조금이라도 있다면 전면적 쟁탈이 아니고야 자신들이 어떤 몫도 얻을 가망이 없는 재산에 대한 어떠한 공격에도 기꺼이 참여할 그러한 자들을 대표자로 뽑도록 이 선거는 고안되었다. 다른 신분회의 분주한 사기꾼들의 힘을 상쇄하는 대신에, 이들 보좌신부들은 사소한 마을 관련 일들에서 습관적으로 추종하던 자들을 위해 활발한 조수가 되거나, 기껏해야 수동적 보조자가 될 것이 틀림없다. 또 그들은 동료들 중에서 가장 양심적인 위인들일 수도 없다. 그들은 그 신통치 않은 이해력을 발동시켜, 신자들과의 자연적 관계와 본연의 행동 영역에서 왕국의 재생을 담당하는 데로 나아가는 데 필요한 위임을 얻기 위해 음모를 꾸밀 수 있는 자들이다. 이렇게 한쪽으로 기운 무게가 제3신분회의 사기꾼 집단의 세력에 더해짐으로써 무지, 경솔함, 방자함 그리고 약탈에 대한 탐욕스러운 추진력은 최고조에 달하게 되었다. 그에 저항할 수 있는 것은 아무 것도 없었다.

안목 있는 사람들에게는, 제3신분회의 다수가 내가 묘사한 성직자 계급의 대표자들과 결합하여 귀족의 파멸을 추구하면서, 바로 그 귀족 계급 출신 몇몇이 내건 최악의 기획을 필연적으로 추종하게 될 것이라는 점이 처음부터 명백했을 것이다. 이 귀족 계급 인물들은 자신의 신분인 귀족을 약탈하고 능멸함으로써 추종자들에게 줄 확실한 자금을 지니게 되었다. 동료를 행복하게 해주었던 물품들을 탕진하는 것은, 이들에게는 전혀 희생이 아닐 것이다. 높은 가문 출신이면서도 성질이 거칠고 불만에 찬 이들은, 개인적 자존심과 오만함으로 거만을 떠는 것에 비례하여 자신의 신분을 대체로 멸시한다. 그들의 이기적이고 사악한 야망을 나타내는 첫 징후 가운데 하나가 그들이 다른 사람들과 공동으로 갖는 위엄을 불량하게 무시하는 행위다. 사회의 작은 부분에 애착을 지니고 우리가 속한 작은 집단(little platoon)을 사랑하는 것이, 공적 애정의 제1원리(말하자면 맹아)다. 그것이 우리가 국가와 인류를 사랑하는 데로 나아가는 연쇄의 첫 고리다. 사회적 구성에서 작은 집단과 결부된 이익들은, 그 집단을 구성하는 모든 이의 손에 맡겨진 신탁이다. 사악한 자만이 그 남용을 정당화할 것이고, 배신자만이 그 재산을 개인의 이익을 위해 팔아넘길 것이다.

영국에서 내란이 일어났을 때 홀랜드 백작(Earl of Holland)[7] 같은 자들이 몇 명 있었다. (당신네 프랑스 국민의회에도 그런 자들이 있는지 모르겠다.) 왕이 하사금을 자신들에게 탕진하도록 함으로써 그들 자신과 가문이 왕좌에 대한 적의를 키워놓고는, 나중에는 바로 자신들이 원인을 제공한 불만으로 발생한 반란에 가담했다. 몇몇은 그들의 존재 자체가 왕 덕분이었고, 다른 몇몇은 은인을 파멸하는 데 사용한 그들의 모든 권력이 왕 덕분이었다. 그런데도 그들은 왕좌를 전복하는 데 협력했다. 이러한 종류의 사람들은, 만일 그들의 탐욕스러운 요구에 어떤 제한이 가해지거나, 자신들이 독점하려는 것을 다른 사람도 나누어 갖도록 허용된다면, 그들의 탐욕에서 채워지지 않은 갈망의 빈자리를 복수와 시기심으로 곧바로 채워버린다. 그들의 이성은 병적인 열정과 복잡하게 뒤엉키게 됨으로써 교란된다. 그들의 견해는 광대해지고 혼란스러워져서 다른 사람들에게는 설명 불가능한 것이 되고, 그들 자신에게는 불확실한 것이 된다. 그들에게는 사방의 모든 정해진 사물의 질서가 자신들의 원칙 없는 야망에 대한 제한으로 보인다. 그러나 혼란이라는 안개와 연무 속에서 모든 것이 확대되고 어떤 한계도 존재하지 않는 듯 보인다.

지체 높은 자가 두드러진 목표가 없는 야망을 위해 모든 위엄 관념을 희생하고, 하층 보조자와 더불어 저급한 목적을 위해 일을 꾸밀 때, 사회 전체가 저급하고 미천하게 된다. 이와 같은 일이 현재 프랑스에

---

7) 홀랜드 백작은 영국 내전시 왕당파와 의회파의 싸움에서 양측과 번갈아 제휴했다. 1648년 세 번째로 찰스 1세에 가세했다가 의회군에 붙잡혀 참수되었다. 버크는 이 귀족의 예를 들어, 프랑스혁명에 부화뇌동하는 영국 상층 인사들을 공격하고 경고했다—옮긴이.

서 일어나고 있지 않은가? 그리하여 야비하고 수치스러운 것이 만들어지고 있지 않은가? 모든 정책에 일종의 비열함이 스며들어 있는 것은 아닌가? 시행된 모든 것에, 개인뿐 아니라 국가의 모든 위엄과 중요성을 비하하는 하나의 경향이 존재하지 않는가? 다른 혁명에서 지도자들은, 국가의 변화를 기도하거나 실현하면서 자신이 평안을 교란했던 인민들의 위엄을 높임으로써 자신들의 야심을 정화했다. 그들은 멀리 내다보는 시야를 지녔다. 그들은 국가 파괴가 아니라 통치를 목표로 삼았다. 그들은 문무 양면에서 뛰어난 재능을 지닌 인물들이었으며, 당시에 공포 대상이었다고 하더라도 시대를 장식하는 사람들이었다. 그들은 서로 다투는 유대인 브로커 같은 무리가 아니었다. 이 무리들은 자신들의 타락한 협의회가 온 나라에 초래한 비참함과 폐허를, 사기성 짙은 통화와 가치가 떨어진 종이 채권을 가지고 누가 가장 잘 치료할 수 있는지를 다투는 자들이다. 옛날식 대악당 가운데 하나(크롬웰Cromwell)[8]에게 그 인척이며 당시 인기 시인이던 자가 바친 찬사는, 그가 계획한 것이 무엇이었는지, 야망의 성취 속에서 그가 위대하게 달성한 바가 무엇이었는지를 보여준다.

각하가 높이 오를수록 국가 또한 드높아집니다.
각하에 의해 변화되면서도 탈난 데를 찾을 수 없습니다.
세상의 장려한 광경처럼 변화시켰습니다.
소리도 없이 떠오르는 태양이 밤의 천박한 빛을 없애버리듯이.[9]

---

8) 영국 내전시 의회파를 지휘해 왕당파에 승리를 거두었다. 1649년 찰스 1세 처형 후 유일한 권력자로서 공화국 체제에서 호국경의 지위에 올랐다. 크롬웰이 1658년 사망한 뒤 1660년에 왕정이 복고되었다—옮긴이.
9) 월러(Waller)의 「호국경께 올리는 찬사」(Panegyric to my Lord Protector).

이들 소란을 일으킨 인물들은 권력을 찬탈하려는 사람들이기보다는, 사회에서 자신들의 본연의 위치를 주장하려는 사람들이었다. 그들의 상승은 세계를 밝히고 아름답게 만드는 것이었다. 경쟁자들에 대한 그들의 정복은 경쟁자들보다 더 빛남으로써 성취되었다. 파괴하는 천사와 같이 나라를 쳤던 그들의 손은, 그 밑에서 고통당했던 국가에 힘과 에너지를 전달했던 것이다. 나는 그자들의 덕성이 그들의 죄악에 대해 균형을 이룬다고 말하는 것은 아니다. (절대로 아니다.) 그러나 그들의 덕성은 죄악의 결과에 대해 약간의 교정책으로 작용했다. 우리의 크롬웰은 그러했다.[10] 당신네 기즈(Guise), 콩데(Condé), 콜리니(Coligny) 같은 사람들이 전부 그러했다.[11] 더 평화로운 시기였지만 내전 때와 같은 정신으로 행동했던 리슐리외(Richelieu)[12] 같은 자도 그러했다. 좀더 나은 인물들로, 그 대의도 의문의 여지가 더 적었던 당신네 앙리 4세와 쉴리(Sully)도 그러했다.[13] 비록 그들은 혼란의 와중

---

월러는 이 시를 1655년 크롬웰에게 헌정했는데, 왕정복고 후에는 찰스 2세에 대한 찬사를 썼다—옮긴이.

10) 휘그파였던 버크는 의회파로서 왕당파와 싸운 크롬웰에게서 두둔할 점들을 발견했다—옮긴이.

11) 16세기 프랑스 종교전쟁 때 지도자들로서, 전자는 가톨릭 측이고 뒤의 두 사람은 개신교도인 위그노였다—옮긴이.

12) 루이 13세의 대신으로서 17세기 전반기 프랑스의 국내·국외 정책을 총괄했다. 추기경으로서 위그노의 정치적 세력을 억압했으나, 그의 궁극적 목적은 귀족 세력을 억제하고 왕권을 강화하는 데 있었다. 대외적으로는 합스부르크 세력을 약화시키기 위해, 30년전쟁에서 황제와 싸우는 개신교국가인 스웨덴의 구스타프를 원조했다—옮긴이.

13) 앙리 4세는 개신교도였으나 가톨릭으로 개종하고, 1598년 낭트칙령을 반포해 개신교도의 권리를 인정하는 가운데 프랑스 종교전쟁을 종식시켰다. 종교전쟁으로 황폐해진 프랑스를 재건하기 위해 재정을 정비하고 농업과 산업을 장려했으나 1610년 암살당했다. 쉴리는 군인, 정치가로서 앙리 4세를 보좌했다. 앙리 4세의 개종이 쉴리의 권고에 따른 것이라고 한다—옮긴이.

에서 대두하여 흠집을 지니지 않은 것은 아니지만 그러했다. 프랑스가 다른 어떤 나라에서 발생한 것보다 길고 끔찍했던 내전에서부터 한숨 돌리는 순간을 맞게 되자, 얼마나 빨리 회복하고 두각을 나타냈는지는 감탄할 만하다. 어떻게 가능했는가? 그 많은 살육에도 그 나라에 존재하는 정신은 죽지 않았기 때문이다. 자각된 위엄, 귀족적 자존심, 영광과 모범에 관한 고귀한 감각은 죽지 않았기 때문이다. 오히려 불꽃이 피고 활활 타올랐다. 프랑스 국가 기관들 역시 비록 망가졌으나 존속했다. 명예와 덕성에 대한 모든 포상, 모든 보상, 모든 수훈도 남아 있었다. 그러나 당신네 현재 혼란은 중풍과도 같이 생명 그 자체의 기반을 공격했다. 명예의 원리에 따라 활동해야 할 위치에 있었던 사람들은 누구나 수치를 당하고 강등당했다. 그리하여 그들은 상처받고 굴욕적인 분노 속에서만 삶을 이어갈 감흥을 갖게 되었다. 그러나 이 세대는 빨리 지나가버릴 것이다. 다음 세대의 귀족들은 기술공, 광대, 돈놀이 하는 자, 고리대금업자 그리고 유대인을 닮게 될 것이다. 이들이 언제나 귀족의 동료일 것이고 때로는 주인이 될 것이다. 단언컨대, 수평이 되게 맞추려는 자들은 절대로 평등을 이룰 수 없다. 모든 사회는 다양한 종류의 시민들로 이루어지는 법이어서, 그중 어떤 부류가 최상위에 있기 마련이다. 그러므로 평등화하려는 자들은 사물의 자연적 질서를 변화시키고 전복시킬 뿐이다. 구조를 공고히 하기 위해서는 땅 위에 두어야 할 것을, 그들은 공중에 세움으로써 사회라는 건축물에 무거운 부담을 준다. 그 공화국을 (파리 공화국이 그 한 예다) 구성하고 있는 재봉사 단체와 목수 단체들은, 찬탈 중에서 최악인 자연적 특권에 대한 찬탈을 통해 당신들이 그들에게 강요한 지위를 감당할 수 없다.

프랑스의 대법관은 신분제의회 개회 석상에서 웅변조의 미사여구를 동원하여 모든 직업이 명예롭다고 연설했다. 만일 그가 의미한 바가 정직하게 수행되는 직업은 무엇이든 부끄럽지 않다는 말에 불과했다면, 진리에서 벗어나지 않았다고 하겠다. 그러나 어떤 것이 명예롭다고 단언할 때에는, 그것에 어떤 우월한 점이 있음을 의미한다. 미용사나 양초공의 일은 누구에게도 명예로운 것이 못 된다.——다른 더 비천한 많은 직업은 더 말할 나위도 없다. 그러한 부류의 사람들이 국가로부터 억압당해서는 안 된다. 그러나 만일 그들이 개별적으로나 또는 집단적으로 통치하도록 허락된다면, 국가가 억압되게 된다. 당신들은 이 점에서 편견과 싸우고 있다고 생각한다. 그러나 당신들은 실은 자연과 투쟁하는 것이다.[14]

### 통치계급의 자격

나는 당신이 일반적인 관찰이나 감정에 대해, 이성적인 사람들이 내놓는 모든 일반적인 전제들에 포함되기 마련인 모든 조정과 예외의 세세한 부분을 낱낱이 밝히도록 요구할 정도로, 궤변가 같은 까다로운 성격이거나 부정직하게 우둔한 사람이라고 생각하지 않는다. 당신은

---

14) 「집회서」 38장 24절, 25절: "학자가 지혜를 쌓으려면 여가를 가져야 한다. 무릇 사람은 하는 일이 적어야 현명해진다." "쟁기를 잡고 막대기를 휘두르며 소를 모는 데 여념이 없고, 송아지 이야기밖에 할 줄 모르는 농부가 어떻게 현명해질 수 있으랴?" 27절: "밤낮으로 일하는 목수와 장인도 마찬가지다." 33절: "그들은 시의회에 불리지도 않으며 공중집회에서 높은 자리를 차지하지도 않는다. 그들은 재판관의 자리에 앉을 일이 없으며, 법률을 이해하지도 못한다. 그들은 판단과 판결을 내리지도 못하며, 격언을 만드는 사람들 축에 끼지도 못한다." 34절: "그러나 그들이 이 세상을 지탱할 것이다."
나는 프랑스 교회가 (최근까지) 그러했듯이 「집회서」가 경전에 포함되는지, 우리나라에서 하듯 외경인지 판단내리지 못하겠다. 다만 「집회서」가 의미 깊고 많은 진리를 포함한다고 확신한다.

내가 권력, 권위, 지위를 혈통과 가문과 직함에 한정하고자 원한다고 생각하지 않을 것이다. 맞다. 그렇게 한정하지 않는다. 통치하기 위한 자격은 실제적 또는 추정상의 덕과 지혜 외에 다른 것이 없다. 그러한 자질이 실제로 발견되면, 신분·처지·직업을 가릴 것 없이, 그것은 인간 세상에서 지위와 명예에 이르게 하는 하늘이 준 통행권이다. 나라에 영광을 더하고 봉사하도록 주어진 행정적·군사적·종교적 재능과 덕성이 제공하는 봉사를, 어리석고 불경스럽게도 거부하는 나라에 화가 있을진저. 그리고 국가 주변에 광채와 영광을 확산하도록 마련된 모든 것을 하찮은 것으로 밀어내버리는 나라에 화가 있을진저. 또 다른 극단으로 흘러, 낮은 교육 정도, 사물에 대한 비열하고 편협한 견해, 비루하게 돈을 버는 직업을 더 우선적인 지휘 자격으로 간주하는 그런 나라에 화가 있을진저. 모든 것이 개방되어야 한다. 그러나 모든 사람에게 무차별적으로 개방되어서는 안 된다. 윤번제나 제비뽑기로 임명해서도 안 된다. 추첨이나 윤번제를 근본정신으로 삼는 어떤 형태의 선출도, 광범위한 사무에 관여하는 정부에 유익할 리가 없다. 그런 방식에는 의무에 관한 식견을 지닌 자를 선택하는 경향이나, 의무에 적응시키는 경향이 직접적으로도 또는 간접으로도 존재하지 않으므로, 나는 주저 없이 다음과 같이 말한다.――미미한 처지에서부터 출세와 권력으로 나아가는 길은 너무 쉬워서도 안 되며, 당연한 일이 되어서도 안 된다. 만일 희귀한 능력이 모든 희귀한 것 중 가장 희귀하다고 하면, 그것은 어떤 종류든 견습기간을 거쳐야만 한다. 명예의 전당은 출중함 위에 자리 잡아야 한다. 만약 그 전당이 덕성에 개방되어 있다면, 덕성은 고난과 분투 속에서만 시험된다는 점이 마찬가지로 기억되어야 한다.

　한 국가를 대표하는 데 재산과 함께 능력도 대표하지 않는다면, 적당하고 적절한 국가 대표라고 할 수 없다. 그러나 능력은 활기 있고 행동적인 원리이며, 재산은 굼뜨고 타성적이며 소심한 원리이므로, 만일 재산이 비교할 수 없을 정도로 압도적으로 대표되지 않으면, 능력의 침해에서 결코 안전할 수 없다. 또 축적한 재산이 많은 경우에만 대표가 되어야 한다. 그렇지 않다면 대표가 올바로 된 것이 아니다. 획득과 유지라는 복합적 원리에 따라 형성되는 재산의 특징적 본질은 그것이 **불평등**하다는 점에 있다. 그러므로 시기심을 불러일으키고 강탈을 유혹하는 많은 재산은 위험 가능성의 바깥에 두지 않으면 안 된다. 그러면 많은 재산은 그보다 적은 수준 낮은 여러 재산을 둘러싸는 자연의 성벽이 된다. 같은 양의 재산이라도 자연스런 사태 진전에 따라 다수에게 나누어진 경우에는 그러한 기능을 하지 못한다. 재산의 방어력은 재산이 확산됨에 따라 약화된다. 이렇게 분산되는 경우 각자의 몫은, 개인이 욕망을 키워 다른 사람들의 축적을 처분함으로써 자신이 얻을 수 있다고 상상하는 것보다 적어진다. 소수를 약탈하여 다수에게 분배하면 실제 받는 몫은 믿을 수 없을 만큼 적어질 것이다. 그러나 다수 사람들은 이러한 계산을 할 능력이 없다. 그리고 그러한 약탈을 선도하는 자들은 그렇게 분배할 의도를 전혀 갖지 않는다.

우리 재산을 가족의 수중에 영속시키는 힘은 재산에 속하는 사항들 중 가장 소중하고 흥미로운 점이다. 게다가 그 힘은 다른 무엇보다도 사회 자체를 영속시킨다. 그것은 우리의 약점을 우리의 덕성에 복종하도록 만든다. 그것은 자비를 심지어 탐욕에도 접목한다. 가문 재산의 소유자와 상속 재산에 따르는 지위의 소유자는 (가장 관련 깊은 당사자로서) 이러한 전달을 자연적으로 담보한다. 우리나라에서는 귀족원이 이 원리에 입각하여 구성되어 있다. 귀족원은 전적으로 세습 재산과 세습 지위를 기준으로 구성된다. 그러므로 제3의 입법부로 되어 있다. 그리고 궁극적으로, 세분된 것을 모두 포함하는 재산 전부에 대해 유일한 재판관이 된다. 평민원도 역시 반드시 그런 것은 아니지만 사실상 압도적으로 그렇게 구성된다. 대재산가들에게 자신들이 되고 싶은 대로 되게 하라. 그러면 그들은 최상의 부류에 속할 기회를 얻게 될 것이며, 최악의 경우에도 그들은 국가라는 선박의 바닥짐이 된다. 왜냐하면 세습 재산과 그에 수반되는 지위는, 기어드는 아첨꾼들과 권력에 대한 맹목적이고 비굴한 숭배자에 의해 너무 많이 우상화되지만, 한편으로 까다롭고 거만하며 근시안적인 철학 멋쟁이들의 천박한 사변에서는 너무 성급하게 경시되기 때문이다. 적절하게 규제된 우월성과 어느 정도의 우선성을 (배타적인 전유가 아니라) 태생에 부여하는 것은 부자연스럽지 않고, 부당하지 않으며, 졸렬하지도 않다.

2,400만 명이 20만 명에 대해[15] 우월권을 가져야 한다고 말하는 사람들이 있다. 옳다. 만일 왕국의 기본법이 산수 문제라면 말이다. 이런 종류의 주장은 가로등 기둥의 찬성을 얻기에는 충분하다.[16] 그러나 조금이라도 냉정하게 사고하는 사람에게는 우스꽝스러운 것이다. 다수의 의사와 그들의 이해관계는 매우 빈번하게 서로 다르기 마련이다. 그리고 그들이 사악한 선택을 할 경우, 서로 차이가 클 것이다. 시골 법무사와 미미한 성직자 500명으로 구성된 정부는, 비록 4,800만 명에 의해 선출되었더라도 2,400만 명에게 좋은 것이 아니다. 자질을 갖춘 열댓 명이 지도하는 것이 더 낫다고 할 수도 없다. 왜냐하면 그들은 그 권력을 얻기 위해 신뢰를 배반했기 때문이다. 현재 당신네는 모든 일

---

15) 2,400만 명은 당시 프랑스 전체 인구이고 20만 명은 귀족 수를 지칭한다. 당시 실제 귀족 수는 약 40만 명으로 추정된다—옮긴이.

16) 파리 민중이 증오하는 인물을 처벌하기 위해 이들을 가로등 기둥에 매달았던 것을 상기시키는데, 이는 "폭도의 논리"라는 뜻이 된다—옮긴이.

에서 자연의 큰길에서 벗어나 헤매는 듯하다. 프랑스의 재산은 프랑스를 통치하지 않는다. 물론 재산은 파괴되었고 도리에 맞는 자유는 존재하지 않는다. 현재 당신네가 지닌 것은 화폐로 유통시키는 지폐와 투기성 높은 헌법뿐이다. 그리고 장래에 관해 이야기하면, 당신들은 83개의 개별적인 지방자치체로 구성된 (그를 구성하는 지구들은 논외로 하더라도) 공화국 체제에서 프랑스 국토가 하나의 단위로 통치될 수 있다고 생각하는가? 또는 단일한 정신에서 추진력을 얻어 작동될 수 있다고 진정 생각하는가? 국민의회가 그 사무를 완수했을 때, 자체의 파멸이 완수될 것이다. 이 자치체들은 파리 공화국에 예속된 상태를 오래 감내하지 않을 것이다. 그들은 그 한 단체가 국왕 감금을 독점하고, 국민적이라고 자칭하는 집회에 대한 지배를 독점하는 것을 참지 않을 것이다. 각 자치체들은 교회 노획물에서 그들의 몫을 가지려고 할 것이다. 그들은 그 노획물이나, 근면에서 오는 더욱 정당한 열매 또는 자신들의 지역에서 나는 자연 산물이 파리의 직인들에게 보내져, 그들의 오만을 부풀리고 사치를 조장하도록 좌시하지는 않을 것이다. 각 자치체들은 거기에 평등이 존재한다고 전혀 인정하지 않을 것이다. 그들이 평등이라는 미명 아래 국왕에 대한 충성과 국가 고래의 헌법을 집어던지도록 부추겨졌지만 그럴 것이다. 그들이 최근 작성한 헌법에는 수도라는 것이 있을 수 없다. 민주적 정부를 조직했을 때 그들이 실질적으로 국가를 해체해버렸다는 사실을 망각한 것이다. 그들이 계속 왕이라고 부르는 자에게는, 이 공화국들의 집합을 하나로 묶어 유지하는 데 필요한 힘의 100분의 1도 남아 있지 않다. 파리 공화국은 그 전제권력을 지속하는 수단으로 군대의 타락을 완성하고, 국민의회를 선거인들의 의사를 묻지 않고 불법적으로 영속화하려고 힘쓸 것이다. 파리 공화국은 무한정한 지폐 통화의 중심지가 됨으로써 모든 것을 끌어당기려고 노력할 것이다. 그렇지만 그것은 허사가 될 것이다. 그러한 모든 정책은 결국 무력해질 것이다. 현재 난폭한 정도만큼 무력해질 것이다.


## 2. 영국 헌정에 대한 개혁 주장의 부당성과 자연권 이론의 오류

### 현재 프랑스를 영국의 모범으로 제시하는 견해

이러한 것이 당신들의 실제 상황이라면, 그리고 당신들이 이른바 신과 인간의 목소리에 의해 소명을 받았던 상황과 비교한다면, 나는 당신들이 선택한 바에 대해 또는 당신들이 노력하여 얻은 성공에 대해 진심으로 축하할 수 없다. 나는 그러한 원리에 기반하고 그러한 결과를 산출한 행위를 다른 나라에 추천하고픈 마음이 없다. 그러한 일은, 나보다 당신네 일에 더 정통한 사람에게 그리고 당신네 행동이 자신의 기획에 얼마나 유익한지 잘 아는 사람에게 미루는 것이 마땅할 것이다. 아주 일찍부터 축하를 보냈던 혁명협회 신사들은, 우리나라에 관한 어떤 정치적 계획을 지니고 있어서 당신네 행동이 어떤 방식으로든지 그에 유용하리라고 굳게 믿는 듯하다. 왜냐하면 당신네 프라이스 박사는 이 주제에 관해 적지 않은 열정을 지니고 고찰한 듯한데, 청중에게 다음과 같이 매우 주목할 만한 연설을 했기 때문이다. "나는 이 연설을 끝맺으면서, 한두 번 언급한 것이 아니며 당신들도 내내 예상해왔던 견해를 특별히 상기시키려고 합니다. 이 견해는 내 마음속에 말로 표현하는 것 이상으로 각인되어 있습니다. 현재가 자유라는 대의를 위해 진력하기에 적절한 때라는 견해가 그것입니다."

이 정치적 설교자의 마음이 그때 어떤 비상한 계획으로 부풀어 있었다는 점은 명백하다. 그리고 그의 청중──나보다 그를 더 잘 이해하는——의 생각이, 그의 고찰과 그로부터 도출되는 결론까지 전 과정을 따라갔다는 것은 매우 있음직한 일이다.

그 설교를 읽기 전까지는 내가 자유로운 나라에 살고 있다고 진정 생각했다. 그러한 생각은 내가 살고 있는 나라를 더 많이 좋아하도록 했기 때문에 소중히 여겼는데, 오류로 돼버린 것이다. 나는 우리의 자유라는 보물을 침략에 대해서뿐 아니라 쇠퇴와 부패로부터도 지키기 위해 늘 경각심을 갖고 경호하는 것이 우리의 최선의 지혜요, 우리의 첫째가는 의무임을 잘 인식하고 있다. 그러나 나는 그 보물을 지켜야 할 소유물로 여기지 쟁취해야 할 전리품으로 여기지는 않는다. 나는 어떻게 현재가 자유라는 대의를 위해 행하는 모든 노력에 그렇게 적절한 때가 되는지 식별할 수 없다. 현재가 다른 시기와 다른 점이 있다면, 그것은 오직 프랑스 사태뿐이다. 불쾌한 광경을 만들어내며 인간애, 관대함, 성실, 정의와 부합되지 않는 프랑스 국민의 몇몇 행위에 관하여 그 행위자에 대해서는 왜 그처럼 온화하고 선량한 마음을 지니고 좋게 말하면서, 피해자에 대해서는 왜 그처럼 영웅적인 강인함을 지니고 인내하는가? 만일 프랑스의 예가 이 나라에 영향력을 지녀야 한다면, 나는 그 이유를 쉽게 알아차릴 수 있다. 따르려고 작정한 모범의 권위를 실추시키는 것은 분명히 현명한 처사가 아니기 때문이다. 그러나 이 점을 인정한다고 하더라도 우리는 매우 자연스런 질문을 던지게 된다.——프랑스의 예가 그처럼 유례없이 상서로운 것이 되는 그 자유의 대의는 무엇이며, 그를 위한 노력은 대체 어떤 것인가? 우리나라 왕정이 왕국 내의 모든 법률과 모든 법정 그리고 모든 고래의 단체들과 더불어 파괴되어야 하는가? 우리나라의 모든 지방 분계선을 기하학적이고 산술적인 헌법에 유리하도록 모두 없애야 하는가? 귀족원을 무용지물이라고 의결해야 하는가? 감독제 교회를 폐지해야 하는가? 교회 토지를 유대인과 투기꾼들에게 팔아넘겨야 하는가? 아니면 새로 발명된 도시 공화국들에게 교회 약탈에 참여하도록 뇌물로 주어 버릴 것인가? 모든 세금을 억압적이라고 결의하고, 국가의 조세 수입은 애국적 기부금이나 애국적 선물로만 한정되도록 해야 하는가? 이 나라의 해군력을 유지하기 위해 토지세와 맥주세 대신 은제 구두 버클을 받아야 하는가?[17] 모든 계층과 신분 그리고 지위를 뒤섞어서, 국가 파산에 더하여 발생한 총체적 무정부 상태에서부터 3,000~4,000개의 민주적 체제를 83개로 조직하고, 알려지지 않은 어떤 결합력을 가지고 그 전부를 하나로 조직해야 하는가? 이러한 커다란 목표를 위해 군대는, 처음에는 모든 종류의 환락에 의해 그리고 다음에는 급료 증가 형태의 선물이라는 두려운 선례에 의해, 그 기율과 충성심을 벗어던지도록 부추겨야 하는가? 보좌신부들에게 그들 자신의 신분에서 빼앗은 것을 분배한다는 허황된 희망을 내비치면서, 그들을 주교들에게서 꾀어내야 하는가? 런던 시민들을 동료 신민이 내는 돈으로 먹고살도록 함으로써 충성심을 버리도록 부추겨야 하는가? 이 나라의 합법적 주화 대신에 지폐를 강제적 통화로 만들어야 하는가? 국가 재정에서 약탈하고 남은 얼마를, 서로 감시하고 서로 싸우는 두 군대를 유지한다는 터무니없는 기획에 사용해야 하는가?——만약 이것들이 혁명협회의 목적이요 수단이라면, 서로 잘 어울린다는 점을 나는 인정하는 바다. 그리고 프랑스는 목적과 수단 양쪽에서 적절한 선례를 제공한다고하겠다.

나는 당신들의 예가 우리에게 수치심을 주려는 의도에서 제시되었

---

17) 토지세와 맥주세가 관세 외에 당시의 주요 세입원이었다. "은제 구두 버클"은, 국민의회가 재정 궁핍을 완화하려는 방도로서 은제품 헌납을 호소한 것을 풍자하는 말이다―옮긴이.

다고 판단한다. 나는 우리가 우리 상황을 만족스럽다고 생각하여 수동적이 되었으며, 자유가 평범해짐에 따라 자유를 완전하게 만드는 일에 방해를 받고 있어서, 둔하고 굼뜬 민족으로 여겨지고 있다는 점을 알고 있다. 프랑스에 있는 당신네 지도자들은 영국의 헌정에 감탄하고 거의 숭배하는 상태에서 출발했다. 그러나 사태가 진전됨에 따라 극히 경멸하면서 보게 되었다. 우리 중에 있는 당신네 국민의회 친구들은, 예전에는 자기 나라의 영광이라 여겼던 것에 대해 철저하게 비굴한 생각을 하고 있다. 혁명협회는 영국 국민이 자유롭지 않다는 것을 발견했다. 그들은 우리 대표제의 불평등이 "우리 헌법이 지닌 참으로 중대하고 명백한 결점이며, 그 결점 때문에 우리 헌법은 형식과 이론에서만 탁월하다"고 확신한다.[18] 또 왕국의 입법부에서 대표제가 그 왕국 내의 모든 입헌적 자유의 기초일 뿐 아니라 "모든 정당한 통치의 기초이며, 그것이 없는 통치는 찬탈에 지나지 않는다는 것" —— "대표제가 부분적일 경우 왕국은 부분적으로만 자유를 지니며, 부분적 성격이 극도에 달한다면 대표제는 오직 유사품에 불과하고, 극도로 부분적일 뿐 아니라 부정하게 선출된다면, 대표제는 해로운 것이 된다"고 그들은 확신한다. 프라이스 박사는 이러한 대표제의 불완전성을 우리의 근본적 불평거리로 간주한다. 이 외형상의 대표제가 지니는 부정부패에 관해서, 그는 아직은 타락의 밑바닥까지 닿지 않았기를 희망한다. 그러나 그는 "무언가 대규모 권력 남용이 다시 우리의 분노를 자극할 때까지 또는 어떤 대재앙이 다시 우리의 공포를 일으킬 때까지 또는 어쩌면 우리가 그 그림자에 현혹되어 있는 동안 다른 나라들이 순수하고 평등한 대표제를 획득하여 우리의 수치심을 부추길 때까지는 우리가 이 근본적인 축복을

---

18)「우리나라 사랑에 관한 논설」제3판, 39쪽.

얻기 위해 아무것도 하지 않을 것 같다"고 걱정한다. 여기에 그는 다음과 같은 말로 주석을 덧붙였다. "주로 재무부에 의해 그리고 투표의 대가로 통상적으로 돈을 받는 수천의 하층 쓰레기들에 의해 선출되는 대표제."

여기서 당신은 민주주의자들의 일관성에 미소를 지을 것인데, 방심하고 있을 때 그들은 사회에서 가장 미천한 부류를 최대한 경멸적으로 대하면서 동시에 그들을 모든 권력의 보관소로 만드는 시늉을 한다. "불완전한 대표제"라는 말의 일반성과 다의성에 잠복해 있는 많은 오류들을 당신에게 지적하기 위해서는 긴 논설이 필요할 것이다. 우리가 오랫동안 그 아래서 번영을 누려온 그 구식 헌법에 대해 공정함을 잃지 않기 위해 여기서 나는 다만, 민중의 대표라는 것이 요구되고 고안된 그 모든 목적에 우리의 대표제가 완벽하게 적합하다는 점이 판명되었다고 말해두고자 한다. 나는 우리 헌정의 적들에게 반론을 제기해보라고 도전하는 바다. 우리 헌정이 그 목적을 진척시키는 데 얼마나 훌륭한지가 판명되는 구체적인 점들을 상세히 논의하기 위해서는, 우리의 실제 헌정에 관한 논문이 필요할 것이다. 나는 여기서 혁명주의자들의 교의를 진술하겠다. 이들 신사들이 자기 나라의 헌법에 대해 어떠한 견해를 품고 있는지, 그들이 무언가 대규모 권력 남용이나 대재앙이 자신들의 관념에 입각한 헌법이라는 축복을 위한 기회를 제공하는 것으로서 그들의 위안거리라고 생각하는 듯한 이유가 무엇인지를, 당신을 비롯한 다른 사람들이 알게 하기 위해서다. 그들이 왜 당신들의 공정하고 평등한 대표제에, 일단 달성되면 언제나 동일한 결과를 산출할 것 같은 그 대표제에 그렇게 매료되어 있는지 당신은 알게 될 것이다. 그들이 우리 평민원을 오직 "사이비", "외형", "이론", "그림자", "조롱거리" 그리고 아마도 "해로운 것"으로 간주한다는 점을 알게 될 것이다.

　이 신사들은 자신들이 체계적이라고 뽐내는데, 그럴 이유가 없는 것도 아니다. 그러므로 그들은 대표제의 중대하고 명백한 결점, 근본적 불평거리를 (그들은 그렇게 부른다) 그 자체로서 유해할 뿐 아니라, 동시에 우리의 통치기구 전체를 절대적으로 **불법적**이며 순전한 **찬탈**과 전혀 다를 바 없게 만든다고 인식하는 것이다. 이 불법적이고 찬탈된 통치기구를 제거하기 위해, 또 하나의 혁명이 절대적으로 필요하지는 않을지라도, 물론 완전히 정당화된다. 사실 조금이라도 주의 깊게 고찰한다면, 그들의 원리는 평민원의원 선거제의 변경보다 훨씬 더 나아간다. 왜냐하면 만약 민중 대표 또는 민중의 선택이 모든 정부의 **정통성**에 필수적이라면, 즉각 귀족원은 혈통상 서출이 되고 타락한 것이 되고 만다. 귀족원은 "유사성에서나 외형"에서조차 전혀 민중의 대표가 아니다. 국왕의 경우도 사정이 똑같이 안 좋다. 왕은 이 신사들에 대항하여, 명예혁명 때 수립된 체제의 권위로 자신을 지키려고 애써 봐야 소용없는 짓이 될 것이다. 자격의 근거로서 내세운 명예혁명은, 그들의 체계에서는 그 자체가 자격 미달이다. 그들의 이론에 따르면, 명예혁명은 현재 우리의 절차만큼도 단단하지 못한 기초 위에 세워졌기 때문이다. 명예혁명은 자기 자신 이외에 누구도 대표하지 않는 귀족원에 의해서 그리고 정확히 현재와 같은 평민원, 즉 그들의 용어에 따르면 대표제의 "그림자이며 조롱거리"에 불과한 것에 의해서 성사되었기 때문이다.

　그들은 무엇인가 파괴해야만 한다. 그렇지 않으면 아무런 목적도 없이 존재하는 것처럼 자신들에게 보일 것이다. 한 무리는 교회 권력을 통해 세속 권력을 파괴하려 하고, 다른 한 무리는 세속 권력을 통해 교회 쪽을 타도하려고 한다. 교회와 국가의 이 이중 파멸이 수행되면서,

공중에게 최악의 결과가 초래될 것이라는 점을 그들은 인식하고 있다. 그러나 그들은 자신들의 이론에 너무 열중해 있어서 이 파멸과 그것을 초래하고 그에 수반되며, 그들 자신에게도 아주 확실한 모든 해악이 용납하기 어려운 것이 아니라는 점을 또는 그들의 희망과 아주 거리가 먼 것은 아니라는 점을 감추려고 하지도 않는다. 그들 가운데 권위 있고 분명히 다재다능한 한 인물은,[19] 교회와 국가 사이에 추정된 동맹에 언급하면서 다음과 같이 말한다. "가장 부자연스런 이 동맹이 깨지기 위해서는, 아마도 우리는 세속 권력의 몰락을 기다려야 한다. 그때 재앙이 덮칠 것이라는 점은 의심의 여지가 없다. 그러나 그처럼 바람직한 결과를 수반한다면, 정치세계에서 그 어떤 격변이 비탄 대상이 되겠는가?" 이 신사들이 자기 나라에 닥칠 엄청난 재앙을 얼마나 침착하게 바라볼 준비가 되어 있는지를 당신은 알 것이다!

따라서 교회에 관해서든 국가에 관해서든, 자기 나라의 헌정이나 정부의 모든 점이 불법적이고 찬탈한 것이며 기껏해야 헛된 모방에 불과하다는 관념을 지니고 있는 그들이, 간절하고 열렬한 열의를 가지고 외국을 바라본다는 것은 놀랄 일이 아니다. 그들이 이 추앙 대상들에, 그 선구자 나라의 기본법들에, 그 고정관념들에 사로잡혀 있는 한, 그들에게 그들 자신의 헌정의 실제에 관해 이야기해도 허사다. 그 헌정의 이점은 오랜 경험이라는 확실한 검증과 국민의 힘, 번영의 증대에 의해 확인된 바인데도 그렇다. 그들은 경험을 학식 없는 자들의 지혜라고 경멸한다. 그 밖의 것에 대해서는, 고래의 모든 모범, 모든 선례, 특허장들 그리고 의회의 법률들을 한 번의 대폭발로 날려버릴 지뢰를

---

19) 프리스틀리(Joseph Priestley, 1733~1804) 박사, 신학자이며 과학자. 인용한 구절은 그의 『기독교 부패의 역사』(*History of the Corruptions of Christianity*, 1782)의 결론이다—옮긴이.

지하에 매설했다. 그들은 "인간의 권리"들을 지니고 있는 것이다. 이것들에 반해서는 어떠한 시효도 있을 수 없고, 이것들에 반해서는 어떠한 협약도 구속력이 없다. 이 권리는 어떠한 조정도, 어떠한 타협도 인정하지 않는다. 그 요구에 조금이라도 부응하지 않는 것은 모두 기만과 부정이 된다. 이러한 그들의 인간의 권리에 대항해서는 어떠한 정부도, 오랫동안 존속해왔다는 점에서도 또는 그 행정이 정당하고 관대하다고 할지라도, 안전을 기대하기는 힘들다. 정부 형태가 그들의 이론과 일치하지 않는 경우 이들 공론가들이 제기하는 반대는, 가장 포악한 전제정치나 최근의 찬탈에 대해서와 마찬가지로, 아주 오래되었고 유익한 정부에도 적용된다. 그들은 항상 정부와 의견이 엇갈리는데, 그것은 권력 남용 문제가 아니라 권한 문제와 자격 문제에 관해서다. 나는 그들의 정치적 형이상학의 조잡한 미묘함에 관해서는 할 말이 없다. 그들이 학교 안에서 즐기도록 내버려두라.──"그의 권력은 텅 빈 동굴에 한정돼 있다.──바람의 감옥 간수에게 거기서 지배하도록 내버려두어라."[20] 그러나 그들이 레반트의 세찬 동풍처럼 휘몰아쳐서 감옥을 부수고, 그 폭풍으로 대지를 휩쓸고, 깊디깊은 샘을 뒤흔들어서 우리를 덮치지 않도록 하라.

### 인간의 진정한 권리

나는 인간의 진정한 권리를 이론적으로 부정할 생각은 조금도 없으며, 실천에서도 거부할 (만약 내가 지원하거나 거부할 힘을 지니고 있다면) 마음이 전혀 없다. 그들의 그릇된 권리 주장을 부정한다고 해서,

---

20) 베르길리우스가 로마 건국을 읊은 장편 서사시 『아이네이스』에 나오는 구절이다─옮긴이.

진정한 권리 ——그들의 가짜 권리가 전적으로 파괴하려고 하는 그러한 권리 ——를 손상시킬 의도가 없다. 공공 사회(civil society)[21]가 인간의 이익을 위해 형성된 것이라면, 그 형성 목적인 이익 전체가 인간의 권리가 된다. 사회는 혜택을 얻기 위한 제도다. 그리고 법 자체가 규칙에 따라 작동하는 혜택일 뿐이다. 인간은 그 규칙에 따라 살 권리가 있다. 그들은 동포끼리의 관계에서, 그 동료들이 통치 직무에 있든 보통의 직업에 종사하든, 정의를 요구할 권리가 있다. 그들은 근면의 열매에 대한 권리와 근면이 열매를 맺게 할 수단에 대한 권리를 지닌다. 부모가 획득한 것, 자손을 양육하고 향상시키는 데 필요한 것, 살아가면서 가르침을 얻고 죽음에 이르러 위안이 될 것 등에 대한 권리를 지닌다. 각자가 다른 사람을 침해하지 않고 개별적으로 어떤 일을 할 수 있다면, 그는 스스로 그렇게 할 권리가 있다. 그리고 사회가 모든 기술과 힘을 결합하여 그를 위해 제공해줄 수 있는 모든 것에 대해 공정한 몫을 요구할 권리가 있다. 이 협력관계에서 모든 사람은 동등한 권리를 갖지만, 동등한 것에 대해 동등한 권리를 갖는 것은 아니다. 동업관계에서 5실링만 출자한 사람은 그에 대한 건실한 권리를 지니는데, 이는 500파운드를 출자한 사람이 그 큰 출자분에 대해 권리가 있는 것과 같다. 그러나 전자는 공동 자본에서 산출된 것에서 동일한 배당을 받을 권리가 없다. 국가 경영에서 개인이 가져야 하는 권력·권위·지휘권의 배분에 관해서는, 나는 그것이 공공 사회에서 인간이 지닌 직접적인 본원적 권리에 속한다는 점을 부정한다. 왜냐하면 여기

---

21) civil society는 보통 시민 사회로 번역하나 여기서는 공공 사회로 번역하는 것이 적절하다고 생각한다. 그런데 society에는 사적 모임도 포함되므로 civil을 붙여 공공 사회가 되지만, 우리말 '사회'는 사사로운 모임을 전혀 내포하지 않으므로 사실 공공 사회라는 단어는 거의 반복어인 셈이다—옮긴이.

서 내가 염두에 두고 있는 것은, 공공 사회의 인간이지 다른 어떤 것이 아니기 때문이다. 그것은 협약[22]에 의해 결정되는 사안이다.

만약 공공 사회가 협약의 소산이라면, 그 협약이 공공 사회의 법이 되어야만 한다. 그 협약이 공공 사회에서 형성된 모든 종류의 기본법을 한정하고 조절해야 한다. 모든 종류의 입법, 사법, 행정 권력은 그 피조물이다. 그러한 것들은 그외 다른 상황에서는 존재할 수 없다. 공공 사회의 협약 아래 있으면서도 그 존재를 전제하지 않는 권리를 어떻게 주장할 수 있는가? 그와 절대적으로 양립되지 않는 권리를 어떻게 주장할 수 있는가? 공공 사회를 형성하는 일차적 동기 가운데 하나며 그 기본 규칙들 중 하나는, 어떤 사람도 자신이 관련된 사건에서 재판관이 되어서는 안 된다는 것이다. 이에 따라 사람들은 협약을 맺지 않았을 때 지녔던 첫 번째 기본권, 즉 스스로 심판하고 자신의 주장을 관철하는 권리를 상실했다. 그는 자신의 통치자가 되는 모든 권리를 포기한 것이다. 그는 자연의 첫 번째 법인 자위권을 포괄적으로 상당 부분 버린 것이다. 인간은 비사회적 상태와 사회적 상태의 권리를 동시에 향유할 수 없다. 정의를 얻기 위해서, 몇 가지 점에서 그에게 가장 본질적인 것을 결정할 권리를 포기한 것이다. 몇몇 자유를 확보하기 위

---

22) 원래 단어는 convention이어서 관습이라고 번역할 수도 있다. 그런데 몇 줄 아래에서 버크는 "계약을 맺지 않은 인간이 지니는 첫 번째 기본권"(the first fundamental right of uncovenanted man) 운운하여 협약으로 번역하는 것이 나을 것 같다. 그러나 버크는 근본적으로 공공 사회와 정부의 성립이 "사회 계약"과 같은 명시적·일회적 계기에 기초한다는 주장을 반박하므로, 이 '협약'은 사회적으로 발전된 '관습적' 규약의 의미가 강하다. 세이빈(George H. Sabine)은 『정치사상사』(*A History of Political Theory*, 1959)에서 흄과 버크에 관한 장의 제목을 "Convention and Tradition"으로 달았는데, 이때 convention은 관습이라고 해석된다—옮긴이.

해서 자유 전체를 신탁하여 양도하는 것이다.

정부는 자연권에 기반하여 형성된 것이 아니다. 자연권은 정부와 완전히 독립하여 존재할 수 있고, 또 실제 그렇게 존재한다. 그리고 훨씬더 분명한 형태로 존재하며, 추상적 완벽성이라는 점에서 훨씬 더 높은 등급이다. 그러나 자연권의 추상적 완벽성은 그 실제적 결점이다. 모든 것에 대해 권리를 가짐으로써, 모든 것에서 결핍 상태가 된다. 정부는 인간의 욕구를 충족하기 위해 인간의 지혜로 고안해낸 것이다. 인간은 이러한 욕구가 이 지혜에 의해 충족되게 할 권리를 지닌다. 이러한 욕구 가운데, 공공 사회에서 나온 욕구인 그들의 열정을 충분히 억제할 욕구도 포함되기 마련이다. 사회는 개인들의 열정이 억제될 것을 요구할 뿐만 아니라, 개인과 마찬가지로 집단과 단체에서도 인간의 성향이 빈번하게 좌절되고, 의지가 통제되고, 열정이 극복될 것을 요구한다. 이는 오직 그들 자신에서 나온 권력에 의해서 실시될 수 있다. 그기능을 행사할 때 제어하고 복종시키는 것이 임무인 사람들의 의사와 열정에 복속되는 것이 아니다. 이런 의미에서, 인간의 자유뿐 아니라인간에 대한 억제가 그들의 권리에 포함된다고 간주할 수 있다. 그러나자유와 억제가 시대와 상황에 따라 다르고 변경의 여지가 무한하기 때문에, 그를 어떤 추상적 규칙에 기반하여 정해놓을 수는 없다. 그러한원리에 입각하여 자유와 억제를 논하는 것처럼 어리석은 짓은 없다.

각자가 자신의 통치자로서 완전한 권리에서 무언가 덜어내고, 그러한 권리에 인위적인 실정적 제한을 부과하는 순간, 그때부터 통치 조직 전체는 편의(convenience)의 문제가 된다. 한 나라의 헌법과 그권력의 합당한 배분을 가장 미묘하면서 복잡한 기술적 문제로 만드는것이 바로 이것이다. 그것은 인간 본성과 인간의 필요에 관해, 사회 제도들의 메커니즘에 의해 추구될 다양한 목적을 촉진 또는 저해하는 것들에 관해 심오한 지식을 요구한다. 국가는 그 힘을 위한 보급원과 병폐에 대한 치유책을 지니고 있어야 한다. 음식과 약에 대한 인간의 추상적 권리를 논하는 것이 무슨 소용이 있는가? 문제는 그것들을 획득하고 복용하는 방법에 있다. 그것을 궁리할 때는, 형이상학 교수보다는 농부와 의사에 도움을 청하라고 나는 항상 충고하겠다.

한 국가를 구성하거나, 혁신하거나, 개혁하기 위한 학문은 그 밖의 다른 경험과학처럼 선험적으로 교육되지 않는다. 또 우리에게 그 실천적 학문을 가르칠 수 있는 것은 짧은 경험이 아니다. 도덕적 요인의 진정한 결과는 반드시 즉각적이지 않기 때문이다. 처음에는 해로운 것이 더 나중 작용에서는 탁월할 수도 있다. 그 탁월성이 처음에 산출된 나쁜 결과에서 생길 수도 있다. 그 역도 또한 발생하여, 아주 그럴듯한 계획이 매우 만족스럽게 시작되었다가도 종종 낭패스럽고 유감스런 결말에 이른다. 국가들에는 종종 불분명하고 거의 잠복되어 있는 원인들이 있는데, 언뜻 보기에는 그다지 중요하지 않은 것 같지만, 국가의 번영이나 역경이 대부분 본질적으로 그에 좌우될 수 있다. 그러므로 통치 지식은 그 자체로 매우 실천적이면서 그러한 실천 목적을 지향하므로 경험(experience)을 요구하는 사안이다. 게다가 어떤 사람이 아무리 총명하고 주의 깊다고 할지라도, 그 자신의 삶 전체에서 얻을 수 있는 것보다도 훨씬 더 풍부한 경험을 요구하는 사안이다. 따라서 여러 시대를 거쳐서 상당한 정도로 사회의 공통된 목적에 부응해온 건축물을 감히 쓰러뜨리려고 시도하는 경우나, 증명된 유용성을 간직한 모델과 모형을 바로 눈앞에 두고 있지도 않으면서 그것을 재건축하려고 시도하는 경우에는, 무한한 조심성이 요구된다.

공동생활 속으로 들어오는 이들 형이상학적 권리는 밀도 높은 물질을 통과하는 광선처럼, 자연 법칙에 의해 직선 그대로가 아니라 굴절

된다. 실제로 인간의 원초적 권리는, 복합적이고 복잡한 인간의 열정과 관심사 속에서 매우 다양한 굴절과 반사를 겪으므로, 그 권리가 원래의 방향이라는 단순성을 계속 지니는 것처럼 말하는 것은 불합리하다. 인간의 본성은 복잡하고, 사회의 목적은 지극히 복합적이다. 따라서 권력을 단순하게 배치하거나 관리하는 것은 인간의 본성에도, 인간사의 특성에도 적합할 리가 없다. 새로운 정치체제에서 장치의 단순성을 목표로 하고 그를 자랑하는 소리를 들을 때, 나는 그 제조자들이 직무에 관해 매우 무지하거나 의무에 완전히 태만하다고 판단 내리기를 주저하지 않는다. 단순한 정부는, 더 악평을 하지 않더라도, 근본적으로 결함을 지닌다고 할 것이다. 만약 당신이 단지 하나의 관점에서 사회를 고찰한다면, 정치 조직의 이 모든 단순한 양식이 무한히 매혹적일 것이다. 실제로 단순한 양식의 정치 조직은, 더욱 복잡한 조직이 그 복합 목적을 전부 달성할 수 있는 것보다 훨씬 완벽하게, 각각 그 단일한 목표에 부응할 것이다. 그러나 마음에 드는 부분에만 과도하게 주의를 기울임으로써, 어떤 부분은 아주 정확하게 달성되지만 다른 부분은 완전히 무시되거나 아마도 실질적으로 해를 입게 된다. 그보다는 불완전하며 변칙적으로나마 전체가 처리되는 것이 더 낫다.

이들 이론가들이 아주 그럴듯하게 주장하는 권리는 모두 극단적인 것으로서, 형이상학적으로 진리임에 비례하여 도덕적·정치적으로는 허위다. 인간의 권리는 일종의 **중간**에 존재하므로 정의할 수는 없지만, 식별 불가능한 것은 아니다. 정부 아래에서 인간의 권리는 그의 이익이다. 이 이익들은 종종 상이한 선(善) 사이에서 이루어진 균형 속에 있다. 그리고 때로는 선과 악 사이의, 또 때로는 악과 악 사이의 타협 속에 있다. 정치적 이성은 하나의 계산 원리다. 진정한 도덕적 단위들을 형이상학적으로나 수학적으로가 아니라, 도덕적으로 더하고 빼고

곱하고 나누는 것이다.

　이들 이론가들에 의해 인민의 권리는 거의 언제나 그들의 권력과 궤변적으로 혼동되어버린다. 공동체라는 전체는 그것이 작동할 수 있게 되면 언제나, 그 어떤 실질적인 저항에도 직면하지 않는다. 그러나 힘과 권리를 동일시하지 않는 한, 공동체 전체가 미덕에 어긋나는 권리와 모든 미덕 중에 첫째가는 신중함에 어긋나는 권리를 지닐 수는 없다. 인간은 이치에 맞지 않는 것, 자신에게 이익이 되지 않는 것에 대해 아무런 권리도 지니지 않는다. 비록 어느 쾌활한 작가가, 그들 중 한 사람이 폭발을 거듭하는 화산 불 속에 태연하게 뛰어들었다고 들었을 때, 즉 "그는 불타오르는 에트나(Etna) 화산에 태연하게 몸을 던졌다"라고 들었을 때, "시인은 사라지고 싶으면 멋대로 사라지면 된다"라고 말했지만,[23] 나는 그런 희롱을 파르나소스(Parnassus)의 특권[24]의 하나라기보다는 오히려 정당화할 수 없는 시인의 방종이라고 생각한다. 그리고 이러한 종류의 권리를 행사하기로 결정한 사람이 시인이든 신학자든 정치가든, 나는 그의 어리석음의 기념물로 불탄 자국 투성이인 그의 신발을 보존하기보다, 그를 살려내야 한다고 생각한다. 그것이 더욱 자비롭기 때문에 더욱 현명한 행동이다.

### 극단파의 폐해

　내가 지금 서술하면서 많이 언급한 기념 설교들은, 그들이 현재의

---

23) 기원전 1세기 로마 시인 호라티우스의 『시론』(de Arte Poetica)에서, 에트나 화산에 몸을 던졌다고 알려진 철학자요 시인인 엠페도클레스(Empedocles)에 대한 언급이다—옮긴이.
24) 파르나소스는 아폴로와 시를 관장하는 뮤즈(Muse)가 거주하는 곳이므로, 파르나소스의 특권은 시인의 특권을 의미한다—옮긴이.

행태를 수치심 때문에 중지하지 않는 한, 그들이 기념하는 명예혁명의 원리에서부터 많은 사람을 기만하여 이탈하게 하고, 그 혁명의 혜택을 사람들에게서 박탈할 것이다. 당신에게 고백하건대, 나는 저항과 혁명에 대해서 이처럼 되풀이해 이야기하는 것 또는 헌정에 사용되는 극약을 일상 식량으로 만드는 연습을 결코 좋아한 적이 없다. 이는 사회 습관을 위험할 정도로 병에 신경 쓰게 만드는 것이다. 승화 수은을 정기적으로 복용하는 것이며, 자유에 대한 우리의 사랑에 칸타리스(cantharides)[25] 흥분제를 반복해서 삼키는 꼴이다.

이 치료법에서 발생하는 질병은 만성화되어, 큰일에 발휘해야 할 정신의 활력을 저속하고 비열한 습관에 의해 이완시키고 닳아 없어지게 한다. 폭군 살해라는 주제가 학교에서 소년들의 평범한 연습문제가 된 때는, 로마에서 예속 상태가 가장 중병을 앓던 시기였다. —— "학교에서 많은 학생이 분노에 차서 폭군을 죽일 때."[26] 보통 상황에서 폭군 살해라는 주제는, 그것이 무절제한 사변의 방종을 통해 악용하는 자유의 대의에 대해서조차, 우리나라 같은 국가에서 최악의 결과를 초래한다. 우리 시대의 명문가 출신 공화주의자들은 거의 모두 단시일 내에 가장 단호하고 완벽한 궁정인이 되었다. 그들은 자신들의 이론에 대한 자만과 도취 속에서 토리파와 다름없다고 경멸했던 사람들에게, 지루하고 평온하지만 실질적인 저항이라는 직무를 곧 떠넘겼다. 물론 위선은 가장 고상한 사변을 즐긴다. 결코 사변을 넘어서려고 하지 않으면서, 그 위선을 장엄하게 만드는 데는 아무런 희생도 필요하지 않기 때문이다. 그러나 이렇게 기고만장한 사변에서 기만보다는 오히려 경솔

---

25) 가뢰(Spanishfly)라는 곤충으로 만든 약인데, 최음제로 사용한다―옮긴이.
26) 유베날리스의 『풍자시』에 나오는 구절이다. 이 작품에서 유베날리스는 부패한 사회상에 대해 격렬하게 분노를 표출했다―옮긴이.

함이 의심되는 경우에도 문제는 언제나 똑같았다. 이 교수들은 제한된 저항, 말하자면 비군사적·합법적 저항만이 필요한 경우에, 자신들의 극단적 원리를 적용할 수 없음을 깨닫고 전혀 저항하지 않는다. 그들에게 저항은 전쟁이나 혁명이 아니라면 아무것도 아니다. 그들은 자신이 살고 있는 세계의 상태에 자신의 정치 계획이 적합하지 않음을 깨닫고서, 모든 공적 원리를 종종 가볍게 생각하게 된다. 그리고 그들이 아주 사소한 가치밖에 없다고 생각하는 것은, 아주 사소한 이익을 대가로 포기할 태세가 되어 있다. 사실 그들 가운데 몇몇은 더 견실하고 끈기 있는 편이다. 그러나 그들은 의회에 진출하지 못한 열성 정치가들로서, 그들이 좋아하는 기획을 포기하도록 유혹하는 것은 거의 없다. 그들은 교회나 국가 또는 양자 모두의 변화를 항상 그들의 견해 속에 품고 있다. 사정이 그렇다면, 그들은 항상 나쁜 시민들이고, 단체에서 전혀 믿지 못할 회원들이다. 그들의 사변적 계획을 무한한 가치가 있는 것으로, 국가의 현재 구성을 무가치한 것으로 생각함으로써 그들은 최선의 경우에도 국가에 대해 무관심하기 때문이다. 그들은 공무 처리가 훌륭해도 공적을 인정하지 않고, 공무 처리에서 잘못을 범해도 과실로 보지 않는다. 그들은 후자를 혁명에 더 유리하다고 여기고 차라리 기뻐한다. 그들은 어떠한 인간, 어떠한 행위, 어떠한 정치 원리에서도, 자신들의 변화 계획을 추진하거나 지연하는 것에만 기준을 두어 장점과 단점을 평가한다. 그러므로 그들은 어느 날 가장 폭력적이면서 광범위한 왕의 대권을 주장하다가, 또 다른 날에는 가장 무모한 민주주의적 자유 이념을 주장하면서 대의, 인물, 당파에 전혀 관계없이 한편에서 다른 편으로 전전한다.

프랑스에서 당신들은 지금 혁명 위기에 있으며, 하나의 통치 형태에서 다른 통치 형태로 이행 중이다.──따라서 당신들은 우리가 이 나라에서 보는 것과 정확히 동일한 상황에서, 그러한 성격의 사람들을 볼 수는 없다. 우리나라에서 그들은 투쟁적이지만, 당신네 나라에서 그들은 득의에 차 있다. 그리고 당신들은 그들의 권력이 그들의 의지에 비례할 때 어떻게 행동할지 알고 있다. 나는 그러한 소견을 어떤 부류의 사람들에 한정하거나, 그 부류에 속한 여러 종류의 사람을 모두 포괄하려는 것이 아니다.——아니다. 결코 그렇지 않다. 내가 극단적 원리를 고취하는 사람들 그리고 종교의 이름으로 터무니없고 위험한 정치 이외에는 어떤 것도 가르치지 않는 사람들과 타협할 수 없는 것과 마찬가지로, 그러한 불공정 행위를 할 수는 없다. 이 혁명 정치 가운데 최악의 것은 다음과 같다. 즉 그들은 극한의 경우에 때때로 사용되는 필사적인 타격에 대비해 마음을 굳히고 단련한다. 그러나 이러한 상황은 결코 오지 않을 것이므로, 정신은 쓸데없는 손상을 입는다. 그리고 그러한 정신의 타락이 어떠한 정치적 목적에도 도움이 되지 않을 때, 도덕 감정은 적지 않게 훼손된다. 이러한 종류의 사람들은 인권에 관한 그들의 이론에 너무나 열중한 나머지, 인간 본성을 완전히 망각했다. 이해에 이르는 하나의 새로운 길을 열지 않으면서, 심정에 이르는 길들을 막는 데 성공했다. 그들은 사람들 가슴에 안온하게 자리 잡은 공감을, 자신들과 추종자들에게는 왜곡시켜버렸다.

올드쥬리에서 행한 이 유명한 설교는, 정치적 부분 전체에서 이러한 정신만을 표출한다. 음모·대학살·암살은 어떤 사람들에게는 혁명 달성을 위한 사소한 대가에 불과하다. 저비용에 피를 보지 않는 개혁과 죄짓지 않은 자유는, 그들의 취향에 따르면 활기 없고 진부하다. 거대한 장면 변화가 있어야만 하고, 장엄한 무대 효과가 있어야만 한다. 60년 동안[27] 안전을 느긋하게 누리고 국가의 번영 속에서 활기 없는 휴면 상태에 빠짐으로써 무감각해진 상상력을 일깨울 대장관이 연출되어야 한다. 그 설교자는 프랑스혁명에서 그 모든 것을 발견했다. 프랑스혁명은 그의 몸속에 젊은 열기를 불러일으킨다. 그의 열광은 발언이 계속되면서 점점 격렬해져서, 결론에 도달할 때는 온통 화염으로 타오른다. 그리하여 그의 설교대인 피스가(Pisgah) 산[28]에서 자유롭고, 도덕적이고, 행복하고, 번영하며, 영광스런 상태의 프랑스를 마치 약속의 땅을 내려다보듯 바라보면서 그는 다음과 같이 열광한다.

이 얼마나 중대한 시기입니까! 나는 이 시대에 살고 있음에 감사합니다. 주여, 이제는 당신 종을 평안히 놓아주소서. 내 눈이 주의 구원을 보았사오니[29] 하고 말씀드릴 정도입니다.──나는 살아서 지식의 확산이 미신과 오류의 토대를 허무는 것을 보았습니다.──나는 살아서 인간의 권리가 전에 없이 잘 이해되는 것을, 그리고 자유의 이념을 거의 망각한 것처럼 보였던 민족들이 자유를 갈망하는 것을 보았습니다.──나는 살아서, 분노하고 단호한 3,000만 인민이 예속을 물리치고 억제할 수 없는 함성으로 자유를 요구하는 것을 보았습니다. 그들의 왕이 개선행진을 이끌었으며, 독단을 일삼던 군주가 백성에게 항복했습니다.[30]

---

27) 이 설교 당시 프라이스의 나이가 68세였다─옮긴이.
28) 모세가 이 산의 정상에서 약속의 땅을 내려다보았다─옮긴이.
29) 예수를 예루살렘 신전에서 처음 보았을 때 늙은 시므온(Simeon)이 한 말이다─옮긴이.
30) 이들 존경할 만한 신사들 가운데 다른 한 사람은 파리에서 최근에 벌어진 광경을 목격하고 다음과 같이 의중을 털어놓았다. "정복자인 백성들에 의해 굴종적인 개선행진에 끌려들어간 왕의 모습은 인간사를 전망할 때 거의 일어나지 않을 장대한 광경 가운데 하나다. 여생 동안, 나는 경탄과 만족감을 지니고 그 광경을 생각할 것이다." 이 신사들의 감정은 경이로울 정도로 일치한다 (여기서 버크가 언급하는 "최근에 벌어진 광경"은 1789년 10월 루이 16세가

더 나아가기 전에 나는 프라이스 박사가 이 시대에 획득하여 퍼뜨린 위대한 광명의 성과를 과대평가하려는 것 같다는 점을 지적해야겠다. 지난 세기는 금세기만큼이나 빛이 비춰졌다고 판단하기 때문이다. 지난 세기에 장소는 달랐지만, 프라이스 박사가 내세우는 것만큼이나 기억할 승리가 있었다. 그리고 그 시대의 일부 위대한 설교자들은, 프라이스 박사가 프랑스의 승리에 가졌던 것과 똑같은 열의로 그 시대의 승리에 참가했다. 휴 피터스 목사에 대한 대역죄 재판 중에, 찰스 왕이 재판을 받으러 런던으로 연행되었을 때, 그날 그 자유의 사도가 승리행진을 지휘했음이 밝혀졌다. 목격자는 "6마리가 끄는 마차에 탄 국왕과 국왕 앞에서 승리에 겨워 말을 타고 가는 피터스를 보았다"라고 증언했다. 프라이스 박사는, 그가 마치 하나의 발견을 이룬 것처럼 이야기할 때, 사실 전례를 따르는 것에 불과하다. 국왕 재판이 시작된 후에 선구자인 바로 그 피터스 박사가 화이트홀의 왕실 예배당에서 (그는 아주 의기양양하게 자신의 장소를 선택했다) 긴 기도를 끝맺으면서 다음과 같이 말했기 때문이다. "나는 20년 동안 기도하고 설교했습니다. 이제 나는 늙은 시므온과 마찬가지로 다음과 같이 말해도 괜찮을 것입니다. 주여, 이제는 당신 종이 평안히 하직하게 하소서. 내 눈이 주의 구원을 보았사오니."[31] 피터스는 기도의 응답을 얻지 못했다. 그는 자신이 원한 만큼 빨리 세상을 하직하지도, 평안 속에서 하직하지도 못했기 때문이다. 그는 자신이 제사장으로서 지휘한 승리의 제물이 (나는 그의 추종자들 중 누구도 이 나라에서 그렇게 되지 않기를 간절히 바란다) 되었다. 왕정복고 때 사람들은 이 불쌍한 선한 인물을 어쩌면 너무도

---

마리 앙투아네트와 함께 베르사유에서 파리로 강제로 옮겨온 "개선행진"을 말한다. 버크는 이 사건을 아래에서 길게 논했다—옮긴이).

31) 『국사재판』(*State Trials*) 제2권, 360, 363쪽.

가혹하게 다루었다고 하겠다. 그러나 우리는 그에 대한 기억과 그가 겪은 수난 덕분에 다음 사실을 인식할 수 있다. 즉 인권에 관한 지식과 그 지식이 산출하는 모든 영예로운 결과를 배타적으로 자기 것이라고 주장하는 이 시대의 그의 추종자와 모방자 그 누구에 못지않게 피터스가 광명과 열의를 지녔다는 사실이다. 그리고 그가 종사한 대업을 방해할 수도 있는 모든 미신과 **오류**를 그의 추종자와 모방자에 못지않게 효과적으로 근절했다는 사실이 그것이다.

올드쥬리에서 돌발적인 설교——시간과 장소만 다를 뿐 그 정신과 말은 1648년의 환희와 완전히 동일한——가 있은 후에 정부 제조자들이며, 군주 **추방자들**의 영웅적 단체며, 군주 선거인들이며, 의기양양하게 국왕을 이끄는 자들인 혁명협회는, 지식 보급에 대한 자부심으로 거들먹거리면서, 자신들이 그렇게 무상으로 아주 많은 몫을 받았던 지식을 활수하게 전달하려고 서둘렀다. 이 관대한 전달을 행하기 위해 그들은 올드쥬리의 예배당에서 선술집 런던으로 자리를 옮겼다. 거기서 신탁 제단의 향기가 완전히 가시지 않은 바로 그 프라이스 박사가 결의서, 즉 경축사를 발의해 통과시켰고, 그것이 스태너프 경에 의해 프랑스 국민의회에 전달되었던 것이다.

나는 구세주가 처음 신전에 출현했을 때에 나온, 보통 "시므온의 찬송"이라고 불리는 아름답고 예언적인 외침을, 한 복음 설교자가 모독하는 것을 본다. 비인간적이고 부자연스런 환희에 휩싸여서, 어쩌면 이제까지 인류의 연민과 의분을 자아냈던 어떤 것보다 더한 무시무시하고 잔학하고 고통스런 광경에 그 외침을 적용하는 것을 본다. 우리의 설교자에게 그러한 신성모독적인 도취감을 불어넣은 이 "개선행진의 선도"는, 그 최상의 형태조차 남자답지 못하며 불경스럽다. 그러한 것은 좋은 태생의 모든 정신이 지니는 도덕 감각에 충격을 주기 십상이다. 몇몇 영국인은 그 승리를 망연자실하고 분개하면서 바라보았다. 그것은 (우리가 이상할 정도로 기만당하지 않았다면) 아메리카 야만인들이 승리라고 부른 학살 행위 후에 오논다가(Onondaga)[32]로 입성하는 행진을, 그리고 그들만큼이나 잔인한 여자들의 조롱과 주먹질에 압도된 포로들을 머리 가죽을 매단 오두막으로 끌고 가는 행렬을 훨씬 더 많이 닮은 광경이었다. 그것은 문명화된 상무적인 국민이 벌이는 성대한 승리 행사——만약 문명화된 국민 또는 관대한 심성을 지닌 사람들이, 전사자와 고통에 빠진 사람들에 대해 개인적인 승리를 뽐내는 일이 가능하다면 말이지만——와 닮은 것이 아니었다.


### 3. 프랑스 왕과 왕비의 수난[33]: "10월 6일의 잔악한 광경"

#### 국민의회의 위상과 프랑스의 "개선행진"

친애하는 분이여, 프랑스의 개선행진도 그런 종류가 아니었다. 나는 당신들이 국민으로서 극도의 수치심과 공포를 느낀다고 믿지 않을 수 없다. 나는 국민의회가 이 승리행진의 입안자들 또는 시행자들을 처벌할 수 없는 것에서 가장 큰 굴욕을 느낀다고 믿지 않을 수 없다. 그리고 그 문제에 관해 국민의회가 조사하려 할 때, 자유나 공정의 외관조

---

32) 온타리오 호수 남부 지역으로, 예수회 수도사들이 인디언에게 전도 활동을 벌였던 중심지다-옮긴이.

33) 이 책에 대한 반박서인 『인권론』(1791)의 저자 토머스 페인은 버크가 "새의 깃털을 애처로워하면서 정작 죽어가는 새는 잊고 있다"고 비난했는데 특히 이 부분 서술이 해당될 것이다. 페인은 버크가 책 전체를 통해서 "가장 비참한 감옥에서 아무런 희망도 없이 가장 참혹하게 스러져가는 사람들에 대해 단 한 차례도 동정의 눈길을 보내거나 연민어린 고려를 하지 않았다"고 지적했다-옮긴이.

차 갖추지 못하는 상황에 처해 있다고 믿지 않을 수 없다. 국민의회는 그 처지를 들어 변명할 수 있다. 그러나 그들이 참아내지 않을 수 없는 사태를 우리가 승인한다면, 우리에게 그것은 부패한 정신이 자행한 타락한 선택이 된다.

국민의회는 어쩔 수 없이 심의라는 외관을 띠고서, 준엄한 필요성의 압박 속에서 표결을 행한다. 그들은 말하자면, 다른 나라인 한 공화국의 심장부에서 의사를 진행하는 것이다. 그들은 국왕의 특허장에서도, 그들 자신의 입법권에서도 유래하지 않은 기본법을 지닌 도시에 자리 잡고 있다. 그곳에서 그들은 국왕의 권위에 의해서도, 그들의 명령에 의해서도 모집된 바 없는 군대에 포위되어 있다. 이 군대는 그들이 해산을 명령하려 한다면 즉각 그들을 해산할 것이다. 암살자 무리에 의해 몇백 명의 의원이 쫓겨난 후에 그들은 그곳에서 의사를 진행하고 있다. 한편 더 많은 인내심과 더 나은 희망을 지니고 동일하게 온건한 원리를 신봉하는 사람들은, 매일매일 극심한 모욕과 흉흉한 위협에 노출되어 있다. 그곳에서 때로는 진정한, 때로는 가장된 다수파가 자신들도 사로잡힌 몸이면서 사로잡힌 국왕을 강제하여, 음탕하고 현기증 나는 카페에서 벌어지는 오염된 난센스를 제3의 손에서 칙령으로 발포하도록 한다. 그들의 모든 방책이 논의되기도 전에 이미 결정된다는 것은 주지의 사실이다. 총검, 가로등 기둥, 그들의 집에 불을 붙이는 횃불의 공포 아래서, 모든 신분 · 언어 · 족속의 기괴한 잡동사니로 구성된 클럽들이 사주하는 조야하고 절망적인 모든 방책을 그들이 채택하지 않으면 안 된다는 점은 의심의 여지가 없다. 이 클럽들에서는, 카틸리나(Catilina)조차 조심성 있고, 케테구스(Cethegus)[34]조차 온건

---

34) 카틸리나는 로마 공화정 말기에 정치적 야망을 품고 불만 세력을 결집해

하고 중도적이라고 생각될 정도의 사람들이 발견된다. 그러나 국가 정책이 괴물로 변형되는 것은 이 클럽들에 한정되지 않는다. 공중이 모이는 모든 장소에 설립된 아카데미——이 클럽들을 위한 수많은 연수 장소로서 의도된——에서 국가 정책은 이미 변형된다. 이러한 온갖 종류의 모임에서, 모든 제안은 대담무쌍하고, 폭력적이고, 불성실할수록 최고 재능의 표시라고 여겨진다. 인간애와 동정심은 미신과 무지의 소산이라고 조롱당한다. 개인에 대한 친절은 공공에 대한 반역으로 여겨진다. 재산이 불안정해지는 만큼 자유는 완전해진다고 항상 판단된다. 이미 저질러졌거나 계획 중인 암살·학살·몰수 한가운데서, 그들은 미래 사회의 훌륭한 질서를 위한 계획을 세우고 있다. 저열한 범죄자들의 시체를 팔에 안고서, 저지른 범죄를 이유로 그 친지들을 높은 지위로 승진시키면서 그들은 수백 명의 고결한 인물을 구걸과 범죄로 연명하도록 만들어 동일한 종말로 몰아간다.

그들의 기관인 국민의회는, 그들 눈앞에서 품위도 자유도 없는 채로 심의라는 익살 광대극을 연출하고 있다. 그들은 마치 장날의 익살꾼처럼 소란스런 관중 앞에서 연기한다. 그들은 사나운 사내들과 부끄럼을 모르는 여자들이 뒤섞인 군중의 시끄러운 고함 속에서 연기하는데, 이 군중은 방자한 공상에 따라 그들을 지시하고 억제하고 갈채하고 무대에서 끌어내린다. 그리고 군중은 때때로 그들 사이에 뒤섞여 자리를 차지한다. 비굴한 심술과 거만스런 뻔뻔한 권위가 기묘하게 혼합된 태도로 그들에게 권세를 부리고 있다. 그들이 모든 일에서 질서를 뒤바꿔놓았으므로, 방청석이 의사당을 대신하게 되었다. 왕과 왕국들을 전

---

통령을 암살하고 로마를 약탈할 음모를 꾸민 주모자며, 케테구스는 공모자다ー옮긴이.

복하는 이 의회는, 엄숙한 입법 단체의 외관과 면모조차 지니지 않는다.——"제국의 면모도 원로원의 자태도 없다."[35] 그들은 사악한 원리의 힘이 그렇듯이, 전복하고 파괴하는 힘을 부여받았다. 그러나 더 많은 전복과 파괴를 진척하기에 적합한 장치 이외에는 그 어떤 건설할 힘도 얻지 못했다.

국민 대표의 의회를 칭송하고 마음에서 애착을 지닌 사람 치고 그 신성한 제도가 그렇게 모욕적으로 희화로 변하고 혐오스럽게 왜곡된 데 대해 공포와 혐오감으로 고개를 돌리지 않을 자 누구인가? 군주정을 사랑하는 사람이나 공화정을 사랑하는 사람이나 똑같이 이 현상을 혐오할 수밖에 없다. 당신네 국민의회 의원들 자신이, 그 모든 창피를 떠맡으면서도, 전혀 관리할 수 없고 이득도 거의 없는 폭압 아래서 틀림없이 신음하고 있을 것이다. 혁명협회의 갈채에도 국민의회의 다수파에 이르는 많은 국민의회 의원이 나처럼 느낄 것이라고 확신한다. ——가련한 왕! 가련한 국민의회! 하늘에서 태양을 없애버린 것 같은 날을 "좋은 날"[36]이라고 부를 수 있는 일부 의원들에 대해, 그 의회가 어찌 소리 없이 분노하지 않을 수 있을까! 우리 설교자가 말하는 개선 행진을 선도한 반역과 살육의 강풍 때문에 "국가라는 선박은 재생을 향한 항로를 예전보다 더욱 **빠른** 속도로 날아가듯이 나아갈 것이다"라고 선언하는 것이 적당하다고 생각한 사람들의 언설을 들으면서, 마음

---

35) 문학적 재능으로 네로 황제의 총애와 질투를 받았던 1세기 로마 시인 루카누스(Lucanus)의 『파르살리아』(*Pharsalia*)에 나오는 구절이다. 원제명은 『내란기』로, 로마 공화정의 붕괴를 소재로 했다. 펭귄본의 주석자 오브라이언(O'Brien)은 "모호한 구절"을 버크가 다소간 자의적으로 해석했다고 본다—옮긴이.

36) 1789년 10월 6일(왕과 왕비를 베르사유에서 파리로 옮겨오게 한 날이다—옮긴이).

속으로 어찌 분개하지 않을 수 있을까! 여러 무고한 신사들이 자기 집에서 학살당한 것에 대해 "그 흘린 피가 가장 순수한 것은 아니었다"[37]라는 이야기를 겉으로는 인내하지만 마음속에 분노를 지니고 들었을 때, 그들은 과연 어떤 심정이었을까? 그들의 국가를 근본부터 뒤흔드는 무질서에 대한 불평불만에 둘러싸여, 불평하는 사람들에게 그들이 법의 보호 아래 있다는 것과 그들을 보호하기 위한 법을 시행하도록 왕에게 (사로잡힌 왕에게) 간청할 것이라고 냉정하게 이야기하지 않을 수 없을 때, 그들은 과연 어떤 심정이었을까? 또는 저 사로잡힌 왕을 섬김으로써 노예가 된 대신들이, 보호할 법도, 권위도, 권력도 남아 있지 않다고 공식적으로 그들에게 통고했을 때, 그들은 과연 어떤 심정이었을까? 금년 신년 인사로서, 사로잡힌 왕에게 그가 인민에게 해줄 많은 좋은 일을 이유로 파란만장했던 지난해를 잊으라고 간청하도록 강요되었을 때 그들은 무엇을 느꼈을까? 왕에게 자신들의 복종을 약속하면서, 그들은 왕이 좋은 일을 전부 성취할 때까지는 자신들의 충성을 실제로 증명하는 것을 미루었는데, 그때는 왕이 명령할 권위를 더 이상 지니지 못할 때다.

이러한 언설이 많은 선의와 애정을 지니고 행해졌다는 점은 확실하다. 그러나 프랑스에서 일어난 혁명들 중에서 예절 관념에서 일어난 대규모 혁명을 주목할 필요가 있다. 영국에서는 우리가 해협의 당신네 편에게서 중고품 예절을 배우고 있으며, 우리 행동은 프랑스의 겉치레 옷을 입고 있다고 말해진다. 그렇다면 우리는 여전히 옛날에 만든 옷을 입고 있는 셈이다. 그리고 지상에서 가장 치욕을 당한 인물에게 다

---

37) 미움받던 지주인 풀롱(Foullon)과 그의 사위며 파리 감독관인 베르티에 (Berthier)가 1789년 7월 거리에서 살해되었을 때, 변호사며 국민의회 의원이던 바르나브(Barnave)가 한 말이라고 한다—옮긴이.

음과 같이 말하는 것이, 가장 세련되고 섬세한 인사말이라고 (조사든 축사든) 생각할 정도로 고품질의 새로운 파리 모드를 아직 따르고 있지는 않다고 하겠다. 즉 하인들의 살해, 그 자신과 아내를 암살하려는 기도 그리고 그가 몸소 겪은 굴욕과 치욕과 품위 손상에서 많은 공공이익이 나온다는 말이 그것이다. 이는 우리의 뉴게이트 감옥 전속 신부가 인간적이라면, 교수대 앞에 선 죄수에게도 사용할 수 없는 위로의 말이다. 파리의 교수형 집행인——그는 이제 국민의회의 투표에 의해 해방되고 인권의 문장원(Herald's College)에서 자신의 지위와 문장을 허락받았는데——이 "국민 대역죄"(leze nation)의 죄목으로 그의 집행권 아래 놓이게 된 인물들 누구에 대해서도 차마 그러한 통렬한 위로의 말을 사용하지 못할 것이라고 나는 생각한다. 그들이 그러기에는 더 관대하고 용감하고 새로 얻은 위엄으로 충만해 있다고 나는 생각한다.

사실 그런 식의 아첨을 받으면 인간은 파멸하기 마련이다. 그렇게 처방된 망각이라는 진통제는, 고통스런 각성 상태를 지속하고 마음을 상하게 하는 기억이라는 활발한 궤양을 키우도록 잘 계산된 것이다. 그런 다음 온갖 경멸과 치욕 성분의 가루를 뿌린 사면이라는 아편제를 투여하는 것은, "상처입은 마음을 달래는 향유" 대신에 인간의 비참함을 넘치도록 담은 컵을 그의 입술에 가져다 대고 남김없이 마시도록 강요하는 것이다.

어쩌면 프랑스 왕은 적어도 새해 인사에서 아주 섬세하게 강조된 이성만큼이나 강력한 이성에 굴복하여, 이러한 사건들과 그러한 찬사를 잊으려고 노력할 것이다. 그러나 우리의 모든 행위를 지속적으로 기록하며, 모든 종류의 주권자 행동에 장엄한 비난을 가하는 역사는 그러한 사건들을 망각하지 않을 것이다. 인류의 친교에서 이렇게 활수하게 세련된 시기도 망각하지 않을 것이다. 혼탁·경악·낭패·살육의 하루가 지난 1789년 10월 6일 아침에 프랑스 왕과 왕비는, 공적 신뢰에 기반한 안전의 서약 아래, 몇 시간 유예를 받고 누워서 우울하게 휴식을 취했다고 역사는 기록할 것이다. 왕비가 문 앞의 위병 목소리에 깜짝 놀라 먼저 잠에서 깨어났는데, 위병은 왕비에게 도주하여 목숨을 보존하라고 절규했다.——이것은 그가 바칠 수 있는 충성의 마지막 징표였다.——사람들이 그에게 달려들었고, 그는 죽었다. 즉시 칼에 베어 쓰러진 것이다. 잔인한 악당과 암살자 무리가 피비린내를 풍기면서 왕비의 방으로 몰려 들어가 총검으로 침대를 쑤셔댔는데, 이 쫓기는 여인은 그 직전에 간신히 거의 벗은 몸으로 살인자들이 알지 못하는 통로를 통해 국왕이자 남편의 발밑으로 의지할 것을 찾아 도망쳐 나왔지만, 국왕 자신도 일순간도 안전하지 못했다.

이 국왕——그에 관해서는 더 말할 것도 없이——과 이 왕비 그리고 그들의 어린 자녀들은 (한때 위대하고 관대한 한 국민의 자부심이자 희망이었을 존재들) 그리하여 세상에서 가장 장려한 궁전의 성역을 포기하도록 강요받았다. 그곳은 유혈이 낭자하고 학살로 더럽혀지고 절단된 팔다리와 시체가 나뒹구는 상태였다. 국왕 일가는 그들 왕국의 수도로 끌려갔다. 국왕의 호위대 소속 명문 신사들에 대해 도발도 저항도 없었건만 무차별 살육이 자행되면서 두 사람이 선발되었다. 이 두 신사는 정의의 집행인 듯 온갖 과시가 펼쳐지는 가운데 잔인하게도 군중 앞 단두대로 끌려나와 궁정 앞뜰에서 목이 잘렸다. 둘의 머리는 창에 꽂혀 행렬의 선두에 세워졌다. 사로잡힌 왕족은 그 뒤에 일렬로 서서, 무서운 고함, 날카로운 비명, 광란의 춤, 모욕적인 언동 속에서 그리고 지옥의 광포함이 입에 담을 수 없는 갖은 가증스러운 것들을 극히 비열한 여자들의 타락 행태로 빚어내는 가운데 천천히 따라갔다. 장장 6시간 동안 19킬로미터가 넘는 긴 고문의 여정 속에서, 죽음의 고통보다 더한 것을 한 방울 한 방울 맛본 후에, 이 유명한 개선행진에서 왕족을 이끈 바로 그 병사들로 구성된 호위대의 감시 아래 왕족은 파리의 옛 궁전들 가운데 한곳에 투숙하게 되었다. 이 궁전은 이제 왕들의 바스티유 감옥으로 변했다.

　이것이 과연 교회제단에서 숭배할 개선행진인가? 기꺼이 감사하며 기념할 만한 것인가? 뜨거운 기도와 열렬한 절규로 신의 아들에게 바칠 만한 것인가?——프랑스에서 연출된 그리고 올드쥬리에서만 칭송된 테베와 트라케에서 있었던 광란의 축제가[38] 예언자풍의 열광을 불지핀 경우는, 이 왕국에서는 아주 소수의 사람에게 그친다고 나는 당신에게 확언하는 바다. 다만 그 자신이 계시를 받은 듯하며, 모든 저열한 미신 따위를 마음에서 완전히 추방한 성자이며 예언자인 한 인물은[39] 이 축제를 평화의 군주께서 세상으로 입장하는 것——존경스러운 현인이 거룩한 신전에서 선포하며, 그에 앞서 천사들의 음성이 조용하고 순진한 목자들에게 마찬가지로 엄숙하게 고지한——에 비유하는 것이 경건하고 품위 있는 일이라고 생각할지 모른다.

　나는 처음에는 제멋대로인 환희의 발작을 어떻게 설명해야 할지 몰랐다. 확실히 어떤 종류의 취향에서는 군주들의 수난이 맛있는 음식이 된다는 점을 나는 알고 있다. 이 식욕을 어떤 한계 안으로 제한하는 데 도움이 되는 고찰도 있었다. 그러나 한 가지 상황을 고려할 때, 나는 혁명협회의 정상이 크게 참작되어야 한다는 점과 일반적인 분별력으로는 감당할 수 없게 유혹이 너무나 강했다는 점을 밝히지 않을 수 없

---

38) 테베와 트라케는 주신 바커스 숭배가 가장 성대했던 곳이다―옮긴이.
39) 프라이스 박사를 가리킨다―옮긴이.

다. 즉 "승리의 찬가"[40]가 울리는 상황, "주교들을 모두 가로등 기둥에 목매달 것"[41]을 요구하는 선동적인 외침이, 이 행복한 날의 예견된 결과에 대해 열광을 쏟아낼 만했다. 나는 그 정도 열광했을 경우에는 사려분별에서 약간 이탈하는 것을 용인하는 바다. 천년왕국의 전조로서 그리고 모든 기성 교회의 파괴 속에서 출현하도록 예정된 제5왕국의 전조로서[42] 보이는 사건을 마주하여, 이 예언자가 환희와 감사의 찬송가를 쏟아내는 것도 용인할 수 있다. 그러나 (모든 인간사에서처럼) 이 환희의 한가운데에는 훌륭한 신사들의 자제력을 발휘시키고 신앙의 인내력을 시험하는 것도 있었다. 즉 이 "좋은 날"에 포함되어야 할 그외의 상서로운 사항 중에서, 왕과 왕비와 그들의 어린 자녀들의 실제 살해는 빠져 있었다. 아주 많은 신성한 절규가 터져나오면서 요구했지만, 주교들의 실제 살해도 빠져 있었다. 실제로 국왕 시해와 성직자 살해가 한 덩어리로 대담하게도 구상되었지만, 그것은 스케치에 불과했다. 죄 없는 사람들의 학살이라는 이 거대한 역사 작품에서, 그것은 유감스럽게도 미완으로 남았던 것이다. 인권론 학파 출신의 한 거장의 어떤 대담한 필치가 그것을 완성할 것인지는 장차 두고 볼 일이다. 이 시대는 미신과 오류의 뿌리를 파괴하는 저 지식의 보급이 산출하는 완전한 혜택을 아직 얻지 못한 것이다. 그리고 프랑스 왕에 관해서 말한다면, 그 자신의 수난과 계몽 시대의 애국적 범죄에서 나올 모든 선을 고려하여, 망각의 저편으로 보내버리는 데 필요한 것 한두 개가 아직 모자란다.[43]

---

40) 고대 그리스에서 아폴로 신에게 바치던 합창에서 나온 말이다—옮긴이.

41) 원문은 Tous les Eveques à la lanterns이다.

42) 천년왕국과 제5왕국은 둘 다 예수가 재림해 최후의 심판을 행한 뒤 실현되는 왕국을 일컫는다—옮긴이.

43) 여기서 한 목격자가 이 점에 관해 쓴 편지를 언급하는 것이 적당하리라. 그 목격자는 국민의회에서 정직하고 지적이며 웅변에 능한 인물들 가운데 하나였으며, 적극적이고 열렬한 국가개혁가들 가운데 한 사람이었다. 그는 의회에서 탈퇴하지 않으면 안 되었고, 그 후 자발적 망명자가 되었다. 이 경건한 개선행진에서의 무서운 일들과 범죄를 유발하지는 않았을지라도 그로부터 이익을 얻어 주도권을 쥔 자들의 성향이 그 이유였다.

한 친구에게 보내는 랄리 톨랑달(M. de Lally Tollendal)의 두 번째 편지에서 발췌.

"나의 탈퇴에 관해 이야기해보겠다. 그것은 양심에 비추어 정당한 행동이었다. ㅡ내 행동을 정당화하기 위해 이 죄 많은 도시나 그보다 더 죄가 깊은 의회까지 들먹이고 싶지는 않았다. 그러나 당신이나 당신처럼 생각하는 누군가 나를 비난하는 것을 원치 않기에 이야기하려 한다.ㅡ맹세컨대, 내 건강으로는 공무를 수행하기가 불가능했다. 하지만 그 문제는 차치하고라도, 내가 겪었던 그 긴 시간의 참화를 더 이상 견뎌내기 어려웠다. 그 피ㅡ잘려나간 머리들ㅡ폭도들에 둘러싸여 노예처럼 거의 끌려오다시피 파리로 돌아온 왕비와 폐하. 폐하가 두 명의 주교와 함께 마차를 타고 파리에 들어섰을 때 신의를 저버린 군인들, 피에 굶주린 폭도들, 야만스런 여인들이 외쳐대던 소리, **성직자를 한 사람도 남김없이 가로등에 매달아라.** 왕비의 마차에서 발사된 한 발의 **총성.** 이날을 **멋진 하루**라고 외치던 바이이(Bailly) 씨. 그 날 아침, 왕은 자신이 가진 모든 위엄을 상실했다고 냉혹하게 선언해버린 의회. 경로에서 멀리 벗어나 방황하던 국가가 이제 가장 빠른 속도로 제자리를 잡아가고 있다고 아무런 생각 없이 의회에서 발언한 미라보(Mirabeau) 씨. 우리 주변이 온통 피로 물들 때 미라보와 함께 웃으며 서 있던 바르나브(Barnave) 씨. 암살자 20명이 그의 목으로 승리의 기념물을 만들고자 했던 데에서 기적적으로 피신한 고결한 무니에(Mounier)."

"바로 이런 것들이 나에게 이 식인귀들의 소굴(국민의회)을 떠나도록 결심하게 만들었다. 이미 6주 전부터 내가 공허하게 언성을 높였지만 더 이상 어찌할 수 없었던 그곳에서 말이다. 나와 무니에 그리고 다른 신사들 모두가 이 혼란스런 사태를 안정시키기 위해 무진 힘을 기울인 바 있다. 나는 다른 걱정할 여유도 없이 내 스스로 지키기 위해 상기되어 있었다. 떠나는 길목에서 여러 차례 환호하고 갈채하는 군중을 만났다. 광기에 사로잡힌 사람들보다야 덜 난폭하지만 스스로 만족하며 질러대는 함성은 나를 소름 끼치게 만들었다. 모욕, 공포, 경련.ㅡ흥건한 피를 보며 내가 오로지 떠올렸던 이런 감정에 온통 사로잡혀 있었다. 사람들은 단 한 번뿐인 죽음을 무릅쓴다. 만일 필요하다면 여러 번 우리가 새로운 광명과 지식을 갖게 되는 이 사업은 필시 추진하려고 마음먹은 목표까지는 아직 이르지 못했다. 그럼에도 인간을 그렇게 대우하는 것이, 혁명을 완성하기 위해 생겨난 사람들을 제외하고는, 누구에게나 충격적일 것임이 틀림없다. 그러나 나는 여기서 그칠 수 없다. 타고난 감성의 영향으로, 그리고 새로 솟아난 이 현대의 광명에서 한 줄기 빛도 받은 바 없는 나로서는, 당신에게 다음과 같이 고백한다. 즉 고귀한 신분의 수난, 특히 그 많은 왕과 황제의 후손인 여성으로서, 미인이며 온화한 성품을 지닌 인물[44]의 수난은, 몹시 슬픈 사태에 대한 내 감성을 적지 않게 자극한다는 사실이다. 그 수난은 어린 나이와 천진함 때문에 부모가 환호 대상이 되는 대신에 잔혹한 폭행에 노출되어 있다는 것을 감지하지 못하는 가녀린 국왕의 자녀들과 함께 당한 것이었다.

전하는 바에 따르면, 우리 설교자의 개선행진의 주요 대상이었던 그 존엄한 인물이 저 굴욕적인 사태에서 비록 자신을 지탱하기는 했지만

죽음을 무릅쓰기도 한다. 그러나 세상의 어떤 권력도, 어떤 공적인 또는 사적인 여론도, 나에게 무수한 고통을 부질없이 견뎌내라고 강요하고, 멈출 수 없는 개선행진과 광란의 한가운데서 절망과 분노로 서서히 죽어가라고 강요할 권리는 없다. 그들은 내 권리를 박탈하고 재산을 몰수할 것이다. 나는 시골에 묻혀 살면서 더 이상 그들을 보지 않겠다.—이상이 나의 변명이다. 당신이 이 글을 읽고 나서 다른 이들에게 해명해주고, 사본도 남겨놓길 바란다. 나를 이해하지 못하는 사람이 있어도 어쩔 수 없는 일이다. 그들에게 애써 해명하려 했던 내가 잘못일 것이다.”
이 호전적인 인물은 올드쥬리의 평화적인 신사처럼 굳센 신경을 지니지 못했다. 이 사태들에 관해서는 무니에 씨의 묘사를 참조하라. 그는 명예와 덕과 재능을 지닌 사람이고, 바로 그 때문에 망명자가 되었다.
N. B. 무니에 씨는 당시 국민의회 의장이었다. 그는 확고한 자유 옹호자 가운데 한 사람이었지만 그 후 망명 생활을 하지 않으면 안 되었다.
44) 루이 16세의 왕비 마리 앙투아네트를 가리킨다—옮긴이.

크게 충격받았다고 한다. 한 인간으로서 그는 아내와 아이들 그리고 곁에서 냉혹하게 학살당한 충성스런 호위병들에 대해 절절한 마음이 되었다고 한다. 또 군주로서 문명화된 백성들의 이상하고 무서운 변모에 대해 충격을 받았고, 자신을 염려하기보다 그들 때문에 더욱 비탄에 젖었다고 한다. 그러한 심정들은 그의 강인함을 손상시키지 않고 오히려 그의 인간성의 성가를 무한히 높인다. 그러한 신분이 우리가 위인의 덕성을 칭찬하곤 하는 수준의 상황에 놓여 있다는 점을 나는 참으로 유감스럽게, 너무나 유감스럽게 생각한다.

전하는 바에 따르면, 그리고 기쁘게 그 말을 들었는데, 개선행진의 또 하나의 대상이었던 위대한 귀부인 왕비가 그날을 견디어냈고 (수난을 당하는 사람이 훌륭하게 고통을 겪는지에 사람들은 관심을 갖는다) 뒤이은 날들도 견디어냈으며, 남편의 투옥, 그녀 자신의 감금, 친구들의 망명, 모욕적인 아첨, 누적된 불행의 무게, 그러한 것들을 자기 신분과 혈통에 적합한 태도로 그리고 신앙과 용기에서 빼어난 여군주의 자녀에게 적합한 태도로 고요한 인내심을 지니고 견디어냈다고 한다. 그녀는 여군주와 마찬가지로 고결한 성정을 지니고 있다고 한다.[45] 그녀는 저 옛 로마 부인처럼 위엄을 지니고 대처한다고 한다.[46] 최악의 사태에서도 그녀는 최후의 치욕에서 자신을 지킬 것이고, 쓰러지지 않을 수 없다면 그녀는 결코 비천한 자의 손에는 쓰러지지 않을 것이다.

---

45) 왕비 마리 앙투와네트는 합스부르크 가의 상속녀로서 오스트리아·헝가리·보헤미아를 통치한 마리아 테레지아(Maria Theresia, 1717~80)의 딸이다—옮긴이.
46) 기원전 6세기 로마에서 능욕당하자 자살하여 미모와 정절로 이름이 높았던 루크레티아(Lucretia)를 시사한다—옮긴이.

## 기사도 상실의 폐해

내가 당시 태자비였던 프랑스 왕비를 베르사유 궁에서 배알한 지 이제 16, 17년이 지났다.[47] 확실히 이 지구——그녀는 지구와는 접촉점이 없는 듯 보였으나——에 이보다 더 기쁜 모습이 비친 적이 없었다. 나는 그녀가 막 진입하기 시작한 격상된 지위에 활기를 불어넣고 장식을 더하며 바야흐로 떠오르려는 것을 보았다.——샛별처럼 빛나며 생명, 광채, 기쁨으로 충만해 있었다. 오! 혁명이라니! 그 상승과 그 추락을 아무 감회도 없이 바라본다면 내 심성이란 도대체 무엇이겠는가! 그녀가 성심과 원거리 존경이 수반된 사랑의 칭호에 더하여 숭상의 칭호를 얻은 때에,[48] 나는 그녀가 설마 치욕에 대한 강력한 해독제를 그 가슴속에 숨겨 두지 않으면 안 될 처지가 되리라고는 꿈에도 생각하지 못했다. 용감한 사람들의 나라, 신의를 존중하는 사람들과 기사들의 나라에서, 그러한 재앙이 그녀에게 닥치는 것을 살아서 보게 될 줄을 나는 꿈에도 생각하지 못했다. 그녀가 모욕당할 위험이 언뜻 나타나기만 해도 응징을 위해서 일만 개의 검이 칼집에서 뽑혀나오리라 생각했다.——그러나 기사도의 시대는 갔다.——궤변가, 수전노, 계산하는 자들의 시대가 이어졌다. 유럽의 영광은 영원히 소실되었다. 높은 신분과 여성에 대한 고결한 충절, 자부심 높은 복종, 존엄한 순종, 예속 상태에서조차 고귀한 자유의 정신을 생생하게 보존했던 심정에서 우러나는 그 복종을, 우리는 결코 다시는 못 볼 것이다. 금전으로 얻은 것이 아닌 품위 있는 생활, 비용이 들지 않는 국가 방위, 남자다운 감성과 영웅적 모험의 요람, 이것이 사라진 것이다! 저 원리에 대한 감수

---

47) 버크는 1773년에 파리를 방문하여 루이 15세를 알현했다ー옮긴이.
48) 1774년 루이 16세가 즉위함에 따라 태자비에서 왕비가 된 것을 말한다ー옮긴이.

성, 저 명예에 대한 순정이 사라졌다. 그것은 오점을 상처로 생각하며, 잔인함을 누그러뜨리면서 용기를 고무하며, 접촉하는 것을 모두 고귀하게 만들며, 그 아래에서 악덕 자체가 모든 조야함을 상실하여 해로움이 반으로 줄어드는 심성이다.

이와 같은 견해와 감정이 혼합된 체계는 옛 기사도에 기원을 두고 있다. 그리고 그 원리는 인간사의 갖가지 형세에 의해 모습이 변했지만, 오랫동안 세대를 이어서 우리가 살고 있는 시대에도 보존되고 영향을 미쳤다. 만약 그것이 완전히 소멸된다면, 손해가 막심할 것이다. 현대 유럽에 그 특질을 부여한 것이 이것이다. 아시아 여러 국가보다 그리고 아마도 고대 세계의 가장 찬란했던 시대에 번성했던 국가보다, 현대 유럽 국가를 그 모든 통치 형태에서도 우위에 서게 하는 것도 이것이다. 여러 신분을 뒤섞지 않고 고귀한 평등을 이루었으며, 사회생활의 모든 위계를 통해 그것을 하층까지 전달한 것이 이것이다. 왕들을 누그러뜨려 동반자가 되게 하고, 병졸들을 왕의 동료로 고양한 것이 이 견해였다. 힘도 사용하지 않고 반대도 없이, 그것은 거만과 권력의 흉포함을 억제했다. 그것은 군주들을 사회적 평판이라는 부드러운 속박에 따르게 했고, 엄격한 권위를 우아함에 복종하게 만들고, 법의 정복자에게 예절에 복속되는 통치를 선사했다.

그러나 이제 모든 것이 변할 것이다. 권력을 온화하게 만들고 복종을 자유로운 것으로 만들며, 인생의 상이한 명암들을 조화시키며, 사교를 아름답고 부드럽게 하는 정서를 온화한 동화에 의해 정치로 편입시키는 모든 유쾌한 환상이, 광명과 이성의 이 새로운 정복 제국에 의해 해체될 운명이다. 인생을 품위 있게 가려주는 모든 포장이 거칠게 찢겨나갈 운명이다. 도덕적 상상력이라는 옷장에서 나온 모든 부가적 관념은, 우습고 불합리하고 낡아빠진 유행이라고 타파될 운명이다. 하지만 그러한 관념은, 벌거벗은 채로는 가련하게 떨기 마련인 본성의 결점을 가리기 위해 필요하며, 본성을 고양해 우리 자신의 평가도 높이는 데 필요하다. 그러한 관념은 가슴이 품고 이해력이 승인한 것이다.

저들의 사고방식에 따르면 국왕은 한 남자에 불과하다. 왕비는 한 여자에 불과하다. 한 여자는 한 마리 동물에 불과할 뿐이며, 최고급 동물은 아니다. 여성 일반에게 막연하게 바쳐지는 모든 경의는 중세 이야기요 어리석음으로 간주된다. 국왕 시해, 존속 살인, 신성 모독은 미신적 허구일 뿐이며, 법학의 단순 명료함을 파괴함으로써 그를 부패시키는 것이다. 국왕이나 왕비나 주교나 아버지 살해는 보통의 살인에 불과하다는 것이다. 만일 인민이 우연이든 또는 어떤 다른 방식으로든 그것으로 이득을 얻을 수 있다면, 이러한 종류의 살인은 아주 쉽게 허용될 수 있으며 그에 관해 우리는 너무 자세히 조사해서는 안 된다는 것이다.

이 야만적인 철학의 사고방식은, 냉정한 가슴과 불명료한 이해력의 소산이며, 모든 아취와 고상함이 결여된 것만큼이나 확실한 지혜도 결핍되어 있다. 여기서 법은 그것이 유발하는 공포에 의해서만 유지된다. 아니면 법은, 각자가 사적인 궁리로 찾은 관심사에 따라서, 또는 자신의 사적 이익에서 보아 할애한 부분에 따라서만, 지지될 것이다. 그들의 아카데미의 언덕에서는 사방을 둘러보아도, 그 끝에 보이는 것은 교수대뿐이다. 국가 쪽에는 애정을 끄는 것이라고는 아무것도 남아 있지 않다. 이 기계론적인 철학의 원리에 따르면, 우리 제도는 이러한 표현을 사용해도 된다면, 인격 속에 결코 구현될 수 없으며, 그리하여 우리 내면에 사랑, 존경, 찬미 또는 애착을 불러일으킬 수 없다. 그러나 애정을 내쫓는 그러한 종류의 이성이 인격을 대신하는 것은 불가능하다. 예절과 결합한 이러한 공적 애정(public affections)은 항상 법의 보조자로서 필요한데, 어느 때는 법을 보완하고, 어느 때는 법을 교정한다. 위대한 비평가며 현인인 인물이 시 작성에 관해 들려준 교훈은, 국가에 관해서도 똑같이 진리다. "시구의 아름다움으로 충분하지 않고, 마음을 매혹하는 것이 필요하다."[49] 어떤 국가에도, 제대로 길러진 정신이라면 소중히 할 예절 체계(system of manners)가 있어야만 한다. 우리가 국가를 사랑하도록 만들기 위해서는 우리 국가가 사랑스러워야 한다.

그러나 어떤 종류의 권력은 예절과 견해를 절멸시킬 정도의 충격에도 살아남을 것이다. 그리고 그 자체를 유지하기 위해 더욱 나쁜 다른 수단을 발견할 것이다. 고래의 제도들을 타파하기 위해 고래의 원리를 파괴한 찬탈은, 권력을 획득할 때 사용했던 것과 유사한 기술을 사용하여 권력을 유지할 것이다. 왕을 공포에서 해방시켜 왕과 백성을 모두 폭정에 대한 경계심에서 해방시킨 충성이라는 옛 봉건적 기사도 정신이 사람들의 마음속에서 소멸할 때, 예방 살인과 예방 몰수 그리고 저 음침하고 살벌한 율법의 긴 목록을 전조로 하여 음모와 암살이 찾아들게 될 것이다. 그 율법들은 자체의 명예와 그에 복종해야 하는 사람들의 명예에 기반을 두고 있지 않은 모든 권력의 경우에 정치적 법전을 형성한다. 백성들이 원리에 입각한 반역자가 될 때, 왕들은 방책에 기대는 폭군이 될 것이다.

삶에 관한 고래의 견해와 규칙이 제거되면, 그 손실은 아마도 계산하기 어려울 정도일 것이다. 그 순간부터 우리를 관리할 나침반을 잃게 되고 어떤 항구로 향하는지 뚜렷하게 알 수 없게 된다. 당신들의 혁명이 성취된 날, 유럽은 전체로 봤을 때 의심의 여지없이 번영 상태였

---

49) 호라티우스의 『시론』에 나오는 구절이다—옮긴이.

다. 그 번영이 얼마만큼 우리의 옛 예절과 견해들의 활력 때문인지는 판단하기 쉽지 않다. 그러나 그러한 원인의 작동이 무관한 것일 수 없으므로, 우리는 그 작용이 전반적으로 유익했다고 상정해야만 한다.

우리는 자칫 사물을 눈에 보이는 대로, 그것들을 초래하고 아마도 지금까지 지탱하는 원인에 충분한 주의를 기울이지 않은 채 판단하는 경향이 있다. 우리의 예절, 우리의 문명 그리고 예절이나 문명과 연관된 모든 가치 있는 것들이, 이 유럽 세계에서 오랫동안 두 가지 원리에 기초했다는 점보다 더 확실한 것은 없다. 실은 두 가지가 결합된 결과였다. 이 두 가지는 신사의 정신과 종교의 정신이다. 전쟁과 혼란 가운데서도, 정부는 다만 지향 목표였을 뿐 실제로는 건립되지 않은 상황에서, 귀족과 성직자는 각각 후원과 성직을 통해 학문을 존속시켰다. 학문은 귀족과 성직자에게서 받은 것을 갚았는데, 그들의 사상을 확대하고 정신을 배양함으로써, 이자를 붙여서 갚았던 것이다. 양자가 불가분의 결합 관계라는 점과 각자의 마땅한 장소를 계속 알고 있었다면 얼마나 행복할까! 학문이 야심 때문에 타락하지 않고, 교사로서 만족하여 주인이 되기를 열망하지 않았다면 얼마나 행복할까! 이제 학문은 그 자연적 보호자와 후견인과 함께 진창에 빠져, 돼지 같은 군중의 발굽에 짓밟히게 될 것이다.[50]

만일 내가 생각하는 것처럼, 현대의 문예가 항상 기꺼이 자인하는 이상으로 고대의 예절에 빚지고 있다면, 우리가 그 가치만큼 높이 평

---

50) 이 부분에서 특히 암시하려 했던 바이이(Bailly)와 콩도르세(Condorcet)의 운명을 참조하라. 여기서의 예언을, 전자의 재판 및 처형 정황과 비교해보라 (1803) (바이이[1736~93]는 천문학자인데 정치에 참여해 혁명 초기 테니스 코트 서약을 주도했고 파리 시장을 지냈으나 1793년 11월 처형되었다. 콩도르세[1743~94]는 과학자·경제학자로서 대표적 계몽사상가로 꼽힌다. 혁명에 참여하다 투옥되어 1794년 3월 옥중 자살했다—옮긴이).

가하는 다른 사항들도 마찬가지다. 경제에 집착하는 우리 정치가들의 우상인 상업, 무역, 공업은 피조물이라고 하겠다. 결과에 불과한데, 우리는 그를 선택하여 제1원인들로 숭배하는 것이다. 확실히 그것들은 학문의 번성과 동일한 비호 아래서 성장했다. 그 자연적 보호 원리가 붕괴한다면 그것들 역시 붕괴할 것이다. 당신들의 경우 적어도 현재 상태에서 보아, 그 전체가 소멸될 위험에 처해 있다. 어떤 나라에 무역과 공업은 없지만 귀족과 종교의 정신이 남아 있다면, 판단력이 전자의 자리를, 그것도 반드시 나쁘지는 않게 대신할 것이다. 그러나 이러한 고래의 기본적 원리들 없이 국가가 얼마나 잘 지탱할 수 있을지를 시험해보려고 덤벼서 그 와중에 상업과 기술이 상실된다면, 그 국민은 상스럽고 우둔하고 난폭하며 동시에 가난하고 누추한 야만인이 될 것이다. 종교도 명예도 남자다운 자부심도 없이, 현재 아무것도 소유하지 못하고 이후에도 그럴 희망이 없게 된 나라는 도대체 무엇이 될 것인가?

나는 당신들이 그러한 무섭고도 진저리나는 상황으로 빠르게, 그것도 지름길로 나아가고 있지 않기를 바란다. 그러나 이미 국민의회와 그 모든 지도자의 행위 전부에서, 인식의 빈곤과 조야함과 저속함이 나타나고 있다. 그들이 말하는 자유는 자유롭지 않다. 그들의 학문은 거만한 무지다. 그들이 말하는 인간성은 야만스럽고 동물적이다.

그 흔적이 아직도 상당히 남아 있는 위대하고 품격 높은 여러 원리와 예절을 영국이 당신들에게서 배웠는지 또는 당신들이 우리에게서 채용했는지는 분명하지 않다. 그러나 당신들에게서 그 흔적을 가장 잘 더듬어 찾을 수 있다고 나는 생각한다. 내게 당신들은 "우리 민족의 요람"[51]으로 보인다. 프랑스는 항상 영국의 예절에 다소간 영향을 미쳐왔다. 그리고 당신들의 샘이 막히고 오염된다면, 우리에게 흘러드는 물도 오래 지속되지 않을 것이고 깨끗하지도 않을 것이다. 아니 어쩌면 모든 민족에게 흘러들어가는 물이 그러할 것이다. 내가 보기에 이런 이유에서 유럽 전체가, 프랑스에서 어떠한 일이 벌어지느냐에 대해 밀접하고 면밀한 관심을 갖게 되는 것이다. 그러므로 1789년 10월 6일의 잔악한 광경을 내가 너무 길게 다루었을지라도, 그리고 그날부터 시작되었다고 할 모든 혁명 중에 가장 중요한 혁명에 관해 내 마음속에 떠오른 성찰에 너무나 많은 지면을 할애했을지라도, 용서하시기를. 여기서 내가 말하는 혁명은 정서, 예절, 도덕 견해에서의 혁명이다. 나라 밖에서는 모든 존경스런 것이 파괴되었고, 나라 안에서는 모든 존경의 원리를 파괴하려고 덤벼드는 현 상황에서는, 인간에게 공통된 감정을 지니고 있음을 사죄하지 않으면 안 될 형편이 되었다.

왜 나는 존경하는 프라이스 박사와 매우 다르게 그리고 박사의 설교의 정서를 수용하려는 그의 회중들과도 매우 다르게 느끼는 것일까? ──다음과 같은 명백한 이유 때문이다.──내가 그렇게 느끼는 것이 자연스럽기 때문이다. 인간은 그러한 광경에 대면하면, 결국은 죽을 운명인 인간의 번영이 지니는 불안정성과 인간의 위대함에 스며든 엄청난 불확실성에 관해 비애를 느끼도록 만들어졌기 때문이다. 그러한 자연스런 감정에서 우리는 큰 교훈을 얻기 때문이다. 이런 사건들에서는 우리의 정념이 이성을 지시하기 때문이다. 왕들이 이 거대한 드라마의 '최고 감독'(Supreme Director)에 의해 왕위에서 내쫓기고, 천한 사람들의 모욕과 선량한 사람들의 동정 대상이 될 때, 우리는 사물의 자연 질서를 바탕으로 기적을 인식하는 것처럼 그러한 재앙을 도덕적 질

---

51) 베르길리우스의 로마 건국에 관한 서사시 『아이네이스』에 나오는 구절이다─옮긴이.

서의 맥락에서 보기 때문이다. 우리는 경악하여 반성에 들어간다. 우리 정신은 (오래전부터 인식되었듯이) 공포와 동정심에 의해 순화된다. 우리의 나약하고 경솔한 자부심은 신비로운 지혜의 처방에 따라 겸손해진다.——그러한 광경이 설령 무대 위에서 상연될지라도 나는 눈물을 흘릴 것이다. 내가 실제 일어난 그러한 일에 대해서는 크게 환호하면서, 꾸며낸 가짜 재난에 대해 그처럼 극장용의 피상적인 감상을 지닌다고 깨닫는다면, 정말로 부끄러운 일이다. 그러한 비뚤어진 마음을 지녔다면, 나는 감히 비극을 보러 얼굴을 내밀 수 없었을 것이다. 일찍이 개릭(Garrick)이, 또는 최근에 시든스(Siddons)가 흘리게 만든 눈물을[52] 남들은 위선의 눈물이라고 생각할 것이다. 나는 그 눈물이 바보 같은 눈물이었다고 생각하지 않으면 안 될 것이다.

실제로 인간적 감정이 그렇게 유린당하는 교회들보다 극장이 도덕 감각을 기르는 데에 더 나은 학교다. 시인들은 인권 학교를 아직 졸업하지 않은 청중을 상대해야 하고, 심정의 도덕적 구조에 호소해야 하므로, 감히 그러한 개선행진을 환호할 사안으로 묘사하지 않을 것이다. 사람들이 자연스런 충동에 따르는 곳에서는, 군주제적 전제든 민주주의적 전제든 그를 위해 채용되는 마키아벨리식 정책의 혐오스러운 교훈을 참으려 하지 않을 것이다. 일찍이 고대 무대에서 거부했듯이 현대 무대에서도 그 원리를 거부할 것이다. 옛날 무대에서는 비록 맡은 인물의 성격에 상응하는 것일지라도, 폭군으로 분한 인물의 입에서 나오는 그러한 가상적인 사악한 주장에 대해서조차 참을 수 없었다. 아테네의 관객은 누구도, 이 개선행진의 날에 있었던 현실의 비극 한가운데에서 인내되었던 것을, 참으려 하지 않았을 것이다. 말하자면

---

52) 두 사람 모두 당시 영국에서 유명한 배우였다—옮긴이.

공포를 파는 상점에 걸려 있는 저울에, 주역 인물이 부수적으로 얻을 이익에 대해 실제 범죄를 비교하고, 저울추를 넣고 빼고 한 후, 저울추가 이익 쪽으로 기울었다고 선언한 그 작태를 참으려 하지 않았을 것이다. 아테네의 관객들은, 새로운 민주주의의 죄가 낡은 전제주의의 죄와 비교되어 장부처럼 게시되는 것을, 그리고 정치의 장부 기입자들이 민주주의가 아무래도 차변(借邊) 쪽에 있음을 알면서도 청산할 능력도 마음도 없는 것을 용납하지 않을 것이다. 극장에서는 별도의 정교한 추론 과정 없이 한번 직관적으로 보는 것만으로도 이 정치적 계산 방법이 어떤 정도의 범죄도 정당화한다는 점을 보여줄 것이다. 이러한 원칙에 입각하면, 최악의 행위가 실행되지 않았더라도, 그 음모꾼들이 배반과 유혈이라는 지출에서 인색했기 때문이 아닌 것이다. 그것이 오히려 음모꾼들의 행운 때문이었음을 관객들은 깨달을 것이다. 한번 묵인된 범죄 수단은 곧 선호 대상이 된다는 사실을 관객들은 곧 깨달을 것이다. 그러한 수단은 목적에 도달하는 데 도덕의 대로보다 더 지름길을 제공한다. 공공의 이익을 위해 배신과 살인을 정당화한다면, 공공의 이익은 이내 구실이 되고 배신과 살인이 목적이 될 것이다. 강탈, 적의, 복수 그리고 복수보다 더 무서운 공포가 만족할 줄 모르는 그들의 욕망을 만족시킬 때까지 계속된다. 이러한 인권의 개선행진의 화려함 속에서 선과 악에 대한 모든 자연스런 감각을 상실한 결과는 분명 그와 같기 마련이다.

그러나 존경스런 목사님은 이 "개선행진에 앞세워진 일"에 크게 기뻐했는데, 이는 진실로 루이 16세가 "독단적인 군주"였기 때문이다. 다른 말로 하면 그는 루이 16세였지 그 이상도 그 이하도 아니었기 때문이다. 그가 불행하게도, 자신이 어떠한 행위를 한 바 없이, 긴 선조의 혈통과 오랜 민중의 묵종이 그를 소유자로 만든 국왕 대권을 지닌 프랑스 왕으로 태어났기 때문이다. 그가 프랑스 왕으로 태어났다는 점이 실제로 그에게 불행임이 판명났다. 그러나 불행은 죄가 아니며, 무분별도 반드시 가장 큰 죄는 아니다. 여기 한 군주가 있다. 그의 치세 전체의 법령들이 신하들에 대한 계속된 양보였으며, 자신의 권위를 기꺼이 완화하고 대권을 축소하고, 인민에게 자유의 몫에 참여하도록 허락한 군주다. 그러한 참여는 그들의 선조 누구도 알지 못했고 아마 바라지도 않았을 것이었다. 그러나 인간과 군주에 공통으로 깃들어 있는 약점들에 굴복할 수밖에 없었고, 그의 신변과 권위의 잔재에 적대해 뚜렷이 작동되는 무서운 음모들에 대항하여 무력 사용이 필요하다고 한때 생각했던 군주다. 이 모든 것이 참작되어야 하지만, 그가 프라이스 박사가 말하는 잔혹하고 모욕적인 파리로 향하는 개선행진을 당할 만하다고 생각하는 것에 대해 나는 크게 거부감을 느낀다. 나는 왕에게 행해진 그러한 사례를 볼 때, 자유의 대의를 염려한다. 가장 사악한 자들의 위법 행위가 처벌받지 않은 상황에 즈음하여, 나는 인간성의 대의를 염려한다. 그러나 저급하고 타락한 정신을 지닌 인간들도 있어서, 왕좌를 고수하는 방법, 백성을 엄격하게 제어하는 방법, 대권을 주장하는 방법 그리고 엄격한 전제를 유지하는 쉼 없는 경계심으로 자유의 최초의 한 걸음마저도 방지하는 방법을 아는 왕들을 일종의 만족스런 경외심과 찬탄을 지니고 우러러본다. 그들은 이러한 왕들에 대해 결코 목소리를 높이지 않는다. 그들은 운에 맡기고 원리를 저버린 자가 되어서 수난당하는 미덕에서 아무런 선도 보지 않고, 번창하는 찬탈에서 아무런 죄도 발견하지 않는다.

만약 프랑스의 왕과 왕비가 (나는 개선행진 이전의 그들에 관해서 말하고 있다) 냉혹하고 잔인한 폭군이었고, 그들이 국민의회를 학살하기 위한 면밀한 계획을 세우고 있었다는 것이 (몇몇 출판물에서 비슷하게 암시하는 것을 보았다) 내게 명확하게 제시될 수 있다면, 나는 그들을 감금한 것이 정당하다고 생각해야 할 것이다. 그것이 사실이라면, 그보다 더한 것이 행해졌어야 했는데, 내 생각에는 다른 방법으로 행해졌어야 했다. 진짜 폭군들의 처벌은 고상하고 경외심을 불러일으키는 행위다. 그리고 인간 정신에 위안이 된다고도 정당하게 말해져왔다. 그러나 만일 내가 사악한 왕을 처벌해야 한다면, 나는 죄에 대해 복수하면서 존엄이라는 것을 고려해야 할 것이다. 정의는 장중하고 엄숙한 것으로서, 정의가 처벌을 내릴 때에는 선택한다기보다는 필요에 복종하는 것이라고 생각된다. 네로(Nero)나 아그리피나(Agrippina)나 루이 11세나 샤를 9세가 대상이었다면,[53] 나는 우리 행위가 달랐을 것이라고 확신한다. 파트쿨(Patkul)을 살해한 스웨덴의 카를 12세나[54] 모날데스키(Monaldeschi)를 살해한 그의 전임자 크리스티나(Christina)[55]가 당신이나 내 손에 맡겨지는 경우에도 그러할 것이다.

프랑스 왕 또는 프랑스인의 왕의 (당신네 새로운 헌법 용어로 그가 어떤 이름으로 불리든지) 인격과 왕비의 인격이 진정 이러한 암암리의 흉악한 계획——그러나 실제로 행해지지는 않았다——을 꾸밀 만하다

---

53) 아그리피나는 네로(재위 54~68)의 어머니로 남편 클라우디우스(Claudius)를 독살하고 네로를 즉위시켰으나, 네로의 명령으로 살해되었다.
   루이 11세(재위 1461~83)는 귀족세력을 제압해 프랑스 절대왕정의 기초를 확립했다고 평가된다.
   샤를 9세(재위 1560~74)는 종교전쟁 시대 프랑스 왕으로, 재위 말년에 신교도에 대한 바르톨로뮤 대학살이 발생했다—옮긴이.

54) 파트쿨은 리보니아(Livonia, 오늘날의 라트비아 공화국 북동부)의 정치가였는데 카를 12세(재위 1697~1718)가 반역 혐의로 처형했다—옮긴이.

55) 모날데스키는 이탈리아 출신의 가난한 귀족이었다. 데카르트를 초청한 바 있는 스웨덴의 철학적인 여왕 크리스티나(재위 1632~54)의 명령으로 살해되었다—옮긴이.

면, 그리고 살인보다 더 잔인했던 뒤이은 모욕을 받을 만하다면, 그러한 인품은 그에게 주어지리라고 알려진 종속적인 집행자로서의 신탁조차[56] 맡을 자격이 없을 것이다. 또 그는 자신이 유린하고 탄압한 국민에게서 수장이라고 불리기에도 적합하지 않다. 새로운 국가에서 수장이라는 직위에, 폐위된 폭군을 선택하는 것보다 더 나쁜 선택은 아마 없을 것이다. 그러나 어떤 사람을 최악의 범죄자로 격하하고 모욕한 다음에 충실하고 정직하고 열성적인 종복으로 삼고서 자신들의 가장 중요한 관심사를 위탁하는 것은, 추론에 일관성이 없는 것이며, 정책에 현명함이 결여된 것이며, 실제에서도 안전하지 않다. 그러한 임명을 자행할 수 있는 사람들은, 자신들이 이제까지 민중에게 저질렀던 모든 죄보다 더 악질적인 신탁 파기의 죄를 범하고 있음이 분명하다. 당신네 정치 지도자들이 저지른 범죄 중에서 일관성 없이 행동한 경우가 단지 이것뿐이므로, 나는 그러한 무서운 암시는 아무 근거도 없다고 결론내린다. 국왕에 관한 다른 중상모략에 관해서도 나는 같은 생각이다.

## 4. 영국인의 대조적인 성향: 옛것과 교회의 존중

### 영국인은 옛 감성을 유지하고 있다

영국에서 우리는 그러한 모략을 전혀 신뢰하지 않는다. 우리는 관대한 적이다. 우리가 동맹자인 경우 성실하다. 흰 백합[57]의 증거를 어깨에 달고 프랑스 왕실의 내막을 우리에게 전하는 사람들의 비방을 우리는 혐오와 노여움을 지니고 일축한다. 우리는 조지 고든 경(Lord

---

56) 프랑스 혁명가들이 배정한 루이 16세의 지위를 가리킨다. 버크는 아래에서 국민의회가 결정한 왕의 지위에 대해 비난을 퍼붓고 있다―옮긴이.
57) 흰 백합은 프랑스 왕실의 문장이다―옮긴이.

George Gordon)을[58] 뉴게이트 감옥에 단단히 가두었다. 그는 공개적으로 유대교로 개종하고, 가톨릭 사제들과 다른 모든 종류의 성직자에 격렬한 반감을 품고, 폭도를 (이 용어를 용서하시라. 우리나라에서는 여전히 사용되고 있다) 모아 우리 감옥을 모두 파괴했지만, 그 어느 것도 그에게 자유를 보장하지 못했다. 그는 자유를 고결하게 사용함으로써 자신을 자유를 누릴 만한 사람으로 만들지 못했던 것이다. 우리는 뉴게이트를 재건하고 넓은 건물을 임차했다. 우리는 감히 프랑스왕비들을 비방하는 사람들을 수용할 바스티유만큼 견고한 감옥을 가지고 있다. 이 정신적 은둔지에 그 귀족 비방자를 머물러 있게 하라. 그가 자신의 태생과 재능에 어울리는 행동과 자신이 개종해 들어간 고대 종교에 그리 불명예스럽지 않은 행동을 배울 때까지, 아니면 해협의 그쪽에서 누군가 건너와서 당신들의 새로운 헤브라이 형제를 기쁘게 하기 위해 몸값을 치르고 그를 석방시킬 때까지, 그를 감옥에서 자신의 탈무드에 대해 명상하고 있게 내버려두자. 그러면 그는 유대교회의 옛 보물과 은 30매를 원금으로 하는 장기 복리 이자에 대한 아주 적은 수수료를 합하여[59] (1790년 동안의 복리 이자가 어떠한 기적을 일으키는지에 대해서는 프라이스 박사가 우리에게 보여주었다) 프랑스 가톨릭교회가 찬탈했다고 최근에 밝혀진 토지를 매입하는 것이 가능할지도 모른다. 우리에게 당신네 교황교회의 파리 대주교를 보내라. 그러면 우리 쪽에서는 당신들에게 개신교도 랍비(Rabbin)를[60] 보내

---

58) 1780년 런던에서 발생한 반가톨릭 난동을 선동한 인물인데, 1788년 중상죄로 수감되었다—옮긴이.
59) 은 30매는 유다가 유대교도에게 예수를 넘겨준 대가다—옮긴이.
60) 랍비는 본래 유대교의 율법박사 또는 교사인데, 여기서는 랍비를 일반적 교사의 명칭으로 사용했다. 아마도 프라이스 박사를 지칭하는 듯하다—옮긴이.

겠다. 우리는 당신들이 보낸 교환 인물을 그 사람에 걸맞게 신사로서 또 성실한 인물로서 대우할 것이다. 그러나 제발 그가 친절함, 관대함 그리고 자비심이라는 자금을 가지고 들어오기를 바란다. 걱정마시라. 우리는 그 명예롭고 경건한 자금을 1실링도 몰수하지 않을 것이며, 또한 자선 헌금함을 약탈하여 국고를 넉넉하게 하려는 생각도 절대로 하지 않을 것이다.

친애하는 당신에게 사실을 이야기하면, 나는 우리 국민의 명예가 올드쥬리와 "선술집 런던"에서 혁명협회의 행위들을 부인하는 것과 얼마간 관련이 있다고 생각한다. 나는 누구의 대리인도 아니다. 내가 최대한 진지한 마음에서, 개선행진의 실행자나 찬양자와의 관련을 부인할 때, 내 마음에서 우러나 그렇게 말하는 것이다. 내가 다른 사항에서 영국인과 관련된다고 주장할 때, 관찰에 근거한 것이지 권위에 기반한 것이 아니다. 나는 이 왕국의 모든 종류와 모든 계층의 사람들과 광범위하고 다양한 교제에서 얻은 경험에서, 그리고 일찍부터 시작하여 거의 40년 동안 지속적으로 주의 깊게 관찰한 후에 말하는 것이다. 나는 우리가 약 39킬로미터의 해협을 사이에 두고 있을 뿐이며, 두 나라의 상호 교류가 최근 매우 많다는 점을 감안하면, 당신들이 우리에 관해 아는 바가 얼마나 적은지를 발견하고는 종종 놀라게 된다. 나는 그 이유가 당신들이 우리나라에 대해 특정 종류의 서적에 기대어 판단하기 때문이 아닌가 생각한다. 그 책들은 영국에서 보편적인 의견과 성향을, 혹시 표현한다고 하더라도, 매우 틀리게 나타내고 있다. 우리나라에 몇몇 시시한 도당이 있어서 자신들의 영향력이 전혀 없는 상황을 야단법석, 소음, 허풍 그리고 상호 인용으로 은폐하고 있다. 그런데 그들의 허영심과 번잡함과 방자함과 음모 꾸미기가 당신들에게 우리가 그들의 능력을 경멸하며 무시하는 것을 그들의 의견에 일반적으로 동조하는 표시라고 상상하게 만들었던 것이다. 하지만 절대 그렇지 않다고 당신에게 확언하는 바다. 고사리 밑에서 베짱이 대여섯 마리가 귀찮은 소리를 내서 들판을 울리게 한다고 해서, 참나무 그늘에서 수천 마리 소가 되새김질하며 조용히 쉬고 있는데, 들판에 시끄러운 자들만 있다고 제발 생각하지 말기를 바란다. 그들의 수가 많다고 생각하지 말기 바란다. 그들이 시끄럽고 성가시지만, 결국 사라질 조그맣게 움츠리고 하찮게 뛰어다니는 벌레일 뿐 다른 어떤 것이라고 생각하지 말기 바란다.

나는 우리 중 100명에 1명도 혁명협회의 "개선행진"에 참가하지 않는다고 거의 단언할 수 있다. 혹시 전쟁이 일어나 매우 강렬한 적대감 속에서 (나는 그러한 경우가 없기를, 그러한 적대감이 안 생기기를 바란다) 혹시 프랑스의 왕과 왕비 그리고 그 자녀들이 우리 수중에 들어오게 된다면, 그들은 다른 종류의 개선행진으로 런던에 들어오는 대우를 받을 것이다. 우리는 전에 그런 상황에 처한 프랑스 왕을 맞이한 적이 있다.[61] 당신은 그가 전장의 승리자에 의해 어떤 대우를 받았는지 그리고 그 후 영국에서 어떤 식으로 받아들여졌는지에 관해 읽었을 것이다. 그 후 400년이 지났다. 그러나 나는 그 시대 이후로 우리가 크게 변했다고는 생각하지 않는다. 혁신에 대한 우리의 굼뜬 저항 덕분에, 우리 국민성이 냉담하고 둔중한 덕분에, 우리는 아직도 조상의 특징을 지니고 있다. 우리는 14세기의 사고방식이 지녔던 관대함과 위엄을 (내가 생각하기에) 상실하지 않았다. 또 아직 우리 자신을 세련시켜 야만인이 되지도 않았다. 우리는 루소(Rousseau)[62]에 따른 개종자가 아

---

61) 백년전쟁 초기에 벌어진 푸아티에 전투(1356)에서 에드워드 흑세자에게 패한 프랑스 왕 장 2세가 포로가 되어 영국에 끌려왔다—옮긴이.

62) 계몽사상을 집대성한 『백과전서』의 간행에 참여했으나, 그의 사상은 "자연으로 돌아가라"라는 표현에서 보듯 낭만주의적 성격도 지닌다. 『사회계약론』,

니며 볼테르(Voltaire)[63]의 제자도 아니다. 엘베시우스(Helvetius)[64]는 영국에서는 그 영향력에 진전이 전혀 없다. 무신론자는 우리의 설교자일 수 없다. 광인이 우리의 입법자가 되지 못한다. 우리는 우리가 어떤 것도 발견하지 않았다는 점을 알고 있다. 그리고 도덕에서는 어떤 발견도 있을 수 없다고 생각한다. 정부에 관한 대원리에서나 자유이념에서도 많이 발견할 수 없다고 생각한다. 그러한 원리와 이념은, 우리가 태어나기 훨씬 전에 이해되었고, 우리의 오만 위에 무덤 흙이 덮이고 우리의 건방진 수다 위에 침묵하는 무덤이 그 법칙을 시행한 후에도 전부가 잘 지속될 것이다. 영국에서 우리는 타고난 내장을 완전히 꺼내 없애버리지 않았다. 우리는 태어날 때부터 지닌 감정을 여전히 우리 내부에서 느끼며, 소중히 하고 육성한다. 그러한 감정은 우리 의무에 대한 충실한 보호자이며 적극적 감시자이고, 모든 자유롭고 남자다운 도덕의 진정한 지지자다. 우리는 마치 박물관의 박제된 새들처럼, 왕겨와 헝겊조각 그리고 인권에 관해 적은 하찮은 얼룩투성이 종잇조각들로 채워넣기 위해 내장을 들어내고 날개가 고정된 그런 상태가 되지 않았다. 우리는 감정 전부를 타고난 그대로, 현학과 불충실성으로 완전하게 세련시킴 없이 보존한다. 우리는 가슴속에서 박동하는 피와 살로 된 진짜 심장을 지니고 있다. 우리는 신을 두려워한다. 왕을 외경심을 지니고 우러러본다. 의회에 대해서는 애정을, 장관들에 대해서는 의무감을, 성직자에게는 경외감을, 귀족에게는 존경심을 지

---

『인간 불평등 기원론』 등의 저술로 프랑스혁명가들의 숭배를 받았다—옮긴이.

63) 볼테르는 필명으로, 『영국에 관한 철학적 서간』을 저술해 영국에서 기초가 놓인 계몽사상을 프랑스에 도입하고 발전시켰다. 절대왕정과 가톨릭교회에 대한 맹렬한 비판자로서 『캉디드』, 『관용론』 등을 저술했다—옮긴이.

64) 프랑스 계몽 철학자로 감각주의에 입각해 효율적 입법을 주장했다. 영국 공리주의자 벤담이 엘베시우스를 자신의 선구자로 인정했다—옮긴이.

니고 우러러본다.[65] 왜 그러한가? 그러한 개념이 우리 마음속에 떠오를 때, 그런 식으로 마음이 움직이는 것이 자연스럽기 때문이다. 다른 모든 감정은 오류이며 가짜여서 우리 정신을 타락시키고, 우리의 근본 도덕을 손상하고, 우리를 합리적 자유에 부적당하게 만드는 경향이 있기 때문이다. 그리고 다른 모든 감정은 며칠간 행락에서의 저급한 놀이로서 우리에게 예속적 · 방종적 · 자포자기적 방자함을 가르치기 때문이다. 그리하여 우리를 전 생애에 걸쳐 노예에 완전히 적합하고 노예로 취급하는 것이 정당한 그런 수준으로 만들기 때문이다.

이 계몽된 시대에 나는 우리가 일반적으로 교화되지 않은 감정의 소유자라고 대담하게 고백한다. 우리의 옛 편견(prejudices)을 모두 버리는 대신에 상당한 정도를 소중히 여기며, 부끄럼을 무릅쓰고 말한다면, 편견이기 때문에 그것들을 소중히 한다고 고백한다. 그리고 편견이 더 오래 지속된 것일수록, 더 일반적일수록, 우리는 더 소중히 여긴다고 고백한다. 우리는 개인이 지닌 이성의 양만에 의지하여 생활하고 거래하는 처지를 불안해한다. 왜냐하면 우리는 개인이 지닌 양이 적으므로 여러 국민과 여러 시대가 축적한 종합은행과 자본을 이용하는 편이 낫다고 생각하기 때문이다. 우리나라의 사변적 인물 다수는 일반적 편견을 퇴출시키는 대신, 그 속에 가득한 잠재적 지혜를 발견하는 데

---

65) 비국교도 목사로 생각되는 신사가 써서, 한 신문에 게재된 편지에서는 영국인들이 잘못 묘사되었다고 나는 생각한다. 그 필자는 프라이스 박사에게 보낸 편지에서 파리에서 유행인 정신상태에 관해 말한다. "여기 사람들의 활력은 왕과 귀족들이 그들 생각에는 찬탈해갔던 모든 오만한 특별대우를 폐지했습니다. 그들이 왕이나 귀족 또는 성직자에 관해 사용하는 말은, 영국인 가운데 가장 개명되고 자유주의적인 사람들이 사용하는 말입니다." 만일 이 신사가 개명되고 자유주의적이라는 용어를 영국에서 일단의 사람들에게만 한정한다면, 그것은 사실일 수 있다. 그러나 영국 사람들이 일반적으로 그러한 것은 아니다.

에서 자신들의 현명함을 발휘한다. 만일 그들이 찾는 것을 발견하면 ──그들은 거의 실패하지 않는다──편견이라는 코트를 버려 알몸의 이성만을 남겨놓는 대신, 이성이 포함된 대로 편견을 지속하는 것이 더 현명하다고 생각한다. 왜냐하면 이성을 지닌 편견은, 행동에 그 이성을 부여하는 동력을 보유하며, 행동에 영속성을 부여하는 애정을 지니기 때문이다. 편견은 위급시에 쉽게 이용할 수 있다. 편견은 정신을 미리 지혜와 덕성의 꾸준한 길을 따르도록 하고, 결정의 순간에 사람들을 회의하고 당황하고 미결 상태에서 망설이도록 두지 않는다. 편견은 미덕을 습관으로 만들지, 서로 연결되지 않은 행위의 연속 상태로 버려두지 않는다. 정당한 편견을 통해 의무는 본성의 일부가 된다.

당신네 문필가들과 정치가들 그리고 우리나라의 이른바 계몽된 당파 전체는 근본적으로 이러한 점에서 다르다. 그들은 다른 사람의 지혜를 존중하지 않는다. 그러나 자신들의 지혜에 대해서는 전적으로 확신함으로써 그를 벌충한다. 그들에게는 오래된 구조를 파괴할 충분한 동기가 되는 것이, 그것이 오래되었다는 이유다. 새로운 것에 대해서는 졸속으로 지은 건물의 내구성에 관해 어떤 걱정도 하지 않는다. 왜냐하면 그들 시대 이전에는 거의 또는 아무것도 이루어지지 않았다고 생각하고, 발견에 모든 희망을 거는 사람들에게는, 내구성이 목표가 될 수 없기 때문이다. 그들은 영속성을 부여하는 모든 것은 해롭다고 매우 체계적으로 인식하므로 모든 기존제도에 대해 앙심을 품은 전쟁을 벌인다. 그들은 정부가 드레스 유행처럼 별 폐해 없이 변경될 수 있다고 생각한다. 국가의 헌법에 대해 현재의 편의에 관한 감각을 제외하고는 애착의 원리가 필요 없다고 생각한다. 그들은 다음과 같은 견해를 지닌 듯이 말하고 다닌다. 즉 그들과 통치자들 사이에는 하나의 독특한 계약이 존재하는데, 통치자는 규제하지만 상호 의무는 존재하지 않는다는 것이다. 민중의 권위는 자신의 의사 이외에 어떠한 이유도 필요하지 않은 채 그 계약을 해지할 권리를 보유한다는 것이다. 그들이 자기 나라에 애착을 갖는 것은, 그들의 덧없는 기획들에 국가가 동의할 때뿐이다. 그 애착은, 그들의 일시적 의견과 합치되는 국가 설계와 더불어 시작하고 끝난다.

이러한 교설 또는 차라리 정서가 당신네 신참 정치가들에게 퍼져 있는 듯하다. 그러나 그러한 것은, 우리나라에서 우리가 항상 행동 기준으로 삼는 것과는 전혀 다르다.

당신들이 벌이는 일들이 영국을 본뜬 것이라고 프랑스에서 때때로 설명한다고 들었다. 당신들에게 생긴 어떤 일도, 실제 행동에서든 행위의 정신에서든, 우리나라 사람들의 실천이나 지배적 견해에서 비롯되지 않았다고 확언한다. 그리고 우리가 그러한 것을 프랑스 국민에게 가르치지 않았다고 확신하는 만큼, 프랑스한테서 그러한 교훈을 배우려는 마음이 없다는 점을 덧붙이고자 한다. 영국에서는 당신네 행위에 일종의 참가를 했다고 할 도당이 아직은 한 줌 정도에 지나지 않는다. 그러나 그들의 음모와 설교와 저술을 통해 그리고 프랑스 국민의 훈수와 그 힘의 연합을 예상한 데서 생기는 자신감에 의해, 유감스럽게도 그들이 상당한 수의 사람을 끌어 모은다면 그리고 그 결과 당신네에게 일어난 일을 모방하여 이 나라에서 어떤 일을 위험하게도 도모한다면, 그런 사태는 내가 감히 예언하건대, 자신들의 나라에는 약간의 문제를 일으키겠지만, 그들 자신의 파멸을 완수하는 일이 될 것이다. 이 나라 사람들은 먼 옛날에, 교황 무오류성을 존중한다는 이유에서 자신들의 법을 변경하기를 거부했다. 이 나라 사람들이 이제 와서 철학자들의 독단적 교의에 대한 경건한 암묵적 신앙에서, 법을 변경하지는 않을 것이다. 비록 전자가 파문과 십자군으로 무장했고, 후자는 비방과 가로등의 철 기둥을 지니고 행동할지라도 그렇다.

이전에는 당신들 일이 당신들만의 관심사였다. 우리는 인간으로서 당신들 일에 대해 느낌은 지녔으나, 우리가 프랑스 시민이 아니므로 그 일에서 거리를 두었다. 그러나 우리의 모델이라고 내세워지는 것을 볼 때, 우리는 영국인으로서 느낄 수밖에 없고 영국인으로서 대책을 마련해야 한다고 느낀다. 당신들 일이 우리가 원하지 않았음에도 이제 우리의 이해관계의 일부가 되었다. 적어도 당신네 만능약 또는 전염병을 멀리 두어야 하는 정도까지는 그렇다. 만일 만능약이라면, 우리는 그것을 원하지 않는다. 우리는 불필요한 약이 어떤 결과를 가져오는지를 알고 있다. 만일 전염병이라면, 매우 엄격하게 방역 조치하는 대비책이 필요한 그런 종류의 전염병이다.

철학적이라고 자칭하는 일당이 근래 벌어진 사태들의 명성의 주인공이며, 그들의 견해와 방식이 전체를 작동시킨 진정한 활력이라는 점을 사방에서 듣고 있다. 나는 영국에서 그러한 종류의 당파를, 문필가 집단이든 정치가 집단이든, 언제고 들어본 적이 없다. 당신네 당파는 민중이 조잡하고 소박하게 보통 무신론자와 불신앙자라고 부르는 그러한 사람들로 이루어진 것이 아닌가? 만일 그렇다면, 우리에게도 그러한 종류의 저술가들이 있어 한때 약간의 소음을 냈다는 점을 인정한다. 그들은 현재 영원한 망각 속에서 안식하고 있다. 최근 40년 내에 출생한 자로서, 콜린스(Colins), 톨런드(Toland), 틴덜(Tindal), 처브(Chubb), 모건(Morgan), 그리고 자신들을 자유사상가라고 부른 그 족속 전부가[66] 저술한 것을 한 글자라도 읽어본 사람이 있는가? 요새

---

66) 18세기 전반에 나타났던 이신론자들로서, 국교 신학자들과 이신론 논쟁을 벌였다―옮긴이.

누가 볼링브룩(Bolingbroke)의 책을[67] 읽는가? 전부 다 읽어본 사람이 있는가? 런던의 서적상들에게 세계의 빛이었던 이들이 어떻게 되었는지 물어보시라. 몇 년 안에 그들의 몇몇 계승자도 "캐풀렛 가 사람 모두"[68]의 가족묘지에 들어가게 될 것이다. 그러나 그들이 누구였든 또는 누구이든, 우리에게 전혀 연결되지 않은 개인들이다. 그들 나름의 공통성을 지녔을 뿐 집단적이지 않았다. 그들은 집단으로 행동한 적이 없으며, 정치에서 하나의 당파로 알려지지도 않았다. 그들이 그러한 명칭이나 성격을 지니고 또는 그러한 당파로서 목표를 위해, 우리나라의 공적 관심사 어떤 것에 영향을 미쳤다고 생각되지도 않는다. 그들이 그런 식으로 존재하고 그렇게 행동하도록 허용되어야 하느냐는 다른 문제다. 영국에는 그러한 도당이 존재한 적이 없으므로, 그들의 정신도 우리 헌법의 원래 틀을 마련하는 데 또는 헌법에 가해진 몇몇 수선과 개선 그 어떤 것에도 영향을 미친 바 없었다. 우리 헌법 전체가 종교와 신앙심의 후원 아래 만들어졌으며, 그 재가를 얻어 확실해졌다. 그 전체가 우리 국민성의 단순성에서 연유했으며, 우리의 분별력에서 보이는 일종의 태생적인 담백함과 솔직함에서 연유했다. 오랫동안 그러한 성격이 우리 사이에서 연속해서 권위를 얻은 인물들의 특성이 되어왔다. 그 성향은 적어도 대다수 국민 속에 여전히 남아 있다.

---

67) 토리파 정치가로서 정치평론지『숙련공』을 발간하고,『한 애국적 왕의 이념』(1749)을 저술했다―옮긴이.
68) 셰익스피어의『로미오와 줄리엣』에 나오는 줄리엣의 집안인 캐풀렛 가의 가족묘지를 가리키는데, 이 장소에서 로미오와 줄리엣이 모두 죽고 극도 끝난다―옮긴이.

## 종교는 문명 사회의 기반이며 인간은 종교적 동물이다

우리는 종교가 문명 사회(civil society)[69]의 기반이며 모든 선과 모든 안락의 근원임을 알고 있다. 그뿐 아니라 한층 다행스럽게도 그 사실을 마음속에서부터 느낀다.[70] 우리 영국인은 이 점을 확신하고 있으므로 미신의 녹——인간 정신의 어리석음이 축적되어 시간이 지나면서 정신에 더께를 씌우는——이 슬지 않는다. 또 영국인 100에 99는 그러한 확신을 지니고, 불신앙을 선호하지 않는다. 우리는 어떤 체제이든 그 부패를 제거하고, 결점을 보완하고, 건설을 완성하기 위해, 체제의 본질에 대항하는 적을 불러들이는 그런 바보가 절대 되지 않을 것이다. 만일 우리의 종교적 신조들을 더 밝힐 필요가 생긴다면, 설명하기 위해 무신론을 초빙하지 않을 것이다. 우리는 신전을 밝히는 데 그러한 부정한 불을 빌리지 않을 것이다. 다른 빛에 의해 밝혀지도록 할 것이다. 우리 신전에서는, 불량해진 형이상학의 밀수꾼들이 수입한 전염성 물질이 아니라 다른 향료로 향을 피울 것이다. 만일 우리의 교회 조직에 개선이 필요하다면, 그 신성한 수입의 결제, 영수 또는 사용에 대해 우리가 적용할 것은, 공적·사적 탐욕이나 강탈이 아니다.—— 그리스 정교나 아르메니아파[71]를 격렬하게 비난하지 않으면서, 그리

---

69) civil society는 보통 시민사회로 번역하나 여기서는 공공 사회나 문명 사회로 번역하는 것이 적절하다고 생각한다—옮긴이.

70) "시민들에게 먼저 다음의 사항을 납득시키지 않으면 안 된다. 즉 신은 모든 것의 주인이며 통치자라는 점, 이 세상의 일 모두가 신의 뜻과 권위 아래 있다는 점, 그리하여 신은 인간에게 진정 고마운 존재이며, 개인의 성질과 행위와 범죄, 그리고 그가 신께 제사지낼 때 마음에 품은 경건함을 살펴보고, 경건한 자와 그렇지 않은 자를 구별한다는 점 등이다. 위와 같은 생각을 지닌 정신이라면, 반드시 유용하고 진실한 의견을 갖게 될 것이다." 키케로(Cicero), 『법률론』, 제2권(키케로는 기원전 1세기 로마의 정치가며 문필가로, 집정관을 지냈고 위의 저서 외에 『국가론』de Republica이 대표작이다—옮긴이).

고 열기가 식었으므로 로마 가톨릭도 격렬하게 비난하지 않으면서 우리는 개신교를 선호한다. 개신교가 기독교를 덜 포함한다고 생각하기 때문이 아니라, 더 포함한다고 판단하기 때문이다. 우리는 무관심에서가 아니라 열정에서 개신교도가 되었다.

우리는 인간이 그 성격상 종교적 동물임을 알고 있다. 무신론은 우리의 이성뿐 아니라 본능에도 배치되며, 결코 오랜 기간 지배적일 수 없다는 사실을 알고 있다. 그리고 그렇게 안다는 점에 자부심을 지닌다. 그러나 만일 난동 시기에, 그리고 프랑스에서 현재 맹렬하게 뒤끓고 있는 지옥의 증류 가마에서 나온 강한 술로 착란상태에 빠져서 기독교를 폐기하여 우리의 알몸을 드러낸다면, 투박하고 위험하며 저열한 미신이 그를 대신할 것이라고 (정신은 진공 상태를 참을 수 없음을 잘 알고 있으므로) 염려하는 바다. 기독교는 이제까지 우리의 자부심이었고 위안이었으며, 우리에게 그리고 다른 많은 국민에게 문명의 일대 원천이었다.

이러한 이유에서, 당신네가 했듯이 기존 제도에서 자연스런 인간적 존경 수단들을 제거하여 경멸 대상으로 만들어버리기——당신들은 그 때문에 당연한 벌을 받았다——전에, 우리는 그 대신에 어떤 다른 것이 제시되기를 바란다. 그런 다음에 우리는 판단을 내릴 것이다.

이러한 생각에 입각하여, 기존 제도들에 대한 자신들의 적대감을 하나의 철학과 하나의 종교로 만들었던 일부 인사가 하듯이 기존 제도와 반목하는 대신에 우리는 그 제도들에 열성적으로 집착한다. 우리는 현재의 국교회, 현재의 왕정, 현재의 귀족제 그리고 현재의 민주제도를

---

71) 4세기 성 그레고리우스가 아르메니아에 설립해 동방정교의 일부로서 지속되었는데 삼위일체설을 부인한다—옮긴이.

각각 더도 아니고 현재 존재하는 정도 그대로 유지하기로 결심한 상태다. 나는 우리가 이들 각각을 현재 얼마만큼 보유하는지 보여주려고 한다.

우리나라의 헌정체계가 언제나 향유할 대상이 아니고 논쟁거리라고 생각하여 모든 것을 토론하는 데에 이 시대의 불행이 (이 신사들이 생각하듯 영광이 아니라) 있다. 이러한 이유로, 그리고 사례들에서 배우기를 원하는 사람들을 (당신네 가운데 그러한 사람들이 있다면) 만족시키기 위해, 현존 제도들 각각에 관해 약간 검토하려고 한다. 고대 로마시대에 법률을 새롭게 변경하고자 할 때, 가장 잘 조직된 국가들을 조사하는 사절단을 가능한 지역에 걸쳐 파견했는데, 나는 그들이 현명하지 못했다고 생각하지 않는다.

첫 번째로, 나는 우리의 교회제도에 관해 이야기하겠다. 교회는 우리의 편견 중 첫째가는 것으로서, 이성이 결여된 편견이 아니고 그 안에 심오하고 광대한 지혜를 포함하는 편견이다. 나는 교회에 관해 제일 먼저 이야기한다. 교회는 우리의 정신에서 첫째요 마지막이며, 가운데에 존재한다. 왜냐하면 우리가 현재 보유한 종교 체제에 기반을 둠으로써, 우리는 인류가 일찍 얻어서 한결같이 지속시킨 분별(sense)에 입각하여 계속 행동할 수 있기 때문이다. 이 분별은 현명한 건축가처럼 국가라는 장엄한 건물을 건설했다. 더 나아가 이 분별력은 주의 깊은 건물주처럼, 그 건물을 모든 사기·폭력·부정·전제 등의 불순함이 정화된 성스러운 신전으로서 모독과 파괴로부터 지키기 위해, 국가 조직과 그 직무를 수행하는 모든 사람을 엄숙히 그리고 영원히 신성하게 만들었다. 이 신성화는 인간의 통치——여기서 그들은 신 자신을 대신한다——를 맡은 모든 사람이 자신의 임무와 목표를 고상하고 가치 있는 것으로 생각하도록 하기 위해서다. 그들이 불멸성으로 가득한 희망을 품도록 하기 위해서다. 그들이 당장의 사소한 금전이나 대중의 일시적이며 덧없는 칭찬을 바라지 않고, 그들의 본성의 영속적 부분에 있는 견실하고 영구적 존재에 눈을 돌리며, 세계에 대한 풍부한 유산으로서 남기는 모범 속에서 영구적인 명성과 영예를 바라도록 만들기 위한 것이다.

그러한 고매한 원리들이 지위가 높은 사람들에게 주입되어야 한다. 그리고 그 원리들을 지속적으로 부활시키고 강화하도록 종교 제도를 제공해야 한다. 인간의 이해력과 애정을 신에게 연결하는 합리적이고 자연스러운 연대를 도와주는 모든 종류의 도덕 제도와 모든 종류의 사회 제도와 모든 종류의 정치 제도가 '인간'(Man)이라고 하는 경이로운 구조물을 만들어내는 데 필수적이다. 인간이 지닌 특권은 고도로 자신을 만들어내는 피조물이라는 데 있다. 그리고 그가 당연히 만들어져야 하는 대로 만들어졌을 때, 그는 창조의 질서에서 결코 사소하지 않은 위치를 차지하게 되어 있다. 그러나 어떤 인물이 다른 사람들보다 상위에 위치할 때는 언제나 더 나은 성질이 당연히 지배해야 하므로, 그 경우에 특히 그 인물은 가능한 한 그 자신의 완성에 근접하지 않으면 안 된다.

국교제도에 의한 국가의 신성화는 자유로운 시민들에게 건전한 경외심을 갖도록 하는 데도 필요하다. 왜냐하면 자유를 확보하기 위해서는 그들이 권력의 일정 부분을 향유해야 하기 때문이다. 그러므로 그들에게는 국가와 결합된 종교가 그리고 국가에 대한 그들의 의무와 결합된 종교가 더욱 필요하게 된다. 사람들이 예속된 상태여서 개인감정과 가정사를 돌보는 데만 한정된 사회보다 더 그러한 것이다. 권력의 일부분이라도 소지한 모든 인물은 자신들이 신탁을 받아 행동한다는 생각을, 그 신탁과 관련된 자신들의 행동에 대해 사회의 유일한 위대한 주인, 창조자 그리고 설립자에게 책임을 진다는 관념을, 절절하게 그리고 경외심 속에서 새겨 지녀야 한다.

　이 원리는 단일 군주제보다 집단적 통치권을 구성하는 사람들의 마음에 더 강력하게 각인되어야 한다. 군주들의 경우, 매개인 없이는 아무 것도 할 수 없다. 매개인을 부리는 사람은 누구나, 도움을 얻지만 또한 방해받기도 한다. 그러므로 군주의 권력은 결코 완전할 수 없다. 그리고 극도로 남용한 경우 그들은 안전하지 않다. 군주들은 아첨과 교만과 자신의 과대평가에 의해 아무리 높아진다고 해도, 신탁의 남용에 대해서는 실정법으로 비호되든 아니든, 현세에서조차 어떠한 방식으로든 책임진다는 점을 인식해야만 한다. 왕들이 비록 민중의 반란에 의해 머리가 잘리지 않는다 하더라도, 다른 모든 모반에서 안전하기 위해 고용된 바로 그 근위병에게 목이 졸릴지도 모르는 일이다. 프랑스 왕이 결국 더 많은 급료를 받으려는 자신의 병사들에 의해서 팔려 버린 것을 우리는 보았다. 그러나 민중의 권위가 절대적이며 제한되지 않은 곳에서 민중은 자신들의 권력을 무한정 더 크게 신뢰한다. 훨씬 더 나은 기반 위에 세워져 있기 때문이다. 민중은 그들 자신이 상당한 정도로 스스로 매개인이다. 대상자에 더 가까이 있기 때문이다. 게다가 그들은 명성과 평판을 의식한다는, 지상 최대의 억제력들 가운데 하나에 대해 책임감을 덜 느낀다. 대중의 행위에서 개인에게 떨어지는 악평의 몫은 매우 적다. 여론의 작용은 권력을 남용한 사람들의 수와 반비례하기 때문이다. 자신들의 행위에 대해 그들 자신이 시인하게 되면, 공중의 심판은 호의적인 모양새가 되는 것이다. 따라서 완전한 민주정은 세상에서 가장 파렴치한 것이 된다. 가장 파렴치하므로 동시에 가장 두려움 없는 것이 된다. 누구도 그 자신이 개인적으로 처벌 대상이 될 수 있다고 염려하지 않는다. 확실히 민중 전체가 결코 처벌 대상이 되어서는 안 된다. 왜냐하면 모든 처벌은 민중 전체를 보존하기 위한 본보기이므로, 민중 전체는 어떤 인간의 손에 의해서도 결코 처벌 대상이 될 수 없기 때문이다.[72] 그러므로 그들이 자신들의 의사가 옳고 그름의 기준이라고 상상하지 않도록 하는 것──이 점에서 왕들의 의사도 마찬가지다──이 매우 중요하다.

민중이 자신들이 안전하다고 해서, 어떤 것이든 자의적 권력을 행사할 권리가 없으며, 그럴 자격을 훨씬 더 갖추지 못했다는 점을 인식하도록 설득해야 한다. 민중이 국가 직무의 수행자들에게서 자신들의 이익을 위해 전적인 헌신을 얻어내는 것은 그들의 권리다. 그러나 자유를 잘못 과시하며 실제로 부자연스럽고 도착적인 지배를 행사하여 자신들이 때때로 발휘하는 의지에 국가 직무 수행자들을 굴욕적으로 굴복하도록 강요할 권리도, 자격도 없다는 점을 민중은 인식해야 한다. 민중이 그렇게 강요하는 경우 그들에게 봉사하는 모든 사람에게서 모든 도덕적 원리, 모든 자긍심, 모든 판단력의 행사 그리고 인격의 모든 일관성을 말살하게 된다. 동시에 바로 그 과정에서 민중은 자신들을, 민중에 대한 아첨꾼들과 궁정인 같은 아부배들의 비굴한 야망에나 적합한, 가장 경멸스런 먹이로 만들어버리게 된다.

만일 민중이 모든 이기적 의사에 대한 욕망을 완전히 제거해버린 때──이는 종교 없이는 절대 불가능하다──에는, 자신들이 신탁의 서열에서 필시 더 높은 위치에서 권력을 행사한다는 점을 의식할 때에는, 천박하고 무능한 무리의 손에 권력을 부여하는 것이 더욱 조심스러워질 것이다. 권력이 정당화되기 위해서는, 의지와 이성이 동일한

---

72) "다수에 의해서는 어떤 범죄가 저질러져도 처벌되지 않는다"(네로 황제 때 시인 루카누스의 『파르살리아』에 나오는 구절이다─옮긴이).

것이 되는 그 영원한 불변의 법칙에 따라야 하기 때문이다. 그렇게 되면 민중이 공직자를 지명할 때, 하찮은 일거리가 아니라 신성한 임무를 맡기는 것으로서 권위를 행사할 것이다. 비루한 이기적 이익, 멋대로의 변덕, 자의적인 의사에 따르지 않을 것이다. 그 대신 그 권력을 (누구라도 그를 부여하거나 수령하는 데 당연히 두려워해야 한다) 활동적인 미덕과 지혜를 현저하게——양자를 겸비해서, 말하자면 인간의 불완전성과 허약함의 거대하고 불가피한 집적 속에서도 그 직무를 수행하는 데 적합하게——지니고 있다고 판별되는 인물에 대해서만 부여할 것이다.

자신의 행동이든 다른 사람에게 허가하는 경우든, 본질적으로 선한 사람에게는 어떤 악도 용납될 수 없다고 민중이 습관적으로 확신할 때, 민중은 모든 정치적·종교적·군사적 권력자들의 마음에서부터 거만하고 불법적 지배와 조금이라도 닮은 것을 완전히 제거하는 일을 더 잘할 수 있을 것이다.

그런데 국가와 법을 소중하게 만드는 데서 일차적이며 가장 지배적이어야 할 원리의 하나는, 그 일시적인 소유자이며 종신 세입자인 사람들이 조상에게서 물려받아 후손에게 물려줄 것에 주의를 기울이지 않고, 마치 자신들이 완전한 주인인 것처럼 행동하지 않게 하는 것이다. 그들이 사회의 근원적 구조 전체를 멋대로 파괴함으로써, 한정상속의 제한을 해제한다든지 또는 유산을 낭비하는 것이 자신들의 권리에 속한다고 생각하지 않도록 해야 하는 것이다. 그런 일이 벌어지면, 그들이 후손에게 거주할 장소 대신에 폐허를 남길 위험이 있다. 그리고 후계자들에게, 자신들이 조상의 제도들을 존중하지 않은 것처럼 자신들의 고안물도 존중하지 않도록 가르칠 것이다. 떠다니는 공상이나 유행만큼이나 자주, 많이 그리고 다양한 방식으로 국가를 변경하는 이러한 무원칙적 재간에 의해 국가의 전 연쇄와 연속성이 파괴되고 말 것이다. 어떠한 세대도 다른 세대와 연결될 수 없을 것이다. 인간은 여름철 파리떼와 거의 다를 바 없게 될 것이다.

그리고 무엇보다 먼저 법학——인간 지성의 자부심이며, 그 모든 결점과 중복과 오류에도 몇 시대에 걸친 이성의 집적이며, 근원적 정의의 원리를 무한히 다양한 인간의 관심사들과 결합해온——을 오래전에 논파된 오류의 퇴적이라고 간주하면서 더 이상 연구하지 않게 될 것이다. 개인의 자기만족과 오만이 (그들 자신의 것보다 더 큰 지혜를 경험해보지 않은 모든 사람에게 필히 따르는 것들이다) 재판정을 찬탈할 것이다. 희망과 공포에 대한 불변의 기반을 설립하는 확실한 법률이, 사람들의 행동을 일정한 경로에 따르게 하거나 일정한 목표로 향하게 하는 일도 물론 없게 될 것이다. 안정적인 재산 소유 양식이나 기능 수행 양식이 존재하여, 부모가 자식을 교육하고 그들의 진로를 선택하는 데서 예상을 가능하게 하는 견실한 기반을 마련하는 일도 불가능해질 것이다. 어떤 원리도 어릴 때부터 채용되어 습관으로 형성되는 일이 없을 것이다. 최고로 유능한 교사가 공들인 교육 과정을 끝내자마자, 고상한 훈련을 마쳐 사회에서 그의 지위에 어울리는 주목과 존경을 얻기에 적합한 학생을 배출하는 대신에, 모든 것이 변해버린 것을 발견할 것이다. 그리고 학생을 가련하게도, 평가의 진정한 기초를 알지 못하는 세상 사람들의 멸시와 조롱의 대상이 되도록 만들었음을 발견할 것이다. 통화의 기준이 계속 변하는 나라에서 아무도 명예의 기준이 무엇인지 알 수 없을 때, 대체 누가 부드럽고 섬세한 명예심이 심장의 첫 고동과 거의 같이 뛰도록 보장할 수 있겠는가? 생활의 어떤 부분에서도 획득한 것을 보유할 수 없게 될 것이다. 안정된 교육과 확정된 원리가 결여된 데 필연적으로 뒤따르는 것은 학문과 문예의 야만성이며, 기술과 제조업의 미숙함이다. 그리하여 국가 자체가 몇 세대 지나지 않아 붕괴되어 개인이라는 먼지와 가루로 분해되고 마침내 하늘에서 부는 바람에 흩어져버리고 말 것이다.

## 영국인은 신이 국가를 마련했다고 인식한다

그러므로 완고함과 극도로 맹목적인 편견의 폐해보다 만 배나 더 큰 비일관성과 변환의 폐해를 피하기 위해, 누구도 마땅한 조심성 없이는 그 결함이나 부패상을 조사하기 위해 접근하지 못하도록 우리는 국가를 신성화했던 것이다. 누구도 국가를 전복시키면서 그 개혁을 시작하려고 꿈꾸지 않도록 하고, 국가의 오류에 대해 부친의 상처를 대하는 것처럼 경건한 경외심과 떨리는 염려를 지니고 접근하도록 한 것이다. 이러한 현명한 편견에 따라 우리는 무모하게도 성급히 그 연로한 부모를 조각조각 잘라내고, 그런 다음 독초와 광포한 주문의 힘으로 부친의 체질을 재생하며 그 생애를 혁신할 수 있다는 희망을 품고, 마법사의 냄비에 던져넣는 그러한 나라의 자식들을 공포의 눈으로 바라보도록 배웠다.

사회는 진정 일종의 계약(contract)이다. 단순히 일시적인 이익을 목표로 한 하급 계약들은 임의로 해소될 수 있다. ——그러나 국가는 후추와 커피, 캘리코 직물이나 담배, 다른 그처럼 저급한 물품을 취급하는 장사에서, 사소한 일시적 이익을 얻고자 체결했다가 당사자의 기분에 따라 해소될 수 있는 동업 합의(partnership agreement)보다 더 나은 바가 없다고 간주되어서는 안 된다. 국가는 그것과는 다른 존경심을 지니고 우러러보아야 할 대상이다. 왜냐하면 국가는 일시적이며 사라져버릴 성질인 저차원의 동물적 생존에 도움이 되는 물자에 관련된 동업(partnership)이 아니기 때문이다. 그것은 모든 학문에서 동업이다. 모든 기예에서 동업이며, 모든 도덕과 모든 완전성에서 동업이다. 그러한 동업 관계가 목표로 삼는 것은 여러 세대를 거치더라도 성취될 수 없으므로, 그 동업은 살아 있는 자들 사이뿐 아니라 산 자와 죽은 자들 그리고 태어날 자들 사이의 동업이 된다. 개별 국가를 형성하는 각 계약은, 모든 물질적 본성과 도덕적 본성을 각각 정해진 위치에 유지하는 범접할 수 없는 선서에 의해 재가된 확정된 맹약(compact)에 따라, 하급 본성을 상층 본성과 연결하고 보이는 세계와 보이지 않는 세계를 결합하는 영원한 연합의 위대한 원초적 계약(great primaeval contract)의 한 조항에 불과하다. 이 법은 상위의 무한히 우월한 것에 대한 의무 때문에, 자신들의 의지를 그 법에 종속시켜야 하는 사람들의 의사에 지배되지 않는다. 그 보편적 왕국의 지방 조직은 자신들이 좋을 대로 할 수 있는 자유를 도덕적으로 지니고 있지 않다. 그들은 부수적인 개량에 관한 사변에 입각하여 자신들의 하위 공동체의 유대를 완전히 분리하고 절단하여 기초 원리들이 비사회적·비문명적·비연합적 혼란에 빠지도록 분해하는 멋대로의 자유를 지니지 않는 것이다. 일차적이며 지고한 필연성만이, 즉 선택되는 것이 아니라 선택하는 필요성만이, 어떤 논란도 허용하지 않고 어떤 증거도 필요 없는 심의보다 고위인 필요성만이 무질서라는 수단을 선택하는 것을 정당화할 수 있다. 이 필요성은 규칙에 대한 예외가 아니다. 왜냐하면 이 필요성 자체가 인간이 동의에 의해서건 무력에 의해서건 복종해야 할 사물의 도덕적·물리적 섭리의 일부분이기 때문이다. 그러나 필요성에 복속되는 것에 불과한 사안이 만일 선택의 대상이 된다면, 법은 파괴되고 본성에 대한 복종은 사라진다. 그리고 그러한 반역자들은 이성, 질서, 평화, 미덕 그리고 유익한 회개를 지닌 이 세상에서부터 매장되고 쫓겨나고 유배되어 광기, 불화, 악덕, 혼란, 무익한 후회라고 하는 정반대 세계로 들어가게 된다.

이러한 것이 이 왕국에서 적지 않은 학식과 통찰력을 지닌 사람들의 정서다. 이러한 정서는 과거와 현재에 이어서 존재하며, 앞으로도 내내 그럴 것이라고 나는 생각한다. 이 부류에 속한 사람들은 그러한 사람들이 마땅히 기반으로 삼아야 할 그러한 기초에 입각하여 자신들의 견해를 형성한다. 그들보다 덜 탐구적인 사람들은 권위자에게서 그러한 의견을 얻게 되는데, 그렇게 신용하면서 살도록 섭리가 정해준 사람들의 경우, 권위자에 의존하는 것을 부끄러워할 필요가 없다. 이 두 부류의 사람들은 같은 방향으로 움직인다. 비록 다른 위치에 속해 있지만 그러하다. 두 부류의 사람들은 우주의 질서와 합치하여 움직인다. 두 부류 모두 위대한 고래의 진리를 알고 느낀다. "우주를 창조한 지고한 신에게 지상에서 가장 흡족한 것은 국가라고 하는 인간들의 질서 있는 집합체다."[73] 머리와 가슴을 향한 이 교훈을 그들이 배운 것은, 이 교훈과 직접 결부된 그 유명한 이름에서도 아니며 그 연원이 되는 더 위대한 이름에서도 아니다. 학식 있는 견해에 유일하게 진정한 무게와 지지를 부여할 수 있는 것, 즉 인간의 공통적 본성과 공통적 관계에서 배운 것이다. 그들은 모든 것이 조회하여 행해져야 한다는 점을 믿고, 또 모든 것을 마땅한 기준에 조회하면서, 가슴의 성소에 참여하는 개인으로서나 그러한 개인의 자격으로 단체를 이루면서 스스로 그들의 고귀한 기원과 위치에 대한 기억을 되새길 의무가 있다고 생각한다. 그뿐 아니라 단체로서, 공공 사회의 설립자이며 창조자이며 보호자에게 국민적 충성을 바쳐야 한다고 생각한다. 그러한 공공 사회 없이는, 인간은 그 본성상 가능한 완성에 도저히 도달할 수 없으며, 멀

---

73) 키케로의 『국가론』에 나오는 구절이다—옮긴이.

리 떨어진 미미한 접근조차도 이룰 수 없다. 그들은 우리 본성이 우리 덕성에 의해 완성되도록 마련한 신이 그 완성을 위한 필요한 수단도 마련했다고, 그리하여 신이 국가를 마련했다고 인식한다. 그리고 신이 국가가 모든 완성의 근원이자 원초적 모범과 결합하기를 바란다고 인식한다. 이것을 법 중의 법이며 주권 중의 주권인 신의 뜻이라고 확신하는 사람은, 다음과 같은 의견을 비난거리로 여길 수는 없는 일이다. 즉 우리의 이 집단적 충성과 충실 그리고 지고한 주군에 대한 이러한 승복——나는 국가 자체의 이러한 봉헌이라고 말하겠다——이, 보편적으로 찬양받는 높은 제단에 올리는 값진 봉헌물로서, 본성이 가르치는 대로 인류의 관습에 따라 건물 안에서, 음악으로, 장식으로, 연설에서, 인격의 위엄 속에서, 모든 공적인 장중한 행사가 거행되듯이 거행되어야 한다는 의견이 그것이다. 즉 온당하게 화려하며, 허세 없는 위엄을 지니며, 온화한 기품과 절도 있는 장려함을 지니고 거행되어야 한다는 의견이 그것이다. 그들은 그러한 목적을 위해 나라 재산의 일부가 사용되면, 그러한 부가 개인의 사치를 촉진하는 데 사용되는 것과 마찬가지로 유용하게 사용되는 것이라고 본다. 그렇게 사용되는 부는 공공 장식이 된다. 그것은 공중의 위안거리가 된다. 그것은 공중의 희망을 키운다. 가난에 찌든 이들도 그런 행사에서 자신의 중요성과 위엄을 찾아낸다. 반면에 개인의 재산과 자부심은, 미천한 지위와 재산 없는 사람들에게 매순간 열등감을 갖게 하고, 처지를 비하하고 비판하게 만든다. 국가의 공동 재산에서 일부가 사용되어 재가를 얻는 경우는 다음과 같다. 즉 빈한하게 생활하는 이들을 위한 것, 그의 본성을 높이기 위한 것, 그가 본성에서는 동등해질 때 그리고 덕성에서는 동등 이상일 수 있을 때 풍요의 특권이 사라지는 상태를 그의 마음에 심어놓기 위한 것일 경우다.

당신에게 보증하건대, 나는 특이성을 목표로 삼지 않는다. 나는 당신에게, 아주 오래전부터 이 순간까지 지속적이며 보편적으로 시인되어 우리나라에 수용되어온 견해를 말하고 있다. 그 견해는 내 마음속 깊숙이 작용하여, 다른 사람에게서 배운 것과 나 자신의 고찰을 구별할 수 없을 정도다.

## 영국의 교회제도

영국사람 대다수가 국교제도를 비합법적이라고 생각하기는커녕, 그러한 제도를 갖지 않은 쪽을 합법적이라고 생각하지 않는 것은, 그러한 원리에 입각하기 때문이다. 프랑스에서 당신네들이 만일 우리가 다른 어떤 것보다도 더 강력하게 그리고 다른 어느 국민보다 더 우세하게 국교제도에 결속되어 있다는 사실을 믿지 않는다면, 완전히 잘못 안 것이다. 그리고 우리나라 민중이 국교제도를 옹호하기 위해 우매하고 부당하게 행동했을 때 (확실히 그들이 몇몇 경우에 그렇게 행동했는데) 그들의 바로 그 과오에서 당신은 적어도 그들의 열정을 발견해야 한다.

이 원리는 영국인의 정치조직 전체를 관통한다. 그들은 국교회를 국가에 대한 편의적 존재로서가 아니라 필수적인 것으로 여긴다. 이질적이며 분리 가능한 것으로서, 타협을 위해 부가된 것으로서 보지 않는 것이다. 편의에 관한 일시적인 생각에 따라 유지하거나 포기해도 무방한 어떤 것으로 보지 않는 것이다. 그들은 국교회를 헌정 전체의 기반으로서, 헌정 그 자체와 헌정의 각 부분과 분리될 수 없는 통일체를 이룬다고 생각한다. 교회와 국가는 그들의 마음속에서 분리될 수 없는 개념이며, 하나를 언급하면서 다른 하나를 언급하지 않는 일은 거의 없다.

우리 교육은 이 인상을 확인하고 확고하게 하도록 조직되어 있다. 우리 교육은 어떤 의미로는 전체가 성직자 수중에 있으며, 유아기부터 성년에 이르기까지 모든 단계에서 그러하다. 우리나라 젊은이가 중등학교와 대학교를 졸업하고, 공부한 것과 경험을 연결하기 시작하는 인생의 가장 중요한 시기에 들어설 때 그리고 그를 목표로 다른 나라를 여행할 때, 우리나라 청년 귀족, 신사와 동행하여 해외로 가는 사람의 4분의 3은 성직자다. 이는 다른 지역에서 여행 오는 귀인의 후견인이 늙은 하인들인 것과는 다른 모습이다. 이들 성직자들은 근엄한 주인이거나 단순한 종자가 아니다. 그들은 더 신중한 성격을 지닌 친구요 동반자로서 종종 동반자와 마찬가지로 좋은 집안 태생이다. 이 성직자를 친지로 삼아 그들이 평생 친밀한 관계를 유지하는 일이 매우 흔하다. 우리는 이 관계를 통해 우리나라 신사들을 교회에 결속한다. 그리고 우리나라의 지도적 인물들과 교제하게 함으로써 교회를 관대하게 만든다.

우리가 교육에서 고래의 교회제도의 양식과 형태를 굳게 지키고 있으므로, 14, 15세기 이래 변경된 부분은 매우 적다. 다른 모든 사안에서와 마찬가지로 이 부면에서도, 우리의 옛적부터 정해진 원리, 즉 고래의 것에서부터 전면적으로 또는 단번에 이탈하지 말라는 금언을 준수한 까닭이다. 우리는 이러한 옛 제도들이 전체적으로 도덕과 규율에 유익함을 인식했다. 그리고 우리는 그 제도들이 기반을 바꾸지 않고도 수정이 가능하다고 생각했다. 그 제도들이, 섭리의 질서가 차례로 학문과 문예를 생산해내는 대로 그것들을 수용하고 개선하며, 무엇보다 유지할 능력이 있다고 생각했다. 그리하여 결국 이 고딕식이며 수도원식 교육을 지니고 (기초에 있는 것은 그러한 것이므로) 우리는 유럽의 다른 국민과 마찬가지 정도로, 현대 세계를 밝히고 장식하는 학문·기예·문예의 모든 개선에서 일찍부터 풍부한 몫을 담당했다고 주장할 수 있다. 우리는 이 개선의 주요한 원인이, 우리 조상이 남겨준 지식유산을 멸시하지 않은 데 있다고 생각한다.

영국 국민은 정치적·군사적 행정에서 어떤 부분도, 불확실하며 위태로운 개인 기여에 맡기지 않는 것과 마찬가지로, 교회 전체의 그 거대한 기본 권익을 개인 기부에 맡기는 것이 현명하다고 생각하지 않는데 이는 국교제도에 애착을 지니기 때문이다. 영국인들은 그보다 더 나아간다. 그들은 교회의 고정 재산이 연금으로 전환되고, 국고에 의존시켜 재정 곤란에 따라 지연되든지, 중지되든지, 소멸되든지 하는 것을 결코 허용하지 않았으며, 앞으로도 허용하지 않을 것이다. 이 재정난은 때로 정치적 목적을 지니고 구실로 내세워질 수 있고, 사실은 종종 정치가의 낭비와 태만과 탐욕 때문에 초래된다. 영국인들은 독립적인 성직자들을 국가의 성직 연금 수령자로 전환하는 것에 반대하는 종교적 동기뿐 아니라, 헌법상 동기도 있다고 생각한다. 그들은 왕권에 의존하는 성직자의 영향력에서 자신들의 자유를 염려한다. 만일 성직자가 왕권이 아닌 다른 것에 의존하게 한다면, 당파적 성직자가 초래할 무질서 때문에 공공의 평온을 걱정한다. 그리하여 그들은 교회를 왕이나 귀족과 마찬가지로 독립적으로 만든 것이다.

종교 정책과 헌법 정책을 통합적으로 고려함으로써, 그리고 약자를 위로하고 무지한 자를 교육할 확실한 방편을 마련하는 것을 의무로 여기는 견해에서, 영국인들은 교회 재산을 **사유재산**에 포함하고 그와 동일시하도록 했다. 그 재산에 대해 국가는 이용이나 지배를 위한 소유자가 아니라, 단지 후견인이며 규제자일 뿐이다. 영국 사람들은 이 제도를 유지하는 자산이 이 제도가 서 있는 대지처럼 확고하도록 그리고 자금과 행위의 유라이퍼스[74]에 휩쓸려 요동치지 않도록 정해놓았다.

영국인들은, 특히 개방적이고 직설적인 지혜를 (그들이 지혜를 지니고 있다면) 지닌 지도적 식자인 경우, 자신들의 대응 행동에서는 경멸을 드러내는 종교에 대해 명목상 신앙고백을 하는 것을 어리석고 기만적인 속임수로 생각하고 부끄러워할 것이다. 그들이 만일 행동에서 (거짓을 거의 말하지 않는 유일한 언어다) 도덕과 자연 세계의 위대한 지배 원리를 군중을 복종시키기 위한 단순한 발명품으로 간주하는 듯 보인다면, 그러한 행동으로 자신들이 지향하는 정치적 목적이 좌절되리라는 점을 인식하고 있다. 그들은 자신들이 명백하게 신뢰하지 않는 체제를 다른 이들이 믿게끔 만들기 어렵다는 점을 알 것이다. 사실 우리나라 기독교 정치가들은 대중(multitude)을 먼저 배려하려 한다. 왜냐하면 대중이기 때문이다. 그러므로 대중이 종교 제도에서 그리고 모든 제도에서 첫 번째 대상으로 되어 있다. 그들은 복음이 가난한 이들을 향하여 설파되었다는 것이, 진정한 전도인지 판가름하는 중요한 평가들의 하나라고 배워왔다. 그러므로 그들은 가난한 이들에게 복음이 설파되도록 주의를 기울이지 않는 자들은 복음을 믿지 않는 자들이라고 생각한다. 그러나 그들은 자선이 어떤 한 종류의 사람들에 한정되지 않고 필요한 모든 이에게 적용되어야 한다고 생각하므로, 불행한 상류층의 고난에 대해 동정하는 적절하고 열성적인 감정을 잃어버리는 일이 없다. 그들은 후자의 오만과 방자함의 악취에 대해 세심하게 섬세함을 발동시켜, 그 정신적 종양과 고름 나는 상처를 치료하는 것을 마다하지 않는다. 그들은 종교적 가르침이 다른 누구보다도 그들 고위층에게 더 중요하다는 점을 인식하고 있다. 그들이 더 큰 유혹에

---

74) 그리스에 있는 해협으로, 물살이 세고 방향이 자주 변하는 것으로 유명하다—옮긴이.

노출되어 있기 때문이고, 그들의 과오가 초래하는 결과가 중대하기 때문이며, 자만심과 야망으로 뻣뻣한 그들의 목을 온건성과 덕성이라는 멍에에 굽히도록 해야 하는 필요성 때문이다. 또 인간이 알아야 하는 사항들에 관한 많은 어리석음과 큰 무지가, 베틀에서나 들판에서와 마찬가지로 궁정과 군대 지휘관들 그리고 원로원에서도 활개친다는 점을 고려했기 때문이다.

영국 사람들은 상류층에게도 종교적 가르침만큼이나 종교적 위안이 필요하다는 점을 확신하고 있다. 상류층도 역시 불행한 자들 가운데 있다. 그들도 일신상의 고통과 가족과 관련된 슬픔을 겪는다. 이러한 사항들에서 면제될 특권이 없을 뿐 아니라, 인간에게 부과된 금액에서 그들의 몫을 전부 내도록 되어 있다. 그들의 마음을 괴롭히는 염려와 근심은, 육체의 한정된 필요와는 덜 관계되지만, 상상이라는 분방하고 속박 없는 영역에서 무한한 결합을 이루어 다양하고 끝없는 것이 되어서, 그들은 이 최상의 위안을 필요로 하는 것이다. 종종 매우 불행한 이 형제들에게 이 세상에서는 희망할 것도 두려워할 것도 없는 그 마음에 군림하는 음울한 공백을 채워줄 일종의 자선 수당이 필요한 것이다. 할 일 없는 그들이 느끼는 죽음에 이를 정도의 권태와 과도한 피로감에서 구원할 그 어떤 것이 필요한 것이다. 자연이 그 자체의 과정을 겪도록 내버려두지 않은 곳에서, 욕망조차도 예상되어 환락을 목표로 한 기획과 고안에 의해 성취감이 망쳐지는 곳에서, 욕구와 성취 사이에 어떤 단절도 어떤 장애도 존재하지 않는 곳에서, 구입할 수 있는 모든 환락에 부수되는 포만감 속에서 살아가려는 욕구를 자극할 그 어떤 것이 필요한 것이다.

영국 사람들은 만일 종교적 교사들이, 교제해야 할 사람들과 그리고 경우에 따라서는 권위를 행사해야 할 사람들과 전혀 어울리지 않는 모습일 경우에, 유서 깊은 세력가와 부자들에 대해 얼마나 영향력이 적은지 그리고 새로 행운을 잡은 자들에게는 영향력이 얼마나 더 적은지를 알고 있다. 권세가와 부자들이 그 교사 집단이 어떤 부분에서든 집안 하인들보다 높지 않음을 알 때, 그 교사들을 어떻게 생각할까? 가난이 자발적인 것이라면, 사정은 좀 다르다. 극기심을 보여주는 강렬한 예는 우리 마음에 강력하게 작용한다. 그리고 욕구를 지니지 않은 사람은 위대한 자유와 단호함 그리고 심지어 위엄까지도 지니게 된다. 그러나 어떤 직업이든 사람들은 대부분 그저 인간일 뿐이며, 그들의 빈곤이 자발적일 수 없으므로, 가난한 '세속인'에 대한 멸시가 성직자라고 면제되지 않는다. 그러므로 선견지명이 있는 우리 헌법은 방자한 무지를 깨우치고 오만한 악에 대한 감시자가 될 사람들이, 부자들의 멸시를 받거나 그들의 자선에 의존해서 생활하는 지경이 되지 않도록 주의를 기울였다. 부자들이 자신들의 정신을 위한 진정한 약을 소홀히 할 유혹에 빠지지 않도록 했다. 이러한 이유에서, 우리가 먼저 빈자에게 부모 같은 염려에서 생계를 마련해주면서도, 종교를 (마치 남에게 보이기를 부끄러워하는 것처럼) 변두리나 시골로 쫓아내지 않았던 것이다. 아니다! 우리는 종교가 주교관을 쓴 그 머리를 궁정과 의회에서 치켜들도록 하겠다. 우리는 종교가 생활 전체와 섞이게 하고, 사회의 모든 계급과 교류하게 하겠다. 영국 사람들은 세상의 오만한 권력가들에게 그리고 그들을 대변하는 궤변가들에게 자유롭고 관대하며 개명된 국민이 교회의 고위 성직자들을 존중한다는 점을 보여줄 것이다. 부와 신분에 기반한 거만함이나 다른 종류의 어떤 교만함이, 자신들이 존경하며 우러러보는 대상을 멸시하는 것을 용납하지 않음을 보여줄 것이다. 본인이 이룬 높은 지위를 유린하려고 하지도 않을 것이다. 그들은 그 지위가 학식, 경건함 그리고 덕성의 보수가 아니라 (무엇으로 그 보수가 될 수 있겠는가?) 열매라고 생각하는데, 실제로도 종종 그러하다. 영국인들은 대주교가 공작보다 서열이 높은 것에 대해 불쾌감이나 불평을 토로하지 않는다. 그들은 더럼(Durham) 주교나 윈체스터(Winchester) 주교가 연 수입이 1만 파운드에 달하는 것을 용납한다. 그리고 주교가 영지를 소유하는 것이 이런저런 백작이나 향신이 소유하는 것보다 왜 나쁜지 이해할 수 없다. 다만 성직자들이 개와 말을 그처럼 많이 사육하지 않으며, 민중의 아이들을 양육해야 할 식량을 먹이는 일은 없다는 점은 사실일 것이다. 교회의 수입 전부가 1실링에 이르기까지 항상 자선에 사용되지는 않는 것이 사실이다. 꼭 그래야 할 필요도 없을 것이다. 그러나 일반적으로 어느 정도는 그 용도에 사용된다. 사람을 정치와 결부된 자선을 위한 단순 기계나 기구로 만들려는 기도보다는, 그 목표에서 약간 손실이 있다고 할지라도, 자유 의사에 맡겨두어 덕성과 인간애를 육성하게 하는 편이 낫다. 세상은 전체로 보아 자유에서 이익을 얻을 것이다. 자유 없이는 덕성이 존재할 수 없는 법이다.

국가가 일단 교회 영지를 교회 재산으로 설정한 다음, 나중에 그 많고 적음을 운운하는 것은 일관성 없는 처사이다. 너무 많다거나 너무 적다고 말하는 것은 재산권에 대한 반역이다. 다른 모든 재산에 대해서와 마찬가지로 그 재산에 대해서도, 모든 종류의 오용을 방지하기 위해 그리고 그 재산이 뚜렷하게 일탈했을 때는 언제나 그 제도의 목표에 적절한 지침을 내리기 위해, 최고 권력이 완전한 최고 감독권을 지니고 있는데, 누구의 소유든 그 양에 따라 과연 어떤 해악이 초래될 수 있을 것인가?

영국에서 우리는 대부분 지위와 명예 그리고 재산을 의심의 눈으로 보는 것은, 자수성가한 사람에 대한 시기와 악의의 산물이지, 고대 교회의 극기와 금욕에 대한 애호가 아니라는 사실을 알고 있다. 그러한 것들은 다른 이에게서 빼앗은 것이 아니고, 미덕을 보상하기 위해 따로 떼놓은 것이다. 영국인들의 귀는 식별력이 있다. 영국인들은 이 비판자들이 거리낌 없이 말하는 것을 듣는다. 그들의 혀가 그들을 폭로한다. 즉 그들의 언어는 사기를 치는 사투리이며, 위선에서 나오는 은어와 횡설수설이다. 영국인들은, 이 수다꾼들이 성직자들을 초대 교회의 가난으로 되돌리는 척할 때, 그렇게 생각할 것임이 틀림없다. 가난은 정신 속에서 성직자들에게 (그리고 우리가 얼마나 좋아하든 간에 우리에게도) 항상 존재해야 한다. 그러나 성직자들과 국가의 관계가 변할 때는, 물질적 측면에서도 달라지기 마련이다. 예절과 생활 방식과 실로 인간사의 모든 것이 완전한 변혁을 겪은 후에는, 달라지기 마련이다. 우리는 그 개혁자들이 자신의 재산을 공동의 것으로 만들고 자신들이 직접 초기 교회의 엄격한 기율을 채택하는 것을 보게 될 때, 비로소 정직한 열성가로서 믿게 될 것이다. 지금처럼 협잡꾼이며 사기꾼이라고 보지 않게 될 것이다.

이러한 생각이 마음속에 뿌리박힌 영국평민원은, 국가 위기에도 결코 교회와 빈자의 재산을 몰수해서 재원을 마련하려고 하지 않는다. 성물 탈취나 재산 몰수는 우리의 조달위원회에서 사용하는 방식도 수단도 아니다. 환전소 가(Change Alley)에 있는 유대인들도 아직은 캔터베리 교구의 수입을 저당잡으려는 희망을 감히 내비치지 못한다. 나는 당신들에게, 이 왕국에는 당신들이 인용하고자 할 공적 인물 중 단 한 명도, 보호해야 할 1차 책임이 있는 재산에 대해 국민의회가 자행했던 부정직하고 불경하며 잔인한 몰수를 비난하지 않는 자가 없다고 단언한다. 아니, 어떤 부류든 어떤 당파든 비난하지 않는 자가 없다고 단언한다. 나는 이 말이 다른 사람에 의해 부인될지 여부를 걱정하지 않는다.

## 5. 국민의회의 교회재산 몰수

### 교회재산 몰수의 의도

우리나라 사람 중에도 파리의 협회들과 더불어 증오의 축배를 들기를 원했던 자들이 있었다. 그런데 그들이 실망하고 말았다는 말을 하면서, 나는 다소간 자연스런 우월감이 솟구치는 것을 느낀다. 당신네 교회에 대한 강탈은 우리나라 교회의 재산에 대한 보장이 되었다. 우리나라 사람들을 눈뜨게 한 것이다. 그들은 그 엄청나고 파렴치한 강탈 행위를 공포와 경악 속에서 보고 있다. 그 조처는, 교활한 자들의 정신이 이기적으로 확대되었으며 그 심성은 편협하다는 점에 대해 그들의 눈을 뜨게 했는데, 점점 더 그러할 것이다. 교활한 무리의 정신과 심성은 처음에는 은밀한 위선과 사기로 시작했는데, 끝내는 공개적인 폭력과 약탈로 이어진 것이다. 우리는 국내에서 유사한 실마리를 목격하고 있다. 우리는 유사한 결말에 대항하여 경계를 서고 있다.

나는 사회적 연합 법칙이 부과한 의무에 대한 모든 감각을 우리가 그처럼 완전하게——공공을 위한다는 어떤 구실에 의거해서 단 한 사람이라도 죄 없는 시민의 재물을 몰수하는 행위를 하는 정도까지——상실하지 않기를 바란다. 폭군이 (이 명칭은 인간의 심성을 저해하고 타락시킬 수 있는 모든 것을 표시한다) 아니고는 그 누가, 기소되지도, 심리되지도, 선고되지도 않은 수백 수천에 이르는 사람들의 여러 종류의 재산을 일거에 몰수할 생각을 하겠는가? 인간성의 흔적을 전부 상실하지 않은 다음에야 누가 고위층이며 신성한 직분의 사람들을 일부는 존경과 동정을 동시에 받을 나이인데도, 국가의 최고 지위——그들은 그 지위를 자신의 토지재산으로 유지했다——에서 빈궁과 영락과 경멸의 상태로 떨어뜨리려고 생각하겠는가?

사실 몰수자들은 희생자들을 그들의 식탁에서 그처럼 매정하게 쫓아내고는 돈놀이라는 하피(harpy)[75]를 위해 그처럼 넉넉하게 잔치를 베풀면서, 희생자들에게 그 부스러기와 조각들을 허용하기는 했다. 그러나 독립적으로 생계를 유지하는 사람들을 자선에 의지하도록 내몬 것은 그 자체가 큰 잔악행위다. 특정한 생활 형편에서 여유 있는 환경을 유지하며 다른 일에는 익숙하지 않은 사람들의 경우, 이 모든 정황이 변경된다면 그것은 두려운 혁명이 될 것이다. 도덕적인 사람이라면, 범법자의 생명을 박탈하기에 마땅한 죄를 제외하고는 다른 어떤 죄에 대해서도, 그러한 변혁을 처벌로서 내릴 때 죄책감을 가질 것이다. 그러나 많은 사람이 이러한 **영락**과 **치욕**은 죽음보다 더 나쁘다고 생각한다. 의심할 바 없이 교육에 의해서, 그리고 종교적 기능의 수행에서 그들이 놓인 위치에 의해서, 종교에 우호적인 이중의 편견[76]을 배운 사람들의 경우, 자신들의 것을 거의 모두 약탈한 불경스럽고 신앙심 없는 자들의 손에서 자신들 재산의 잔여분을 자선으로서 받게 되면, 그것은 이 잔인한 고통을 무한히 가중시키는 것이다. 종교 유지비를 신실한 신도들의 사랑의 헌금에 의해서가 아니라 알려지고 공언된 무신론이 지니는 오만한 친절에 의해서, 종교에 대해 품는 경멸을 기준으로 계산하여 내주는 것을 받는 것은 (그들이 어쨌든 받게 된다면) 이 잔인한 고통을 무한히 가중시키는 것이다. 게다가 그 수당은 수령자들이 사람들의 눈에 어떤 존경도 받지 못하고 비참하게 보이도록 만들려는 목적을 지닌 것이다.

그러나 이러한 재산 수탈은 법률에 의거했고 따라서 몰수는 아닌 듯

---

75) 여자 머리에 새의 몸을 한 탐욕스런 괴물—옮긴이.
76) 버크는 편견이라는 단어를 장기간에 걸쳐 사회적으로 형성된 견해라는 의미로 사용하고, 그를 긍정적으로 평가했다—옮긴이.

보인다. "팔레 루아얄"[77]과 "자코뱅"(Jacobins)[78]의 아카데미에서 그들이 알아낸 것은, 어떤 부류의 사람들은 법률, 관습, 법원의 판결, 그리고 천년이라는 축적된 시효에 따라 보유했던 재산에 대해 어떤 권리도 지니지 못한다는 것이다. 그들은 성직자들이 허구상의 사람들로서 국가의 창조물이라고 말한다. 그들이 마음대로 파괴할 수 있는 존재이며 모든 개별 사항에서는 물론 제한하고 변경할 수 있는 존재라고 말한다. 성직자들이 보유한 재물은 본래 그들 것이 아니고 그 허구를 창조한 국가에 속한다는 것이다. 따라서 만들어진 인물인 그들에게 행해진 조처 때문에 그들의 자연적 감정과 자연적 인신이 어떤 고통을 겪는지에 관해 걱정할 필요가 없다는 것이다. 도대체 이것이 무슨 말인가? 어떤 명목 아래 당신들은 사람들에게 해를 끼치고 직업에서 얻는 정당한 보수를 박탈하는가? 국가가 그 직업에 종사하도록 용인했을 뿐 아니라 장려했는데도 그렇게 하는가? 그리고 그들은 그 보수가 확실하다고 생각하여 생활을 설계하고 빚을 내고 많은 이들을 그들에게 전적으로 의존하게 했는데도 그렇게 하는가?

설마 당신은 내가 긴 논의를 통해 사람을 이렇게 파렴치하게 구별하는 것에 대해 치하하려 한다고 짐작하지 않을 것이다. 폭군의 주장은 그의 힘이 두려운 만큼이나 경멸스럽다. 당신네 몰수꾼들이 초기에 저지른 범죄들에 의해, 이후에 저지른 모든 죄악과 저지를 수 있는 모든 죄악에 대하여 면책을 보장하는 권력을 얻지 못했다면, 절도와 살인의 공범이 된 궤변을 논박할 수 있었던 것은 논리학자의 삼단논법이 아니

---

77) 혁명파에 가담한 오를레앙 백작의 저택—옮긴이.
78) 일부 혁명파가 도미니쿠스교단의 성 야곱(Jacob) 수도원에서 회합했으므로 그들을 조롱하는 명칭으로 사용되었는데, 이들이 대표적인 급진 혁명파로 부상했다—옮긴이.

라 처형자의 내려치는 행위에 의해서였을 것이다. 파리에 있는 궤변을 일삼는 폭군들은 이전 시기에 세상을 괴롭혔던 죽은 전제 군주들에 대해 비난의 목소리를 높이고 있다. 그들은 대담해졌는데, 이제 그들은 옛 지배자들이 사용하던 지하 토굴이나 철책 감옥에 갇힐 위험에서 벗어났기 때문이다. 우리는 우리 시대의 폭군들에게 더 상냥해야 할 것인가? 그들이 우리 눈앞에서 더 사악한 비극을 연출하는데도 말인가? 우리가 저들과 마찬가지로 안전하게 자유를 구사할 수 있을 때 그리고 정직한 진실을 말하기 위해서는, 우리가 혐오하는 행동을 자행하는 자들의 견해를 단지 경멸하기만 하면 되는 때 그들처럼 우리도 동일한 자유를 사용해서는 안 되는가?

모든 재산권에 대한 이러한 폭거는, 그들의 행위 체계에서 보아, 모든 구실 중에서 가장 놀랄 만한 것에 의해 처음에는 가려져 있었다. 즉 국가적 신의에 대한 고려라는 것이 그것이다. 재산에 대한 적들은 처음에는 국가의 채권자에 대한 왕의 약속을 지켜야 한다는 가장 사려 깊고, 섬세하고, 치밀한 배려로 위장했다. 인권을 가르치는 이 교수들은 다른 이들을 가르치는 데 너무 바빠서, 자신들은 어떤 것도 배울 여가를 갖지 못했다. 그렇지 않다면 그들은 공공 사회의 일차적이며 근원적인 신의는, 국가 채권자의 요구에 대한 것이 아니라 시민의 재산에 대한 것이라는 사실을 알았을 것이다. 시민의 청구권은 시간에서 앞서며, 자격에서 출중하며, 형평에서 우월하다. 개인의 재산은 자신이 획득한 것이든 상속한 것이든, 공공 이익에 기여한 대가로 받은 것이든, 명시적으로도 암묵적으로도 국가 채권자의 담보에 포함되지 않았다. 채권자가 계약을 맺었을 때 개인 재산은 그의 염두에조차 들어 있지 않았다. 채권자는 공중이 국왕에 의해 대변되든, 원로원에 의해 대변되든 공적 재산에 대해서만 담보를 설정할 수 있다는 점을 잘 인지한 것이다. 그리고 시민 다수에 공정하고 균형잡힌 과세에 의해서만 공적 재산을 얻을 수 있다는 점도 인지한 것이다. 이것은 약속이고, 국가 채권자에 대해 그것 외에 다른 어떤 것도 약속할 수 없다. 누구도 신실성에 대한 담보물로서, 자신의 불의를 저당잡힐 수는 없는 법이다.

이 새로운 국가 신용에 대한 극도의 엄격함과 극도의 해이가 초래한 모순에 대해, 약간 고찰하지 않을 수 없다. 그 모순은 이 계약에 영향을 미쳤는데, 의무의 성격이 아니라 계약을 맺은 사람들의 부류에 따라 영향을 미쳤다. 프랑스 왕들이 통치했던 이전 정부의 모든 행위는 국민의회에 의해 무효화되었는데, 다른 모든 법령보다도 그 적법성이 가장 의심스러운 금전적 계약만은 예외가 되었다. 이에 따라 국왕 정부가 맺은 기타 계약들은 매우 혐오스러운 것이 되고, 그를 기반으로 청구권을 행사하는 행위는 일종의 범죄로 간주된다. 국가에 대한 봉사의 대가로 주어진 연금은 확실히, 국가에 빌려준 금전에 대한 어떠한 보증이나 마찬가지로 재산의 견실한 기반이 된다. 전자의 경우가 더 우월한 기반이 된다. 왜냐하면 그 봉사를 얻기 위해 돈이 지불되기 때문이며, 그것은 당연한 일이기 때문이다. 그러나 우리는 프랑스에서 이러한 부류의 많은 사람이, 매우 자의적인 시기에 지독히 자의적인 대신들에 의해서도 연금을 박탈당하지 않았지만, 인권을 내세우는 이 의회에 의해 무자비하게 강탈당하는 것을 보게 되었다. 그들이 피로 얻은 빵에 대해 권리를 주장할 때 듣게 되는 대답은, 그들의 봉사가 현재의 국가에 대해 행해진 것이 아니었다는 말이다.

국가 신용에서 이러한 해이는 그러한 불운한 사람들의 경우에 한정되지 않는다. 국민의회는 인정할 수밖에 없는 완전한 논리적 일관성을 지니고, 이전 정부에서 다른 나라와 맺은 조약들에 어느 정도 속박되는지를 점잖게 검토하는 작업에 들어갔다. 그리고 국민의회의 위원회는 어떤 것을 비준하고 어떤 것을 비준하지 않을지 보고할 예정이다. 이러한 방식으로 그들은 이 처녀 국가의 대외적 신용을 국내에서의 신용과 동격으로 만들었다.

국왕 정부가 두 권력 중에서 봉사에 보수를 지급하는 권리와 조약을 맺을 권리를 대권에 의거하여 보유한 바 없으며, 그 대신에 채권자들에 대해 국가의 실제와 예상치를 합한 수입을 저당잡히는 권리를 보유했다는 것이 어떤 합당한 원리에 근거하는지 인식하기가 쉽지 않다. 다른 무엇보다도 국가 재정에 대해서는, 프랑스 왕의 대권으로서 인정되는 바가 최소한에 그쳤으며, 유럽의 어떤 왕의 대권일지라도 마찬가지다. 국가 수입을 저당잡히는 것은 국가 재정에 대한 완전한 의미에서 주권적 지배를 의미한다. 그 권리는 일시적 과세나 특별 과세의 신탁까지도 훨씬 넘어서 포괄적이다. 그러나 그 위험한 권력 행위만이 (무제한적인 전제의 명백한 징표다) 신성한 것으로서 지켜졌다. 민주적 의회가 왕의 권리 행사 중 가장 위험하고 가장 증오할 것에서 근거를 얻는 한 집단의 재산에 부여한 이 특혜는 어디서 유래하는가? 이 불일치를 조화하는 데 이성은 아무것도 제공하지 못한다. 편파적 특혜는 형평의 원리에 의거하여 설명될 수도 없다. 그러나 정당화될 수 없는 모순과 편파성이라고 해서 적당한 이유가 없는 것은 아니다. 나는 그 이유를 찾는 것이 어려운 일은 아니라고 생각한다.

### 프랑스의 화폐 소유 계급과 문필가 도당

프랑스가 막대한 빚을 지게 되자, 화폐 소유 계급(monied interest)이 어느새 크게 성장했으며 큰 권력을 지니게 되었다. 프랑스 고래의 지배적 관습에서는 재산의 일반적 유동성이, 특히 토지를 화폐로 바꾸거나 화폐를 토지로 바꾸는 것이, 언제나 어려운 사안이었다. 영국에서

보다 더 일반적이며 더 엄격한 가족 재산 처분, "재구입 권리"(jus retractus),[79) 왕 소유지로서 프랑스 법의 원리에 따라 양도 불가능한 광대한 토지, 종교 기관이 지닌 막대한 영지,——이 모든 것이 프랑스에서는 지주 계급과 화폐 소유자 계층을 더 분리시켜놓았다. 양자는 영국에서보다 융합하기 어려우며, 별개의 두 종류로 나뉜 재산 소유자들은 서로에 대해 덜 우호적이다.

화폐 재산은 이전부터 민중의 곱지 않은 시선을 받아왔다. 민중은 화폐 재산이 자신들의 고난과 관련 있으며, 고통을 가중시킨다고 보았던 것이다. 화폐 재산은 오래된 토지 소유 계급에게도 그에 못지않게 시기심의 대상이었는데, 부분적으로는 민중이 혐오했던 것과 똑같은 이유에서였다. 그보다 더 큰 이유는, 화폐 재산이 과시적 사치의 찬란함으로 말미암아 귀족 중 재산이 없거나 실속 없는 소유권을 지닌 부류의 광채를 가리기 때문이었다. 더욱 항구적 토지 소유 계급을 대표하는 귀족이 다른 부류와 결혼으로 융합한 경우에도 (때때로 그러한 경우가 있었다) 가계를 파탄에서 구한 재산이 가계를 오염시키고 타락시켰다고 여겨졌다. 그리하여 두 진영의 적의와 원한은 불화를 종식하고 분쟁을 우호적 관계로 전환하는 통상의 방법에 따랐어도 더 증대되기만 할 뿐이었다. 그러는 동안 귀족이나 새로 귀족에 오른 자가 아닌, 부유한 자들의 자긍심이 부의 증가와 더불어 높아졌다. 그들은 자신들의 열등한 지위에 분개했는데, 자신들을 열등한 지위에 두는 근거를 인정하지 않았던 것이다. 그들은 경쟁 관계에 있는 자만심이 가한 모욕에 대해 복수하기 위해서라면, 그리고 자신들의 재산을 그들이 생각하기에 자연스런 지위와 평가로까지 끌어올리기 위해서라면 어떠한

---

79) 영주의 후예가 이전에 판매했던 토지를 재구입할 수 있는 권리—옮긴이.

수단도 마다하지 않았다. 그들은 왕과 교회를 이용하여 귀족을 공격했다. 그들은 귀족의 가장 취약한 부분이라고 생각되는 측면을 공격했으니, 그것은 교회 재산이었다. 국왕의 특혜로 교회 재산이 일반적으로 귀족들에게 이전되었던 것이다. 주교 영지와 위탁 수도원령들은 몇몇 예외는 있으되 귀족 계급이 보유했다.

고래의 귀족 지주 계급과 신흥 화폐 소유 계급 사이에서 실제 벌어지는 전쟁——비록 항상 인식되지는 않았으나——에서 이용 가능성이 가장 높다는 점에서 가장 강력한 힘은 후자의 손에 쥐어져 있었다. 화폐 소유 계급은 본성상 어떤 모험에도 준비가 더 잘 되어 있다. 그리고 그들은 어떠한 종류의 새 기획에도 더 호의적이다. 근래에 부를 획득했으므로 더 자연스럽게 새로운 것에 합류하게 되는 것이다. 그러므로 그들의 재산은 변화를 원하는 모든 사람이 도움을 청하게 되는 재산이다.

화폐 소유 계급과 더불어 새로운 부류의 사람들이 성장하여, 이들과 화폐 소유 계급은 곧 밀접하고 괄목할 만한 연합을 형성했다. 나는 정치적 '문필가들'(Men of Letters)을 지칭하는 것이다. 이들 문필가들은 자신들을 내세우는 것을 좋아하여 혁신에 반대하는 일이 거의 없다. 루이 14세의 활력과 위대성이 쇠퇴한 이래로, 문필가들은 루이 14세 자신, 섭정 또는 이후 왕위 계승자들에게서 그다지 후원을 얻지 못했다. 또 그들은 과시적이고 책략적인 통치가 이루어진 그 위대한 시대만큼 그렇게 체계적으로, 후견과 보수에 의해 궁정에 연결되지도 않았다. 그들은 옛 궁정에서 잃은 보호막을 자체적으로 일종의 연합을 이룸으로써 벌충하려고 했다. 여기에 프랑스의 두 개의 아카데미와[80] 후

---

80) 이 시기에 실제로 5개의 아카데미——아카데미 프랑세즈와 예술, 과학, 비문

에 이들 신사들이 벌인 백과전서 대사업이[81] 적지 않은 기여를 했다.

이 문필가 도당(literary cabal)은 몇 년 전, 기독교를 파괴하려는 조직적 계획이라고 할 만한 것을 작성했다. 이 목적을 위해 그들은 열심히 노력했는데, 그 열정 정도는 이제까지는 어떤 종류든 종교 전도자들 사이에서만 발견될 수 있었던 것이다. 그들은 극단적 광신자만이 지닐 개종 열정에 사로잡혀 있었다. 그리고 그로부터 쉽게 진전하여 그들의 수단에 어울리는 박해 기세에 휩싸였다.[82] 그들의 거창한 목표를 위해 직접적이거나 즉각적 행위로 수행할 수 없는 것은 여론이라는 수단을 통해 좀더 시간을 두고 성취할 수 있을 것이었다. 여론을 조종하기 위한 첫 조처는, 여론을 지휘하는 사람들에 대한 지배를 확립하는 것이다. 그들은 용의주도하고 끈기 있게, 문필가로서 명성을 얻는 모든 길을 자신들이 점유하도록 궁리했다. 실제로 그들 중 다수가 문예와 학문 분야에서 높은 지위에 올랐다. 세간은 그들을 공평하게 대했다. 그리고 특출한 재능을 애호하여 그들의 특이한 원리가 지니는 나쁜 경향을 용서했는데 이야말로 진정한 관대함이었다. 그들은 감성과 학식 그리고 취향에서의 명성을 그들 자신과 추종자들에게 한정하려고 힘쓰는 것으로써 그에 답했다. 나는 이러한 편협하고 배타적인 정신이 문예와 취향 못지않게 도덕과 진정한 철학에도 해롭다고 단언하는 바다. 이들 '무신론' 교부들은 그들 자신의 완고함을 지니고 있

---

(碑文), 왕실음악의 각 아카데미—가 있었다—옮긴이.

81) 디드로(Diderot)가 주도해 1751년부터 20여 년에 걸쳐 총 17권에 계몽사상을 집약했다—옮긴이.

82) 이 부분(다음 단락 첫 절의 끝까지)과 다른 곳 몇 군데는, 나의 죽은 아들이 원고를 읽고 써넣었다(1803)(버크는 아들 리처드Richard를 정치적 후계자로 작정해 키웠는데, 1794년 급사하자 큰 충격을 받았다. 버크도 3년 후 사망했다—옮긴이).

다. 그리하여 성직자에 대해, 성직자와 같은 정신을 지니고 반대 논리를 펴는 것을 익혔다. 그러나 몇몇 사항에서 그들은 세속적 인간이다. 음모를 꾸밀 자료들이, 논지와 위트에서의 결함을 메우기 위해 동원된다. 이 문필 독점체제에 덧붙여, 자신들의 당파에 합류하지 않는 모든 사람에 대해 모든 방식으로, 모든 수단을 동원하여 중상하고 실추시키는 데 지치지 않는 노력을 쏟았다. 그들의 행동 경향을 관찰해온 사람들에게는, 다음 사실이 오래전부터 명백했다. 즉 혀와 펜으로 자행된 불관용을 재산·자유·생명을 공격할 박해로 실현하는 데에서 그들에게 부족한 것은 그것을 실행할 권력뿐이었다는 사실이다.

그들에 대한 박해는 산발적이고 미약했으며, 진정한 분개에서가 아니라 형식적이고 의례적으로 행해졌다. 따라서 그들의 세력을 약화시키지도 못했고 그들의 노력을 완화시키지도 못했다. 문제의 전체적 핵심은, 반대파가 되거나 성공하거나 가릴 것 없이 그들의 정신을 전적으로 장악하고 있는 광포하고 악의적인 열정인데, 이제까지 세상에 알려지지 않은 종류의 것이다. 그 열정은 그렇지 않다면 유쾌하고 교훈적이었을 그들의 담론 전체를 완벽하게 혐오스럽게 만들어버렸다. 파당적이며 음모와 변절자의 성향으로 가득 찬 정신이 그들의 모든 사고·발언·행위에 스며들어 있다. 그리고 논쟁을 일삼는 열정이 그 생각을 실행에 옮기면서 자신들을 교묘하게 외국 왕들과 서신 왕래를 하는 지위로 만들기 시작했다. 처음에는 아첨했던 왕들의 권위를 빌려 자신들이 목표로 하는 변혁을 이루려는 희망에서였다. 그들에게는 이러한 변혁이 전제정의 벼락으로 이루어지든 민중 소요의 지진으로 이루어지든 알 바가 아니었다. 이 도당과 작고한 프러시아 왕[83] 사이에

---

83) 프리드리히 대왕(Frederick the Great, 1712~86)—옮긴이.

주고받은 서신이 그들의 행동거지가 내포하는 정신을 밝히는 데 적지 않은 빛을 던져줄 것이다.[84] 외국 왕들과 공모했던 바로 그 목적을 위해, 그들은 교묘한 방식으로 프랑스 화폐 소유 계급의 호감을 샀다. 매우 광범위하고 확실한 전파 수단을 부여할 수 있는 직책의 사람들이 제공하는 수단에 부분적으로 의지하여, 그들은 여론에 이르는 모든 통로를 주의 깊게 점령한다.

저술가들은 특히 집단으로 행동하고 한 방향으로 움직일 때 민중의 마음에 큰 영향력을 행사한다. 그러므로 이들 저술가들이 화폐 소유 계급에게 충성을 바침으로써,[85] 그러한 종류의 부에 민중이 지녔던 증오와 시기심을 제거하는 데 적지 않은 영향을 미쳤다. 이들 저술가들은 새로운 것을 선전하는 자들이 그렇듯이, 가난한 자들과 하층 계급을 위한 큰 열정을 가장했다. 그리고 한편으로 풍자 글에서는, 궁정과 귀족과 성직자의 오류들을 극도로 과장하여 가증스럽게 만들었다. 그들은 일종의 민중 선동가가 된 것이다. 그들은 가증스러운 부와 불안하고 절망적인 빈곤을 하나의 목적에 유리하도록 연합하는 고리 역할을 수행했다.

이 두 부류의 사람들이 근자의 모든 조처에서 주모자로 나타났으므로, 그들의 연루와 책략이, 종교 단체의 모든 토지재산에 대한 공격이 왜 그처럼 전반적으로 난폭했는지 설명하는 데 도움이 될 것이다. ── 규칙과 정책의 어떤 원리에 입각한 설명이 아니라, 그 이유를 설명하는

---

84) 나는 그들의 천박하고 비루하며 불경스러운 언어를 여기에 인용해 도덕적인 독자의 기분에 충격을 주는 일은 하지 않겠다.

85) 그들이 튀르고(Turgot)를 비롯해 거의 모든 재정 관계자와 맺은 연대(1803) (튀르고는 혁명 직전인 1774년부터 1776년까지 프랑스 재무장관으로서 재정 개혁을 시도했다─옮긴이).

데서 그렇다. 그리고 그들이 가장한 원리에 모순되게도, 왕의 권위에서 유래한 화폐 소유 계급의 이익에 대해 왜 그렇게 크게 배려했는지 그 이유에 관해서도 그렇다. 부와 권력에 대한 모든 시기심은 교묘하게 다른 종류의 부를 향하게끔 만들었던 것이다. 내가 논술한 것 외에 다른 어떤 원리로 교회 재산에 대해 행해진 그처럼 이상하고 부자연스런 현상에 대해 설명할 수 있을 것인가? 그처럼 여러 시대의 계승과 내란의 충격을 견뎌냈으며 정의와 편견 양자에 의해 수호되었던 교회 재산이, 비난받고 전복된 정부가 체결한 비교적 최근의 부당한 채무를 갚는 데 충당되게 된 현상을 어떻게 설명할 수 있을까?

### 국민의회의 재정 정책과 교회재산 몰수

공적 재산은 국가 채무를 갚기에 충분한 자본이었는가? 충분하지 않다고 가정하고, 손실을 누군가 떠안아야 한다고 가정하자. 그런 경우, 합법적으로 소유된 유일한 재산으로서 계약 당사자들이 계약을 체결할 때 염두에 두었던 재산이 지불 부족 상태가 되면, 자연적 법적 형평 원리에 따라 누가 손해를 입어야 하는가? 틀림없이 신용했던 당사자가 손해를 입어야 한다. 아니면 신용하도록 설득했던 측이든지 양자 모두이다. 그러나 그 거래와는 상관없는 제3자가 손해를 볼 수는 없다. 모든 지불 불능 상황에서도, 불량 담보를 잡고 돈을 빌려준 약점이 있는 자가 손실을 입어야 한다. 또는 부실한 담보를 가지고 기만한 자가 손실을 입어야 한다. 법률은 그외에 다른 결정 기준을 알지 못한다. 그러나 인권의 새 연구소에 따르면, 형평상 손실을 입어야 할 사람이 손해를 보지 않고 구제되어야 할 사람이라는 것이다. 채무에 책임을 져야 할 사람은, 돈을 빌려준 사람도, 빌린 사람도, 저당권 피설정자도, 저당권자도 아니라는 것이다.

이 거래들에 성직자가 무슨 관련이 있었는가? 자기 자신의 채무를 넘어 그들이 국가의 계약과 무슨 관련이 있었는가? 물론 자신의 채무에 대해서는 그들 재산의 마지막 1에이커까지도 속박되어 있다. 새로운 형평설과 새로운 도덕률을 지니고 공적 몰수를 행한 이 의회의 진정한 성향을 가장 잘 알 수 있는 길은, 성직자의 채무에 관한 의회 조처에 주의를 기울이는 것이다. 몰수자 집단은 화폐 소유 계급에게는 충실하게도, 그리고 그 때문에 그외의 사람들에게는 불성실하게도, 성직자들이 법적 채무를 질 능력이 있음을 발견했다. 물론 의회는 성직자들이 재산에 대한 합법적 권리가 있다고 선언했는데, 그것은 성직자들이 채무를 지고 재산을 저당잡힐 권리가 있음을 의미했다. 박해받는 시민들의 권리를 그 권리를 심각하게 유린한 바로 그 조처를 통해 인정한 것이다.

앞에서 말한 대로, 국가 채권자에 대한 부족분을 전체로서의 국가 외에 누군가 벌충해야 한다면, 그것은 계약을 알선한 사람들일 것이다. 그렇다면 왜 모든 재무 감독관의 재산을 몰수하지 않는가?[86] 그들의 거래와 조언 때문에 국가를 빈곤하게 만든 반면에 자신들은 부자가 된 역대 장관들, 재무관들 그리고 은행가들의 재산은 왜 몰수하지 않는가? 공채 기금을 설정하는 데 또는 판매하는 데 아무 관여도 하지 않은 파리 대주교의 재산 대신에, 왜 라보르드 씨(Mr. Laborde)[87]의 재산을 몰수하지 않는가? 만일 당신네들이 돈놀이하는 자들을 위해 유서 깊은 토지재산들을 몰수해야 한다면, 그 처벌이 왜 한 부류의 사

---

86) 모두 순차적으로 몰수되었다(1803).
87) 부유한 은행가인 라보르드 후작이나, 금융가이며 정치가로서 1790년에 교회의 은그릇들을 접수하는 위원회 일원이었던 라보르드-메레빌 후작을 지칭하는 것으로 추정된다—옮긴이.

람들에게 한정되는가? 나로서는 슈아죌 공작(duke of Choiseul)이, 전쟁시나 평화시를 불문하고 낭비를 일삼음으로써 현재 프랑스의 부채에 책임이 큰 왕의 치세 때 계약들을 맺으면서, 그의 군주에게 받은 막대한 하사금 중에서 소비하고 얼마나 남겨놓았는지를 알 도리가 없다.[88] 만일 남은 것이 있다면, 왜 그것을 몰수하지 않는가? 옛 정부 시절에 나는 파리에 간 적이 있다. 데귀옹 공작(duke of d'Aiguillon)이 전제정의 보호하는 손에 의해 (일반적으로 생각된 대로) 단두대에서 벗어난 직후였다. 그는 대신이었기에 낭비를 일삼던 그 시대의 사건들과 다소 관련이 있었다. 그의 영지가 그것이 위치한 지역 당국에 양도되는 것을 볼 수 없는 이유는 무엇인가? 노아유(Noailles) 귀족 가문은 오랫동안 프랑스 왕에 봉사해왔으므로 (유능한 신하였음을 인정한다) 왕의 하사금에서 다소간 몫을 얻었을 것이다. 그들 재산은 왜 국가 채무를 변제하는 데 충당되지 않는가?[89] 로슈푸코 공작(duke de Rochefoucault)[90]의 재산이 로슈푸코 추기경(cardinal de Rochefoucault)[91]의 재산보다 더 신성한 이유는 무엇인가? 의심할 바 없이 전자는 훌륭한 인물이다. 그리고 (만일 재산의 사용 방법, 즉 그가 재산권에 영향을 미친 바에 관해 말하는 것이 일종의 모독이 아니라면) 그는 지대 수입을 잘 사용했다. 그러나 마찬가지로 적법한 재

---

88) 슈아죌 공작은 루이 15세의 대신으로 빚을 많이 남기고 죽었다—옮긴이.
89) 노아유 자작은 1789년 8월 봉건적 부과금과 특권을 폐지할 것을 제안했고, 앞에서 언급된 데귀옹 공작의 아들이 이 제안에 재청해 결의안이 통과되었다—옮긴이.
90) 루이 16세의 친구였는데 1789년 국민의회의 의장이 되었다—옮긴이.
91) 루앙의 대주교이며 추기경으로서, 혁명 초기부터 반대를 표명했다—옮긴이.
92) 그의 형제가 아니며, 가까운 친척도 아니다. 그러나 이 오류가 논지에 영향을 미치는 것은 아니다(1803).

산을 그와 형제지간인[92] 루앙의 추기경 대주교가 사용한 방식이 훨씬 더 칭송받을 만하고 훨씬 더 공공정신에 차 있다는 사실——정통한 소식통이 전한 바를 내가 옮기는 것인데——을 말하는 것은 그에게 무례해서가 아니다. 그러한 사람들이 법의 보호 밖에 놓이고 재산이 몰수되는 사태를 들을 때, 누가 분노와 공포를 지니지 않을 수 있을까? 그러한 경우에 그렇게 느끼지 않는 자는 사람이라고 할 수 없다. 그러한 감정을 표현하려 하지 않는 자는 자유인이라는 이름에 자격이 없다.

야만인 정복자의 경우에도 재산에 대해 그처럼 무서운 혁명을 자행한 자들은 거의 없었다. 로마의 당파 우두머리들 중 누구도, 약탈을 경매하면서 "그 잔인한 창"을 세울 때,[93] 정복당한 시민들의 재산을 그처럼 막대한 양에 걸쳐 경매에 붙인 적이 없었다. 그 고대 폭군들을 위해 변명하면, 그런 일을 태연하게 저질렀다고 말할 수 없다는 점을 감안해야 할 것이다. 무수한 유혈사태와 약탈을 당하고 앙갚음하는 상황이 이어졌기 때문에 복수심에서 격렬해지고 격분하고 판단력이 흐려졌던 것이다. 용서받을 희망이 전혀 없을 정도로 상해를 입혔던 가문들에게 재산을 반환하면, 그 가문들의 권력도 회복될지 모른다는 염려에서 그들은 절제라는 모든 한계를 넘어버렸던 것이다.

이 로마의 몰수자들은, 아직 전제의 요소만을 지녔을 뿐이었으며, 도발되지 않았는데도 상대방에게 모든 잔악 행위를 자행하도록 인권론에서 배운 바 없었으므로, 자신들의 불법을 일종의 덧칠로 덮을 필요가 있다고 생각했다. 그들은 추방된 도당이 반기를 들었다든가 다른 식으로 공동체에 적대적으로 행동했던 배반자들이라고 간주했다. 범죄를 저질러 재산을 몰수당한 사람들이라고 치부한 것이다. 당신들의 경우,

93) 고대 로마에서 공매에 붙일 때 땅에 창을 꽂았다—옮긴이.

인간 정신이 당신네 식으로 개선된 상태에서는 그러한 식의 절차가 존재하지 않는다. 당신네들은 "그렇게 하고 싶으므로"라는 이유에서, 연수입 500만 파운드에 상당하는 토지를 탈취하고 4만 명에서 5만 명에 이르는 사람들을 그들 집에서 내쫓았다. 영국의 폭군 헨리 8세는 로마의 마리우스(Marius)나 술라(Sulla)[94] 무리보다 더 계몽된 바 없었으며 당신네 새 학교들에서 공부한 바가 없었으므로, 인권이라는 공격무기로 채워진 그 거대한 무기고 속에서 전제정치를 위해 얼마나 효과적인 도구가 있는지를 알지 못했다. 헨리 8세가 수도원을 약탈하기——이는 자코뱅 클럽이 모든 교회를 약탈한 것과 유사한데——로 결심했을 때, 그 기관들에서 벌어지는 범죄와 남용을 조사할 위원회를 설치하는 것으로 시작했다. 예상대로 위원회는 사실과 과장, 허위를 보고했다. 그러나 사실이든 허위든 범죄와 부패를 보고한 것이다. 그런데 부패는 교정될 수 있고, 개인 범죄는 소속 단체에 대한 재산 몰수로 이어질 것은 아니었다. 그리고 그 암흑시대에는 소유가 편견의 산물이라는 점이 발견되지 않았다. 따라서 그 모든 부패를 (충분히 많이 존재했다) 두고도, 왕이 의도했던 바대로 몰수에 충분한 근거가 된다고는 생각되지 않았다. 그리하여 헨리 8세는 그 토지재산들을 정식으로 양도하도록 수를 썼다. 이런 모든 공들인 절차가 역사상 가장 단호한 폭군 중 하나에 의해, 필요한 예비행위로서 채용된 것이다. 왕이 약탈한 것에서, 예속된 상하 양원 의원들에게 뇌물을 주고 과세 부담으로부터 영원히 면제해준다고 제의하는 예비활동을 한 후에야 왕은 자신의 극악한 행위를 의회가 법률로 확인하도록 감히 요구할 수 있었다. 만일

---

94) 로마 공화정 말기의 군인 및 정치가들. 마리우스는 술라파를 학살했고, 후에 술라는 마리우스파를 제거하면서 몰수한 토지를 자기 군사들에게 분배했다—옮긴이.

운명의 힘이 그를 우리 시대에 살게 했다면, 전문 용어 네 개가 그의 일을 달성했을 것이며 그러한 모든 수고를 덜어주었을 것이다. 즉 그는 짤막한 주문 하나 외에는 더 필요한 것이 없다.——"철학, 계몽, 자유, 인권."

나는 폭군의 그러한 행위에 대해 결코 칭찬하는 말을 할 수 없다. 그리고 그러한 기만적 구실들 어떤 것을 내세워서 그 행위들을 칭찬하는 목소리도 없었다. 그러나 이 기만적 구실들은 전제정이 정의에 충성을 바친 부분이다. 모든 두려움과 양심의 가책을 이겨낸 권력도, 모든 수치심을 넘어 자리 잡지는 못했던 것이다. 수치심이 주시하는 동안에는 미덕이 마음에서 완전히 사라지지 않는다. 폭군의 마음속에서 절제가 완전히 추방되는 일도 없다.

나는 정직한 사람이라면 누구나 그 사건을 검토해볼 때, 우리나라의 한 정치 시인에 공감하리라 믿는다. 그리고 이러한 탐욕스런 전제정치 행위들이 자신의 시야나 상상에 나타날 때마다 그 전조를 방지하도록 기원하리라고 믿는다.


——그와 같은 폭풍이 우리 시대를 덮치지 않기를,

우리 시대는 폐허를 고쳐 다시 만들어야 한다.

(나의 뮤즈여) 말해달라. 어떤 무섭고 극단적인 모욕이,

어떤 범죄가, 기독교도인 왕을 그처럼 분노로 타오르게 할 수 있는지를?

사치인가? 육욕인가?

그 자신은 그렇게도 절제했고, 그렇게도 순결했고, 그렇게도 정의로웠는가?

이러한 것들이 다른 사람들의 범죄였다면? 그것들은 훨씬 더 그

자신의 죄였다.

그러나 가난한 그에게 부유함은 충분히 죄가 된다.[95]

---

95) 나머지 구절은 다음과 같다.

자신의 왕위의 재물을 탕진한 왕은
자신의 사치를 위해 그들의 사치를 비난하네.
그러나 이 행위는 신성모독이라는 치욕을 교묘히 꾸미기 위해
하느님에 대한 헌신이라는 이름을 붙여야 했네.
그처럼 대담한 범죄는 없었다. 그러나 실제로 선하다거나
적어도 겉보기에 선하다고 이해되리라.
잘못 행하는 것을 두려워하지 않으나 그 이름을 두려워하는 자,
그러면서 양심에서 자유로운 자는 명성의 노예다.
그리하여 그는 교회를 보호하면서 동시에 망쳐놓는다.
그러나 왕들의 칼은 그들의 펜보다 날카롭다.
그리하여 지나간 시대에 대해 그는 수정하고
기독교 사랑을 파괴하면서, 그들의 신앙을 수호한다.
그때 종교는 굼뜬 방에서
공허하고 공기와 같은 묵상에 잠겨서,
그리고 돌덩이처럼 움직이지 않고 누워 있었다.
그러나 우리 시대의 교회는 너무 활동적이어서 황새 폭군처럼 집어삼킨다.
그들의 한대 지역과 우리 교회의 열대 지대 사이에
어딘가 온대 지역을 알아낼 수는 없는가?
우리가 그 게으른 꿈에서 깨어나면서,
그러나 더 나쁜 극단인 부단한 활동성을 피할 수는 없었는가?
그 게으름에 대한 치료책이
열대성 열병에 걸려드는 것밖에 없었는가?
지식에는 끝이 없어서 그처럼 멀리까지 나아가야만 하는가?
그리하여 우리가 무지를 염원하게 만들 정도로까지?
그리고 잘못된 인도자에 이끌려, 낮에 잘못을 저지르느니,
차라리 어둠 속에서 우리 길을 더듬어 찾는 편이 낫다고 염원할 정도로까지?
이러한 암담한 축적물을 보고
어떤 야만인 침입자가 국토를 유린했느냐고 묻지 않을 자 누구인가?
그러나 이 황폐함을 초래한 자가
고트족도 터키족도 아닌 기독교도 왕이라는 것을 들을 때,

이 시에서 읊은 재산——어떤 형태의 국가일지라도 빈한하고 탐욕스러운 전제정치에는 언제나 반역이며 "국민 대역죄"가 되는——이 당신들에게는 하나의 목적으로 통일되어, 재산권과 법, 종교를 침해하게 하는 유혹으로 작용했다. 그러나 프랑스의 상황이, 존속을 위해서는 약탈 이외에 다른 자원이 남아 있지 않은 정도로 그처럼 비참하고 영락했던가? 이 점에 관해 정보를 얻었으면 한다. 신분제의회가 소집되었을 때 프랑스의 재정 상태는, 정의와 자비의 원리에 입각하여 모든 부처에 걸쳐 절약한 후에, 모든 계층에게 공평하게 부담을 분배하더라도 회복할 수 없을 정도로 절망적이었다는 말인가? 만일 그러한 평등한 부과로 충분했다면, 쉽게 그렇게 실시되었을 것임을 당신네는 잘 알고 있다. 네케르 씨(Mr. Necker)[96]는 베르사유에 모인 신분 대표들 앞에 제출한 예산안에서 프랑스 상황을 상세하게 밝혔다.[97]

우리가 네케르 씨를 신뢰한다면, 프랑스에서 수입을 지출에 맞추기 위해서는 어떤 새로운 세금도 부과할 필요가 없었다. 그는 모든 종류의 경상비를, 4억 리브르의 신규 대출 이자를 포함하여 5억 3,144만 4,000리브르라고 계상했다. 고정 세입은 4억 7,529만 4,000리브르여서 적자가 5,615만 리브르, 즉 220만 파운드에 좀 미치지 못한다. 수지 균형을 맞추기 위해 그는 절약과 적자보다 많은 세입 (전적으로 확

---

우리의 최선의 행위와 그들의 최악의 행위들 사이에서
열정이라는 이름 외에 다른 것은 아무것도 없을 때,
우리의 하느님에 대한 헌신의 결과가 그러할진대
우리의 신성모독에서 남아나는 것 무엇이라 생각할까?
　　　　　　　　　　— 서 존 데넘(Sir John Denham), 『쿠퍼의 언덕』
데넘은 17세기 영국 내전과 왕정복고의 격동기를 살았던 왕당파 시인이다—옮긴이.
96) 프랑스혁명 발발 당시(1788~90) 재무장관이었다—옮긴이.
97) 왕명에 따라 베르사유에서 행해진 재무장관 보고서. 1789년 5월 5일.

실하다고 생각되는) 증가를 제시했다. 그리고 강한 어조로 다음과 같이 결론을 맺었다(39쪽). "여러분, 유럽 전체가 이처럼 야단법석을 떠는 적자를 과세도 하지 않고 간단히, 눈에 띄지 않는 방법을 사용하여 없앨 수 있는 나라가 이 나라를 빼고 어디에 있겠습니까?" 네케르 씨의 연설에서 제시된 상환, 부채 감소, 국채와 정치적 처리에 관한 다른 큰 목표에 대해서는, 시민들에 대해 구별 없이 매우 약소하고 비례적인 부과를 하면 그 모든 필요를 전부 다 충당할 수 있었을 것이라는 점에 의심의 여지가 없었다.

만일 이러한 네케르 씨의 설명이 허위였다면, 의회는 왕에게 매우 중차대하며 그의 직책에 직접 관련된 사안에서 군주와 의회 자체의 신임을 그처럼 공공연히 남용할 수 있는 인물을 왕의 대신으로 임용하도록 강요했고, 왕이 폐위된 후에는 자신들의 장관으로 임명한 데 대해 가장 큰 책임이 있다. 그러나 만일 그 설명이 정확한 것이었다면 (당신네와 마찬가지로 네케르 씨에게 항상 최고의 존경심을 품었던 나로서는 그것이 정확하다는 점을 의심하지 않는다) 온건하고 타당하며 일반적인 납부 대신에, 절박하지도 않은데 편파적이며 잔인한 몰수 방식을 냉혹하게도 채택한 사람들을 어떻게 변호할 수 있을까?

그러한 납부금을 성직자 측이나 귀족 측에서 특권을 구실로 거부했던가? 물론 그렇지 않았다. 성직자들에 관해 말하면, 그들은 제3신분의 희망보다도 앞서 나갔다. 신분제의회 소집 이전에 그들 대표자들에게 보냈던 모든 지시 사항에서, 왕의 다른 백성들과 그들을 다른 상황에 두었던 면세권을 포기하도록 명시적으로 지시했던 것이다. 이 포기 행위에서 성직자는 귀족보다도 더 명쾌했다.

그러나 일단 네케르 씨가 처음에 진술한 대로, 재정 적자가 5,600만 리브르에 (또는 220만 파운드) 이른다고 가정하자. 그가 적자를 메우

기 위해 거론했던 재원들이 모두 경솔하고 근거 없는 것이며, 의회가
(또는 자코뱅 수도원에 있는 법안준비귀족위원회[98]) 그 적자를 성직
자에게 전부 부담시키는 것이 그로써 정당화된다고 가정하자.——그
러나 이렇게 모두 인정한다고 해도, 220만 파운드의 필요성이 500만
파운드에 이르는 몰수를 정당화할 수는 없는 일이다. 성직자에게 220
만 파운드를 부과하는 것은 편파적이어서, 억압적이고 부당한 일이었
을 것이다. 그러나 그 세금이 부과된 사람들에게 완전히 파멸적이지는
않았을 것이다. 그러므로 그 시행자들의 진정한 목표에 부응하지는 않
았을 것이다.

아마도 프랑스 사정을 잘 모르는 사람들은 납세 면에서 성직자와 귀
족이 특권을 지닌다는 말을 듣고, 혁명 전에 이들 집단이 국가에 아
무것도 납부하지 않았다고 생각할지 모르지만 이는 큰 오류다. 그들은
물론 서로 평등하게 납부하지 않았으며, 두 집단 중 어느 쪽도 평민과
평등하게 부담한 것도 아니었다. 그러나 그 두 집단은 대규모로 납부
했다. 귀족도 성직자도 소비재 물품세, 관세, 다른 여러 간접 세금이
면제되지 않았던 것이다. 그런데 이러한 세금이 프랑스에서는 영국처
럼, 국가 납부금에서 매우 큰 비중을 차지한다. 귀족은 인두세를 납부
했다. 그들은 또 20분의 1세라고 불리는 토지세를 납부했는데, 때로
세율이 1파운드당 3실링에서 4실링 수준까지 올라갔다.[99] 이 두 세금
은 가볍지 않은 직접 부과세로서, 납부된 총액은 결코 적지 않았다. 프
랑스에 점령되어 합병된 지방의 (면적으로는 전체의 8분의 1이지만

---

98) 스튜어트 왕조 치하의 스코틀랜드에는 법안을 준비하는 위원회가 있어서 그들
이 먼저 승인해야 법률로 제정될 수 있었다. 이 위원회의 이름이 법안준비귀
족위원회(lords of articles)였다.
99) 1파운드가 20실링이었으므로 이는 20분의 3 또는 4의 세율이 된다—옮긴이.

부에서는 더 큰 비중을 차지한다) 성직자도 마찬가지로, 인두세와 20분의 1세를 귀족과 같은 비율로 납부했다. 구 지역의 성직자들은 인두세를 납부하지 않았다. 그러나 그들은 약 2,400만 리브르, 즉 100만 파운드 조금 넘는 금액을 내고 세금을 면제받았다. 그들은 20분의 1세도 면제받았다. 그런 다음 그들은 무상 기증을 행했다. 즉 성직자들은 국가를 위해 부채를 짊어졌으며, 다른 부과금도 감당했는데, 전체 금액은 그들 순 수입의 약 13분의 1로 계상된다. 귀족이 납부한 금액과 같게 하기 위해서 그들은 연간 약 4만 파운드를 더 납부하지 않으면 안 되었다.

그 엄청난 몰수의 공포가 성직자에게 닥쳐오자, 그들은 엑스 대주교를 통해 기부금을 제의했다. 이는 과도한 제안이었기 때문에 받아들여서는 안 될 것이었다. 그러나 국가의 채권자들에게는, 몰수해서 사리에 맞게 약속될 수 있는 어떤 것보다도 명백하고 명확하게 더 이득이었다. 그런데 왜 그 제안을 수락하지 않았을까? 이유는 명백하다. ── 교회가 국가에 봉사하게 할 의향이 없었던 것이다. 국가에 대한 봉사는 교회를 파괴하는 쪽의 구실로 전용되었다. 교회를 파괴하는 길로 나아가면서 자기 나라를 파괴하는 데도 망설이지 않았다. 그리고 그들은 실제로 나라를 파괴해버렸다. 만일 몰수 기획 대신에 갈취 계획이 채택되었더라면, 그 기획에서 커다란 한 목적이 좌절되었을 것이다. 새 공화국과 그 존재 자체가 결합된 새 지주 계급은 생겨날 수 없었을 것이다. 이것이 그 엄청난 몸값이 용납되지 않은 이유 가운데 하나였다.

## 교회 토지 몰수 후의 조치들

애초에 내세웠던 계획에 따른 몰수 기획이 무모하다는 사실이 곧 명백하게 드러났다. 광대한 국왕 소유영지를 전부 몰수하여 주체하기 어려울 정도로 대량의 토지재산을 일시에 시장에 내놓게 되면, 그 가치와 프랑스 전체 토지재산의 가치마저도 떨어뜨리게 되므로, 몰수에서 노렸던 이익 챙기기가 좌절될 것이 명백했다. 유통 화폐가 전부 상업에서 토지로 갑작스럽게 몰리게 되면, 폐해가 더해질 것이 틀림없다. 어떤 조치가 취해졌는가? 의회가 계획한 판매가 가져올 불가피한 악영향을 인식해 성직자의 제안 쪽으로 선회했는가? 어떤 곤란도 그들에게 정의의 외양을 걸치는 형태로나마 오염된 길로는 가게 할 수 없었다. 전면적인 즉각 매각에 대한 모든 희망을 포기하고, 또 다른 기획이 그 뒤를 이었던 듯 보인다. 교회 토지의 대가로 공채증서를 받으라고 제의한 것이다. 그 기획에서는 교환될 대상들을 등가로 하는 데 큰 어려움이 생겨났다. 다른 장애물도 출현함에 따라, 그들은 다시 판매 기획으로 선회하지 않으면 안 되었다. 그러자 지방자치체들이 경악했다. 그들은 왕국의 약탈물이 전부 파리의 채권 보유자들에게 넘어가는 것을 수용하려 하지 않았다. 많은 지방자치체가 심각한 빈곤 상태에 (조직적으로) 놓여 있었다. 화폐는 어디에서도 찾아볼 수 없었다. 따라서 지방자치체들은 그들이 열심히 바라던 지경에까지 이르렀다. 즉 지방자치체들은 고사하는 산업을 재생시킬 것이라면 어떤 종류의 통화도 갈망하게 되었던 것이다. 그때서야 지방자치체들은 약탈에서 한 몫을 얻도록 허용되었는데, 그로써 최초의 기획은 (만일 정말로 그 기획을 의도했다면 말이지만) 전부 실행 불능 상태가 되었다. 국가의 궁핍 현상이 모든 부면에 영향을 미쳤다. 재무장관은 매우 긴박하고 불안하며 불길한 목소리로 자금 공급 요청을 반복했다. 그렇게 모든 부면에서 압박을 받아 은행가들을 주교와 수도원장으로 만들려는 처음 계획 대신에, 즉 예전의 채무를 갚는 대신에 그들은 교회 토지가 종국에는 팔릴 것에 기초해 새 지폐를 발행하면서[100] 연리 3퍼센트로 새로 빚을 냈다. 그들이 이 지폐를 발행한 것은 주로, 그들의 허구적 부의 거창한 기구이며 종이공장인 "할인은행"(Bank of discount)의 요구를 충족하기 위해서였다.

교회 약탈물이 지금 그들이 재정 조처를 시행하는 데 유일한 자원이 되었다. 그들의 모든 정책의 중심원리이며, 그들의 권력을 존속하는 데 유일한 보증이 되었다. 모든 수단——극히 난폭한 것일지라도——을 동원하여 개인을 누구나 같은 바탕에 세우고, 이 행위와 그 행위자들의 권위를 유지한다는 하나의 죄 많은 이해관계에 국민을 결속시킬 필요가 있었다. 망설이는 사람들을 자신들의 약탈 행위에 강제로 참여시키기 위해 그들은 자신들이 발행한 지폐를 모든 거래에서 사용하도록 강제했다. 그들의 기획들이 이 하나의 목표를 중심에 두는 공통 경향을 지니며, 그 중심에서부터 그들의 모든 조치가 퍼져나간다. 이 점을 인식하는 사람들은 내가 국민의회의 이 행위들에 관해 너무 길게 다룬다고 생각하지 않을 것이다.

왕과 국가적 정의가 연계된 듯 보이는 것을 전부 끊어버리기 위해, 그리고 전체를 파리에 있는 독재자들에 대한 암묵적 복종 아래 두기 위해, 고래의 독립체인 고등법원은 그 모든 장점과 그 모든 과실과 함께 전부 폐지되었다. 고등법원이 존재하는 동안에는, 민중이 어느 때든지 법원에 호소하고 그들의 고래의 법의 기치 아래 집결할 수 있다는 점이 명백했다. 그런데 폐지된 법원에 근무했던 사법관들과 행정관

---

100) 아시냐(assignat) 채권 또는 지폐를 말한다—옮긴이.

들이 비싼 값에 그들의 직위를 샀으며, 그들이 수행한 의무에 대해서와 마찬가지로 그에 대해 매우 적은 이윤밖에 얻지 못했다는 점이 고려할 문제가 되었다. 간단하게 몰수해버리는 일은 성직자를 대상으로 해서나 얻을 수 있는 이익이었다.——법률가들에게는 형평의 겉치레가 어느 정도 지켜져야 했다. 그래서 그들은 막대한 금액에 이르는 보상을 받을 것이었다. 그들에 대한 보상은 국가 채무의 일부가 되었는데, 그것을 갚는 데는 무진장인 기금이 하나 있다. 법률가들은 보상을 새로운 교회지폐로 받게 되고, 그것은 사법부와 입법부의 새 원리와 보조를 맞출 것이었다. 퇴출된 사법관은 성직자와 더불어 순교자가 되거나, 사법부의 고래 원리를 지니고 재산의 수호자임을 맹세했던 모든 이들이 경악의 눈으로 볼 수밖에 없는 그러한 방식으로, 그러한 기금에서부터 그들 자신의 재산을 수령할 것이었다. 성직자들까지도 가치가 떨어진 지폐로 근소한 수당을 받게 된다. 신성모독이라는 지울 수 없는 글자와 그들 자신의 파멸의 상징이 새겨져 있는 그 지폐로 말이다. 그렇지 않으면 굶어죽을 수밖에 없다. 이 지폐의 강제적인 유통에 필적할 만큼 신용, 재산 그리고 자유에 대해 난폭한 유린이 행해진 적은 없었다. 파산과 전제정치가 결합한 어느 시대, 어느 국가에서도 나타난 적이 없었다.

이러한 모든 전략이 전개되는 사이에 마침내 당당한 비결이 드러났다.——교회 토지가 실제상 그리고 정당한 의미에서는 전혀 판매되지 않을 것이었다. (국민의회의 의사록에서 어떤 확실한 사항을 얻을 수 있는 한 그러하다.) 국민의회의 최근 결정에 따르면, 교회 토지는 최고 입찰자에 넘겨질 것이었다. 그러나 주목할 대목은, **구입 금액의 일정 부분만 지불될 것이라는 점**이다. 12년이라는 기간에 나머지를 지불하도록 한 것이다. 따라서 철학적 구입자들은 일종의 보유자 부담금을 지불하고, 즉시 토지 소유권을 얻게 된다. 이로써 어떤 면에서는 그들에 대한 일종의 증여가 된 것이다. 새 체제에 대한 열성에 입각한 봉건적 토지 보유권을 얻게 되는 것이다. 명백히 이 기획은 돈 없는 자들을 구입자 대열에 포함시키기 위한 것이다. 그 결과는 이 구입자들이 또는 차라리 양수인이라고 해야 할 자들이, 산출되는 지대——국가가 수취할 수 있는——에서 대금을 지불해나가게 되었다는 점이다. 그뿐 아니라 건축자재의 약탈로, 삼림 남벌로 그리고 고리대금에 익숙한 손으로 불쌍한 농민들에게서 짜낼 수 있는 모든 돈으로 지불해나가게 된 것이다. 농민들은 돈만 아는 자의적인 사람들의 요량에 넘겨지게 된다. 이들은 새 정치체제가 행한 위태로운 조처로 토지를 획득했으므로, 그 이윤을 확대하려는 커가는 요구에 따라 모든 형태의 갈취를 일삼게 될 사람들이다.

이 혁명을 일으키고 유지하기 위해 채용된 모든 사기, 기만, 폭력, 약탈, 방화, 살인, 몰수, 강제유통지폐 그리고 모든 종류의 전제와 잔인함이 그 자연적 결과를 나타낼 때, 즉 모든 유덕하고 진지한 사람들의 도덕심에 충격을 주었을 때, 이 철학적 체계의 선동자들은 즉시 프랑스의 옛 왕정을 비난하는 데 목청을 높였다. 폐위된 권력을 충분히 불명예스럽게 만든 후, 그들의 새로운 악용에 찬성하지 않는 사람들은 당연히 모두 구체제 당파라는 논리를 전개했다. 그들의 조악하고 난폭한 자유 기획들을 비난하는 사람들은 예속의 옹호자로서 취급되어야 한다는 것이다. 나는 그들이 필요성에 쫓겨서 이러한 천박하고 경멸스러운 기만을 행한다는 점을 인정한다. 한편에 그들이 있고, 다른 한편에 역사 기록과 시인의 발명이 제공할 수 있는 극악한 폭정이 있어서 그외에는 제3의 다른 선택이 없다고 가정하지 않는 한, 누구도 그들의 행위와 기획에 대해서 타협할 수 없는 일이다. 그들이 지껄이는 소리는 궤변이라는 이름도 붙일 가치가 없다. 그것은 순전한 방자함일 뿐이다. 이 신사들은 이론과 실천의 전체 세계에서, 국왕의 전제와 대중의 전제 사이에 어떤 것이 있다는 것을 들어본 적이 없는가? 법에 따라 통치되며, 국민의 위대한 상속 재산과 세습 권위에 의해서 조정되고 균형을 이루는 왕국에 관해 들어보지 못했는가? 이 상속 재산과 세습 권위 양자는 다시, 적절하고 영속적인 기관을 통해 작동하는 국민 전체의 이성과 감정에서 나오는 현명한 견제에 의해 조정되는 왕국의 경우를 들어보지 못했는가? 범죄적 악의나 비열한 불합리성을 지니지 않고, 양 극단보다는 혼합되고 조절된 그러한 정부를 선호하는 사람을 발견하기가 불가능하다는 말인가? 어떤 국민이 그와 같은 정부를 쉽게 얻을 수 있거나, 실제 소유한 그러한 정부를 굳건하게 할 선택권이 있는데도, 그런 선택을 피하기 위해 1,000개에 이르는 범죄를 저지르고 자기 나라에 1,000개에 이르는 폐해를 끼치는 것이 적당하다고 생각했다면, 그 나라에 지혜도 덕성도 존재하지 않는다고 평가할 사람도 없는 것인가? 그렇다면 순수 민주주의가 인간 사회를 조형할 때 유일하게 괜찮은 틀이라는 점이 그처럼 일반적으로 인정된 진리라는 말인가? 그리고 순수 민주주의의 장점에 관해 머뭇거리는 것이 허용되지 않으며 그럴 경우 폭정의 친구라는, 즉 인류의 적이라는 의심을 산다는 점이 그처럼 일반적으로 인정된 진리라는 말인가?

## 6. 혁명 전의 프랑스: 경제 상황, 귀족, 성직자

### 민주정의 폐단

나는 프랑스의 현재 지배 권력을 어떤 종류로 분류해야 할지 모르겠다. 현재 순수 민주정으로 가장하고 있으나, 내 생각에는 해롭고 저열한 과두제로 곧 이르게 될 듯하다. 그러나 당분간 프랑스의 현재 지배 권력을, 그들이 주장하는 대로의 성질과 효력을 지닌 고안물이라고 인정하겠다. 나는 어떠한 정부 형태도 단순히 추상적 원리에 입각하여 비난하지 않는다. 순수한 민주정 형태가 필요한 상황도 있을 것이다. 순수 민주정이 명백히 바람직한 상황도 (매우 드물고 매우 독특한 상황이겠으나) 있을 것이다. 나는 프랑스가 그러한 상황이라거나, 다른 어떤 큰 나라가 그러한 상황이라고 생각하지 않는다. 현재까지 우리는 주목할 정도인 민주정의 예를 본 적이 없다. 고대인들이 민주정에 더 친숙한 편이다. 민주주의 정치체제를 가장 많이 보았고 따라서 가장 잘 이해한 저자들의 글을 전혀 읽지 않은 바 아닌 나로서는 그들의 견해에 동의할 수밖에 없다. 그들은 절대적 민주정은 절대적 왕정과 마찬가지로 합법적 정부 형태로 볼 수 없다는 의견이다. 그들은 절대적 민주정을, 공화정의 건전한 정체라기보다는 부패와 타락이라고 생각한다. 내가 옳게 기억한다면, 아리스토텔레스는 민주정이 전제정과 많은 점에서 놀랄 정도로 유사하다고 보았다.[101] 나는 다음과 같은 점을 확신한다. 민주정에서는 격렬한 의견 대립이 있을 때——그러한 종류의 정체에서는 자주 그럴 수밖에 없다——마다 시민의 다수파가 소수파에 대해 가장 잔인한 압제를 행사할 수 있다는 점과 소수파에 대한 탄압이 1인 지배에서 우려될 수 있는 어떤 탄압보다도 훨씬 더 많은

---

101) 내가 이 글을 쓸 때는 이 구절을 읽은 지 여러 해가 지난 후였기 때문에 기억 나는 대로 인용했다. 학식 있는 한 친구가 그 구절을 찾아주었다. 그 내용은 다음과 같다. "양자의 도덕적 성격은 같다. 둘 다 상층 시민들에게 전제적인 지배를 행사한다. 민중의 명령은 폭군의 칙령에 해당되며, 민중 선동가와 민중의 관계는 총신과 폭군의 관계와 동일하다. 양자는 각각의 정부 형태에서 최고 권력을 지닌다. 총신은 폭군 아래서, 민중 선동가는 내가 지금 묘사하는 민주정치에서 그러하다"(아리스토텔레스, 『정치학』 제4권 4장).

수의 사람들에게 미치며 더 격렬하게 행해진다는 점이다. 민중이 자행하는 박해에서 고통을 당하는 개개인들은 다른 어떤 박해에서보다 훨씬 더 비참한 처지에 놓이게 된다. 잔인한 왕 밑에서 박해받는 이들은 상처의 통증을 완화하는 인류의 동정심을 얻게 된다. 그들은 고통 속에서도 고매한 지조를 북돋아주는 갈채를 받을 수 있다. 그러나 다수자 밑에서 해악을 입게 되는 사람은 모든 다른 위안을 박탈당하게 된다. 그들은 같은 부류의 사람들 전체가 꾸민 음모에 압도되어, 인류에게서 버림받은 듯 보인다.

그러나 민주정이 내가 생각하는 대로 당파적 폭정으로 치닫는 불가피한 경향을 지니지 않으며, 내가 생각하기에 다른 정체와 결합하면 지닐 장점들을 그 자체가 결합하지 않고도 지니고 있다고 인정하기로 하자. 그렇다 하더라도, 왕정의 경우 그를 추천할 사항이 아무것도 없다고 할 것인가? 나는 볼링브룩[102]을 자주 인용하지 않는다. 그의 저작은 전체적으로 내 마음에 어떤 영구적인 인상을 남기지도 않았다. 그는 건방지고 피상적인 저술가다. 그러나 그는 내가 보기에 깊이 있고 건실한 언설을 하나 제공했다. 그는 다른 정부보다 왕정을 선호한다고 말했는데, 이유인즉 공화정 형태에 왕정 요소를 접목하는 것보다 왕정에 어떤 종류든 공화정을 더 잘 접목할 수 있기 때문이라는 것이다. 나는 그가 전적으로 옳다고 생각한다. 역사적으로 사실이 그러하다. 그리고 고찰한 바와 잘 들어맞는다.

지나간 위대성이 지녔던 결점에 관해 말하는 것이 얼마나 쉬운 화제인지 나는 알고 있다. 국가에서 혁명이 일어나면, 어제의 아첨꾼이 현시점에는 준엄한 비판자로 둔갑한다. 그러나 건실하며 독립적인 인물

---

102) 18세기 전반 토리파 정치가이며 저술가—옮긴이.

들은 정부처럼 인류에게 중대한 관심사를 고찰할 때, 풍자가나 웅변가 역할을 담당하는 일을 경멸하리라. 그들은 제도들을 인간성을 평가할 때처럼 판단할 것이다. 그들은 죽음을 면할 수 없는 인간과 마찬가지로 한시적일 수밖에 없는 제도들에 뒤섞여 있는 장점과 단점을 구별해낼 것이다.

## 프랑스 왕정

당신네 프랑스 정부는 제한되지 않았거나 잘못 제한된 왕정 중에서 최선이라고 일반적으로 평가되었고, 나도 그 평가가 정당하다고 생각하지만, 여전히 많은 폐해를 지녔다. 그 폐해들은 오랜 기간 쌓여갔는데, 민중 대표에게 항상 감찰되지 않는 왕정의 경우 언제나 폐해들이 그렇게 쌓여가기 마련이다. 나는 타도된 프랑스 정부가 지녔던 과실과 결점에 관해 무지하지 않다. 또 내 성격에서나 내 방침에서, 정당하게 그리고 자연스럽게 비판의 대상인 그 어떤 것에 대해서도 찬사를 늘어놓는 경향이 있다고 생각하지 않는다. 그러나 이제 문제는 그 왕정의 폐단에 관해서가 아니라 그 존재에 관한 것이다. 그렇다면 프랑스 정부가 개혁할 여지가 전혀 없을 정도였다거나, 개혁할 가치도 없을 정도였다는 것이 진실인가? 전체 구조를 한꺼번에 파괴하고 그 대신에 이론에 입각한 실험 건축물을 세우도록 빈 자리를 마련해야 할 절대적 필요성이 있을 정도였는가? 1789년 초에 프랑스인 전체는 그와 다른 의견이었다. 왕국의 각지에서 신분제의회의 대표자에게 제출된 지시서는 정부 개혁을 위한 기획들로 가득했다. 정부를 붕괴시킬 계획에 관한 제안은 아주 희미하게 암시하는 것조차 없었다. 그런 계획이 시사되었다고 하더라도, 다만 한 목소리만이 존재했으며 그 목소리는 그러한 제안을 경멸과 공포심을 지니고 배격했을 것이라고 나는 믿는다.

사람들은 전체를 모두 볼 수 있었다면 근소한 접근조차 허용하지 않았을 것을 향하여 때로는 조금씩, 때로는 급히 이끌려 들어갔다. 지시서가 제출되었을 때 폐해가 존재한다는 점 그리고 개혁이 필요하다는 점에 이론이 없었다. 현재도 그에 관해 이론이 없다. 지시서와 혁명 사이의 기간에 사태의 양상이 달라졌다. 그리고 그 변화 결과 현재 제기되는 진정한 문제는, 개혁하려고 했던 자들과 파괴해버린 자들 중 누가 옳으냐는 것이다.

일부 사람들이 이전의 프랑스 왕정에 관해 말하는 바를 들으면, 당신은 그들이 타마슢 콜리 칸(Tæhmas Kouli Khân)[103]의 무서운 칼에 피 흘리는 페르시아에 관해 이야기한다고 생각할 것이다. 또는 적어도 터키의 야만스럽고 무법적인 전제정을 묘사한다고 생각할지 모른다. 그곳에서는 기후가 세계에서 가장 쾌적한 최상의 국가들이, 다른 나라가 전쟁으로 고통받는 것보다 더 많이 평화에 의해 황폐된다. 그곳에서는 기예도 모르고 제조업이 침체되며, 학문은 소멸하고, 농업은 피폐하며, 인종 자체가 관찰자의 눈앞에서 소진되어버린다. 프랑스의 경우가 그러했던가? 나는 사실을 참조하는 것 외에 다른 판단 방법을 가지고 있지 않다. 사실은 이 유사성을 뒷받침하지 않는다. 악폐도 많지만 왕정에는 그 자체에 장점이 있다. 그리고 종교, 법, 풍습, 여론에서 프랑스 왕정은 그 폐단에 대한 교정력을 얻기 마련이었다. 그리하여 프랑스 왕정은 (결코 자유로운 정체라고 할 수 없으며 따라서 결코 좋은 정체는 못 되었지만) 실제에서가 아니라 외양에서 전제정이 되었다.

---

103) 터키인으로서 산적들을 통솔해 페르시아의 왕위 분쟁에 개입하고, 자신이 페르시아 왕 나더 샤(Nader Shah)가 되어 통치했다(1736~47)—옮긴이.

## 프랑스의 인구 및 경제 상황: 왕정과 현재

어떤 나라든 그 정부의 성과를 판정할 기준 가운데 인구 상태가 자 못 확실한 것이라고 생각한다. 인구가 번성하고 점차로 개선되는 나라 가 매우 해로운 통치 아래 있을 리가 없다. 약 60년 전에 프랑스의 재 정구 지사들(Intendants of the generalities)이 휘하 몇 구역의 인구 에 관해 다른 사항들과 함께 보고서를 작성한 적이 있다. 매우 두꺼운 그 책들을 현재 가지고 있지 않고 어디서 구할지도 모르지만, (기억에 의존해 말할 수밖에 없는데, 그러므로 덜 정확하다) 내 기억에 그 당시 프랑스 인구는 그들에 따르면 2,200만 명이었다. 17세기 말에는 프랑 스 인구가 1,800만 명이라고 일반적으로 산정되었다. 어느 수치를 보 더라도 프랑스는 인구가 희박하지 않다. 재정구 지사들이 자신들 시대 에 대해 권위자인 만큼 네케르 씨는 그의 시대에 정통한데, 확실해 보 이는 원리에 입각하여 프랑스 인구가 1780년에 2,467만 명이라고 산 정했다. 그러나 이것이 구체제에서 얻을 수 있는 최고의 숫자인가? 프 라이스 박사에 따르면 프랑스에서 인구 증가가 그해에 정점에 도달한 것이 절대 아니라는 것이다. 나는 프라이스 박사의 전반적인 정략의 권위보다는 이러한 면에서 그의 고찰이 지니는 권위를 훨씬 더 확실히 존중한다. 프라이스 박사는 네케르 씨의 자료에 근거를 두고 그 장관 이 계산한 해부터 프랑스 인구가 급격하게 증가했다고 확신한다. 그리 하여 1789년에 프랑스 인구를 3,000만 명 이하로 보는 견해에 동의하 지 않는다. 프라이스 박사의 낙관적 계산에서 많이 감한 후에도 (그리 고 나는 많이 감해야 한다고 생각한다) 나는 프랑스 인구가 근래에 상 당히 증가했다는 점을 의심하지 않는다. 그러나 인구가 2,467만 명에 서 2,500만 명을 채울 만큼만 증가했다고 해도, 2만 7,000평방 리그 (league)[104]의 면적에 인구 2,500만 명은, 그것도 계속 증가했으므로 굉장하다. 예를 들어 브리튼 섬의 인구 밀도보다 훨씬 높으며, 통합왕국[105]에서 인구가 가장 조밀한 지역인 잉글랜드보다도 높다.

프랑스가 비옥한 나라라는 것은 전면적으로 옳은 말이 아니다. 상당히 넓은 지역이 불모지며, 다른 자연적 악조건 아래서 고통받고 있다. 더 혜택받은 지역에서는, 내가 발견할 수 있는 한, 인구수는 자연이 허락하는 만큼이다.[106] 약 10년 전에 리르 재정구(Generality of Lisle)에는 (이것이 가장 강력한 예임을 인정한다) 404 $\frac{1}{2}$ 리그의 넓이에 73만 4,600명이 살아서, 1평방 리그당 1,772명으로 계산된다. 프랑스의 나머지 지역의 평균치는 같은 면적당 약 900명이다.

나는 이 인구를 폐지된 정부의 공적으로 돌리지 않는다. 많은 부분 섭리의 혜택인 것에 대해, 인간의 고안 덕분이라고 칭찬하는 것을 좋아하지 않기 때문이다. 그러나 비난받는 그 정부가, 왕국 전체에 그처럼 많은 인구가 살고 일부 특별한 장소에서는 인구가 경이적으로 많게 만든 원인이 (그것이 무엇이든)——토양의 성질이든 인민의 근면 습관이든——작동하는 데 훼방을 놓았다고는 할 수 없을 것이다. 촉진했다고 보는 것이 가장 그럴 듯하다. 나는 인구 증가에 유익한 (그것이 비록 잠재적이라고 할지라도) 원리를 지녔다고 경험상 밝혀진 국가의 구조가 모든 정부 제도에서 최악이라고 결코 생각하지 않겠다.

어떤 국가가 전체적으로 건설적인지, 파괴적인지를 판단할 또 하나의 기준으로서 무시해서는 안 될 것은 국가의 부유함이다. 프랑스는

---

104) 1리그는 약 4.8킬로미터이므로 62만 2,000평방 킬로미터가 된다—옮긴이.

105) 잉글랜드와 스코틀랜드가 1707년 통합해 형성된 왕국, United Kingdom of Great Britain의 약칭으로 그 영토가 비로소 브리튼 섬 전체를 포함하게 되었다—옮긴이.

106) 네케르 씨, 『프랑스의 재정에 관해』 제1권, 288쪽.

인구에서 영국을 훨씬 능가한다. 그러나 나는 부유함을 비교할 때 프랑스가 우리에 훨씬 미치지 못한다고 알고 있다. 또 프랑스에서 부의 분배는 우리나라처럼 평등하지 않으며, 유통에서도 우리처럼 원활하지 않음을 알고 있다. 나는 두 나라 정부 형태의 차이가 영국 측이 갖는 이러한 이점의 원인들 가운데 하나라고 믿는다. 나는 지금 잉글랜드에 관해 말하지, 영국 영토(British dominions) 전부를 말하는 것이 아니다. 후자의 경우 프랑스의 부와 비교하면, 어느 정도 우리측 부의 우세함을 떨어뜨릴 것이다. 그러나 프랑스의 부는 잉글랜드의 부유함에 비할 정도는 아니지만, 상당히 풍족한 수준이다. 1785년 출간된 네케르 씨의 책[107]에는 국가경제와 정치산술에 관련된 정확하고 흥미로운 사실들이 포함되었다. 그리고 이 주제에 관한 그의 고찰은 대체로 현명하고 공정하다. 그는 프랑스의 상태를 알려주는데, 책에 묘사된 국가는, 그 정부가 전적으로 불만의 원인이며 절대적 악이며, 전면적 혁명이라는 격렬하고 불확실한 교정책 외에는 다른 치유책이 없다는 그림과는 매우 거리가 멀다. 네케르 씨는 1726년부터 1784년까지 프랑스 조폐국에서 약 1억 파운드에 달하는 금은 정화를 주조했다고 단언했다.[108]

네케르 씨가 조폐국에서 주조된 정화의 양에 관해 잘못 알 리가 없다. 이는 공식 기록 내용이다. 다만 이 유능한 재정가가 1785년 저술 당시에, 즉 프랑스 왕이 폐위되고 투옥되기 약 4년 전에, 유통되고 있던 금은의 양에 관해서 추정한 바는 동일한 정도의 정확성을 지니지 않는다. 그러나 그의 추정은 매우 견실한 기반에서 행해진 것이므로,

---

107) 네케르 씨, 『프랑스의 재정에 관해』.
108) 네케르 씨, 『프랑스의 재정에 관해』 제3권, 8장과 9장.

상당한 정도 동의하지 않을 수 없다. 그는 당시 프랑스에 실제 존재했던 뉘메레르(numeraire), 즉 우리는 정화(specie)라고 하는 것의 양을 영국 돈으로 약 8,800만 파운드라고 계산했다. 큰 나라라고는 해도, 한 나라의 부로는 얼마나 거액인가! 1785년 저술할 당시 그는 이러한 부의 유입이 정지되리라고는 전혀 생각하지 않았다. 그는 자신이 계산한 시기에 프랑스에 있는 화폐에 더하여 장래 연 2퍼센트씩 증가하리라고 예상했다.

조폐국에서 주조된 정화가 전부 그 왕국에 애초에 유입된 데에는 어떤 적절한 원인이 작동했기 때문일 것이다. 그리고 네케르 씨가 국내에 유통 중이라고 계산한 거대한 재화의 홍수가 국내에 남아 있는 데에도, 또는 되돌아온 데에도, 어떤 원인이 작용하고 있음이 틀림없다. 네케르 씨의 계산에서 온당한 만큼을 뺀다고 하자. 그래도 그 나머지 역시 거액이다. 그처럼 강력하게 획득하고 보유하게 하는 원인은 방해받는 산업, 불안정한 재산, 적극적으로 파괴적인 정부에서는 찾을 수 없다. 내가 프랑스 왕국의 광경을 생각할 때, 많은 도시 인구와 그 부유함, 유용하며 장관인 넓은 주요 도로와 교량들, 해운의 편리를 그처럼 실속 있고 광대한 대륙 전체에 이르게 하는 인공 운하와 수운 통로가 떠오른다. 거창한 항구와 항만 시설, 전쟁에도 무역에도 유용한 해운 설비에 주목한다. 매우 대담하고 훌륭한 기술로 많은 비용을 들여 지어서, 모든 방면에서 외적에 대한 무장 벽면으로 침공 불가능한 장벽을 이루는 요새들을 생각한다. 그 광대한 영토에서 경작되지 않은 부분이 얼마나 적은지 그리고 대지의 최량의 작물 다수가 프랑스에 얼마나 완벽하게 도입되어 경작되는지를 생각한다. 우수한 제품들과 직물들은 오직 우리에게만 뒤처질 뿐이며, 몇몇 경우에는 최고 수준이다. 공적으로 또는 사적으로 설립된 대규모 자선단체들을 고려한다.

생활을 아름답고 세련되게 하는 여러 예술의 상태를 개관한다. 전쟁에서 프랑스의 이름을 높이도록 육성된 사람들, 프랑스의 유능한 정치가들, 많은 심오한 법률가와 신학자, 철학자, 비평가, 역사가, 호고가, 시인, 성직 또는 세속의 웅변가를 세어본다. 나는 이 모든 것에서 상상을 위압하고 압도하는 무엇인가를 인식한다. 그리하여 성급하고 무분별한 비난에 거의 가담하려던 마음이 제지된다. 그리고 그처럼 웅대한 건물을 단번에 부숴버리는 것을 허용하는 정도의 잠재적 악이란 대체 무엇이며 얼마나 거대해야 하는지, 매우 진지하게 조사하도록 요구한다. 사안들을 이렇게 살펴보았을 때, 터키식의 전제정치는 발견되지 않는다. 그 정부의 성격이 전체적으로 모든 개혁에 대해 전적으로 부적절할 정도로 매우 억압적이고 부패했으며, 태만했다고 인정되지도 않는다. 나는 그러한 정부의 경우, 우수성을 높이고, 결함들을 교정하고, 능력을 개선함으로써 영국 국가제도 정도가 되도록 만들 가치가 충분하다고 생각하지 않을 수 없다.

폐지된 정부의 행동을 몇 년 전으로 거슬러 올라가 살펴본 사람은 누구나 궁정에 으레 있는 불안정과 동요 속에서도 나라의 번영과 개선을 위해 진지한 노력이 행해졌다는 사실을 놓칠 리 없다. 또 오랜 기간 노력을 기울인 결과, 그 나라에 만연했던 악행과 악습이 몇몇 경우에는 전부 근절되었고, 많은 경우에 상당히 시정되었다는 점도 인정할 것이 틀림없다. 그리고 신민의 인신에 대한 군주의 무한한 권력——의심할 바 없이 법과 자유에 위배되는——조차도 그 행사가 날마다 완화되어갔다는 점도 인정할 것이다. 그 정부는 개혁을 거부하기는커녕 비난받을 정도로 유연하게, 개혁에 관한 여러 종류의 기획과 기획자들에게 개방되어 있었다. 오히려 혁신 정신에 너무 많은 호의를 베풀어서, 그것이 그 정신을 육성한 사람들에 대한 반대 세력으로 곧 작용했고,

끝내는 멸망을 초래했던 것이다. 왕정은 오랜 기간 그 계획 몇몇에서 일탈이 있었는데, 이는 근면과 공공정신이 부족해서가 아니라 경솔함과 판단력 결여 때문이었다. 이렇게 말하는 것은 폐지된 왕정에 대해 칭찬하는 것이 아니라 냉엄한 평가가 된다. 프랑스 왕정의 마지막 15년 또는 16년을 그 시기나 다른 어떤 시기의 현명하고 잘 정비된 체제와 비교하는 것은 공정한 처사가 아니다. 그러나 지출에서의 낭비와 권력 행사의 가혹함 등의 문제에서 그 시기를 이전의 어떤 치세와 비교하는 경우, 루이 16세 치하에서 총신에 대한 증여, 궁정 비용, 바스티유의 공포에 관해[109] 끝없이 늘어놓는 사람이 과연 선의를 지녔는지, 공정한 심판자라면 신뢰하지 않을 것이라고 믿는다.

　고래의 왕정의 폐허 위에 현재 세워진 체제——체제라는 이름으로 부를 수 있다면——가 이제 그 보호 아래에 둔 나라의 인구와 부에 관해 종전의 제도보다 나은 보고를 할 수 있을지는 매우 의심스럽다. 나는 이 나라가 변혁으로 개선되기는커녕, 이 철학적 혁명이 초래한 결과들에서 어느 정도 회복하고, 국민이 이전 수준으로 되돌아가려면 오랜 시간이 필요하리라고 생각한다. 만일 프라이스 박사가 몇 년 후 고맙게도 우리를 위해 프랑스 인구를 산정해준다면, 1789년에 그가 계산한 3,000만 명이나, 같은 해에 국민의회가 계산한 2,600만 명에 이를 수 없을 것이다. 또는 1780년에 네케르 씨가 말한 2,500만 명에도 이르지 못할 것이다. 나는 프랑스에서 상당한 숫자가 이민하여 그 퇴폐한 공기와 매혹적인 키르케의 자유[110]를 포기하고, 캐나다의 동토에

---

109) 드 칼론(de Calonne) 씨는 왕실 비용에 관한 파렴치한 과장을 반박하고, 연금에 관해 꾸며낸 말을 추적하는 데 노력을 기울여왔다. 이러한 과장과 허위는 민중에게 온갖 종류의 범죄를 저지르도록 사주하려는 사악한 목적에서 나온 것이어서, 세상 사람들은 그의 노력에 감사해야 한다.

서 영국의 전제정치 아래 피난처를 구했다고 들었다.

현재와 같이 주화가 모습을 감춘 상황에서는 이 나라를, 현 재무장관이 정화 8,000만 파운드를 발견할 수 있었던 나라와 동일한 국가라고는 누구도 생각할 수 없을 것이다. 일반적인 양상에서 미루어보아, 이 나라는 과거 한동안 라퓨타 섬이나 발니바르비국의 대학자들의 특별지도 아래 있었다고 사람들은 결론내릴 것이다.[111] 이미 파리 인구는 크게 감소하여, 네케르 씨는 국민의회에 대해 파리에서 생계 식품은 전에 필요하다고 생각한 것보다 5분의 1 감소했다고 진술했다.[112] 들리는 말에 따르면 (그에 반대되는 말은 들은 적이 없다) 그 도시에서는 10만 명이 실업자라고 한다. 감금된 궁정과 국민의회가 그곳에 있는데도 그러한 것이다. 신뢰할 만한 정보에 따르면, 그 도시에서 펼쳐지는 구걸 광경처럼 충격적이고 혐오스러운 것은 없다고 한다. 실제로 국민의회에서의 표결은 그 사실에 대한 의문의 여지를 없앴다. 그들은 최근 구걸에 관한 상설 위원회를 임명했다. 이 문제에 관해 그들은 강력한 경찰력과 처음으로 빈민 생계를 위한 세금 부과를 동시에 시험해보고 있다. 당면한 빈민 구호를 위해서 막대한 금액이 배정된 것이 국가 회계의 면면에도 나와 있다.[113] 그러는 동안 입법 클럽과 커

---

110) 키르케(Circe)는 전설의 섬 아이아이아에 사는 마술사 여신인데, 섬에 도착한 사람들을 짐승으로 변하게 한다. 『오디세이아』에서 오디세우스는 키르케의 마술을 저지하고 그녀와 1년간 행복하게 살았다. "키르케의 자유"는 실은 포로 상태에 있으면서 쾌락을 일삼는 생활을 의미한다―옮긴이.

111) 철학자들이 통치하는 나라를 어떻게 생각하는지는 『걸리버 여행기』(Gulliver's Travels)를 보라(영국 소설가 스위프트J. Swift가 1726년에 쓴 『걸리버 여행기』에서 걸리버가 방문한 나라들이다. 각각 수학과 음악에 열중하는 사람들이 사는 지역과 발명가들이 사는 지역이다―옮긴이).

112) 드 칼론 씨는 파리의 인구 감소가 훨씬 더 많다고 진술했다. 네케르 씨가 인구를 산정한 시기 이래 그러할 것이다.

피 하우스에 있는 지도자들은 자신들의 지혜와 능력에 대한 감탄으로 도취되어 있다. 그들은 세계에 대해 극도의 경멸감을 품고 말한다. 그들은 자신들이 입힌 넝마에 싸인 사람들을 달래기 위해 그들을 철학자 국민이라고 말한다. 그리고 때로는 돌팔이식 온갖 기교에 의해, 쇼와 난동과 소동에 의해, 때로는 온갖 음모와 침략 경보에 의해 빈곤의 아우성을 가라앉히고, 관찰자의 눈을 국가적 파멸과 비참에서 돌리려고 한다. 용감한 국민이라면 부패하고 부유한 예속보다는, 유덕한 빈곤을 동반할지라도 의당 자유를 선호할 것이다. 그러나 안락과 풍요라는 대가를 지불하기에 앞서 구입한 것이 진정한 자유인지 그리고 그 자유는 그외에 다른 대가를 치른 것은 아닌지 확인해야 한다. 그러나 항상 나

---

113) 파리와 지방의 실업자를 위한 구호사업비_3,866,920리브르

|  |  |
|---|---|
|  | (161,121파운드 13실링 4펜스) |
| 부랑자와 거지 퇴치비용_____ | 1,671,417리브르 |
|  | (69,642파운드 7실링 6펜스) |
| 곡물수입 비용_____ | 5,671,907리브르 |
|  | (236,329파운드 9실링 2펜스) |
| 식량관련지출, 회수된 비용 공제한 후_____ | 39,871,790리브르 |
|  | (1,661,324파운드 11실링 8펜스) |
| 이상 합계_____ | 51,082,034리브르 |
|  | (2,128,418파운드 1실링 8펜스) |

이 책을 인쇄에 부쳤을 때, 위 표의 맨 끝 항목의 성격과 범위에 다소 의문이 들었다. 일반적 항목일 뿐 자세한 사항이 나와 있지 않아서다. 그 후 드 칼론 씨의 저서를 읽게 되었는데, 더 일찍 접할 수 없었던 것이 내게 큰 손해였다고 하지 않을 수 없다. 드 칼론 씨는 이 항목이 일반적 생계를 위한 것이라고 추정한다. 그러나 그는 곡물의 구입과 매각의 차액에서 어떻게 166만 1,000파운드가 넘는 막대한 손실이 생길 수 있는지 이해할 수 없으므로, 이 큰 금액을 혁명의 비밀 비용이라고 보는 듯하다. 이 문제에 관해 나는 확실한 것을 알 수 없다. 독자는 이러한 거액의 비용 전체에서 프랑스의 상황과 프랑스에서 행해지는 국가 경제체제를 판단할 수 있을 것이다. 국민의회에서는 이 항목들에 관해 아무런 질의도, 토론도 없었다.

는 지혜와 정의를 동반하지 않은 자유는 그 출현이 매우 미심쩍으며, 번영과 풍요로 이끌어가지도 않는다고 생각한다.

### 프랑스의 귀족

이 혁명의 옹호자들은 자신들의 옛 정부가 지닌 결함들을 과장하는 데 만족하지 않고 자기 나라 자체의 명성에 타격을 입히고 있다. 그들은 외국인의 주의를 끌 만한 거의 모든 것——즉 귀족과 성직자——을 공포의 대상이 되도록 묘사한다. 이것이 단지 비방에 불과했다면 크게 문제될 것은 없을 터였다. 그러나 그것은 실제 결과들을 수반했다. 당신네 나라에서는 귀족과 향신이 지주 대부분과 군대 장교 전부를 구성하고 있는데, 만일 그들이 한자 도시들(Hanse-towns)이 재산을 지키기 위해 귀족에 대항하여 연합하지 않으면 안 되었던 시기의 독일 귀족들과 닮았다고 한다면, 또는 자신들의 요새화된 소굴에서 상인과 여행객을 약탈하기 위해 출격하는 이탈리아의 오르시니(Orsini) 가(家)와 비텔리(Vitelli) 가(家)와 닮았다고 한다면, 또는 이집트의 매머루크(Mamaluke) 가(家)나 말라바 해안의 나이르(Nayr) 가(家)와 닮았다고 한다면, 그러한 가해자들로부터 세상을 해방시키는 수단에 관해 너무 비판적인 추궁을 하는 것은 별로 바람직하지 않다는 점을 나도 인정한다. 형평과 자비의 여신상을 잠시 가려놓을 수도 있을 것이다. 인간 본성을 박해하면서 불명예를 초래한 자칭 귀족에 대해 기만과 폭력이 그 타도 작업을 완성해가는 동안, 즉 도덕이 자신의 원리를 지키기 위해 자신의 규칙의 일시 정지를 받아들이지 않으면 안 되는 쓰라린 긴박성 아래서 당황해 있을 때라면, 가장 여린 심정일지라도 슬쩍 비켜갈 수 있을 것이다. 유혈과 모반 그리고 자의적 몰수를 가장 증오하는 사람일지라도, 두 악 사이의 이러한 내전에 대해서는 침묵하는 방관자로 남을 수 있다.

그러나 왕명에 따라 1789년에 베르사유에 모인 특권귀족과 그 대리인들이, 현재의 나이르 가나 매머루크 가와 마찬가지라고, 또는 예전의 오르시니 가와 비텔리 가와 마찬가지라고 볼 수 있는가? 만일 내가 그 당시에 그런 질문을 했다면 미친 사람 취급을 당했을 것이다. 그 후 그들이 무엇을 했기에 망명하지 않으면 안 되었는가? 그들이 무엇을 했기에 쫓기고, 난도질당하고, 고문당하고, 가족은 뿔뿔이 흩어지고, 집은 잿더미로 변하게 되었는가? 그들의 신분이 폐지되고 그들이 세상에 알려지는 바로 그 이름들을 바꾸도록 명령을 내림으로써, 가능하면 그 신분에 대한 기억조차 지우려 한 것인가? 그들의 대표자에게 주었던 지침들을 읽어보라. 귀족은 다른 신분들 못지않게 자유정신을 열렬하게 표명하며 개혁을 강력하게 권고했다. 왕이 초장에 과세권 주장을 포기한 것처럼, 그들도 과세 부담과 관련된 자신들의 특권을 자발적으로 포기했다. 자유로운 헌법에 관해 프랑스에는 단 하나의 의견만이 존재했다. 절대왕정은 끝장났다는 것이다. 절대왕정은 신음도 없이, 저항도 없이, 경련도 없이, 마지막 숨을 쉬었다. 모든 갈등과 불화는 그 후에 상호 통제하는 정부 대신에 전제적 민주정치를 선호함에 따라 발생했다. 승리한 당파의 의기양양함은 영국식 헌법 원리들을 압도했다.

나는 앙리 4세[114]에 대한 기억을 우상화하려는 당신들의 애정이, 과거 여러 해에 걸쳐 파리에서 매우 유치할 정도로 넘쳐나는 것을 보았다. 그 왕다운 성품에 대한 치장들이 사람들을 불쾌하게 만드는 경우가 있다면, 바로 이러한 과도한 형태의 음험한 찬사일 것이다. 이 수단

---

114) 103쪽 주 13)을 참조할 것—옮긴이.

을 가장 부지런히 사용해온 자들이 바로, 앙리 4세의 후계자이며 후손인 인물을 폐위하며 찬사를 그만둔 자들이다. 그 후손은[115) 앙리 4세에 못지않게 선량하고, 백성을 사랑하며, 위대한 왕 앙리 4세가 한 것보다도 또는 그가 하려고 했다고 우리가 확신하는 것보다도, 국가가 지닌 오래된 폐단을 시정하기 위해 무던히도 노력한 분이다. 앙리 4세의 찬양자들에게는 지금 앙리 4세가 없다는 점이 잘된 일이다. 왜냐하면 나바르의 앙리는 결연하고 활동적이며 정략이 풍부한 왕이었기 때문이다. 그는 확실히 위대한 인품과 온화함을 지닌 인물이었다. 그러나 그러한 성품은 그의 이익 추구에 결코 방해가 되지 않았다. 그는 자신을 먼저 두려움의 대상으로 만들지 않고는 결코 사랑받고자 구하지 않았다. 그는 결연한 행동을 취하면서 부드러운 언어를 사용했다. 그는 전체적으로는 자신의 권위를 내세우고 유지하면서, 세부 사항에서만 양보 행위를 배분했다. 그는 왕의 대권으로 얻은 수입을 귀족답게 사용했다. 그러나 그는 원금이 잠식되지 않도록 주의를 기울였다. 그는 기본법에 기반하여 자신이 주장하는 권리 가운데 어떤 것도 잠시나마 결코 포기한 적이 없으며, 자신에게 반대하는 자들의 피를 자주 전쟁터에서, 때로는 단두대에서 보는 일을 삼간 적이 없었다. 앙리 4세는 배은망덕한 자들로부터 자신의 미덕이 어떻게 존경받을 수 있는지를 알았으므로, 만일 그의 시대에 살았다면, 그가 바스티유에 가두었을 사람들에게서, 그리고 파리를 굶겨 항복받은 후 교수형에 처했던 국왕 시해자들과 더불어 처벌했을 사람들에게서, 앙리 4세는 찬양받을 만하다.

만일 이러한 찬양자들이 앙리 4세를 진심으로 찬양한다면, 그들은

---

115) 루이 16세를 가리킨다—옮긴이.

그가 프랑스의 귀족들을 높이 평가한 것보다 그를 더 높이 평가할 수는 없다는 점을 기억해야 한다. 귀족들의 미덕, 명예, 용기, 애국심 그리고 충성이 그가 부단하게 화제에 올린 주제였다.

그러나 프랑스 귀족들은 앙리 4세 시대 이후 타락했다.──이는 있을 수 있는 일이다. 그러나 그 진술은 많은 정도, 내가 진실이라고 믿을 수 있는 범위를 넘는다. 나는 몇몇 다른 사람들만큼 프랑스를 정확하게 안다고 자부하지는 않는다. 그러나 나는 평생 인간성에 관한 지식을 얻고자 노력해왔다. 그렇지 않다면 나는 인류에 대한 봉사에서 보잘것없는 역할을 담당하는 데마저 부적격자일 것이다. 그러한 연구를 행하면서, 우리 섬나라 해안에서 39킬로미터밖에 떨어지지 않은 나라에서 인간성이 큰 변환을 겪는 듯 보이는 것을 내가 간과할 수는 없는 일이다. 최선을 다한 연구를 병행한 나의 최선의 관찰에 따르면, 당신네 귀족은 대부분 개인으로 보아도 또 그들 전체로 보아도, 높은 기상과 섬세한 명예의식을 지니고 있다. 그들은 자신들 전체에 대해 다른 나라에서 하는 것보다 더 감시의 눈길을 유지했다. 당신네 귀족은 상당히 예의범절을 지켰고, 매우 친절하며, 인정 있고, 후하게 접대했다. 그들은 대화할 때 솔직하고 개방적이었으며, 훌륭한 군사적 기풍을 지녔고, 적절한 정도로 저서들──특히 자신들의 언어로 저술한 저자의 작품인 경우에는──에도 접하고 있었다. 많은 프랑스 귀족이 지금 내가 묘사한 것보다 훨씬 더 나았다고 주장할 만했다. 나는 일반적으로 만나게 되는 귀족들에 관해 말한 것이다.

하층 계급을 대하는 태도에 관해 말하면, 프랑스 귀족들은 선의로 대했으며, 우리나라에서 상층과 하층 사이의 접촉에서 일반적인 행태보다 더한, 거의 친숙한 태도로 대했던 것으로 보인다. 가장 비참한 지경에 놓인 사람에게도 구타는 알려지지 않은 일에 속했으며, 매우 수치스러운 일로 여겨졌다. 공동체의 미천한 사람들을 다른 식으로라도 학대하는 예는 드물었다. 그리고 평민의 재산이나 인신상의 자유에 대한 공격은 들은 바가 전혀 없다. 또 고래의 정부 아래 법률이 건재한 동안에는, 신민에 대한 그와 같은 폭정은 용인되지 않았을 것이다. 토지재산을 지닌 지주로서 그들의 행동에 관해, 나는 잘못을 발견하지 못했다. 비록 구래의 토지 보유권의 많은 것이 비난받을 만하고, 변경되는 것이 바람직하지만 그러했다. 소유 토지를 임대해 지대를 받는 데에서, 나는 그들이 차지인과 맺은 계약이 억압적이라는 점을 발견할 수 없었다. 또 종종 그렇듯이 차지인과 분익관계를 맺을 때도 그들이 부당하게 큰 몫을 차지했다는 얘기를 듣지 못했다. 예외가 있었겠지만 그러한 예는 분명히 예외였을 뿐이다. 이러한 점들에서 프랑스의 지주 귀족들이 우리나라의 지주 향신들보다 더 나빴다고 믿을 이유가 없다. 확실히 그 지주 귀족들은 어떤 점에서도 그 나라의 귀족 아닌 일반 지주들보다 더 성가신 존재는 아니었다. 도시에서 프랑스 귀족들은 어떤 권력도 지니지 않았으며, 농촌에서도 매우 적었다. 당신이 알다시피 국가 행정의 대부분과 치안의 가장 핵심적인 부분들은, 우리의 우선 고려 대상인 귀족들이 장악하지 않았다. 프랑스 정부에서 가장 폐해가 큰 분야였던 세입 체제와 징수는, 검을 지닌 자들에 의해 관장되지 않았다. 그리고 그 재정정책의 원리가 지니는 해악에 대해서도, 그 운영에 내포되었을 폐해들에 대해서도 그들은 책임이 없었다.

실제로 억압이 존재했던 경우에서, 프랑스 귀족들이 인민에 대한 억압에서 커다란 몫을 담당했다는 점을 나는 충분한 근거를 갖고서 부인하는 바다. 반면에 나는 그들이 상당한 정도의 결함과 과오를 지니지 않은 것은 아니라는 점을 선선히 인정한다. 그들은 영국 풍속에서 최악의 부분을 어리석게도 모방하여 이전보다 확실히 더 나빠져버렸다.

모방하고자 목표했던 것으로써 대신 만회하지도 못한 채, 자신들의 자연적 성품을 손상시켰을 뿐이다. 습관화된 방종이 일생에서 허락되는 시기를 넘어서까지 지속되는 일은, 우리나라보다 프랑스 귀족에서 더 일반적이었다. 그러한 태도는 외적 예절로 더 많이 치장됨으로써 그 폐해는 덜해질 수 있었지만, 교정될 전망은 더 적은 상황에서 만연했다. 그들은 자신들의 파멸을 도운 그 방자한 철학에 너무 많은 호의를 보였다. 프랑스 귀족들에게는 더 치명적인 또 다른 과오가 있었다. 평민 중 재산 수준에서 귀족과 비슷하거나, 능가하는 자들이 이치상으로나, 현명한 정책으로서나 모든 나라에서 재산에 마땅히 부여해야 하는 지위와 평가에 충분히——비록 나는 다른 귀족 신분에게 부여되는 지위나 평가와 동등해야 한다고는 생각하지 않지만——받아들여지지 않았던 것이다. 그 두 종류의 귀족은, 비록 독일이나 다른 몇몇 나라들보다는 덜하지만 너무 엄격하게 분리되어 있었다.

당신에게 결례를 무릅쓰고 내가 이미 시사한 바와 같이, 그러한 분리가 구귀족을 파멸시킨 주요 원인의 하나라고 생각한다. 특히 군사적 지위는 명문가 출신에게 너무 배타적으로 유보되었다. 그러나 이러한 것들은 결국 의견에서의 오류로서, 대립되는 의견이 있었다면 시정되었을 것이다. 평민이 권력에서 그 몫을 지니는 상설 의회가 있었다면, 이러한 특별대우에서 극히 부당하거나 모욕적인 것은 무엇이든지 곧 폐지해버렸을 것이다. 귀족이 도덕 면에서 지녔던 과오까지도, 신분들로 구성된 국가 체제가 발생시켰을 더 다양한 직업과 업무에 의해 아마도 시정되었을 것이다.

귀족에 대한 이러한 모든 격렬한 비난을 나는 단지 술수의 산물이라고 간주한다. 여러 시대에 걸친 편견에서 성장한 우리나라의 법률들, 의견들 그리고 고착된 관습들에 기초하여 명예가 주어지고 특권까지 부여되는 것은, 어느 누구에게도 증오나 분개심을 유발하지 않는다. 이러한 특권에 너무 집착하는 것조차 절대적으로 죄악은 아니다. 자신에게 속하는 것으로 인식하는 소유물과 남보다 우월하게 드러내준다고 생각하는 소유물을 유지하려고 힘써 투쟁하는 것은, 부정의와 전제에 대한 방어물들 중 하나로서, 우리 본성에 심어져 있다. 그것은 소유권을 보장하며 정치 공동체를 안정된 상태로 보존하기 위한 하나의 본능으로서 작용한다. 여기에 다른 사람을 불쾌하게 만들 것이 무엇이 있는가? 귀족은 공공질서를 유지하는 우아한 장식이다. 귀족은 세련된 사회를 떠받치는 기둥에 씌워진 코린트식 기둥머리다. "선량한 사람들은 항상 귀족을 좋아한다"라는 말은, 현명하며 선량한 인물의 발언이었다.[116] 귀족에 대해 어느 정도 편애하는 성향을 지니는 것은, 실제로 너그럽고 선량한 정신의 소유자라는 한 표지다. 의견에 대해 본체를 제공하고, 덧없는 평판에 영구성을 부여하기 위해 채용돼왔던 인위적인 제도를 전부 무너뜨리고자 원하는 자는, 정신을 고양하는 원리들을 자신의 마음속에서 느끼지 못하는 인간이다. 화려함과 영예 속에서 오래 번영해왔던 것이 부당히도 몰락하는 것을 기뻐하며 바라보는 자는, 비뚤어지고, 악의적이고, 질투심 많은 성격이다. 본질에 대한 취향도 미덕의 표상이나 표현에 대한 취향도 지니지 않은 인물인 것이다. 나는 어떤 것도 파괴되는 것을 보고 싶지 않다. 사회에 어떤 진공이 생기는 것도, 땅 위에 어떤 폐허가 초래되는 것도 보고 싶지 않다. 따라서 나의 탐구와 관찰로부터, 프랑스 귀족에는 어떤 치유할 수 없는 악덕이나, 폐지와는 거리가 먼 한 번의 개혁에 의해 제거될 수 없는

---

116) 기원전 1세기 로마의 정치가이며 문필가인 키케로의 『변호론』(Sestius)에 나오는 구절이다—옮긴이.

정도의 폐단은 발견되지 않았다는 사실이 나에게는 실망스럽지도 불만스럽지도 않았다. 당신네 귀족들은 처벌받아 마땅한 자들이 아니었다. 그러나 그들의 지위를 강등시키는 것은 바로 처벌하는 것이 된다.

### 프랑스의 성직자들

당신네 성직자들에 관한 내 조사 결과도 다르지 않다는 것을 알고 나는 마찬가지로 만족했다. 큰 집단을 이루는 사람들이 구제 불능일 정도로 부패했다는 것은 내 귀에 듣기 좋은 소식이 아니다. 자신들의 약탈 대상이 될 사람들에 관해 나쁘게 말할 때, 나는 그 누구라도 그리 신뢰하며 듣지 않는다. 나는 오히려 다른 사람들을 처벌하면서 그로부터 이익을 탐하는 경우에는, 그 사람들의 폐단이 조작되고 과장되지 않았는지 의심한다. 적은 나쁜 증인인 것이다. 강도는 더 나쁜 증인이다. 성직자 집단에 타락과 폐단이 있었음은 의심할 바 없으며, 또 그럴 수밖에 없다. 그것은 오래된 제도이며 그리 자주 쇄신되지도 않았다. 그러나 나는 그들의 재산을 몰수하고 잔인한 처벌과 모욕을 가하고, 개선을 위한 규율을 대신하여 부자연한 박해를 행하는 것이 적절할 정도의 죄악을 그들 개인에게서 찾아볼 수 없었다.

만일 이 새로운 종교 박해에 어떤 정당한 이유가 있었다고 하더라도, 군중에게 약탈하도록 부추기는 나팔수 역할을 한 무신론적 비방자들은 현재 성직자들의 악에 대해 말하는 것으로 만족할 사람들이 아니다. 그들은 아무도 사랑하지 않는 자들로서 거기서 멈추지 않았다. 그들은 이전 시대 역사를 훑어서 (그들은 역사를 악의적이며 불량한 열의를 지니고 뒤졌다) 성직자 집단에 의해, 또는 성직자들을 위해 행해진 억압과 박해의 모든 사례를 끌어내지 않으면 안 되었다. 복수라는 매우 비논리적이며 따라서 매우 사악한 원칙에 기반하여, 자신들의 박해와 자신들의 잔인함을 정당화하기 위해서였다. 다른 모든 가계와 문벌을 파괴한 다음, 그들은 범죄에 관한 일종의 계보를 만들어냈다. 사람을 혈통상 선조가 저지른 범죄를 이유로 삼아 징벌하는 것은 정당한 일이 아니다. 그러나 집단적 계승에서의 선조라는 허구를 택하여, 그 명칭과 일반적 묘사를 제외하고는 범죄적 행위와는 아무런 관련도 없는 사람들을 처벌하는 근거로 삼는 것은, 이 계몽된 시대의 철학에 귀속되는 부정의에서도 일종의 세련된 형태다. 프랑스 의회는 지난 시대에 교회가 저지른 난폭한 행위를 혐오하는 사람들을 대부분은 아닐지라도 많이 처벌하고 있다. 그런 사람들의 혐오감은 그들에 대한 현재의 박해자들이 지니는 증오 수준에 못지않은데도 그러한 것이다. 그리고 그 성직자들은 만일 이러한 모든 비난이 동원되는 목적을 잘 알지 못했다면, 그러한 감정을 마찬가지로 큰소리로 강력하게 표명했을 사람들이다.

집합단체(corporate body)는 그 구성원의 이익을 위해서는 불멸성을 지닌다. 그러나 구성원 처벌의 경우에는 그렇지 않다. 국민 자체가 그러한 집합단체다. 영국에 사는 우리가, 프랑스와 상호 적대한 시기에 프랑스인들이 우리에게 가해 행위를 했다는 이유로, 모든 프랑스인에 대해 누그러뜨릴 길 없는 앙심 깊은 전쟁을 벌일 생각을 할 수 있을 것이다. 당신네 프랑스인들도 당신들대로, 우리의 헨리 왕들과 에드워드 왕들의 부당한 침입 때문에[117] 프랑스인들이 입은 유례없는 재앙을 이유로, 모든 영국인을 공격하는 것이 정당하다고 생각할 수 있다. 정말 우리는 서로에 대해 이 전멸전쟁을 행하는 것이 정당화된다고 생

---

117) 영국과 프랑스의 백년전쟁 시기에 영국 왕들 중 특히 전쟁을 시작하고 프랑스군을 크게 제압한 에드워드 3세, 흑세자 에드워드, 헨리 4세, 헨리 5세 등을 지칭할 것이다—옮긴이.

각해야 할 것이다. 동일한 명칭을 지녔지만 다른 시대 사람들의 행위를 이유로 삼아서, 당신들이 현재 동포들을, 도발이 없었던 상태에서 박해하는 것을 정당화하는 것과 똑같은 정도로 그렇게 생각해야 할 것이다.

우리는 역사에서 얻을 수 있는 도덕적 교훈들을 제대로 이끌어내지 않는다. 오히려 주의하지 않으면 역사는 우리 정신을 해치고, 우리 행복을 망치는 데 이용될 수 있다. 역사 속에는 과거의 오류와 인류의 약점들에서 미래를 위한 지혜를 이끌어내면, 우리에게 교훈이 될 방대한 책이 펼쳐져 있다. 역사는 악용될 때, 교회와 국가 내부에 있는 당파들에게 공격용·방어용 무기들을 제공하는 병기고 역할을 할 수 있다. 또 불화와 적의를 유지하거나 부활시키며, 내전의 격렬함에 기름을 붓는 수단들을 제공하는 병기고 역할을 할 수 있다. 역사는 많은 부분이, 교만·야심·탐욕·복수·정욕·반란·위선·통제 안 된 열정·혼란스러운 욕망의 모든 연속 등이 세상에 초래한 불행으로 이루어져 있다. 그러한 것들은 아래와 마찬가지로 세상을 뒤흔든다.

──사람의 처지를 요동치게 하고 인생을 쓰라리게 만드는
거센 폭풍우들.[118]

이러한 악덕들이 그러한 폭풍의 원인인 것이다. 종교, 도덕, 법률, 대권, 특권, 자유, 인간의 권리는 구실이다. 그 구실들은 진정한 선에 대한 그럴듯한 외양에서 언제나 발견된다. 이러한 기만적 구실이 작용하

---

118) 16세기 영국 시인 스펜서(Spenser)의 『선녀 여왕』(Faerie Queene)에 나오는 구절이다. 이 작품에서 엘리자베스 여왕을 칭송해 여왕에게서 연금을 받았다―옮긴이.

는 근원을 인간 정신에서 뿌리 뽑는다고 해서, 사람들을 전제와 반란에서 방어하지는 못할 것이다. 만일 그것이 가능했다면, 그것은 인간의 가슴에서 모든 가치 있는 것을 뿌리 뽑은 것이 되었을 것이다. 이것들이 구실이므로, 국가적으로 벌어지는 대규모 해악에서 일반적인 행위자와 도구는 왕, 성직자, 장관, 원로원, 고등법원, 국민의회, 판사, 군사지휘관들이다. 더 이상 왕이 없고, 국가의 장관과 복음의 사제, 법률의 해석자, 총지휘관, 국가위원회를 없애기로 결정한다고 해서 그 해악을 치유할 수는 없다. 명칭을 고칠 수는 있을 것이다. 그래도 어떤 형태로든 알맹이는 남기 마련이다. 공동체에는 특정한 양(quantum)의 권력이 누구의 손에든, 어떤 명칭 아래든 항상 존재할 수밖에 없다. 현명한 사람이라면 해악에 대한 치료책을 명칭에 대해서 적용하지 않을 것이다. 현명한 자는 해악이 작용하는 우연적인 기관이나 해악이 나타나는 일시적인 양식에 대해서가 아니라, 악의 영구적인 원인에 치료책을 적용할 것이다. 그렇지 않다면 그는 역사에 관해서는 해박할지라도, 실제에서는 바보가 될 것이다. 그 구실에서 두 시대가 같은 유형이었던 적이 거의 없으며, 해악에서 같은 양식이었던 적도 없다. 사악함은 좀더 발명하는 재간이 있어서, 당신이 유형에 관해 토론하는 동안 그 유형은 지나가버린다. 그 동일한 해악이 새로운 몸을 얻게 된다. 그 정령은 이동하여, 외양의 변화에 의해 생명의 근원을 잃어버리기는커녕 새 기관을 통해 청년의 행동과 같은 신선한 활력을 지닌 채 쇄신된다. 사람들이 시신을 훼손하고 무덤을 파괴하는 동안, 그 정령은 돌아다니며 복수를 계속한다. 자기 집이 강도 소굴이 되어 있는데도 유령이나 환영을 무서워한다. 역사의 껍데기와 깍지에만 주의를 기울이면서 자신들이 불관용, 교만 그리고 잔인성에 대항해 투쟁하고 있다고 생각하는 자들은 이와 같다. 시대에 뒤떨어진 집단들의 해로운 원리를 증오한다는 깃발 아래, 실은 다른 당파에 존재하는 마찬가지로 가증스러운 패덕들과 아마도 더 해로운 패덕들을 허가하고 육성하는 이들은 모두 이와 같다.

당신네 파리 시민들은 그 악명 높은 성 바르톨로뮤(St. Bartholomew) 대학살[119]에서 칼뱅 추종자들을 학살하는 도구가 되도록 선선히 자신들을 내맡겼다. 오늘날의 파리 시민들을 대상으로 하여 그 시대에 벌어졌던 가증할 행위들과 참사에 대해 복수하려고 생각하는 사람에게 우리가 무엇이라고 말할 것인가? 현재의 파리 시민들은 확실히 그 시대의 학살을 혐오하게 되었다. 그들이 난폭하기는 하지만, 그들이 그 사태를 싫어하도록 만드는 일은 어렵지 않다. 왜냐하면 정치가나 유행을 쫓는 교사들은, 파리 사람들의 열정에 그와 똑같은 지침을 시달하는 것에는 관심이 없기 때문이다. 그러면서도 그들은 동일한 야만적 성향을 살려두는 것이 자신들에게 이득이 된다고 본다. 학살을 자행한 자들의 후손들의 기분전환을 위해, 바로 그 학살이 무대 위에서 상연되도록 한 것이 바로 엊그제 일이었다.[120] 이 비극적인 익살 광대극에서 그들은 로렌의 추기경이 법의를 입고 전면적 학살을 명령하게 했다. 이 장면은 파리 시민들이 박해를 혐오하고 유혈을 기피하도록 의도된 것이었는가?──아니다. 그것은 사제들을 박해하도록 가르치기 위한 것이었다. 그것은 만일 존재해야 한다면 안전하게만이 아니라 존경받으며 존재해야 하는 한 신분을 추적하여 궤멸할 때 성직자들

---

119) 1572년 성 바르톨로뮤 축일에 시작된 파리에서의 개신교도 대학살 사건을 말한다─옮긴이.
120) 드 슈니에(de Chenier)의 『샤를 9세』로서 1787년에 상연이 금지되었다가 1789년 11월에 상연되어 큰 인기를 끌었다. 샤를 9세는 바르톨로뮤 학살 때의 왕인데, 그 2년 후 사망했다─옮긴이.

에 대한 증오와 공포를 북돋움으로써 기운이 넘쳐나도록 선동하기 위한 것이었다. 그것은 변화와 양념으로 그들의 식인 식욕을 (사람들은 그 식욕이 이미 충분히 충족되었으리라고 생각할 것이지만) 자극하기 위한 것이었으며, 현대식 기즈(Guise)[121] 가의 목적에 적합하기만 하면, 새로운 살인과 학살을 그들이 노리도록 촉진하기 위한 것이었다. 사제와 고위성직자가 많이 참석해 있던 의회는, 이러한 치욕을 바로 코앞에서 당하지 않으면 안 되었다. 이 극의 저자는 갤리선에 보내지지 않았고 배우들도 교정원에 보내지지 않았다. 상연이 있고 얼마 지나지 않아 배우들은 의회에 나와서, 자신들이 방자하게도 구경거리로 만들었던 바로 그 종교 의식을 요구했고, 자신들의 추잡한 얼굴을 원로원에 보여주었다. 반면에 파리의 대주교는, 신자들에게 그의 기능이 다만 기도와 축성으로 알려졌으며 그의 부는 자선에 의해서만 알려졌지만, 자신의 집을 버리고 신도들에게서 (탐욕스런 이리떼로부터 그러하듯) 도망치지 않으면 안 되었다.[122] 왜냐하면 정말 16세기에 로렌의 추기경은 반역자이며 살인자였기 때문이다.

이상이 동일하게 비열한 목적을 위해 다른 모든 학문을 왜곡했던 자들이 행한 역사 왜곡의 결과다. 그러나 여러 세기를 우리 눈앞에 펼쳐 보이며, 작은 이름들은 흐리게 하고 작은 집단의 깃발은 지워버리는 진정한 비교점에 사태를 위치시키면서, 그 위에 인간 행위에서 정신과 도덕적 자질만이 오를 수 있는 이성의 높은 자리에 선 인물은, 팔레 루아얄[23)의 교사들에 대해 이렇게 말할 것이다.——로렌의 추기경은 16

121) 기즈 가(家)는 세력 쟁탈 과정에서 바르톨로뮤 학살에 깊게 연루되었다. "로렌의 추기경"도 기즈 가의 일원이다—옮긴이.
122) 여기서는 이 이야기가 사실임을 전제로 하였다. 그러나 그는 그때 프랑스에 있지 않았다. 어떤 이름일지라도 상관없이 적용되는 사항이다(1803).

세기에 살았던 살인자였으며, 당신들은 18세기의 살인자라는 영광을 누리고 있다고. 그리고 이것이 당신들과의 유일한 차이점이라고. 그러나 19세기에는 역사를 더 잘 이해하고 적용해서 내가 기대하기로는, 문명화된 후손들에게 이러한 야만적인 두 시대의 비행을 혐오하도록 가르치리라. 역사는 미래의 성직자와 장관들에게, 미래의 사변적이며 행동에 옮기지 않은 무신론자들을 상대로 해서, 그 가증스러운 오류를 지금 실천에 옮기는 열성분자와 포악한 광신도들이 저지른 극악한 일들을 이유로 복수해서는 안 된다고 가르칠 것이다. 그러한 오류는 그것이 마음속에 품어졌을 때는 언제나, 정지된 상태에서도 충분히 벌을 받는다고 가르칠 것이다. 역사는 후손들에게, 다른 무엇보다도 인류를 지극히 애호하며 보호하는 보편적 보호자의 특혜에 의해 우리에게 부여된 가장 귀중한 두 혜택인 종교와 철학에 대해, 양자의 위선자들이 그 둘을 악용했다는 점을 이유로 전쟁을 벌이지 말라고 가르칠 것이다.

만일 당신네 성직자들이든 다른 어떤 성직자들이든, 인간의 연약함을 참작하고 성직의 덕성들과 거의 분리될 수 없는 직업적 결점들을 참작하여 정당하게 허용된 범위를 넘어서 사악하다고 보인다면, 그런 경우라면 나는 그들을 처벌할 때도 절도와 정의를 넘어서는 폭군에 대한 우리의 분노도 자연히 약화되는 결과가 초래될 것이라는 점을 인정한다. 그들의 악덕 때문이라고 해서 결코 압제 행사가 옹호될 수는 없는 일이지만 그렇다. 나는 성직자들이 여러 종파를 이루면서 자신들의 견해에서 완고함을 인정한다. 또 그들에게서 그 견해를 전파하기 위한 열정의 과도함, 자기 지위와 직위에 대한 편향성, 자기 단체의 이익에

---

123) "필리프 평등공"이라는 명칭을 얻을 정도로 혁명에 적극 가담한 오를레앙 공작의 저택—옮긴이.

대한 집착, 그들의 교리를 경멸하고 조소하는 사람들보다 순종적으로 귀 기울이는 자들에 대한 애호 등이 존재함을 인정한다. 나는 이러한 점들을 전부 인정하는데, 이는 내가 사람들을 다루어야 하기 때문이며, 관용을 위반하여 모든 불관용 중에서도 최대의 불관용에 빠지고 싶지 않기 때문이다. 나는 연약함을 그것이 범죄로 곪아터지기 전까지는 참아내지 않으면 안 된다.

물론, 열정이 자연히 연약함에서 악덕으로 진전하는 것에 대해서는, 감시와 단호한 손으로 방지해야 한다. 그러나 당신네 성직자 집단이 정당하게 허용된 그러한 한계를 넘었다는 것이 사실인가? 당신네 나라에서 근래 출판된 온갖 종류의 출판물에서의 일반적 묘사 방식에 따르면, 프랑스 성직자들을 일종의 괴물이라고 믿게 된다. 미신과 무지, 태만, 사기, 탐욕 그리고 압제의 소름끼치는 합성물로 믿게 된다. 그러나 이것이 사실인가? 시간의 흐름, 이해갈등의 종식, 당파적 분노에서 초래된 해악들에 따른 비참한 경험이, 그들의 정신을 점차 개선하는 데 어떤 영향력도 미치지 않았다는 것이 사실인가? 그들 성직자들이 매일같이 세속 권력에 대한 침범을 새롭게 하여, 국내 평온을 교란하고 정부의 작동을 약하고 불안정하게 만들고 있었다는 것이 사실인가? 우리 시대의 성직자들이 철권으로 세속인을 억누르며, 모든 곳에서 야만적인 박해의 불을 지피고 있었다는 것이 사실인가? 그들이 온갖 술수를 써서 소유 토지를 확대하려고 열심이었던가? 자신들의 영지에 대해 정당한 요구를 넘어서는 요구를 하곤 했는가? 그들이 옳은 것을 그른 것으로 견강부회하면서, 합법적 요구를 성가신 갈취로 전환시켰던가? 그들이 권력을 갖지 못했을 때는 권력을 시샘하는 자들이 지니는 악덕을 잔뜩 지녔던가? 그들이 난폭하며 분쟁적인 논쟁정신으로 불타고 있었는가? 그들이 지적 최고 권력에 대한 야심에 충동되어

거리낌 없이 모든 행정장관에게 정면으로 맞서며, 교회를 불태우고, 다른 종파의 사제들을 학살하고 제단을 파괴하며, 전복된 국가의 폐허를 넘어 교리의 제국으로 나아가려 했다는 말인가? 그들이 때로 비위를 맞추며, 때로 인간의 양심을 공적 기관의 관할권에서부터 자신들의 사적 권위에 복종하도록 강요하면서, 자유 주장부터 시작하여 권력 남용으로 결말지었다는 말인가?

이러한 것들이 또는 이들 중 일부가 항거 대상이 된 악덕이다. 그리고 이전 시기에 유럽을 분열시키고 혼란에 빠뜨린 두 개의 큰 당파[124]에 속했던 성직자 일부의 경우에는 근거가 전혀 없지 않았다.

만일 프랑스에서 다른 나라들에서 현재 드러나는 것처럼, 이러한 악덕이 증가하는 대신에 크게 감소했다면, 현재의 성직자들에게 다른 사람의 범죄와 다른 시기가 지녔던 가증스러운 성격을 덮어씌워서는 안 될 것이다. 일반적 형평 원리에 따라 그들이 선조를 타락시켰던 정신에서 벗어났음에 대해, 그리고 그들의 신성한 직능에 더 적합한 정신 상태와 태도를 지니게 된 데 대해 칭찬하고 용기를 북돋우며 지원해야 마땅할 것이다.

이전 치세의 말기쯤에 기회가 닿아 프랑스를 방문했을 때, 나는 여러 유형의 성직자에 대해 호기심이 많았다. 나는 몇몇 서적을 읽고서 당연히 예상했던 대로 성직자 집단에 대한 불평과 불만을 발견하기는 커녕 (일단의 사람들을 제외하고서인데, 그들은 당시에 매우 활발했지만 수적으로 그리 많지 않았다) 공적·사적을 막론하고 그들에 대한 불만을 거의 또는 전혀 인지하지 못했다. 더 조사해본 결과, 나는 성직자들이 일반적으로 온건한 정신과 단정한 태도를 지닌 사람들이라는

---

124) 가톨릭과 개신교도—옮긴이.

것을 알았다. 나는 남녀 수도사들과 재속 성직자를 모두 포함하여 말하는 것이다. 교구 사제들을 많이 만날 기회를 얻지는 못했다. 그러나 일반적으로 그들의 도덕성에 관해, 그리고 그들의 직무에 대한 열성에 관해 매우 좋게 말하는 것을 들었다. 나는 상급 성직자들 몇몇과는 사적으로 친교를 맺었고, 그 직위에 있는 나머지 사람들에 관해서는 매우 양호한 정보 수단을 지녔다. 그들은 거의 대부분 귀족 출신이었다. 그들은 귀족계급의 다른 이들과 유사했고, 다른 점이 있는 경우 그들이 더 나았다. 그들은 대검 귀족들보다 더 충분한 교육을 받아서, 무지 때문이거나 권위를 행사하는 데 부적절하여 직책을 욕보이는 일은 절대로 없었다. 그들은 내가 보기에 성직자로서의 적성을 넘어 관대하고 개방적이었다. 신사로서 그리고 명예를 존중하는 사람으로서의 심성을 지녔으며, 태도와 행동이 방자하지도 비굴하지도 않았다. 그들은 나에게 우수한 계급으로 보였으며, 그 집단에서 페늘롱(Fénelon) 같은 사람을 발견한다고 해서 놀랄 일이 아니었다.[125] 나는 파리의 성직자 중에서 (이런 종류의 사람 여럿을 아무 곳에서나 만날 수 있는 것이 아니다) 학식이 깊고 솔직한 사람들을 보았다. 그리고 이러한 사람들이 파리에만 한정된 것이 아니라고 믿을 이유가 있다. 다른 지역에서 내가 발견한 바는 우연히 얻었으므로, 공정하게 얻은 예라고 추정된다. 나는 지방 마을에서 며칠 묵었는데, 주교가 부재중이어서 대리주교인 성직자 세 명과 저녁을 보내게 되었다. 그들은 어떤 교회에서든 명예를 높이는 인물들이었다. 모두 지식을 갖추었으며, 그중 두 명은 특히 자신의 직업에 관해 동서고금을 통해 해박한 지식을 지니고 있었

---

125) 18세기 초 캉브레 대주교인데, 신앙·학식·설득력·관대함으로 명성이 높았다—옮긴이.

다. 우리 영국의 신학자에 관해서도 내가 예상한 것보다 더 유식했다. 그들은 그 저자들의 진수에 대해 비상히 정확하게 이해하고 있었다. 이 신사들 중 한 명은 그 후 사망한 모랑지(Morangis) 신부님인데, 나는 이 찬사를 주저함 없이 그 고결하고 존경스러우며 박식하고 출중한 인물의 기억에 바친다. 또 마찬가지로 기꺼이, 내가 도움을 줄 수 없는 사람들에게 폐가 될 우려가 없다면, 지금 살아 있다고 생각되는 다른 두 분의 장점에도 찬사를 바친다.

이 고위 성직자들 일부는, 모든 근거에서 폭넓게 존경받을 자격이 있는 인물들이다. 그들은 나와 많은 영국인에게 감사를 받을 자격이 있다. 만일 이 편지가 그들 손에 들어가게 된다면, 그들의 부당한 몰락과 그들 재산에 대한 가혹한 몰수에 대해 심심하게 동정하는 우리나라 사람들이 있다는 점을 믿어주기 바란다. 그들에 관해 내가 말한 것은, 한 사람의 미약한 소리가 역할을 할 수 있는 한 하나의 증언이며, 진실을 위한 일이다. 자연에 역행하는 박해 문제와 관련되는 한 나는 내 몫을 할 것이다. 아무도 내가 공정해지고 감사하는 것을 막을 수는 없다. 그 의무를 수행할 적당한 때가 왔다. 우리나라 사람들과 인류에게서 호의를 얻을 자격이 있는 인물들이, 민중의 욕설과 압제적 권력의 박해 밑에서 고통받고 있는 이때가 우리의 정의심과 감사를 보여주는 데 특히 적절한 때다.

당신들의 혁명이 있기 전에 당신 나라에는 주교가 약 120명 있었다. 그중 몇 명은 뛰어나게 고결하며 끝없는 기독교적 사랑을 갖추었다. 영웅적 미덕을 이야기하는 경우, 물론 희귀한 미덕을 말하는 것이다. 나는 현저하게 타락한 사람들의 예가 비범한 선을 지닌 자들의 경우와 마찬가지로 드물 것이라고 생각한다. 탐욕과 방종의 예들이 발견될 수 있으며, 나는 그 점을 의심하지 않는다. 그러한 것을 발견할 수 있는 조사를 행하는 데에서 희열을 느끼는 자들이 발견 작업을 할 것이다. 나만큼 나이를 먹은 사람이면, 각 계급 성직자 중에 몇몇이 재산에서 든 쾌락에서든, 완전한 자기 부정의 생활을 하지 않았다고 해서 경악하지 않는다. 그러한 생활은 모두 원하는 바이고 몇몇 사람들에게는 기대되기도 하지만, 누구보다도 엄격하게 그러한 생활을 요구하는 자들은, 자신들의 이익에 가장 열중하고, 자신들의 정욕에 가장 탐닉하는 자들이다. 내가 프랑스에 머물 때, 사악한 고위 성직자 수가 많지 않았다고 확신한다. 생활의 정연함에서 돋보이지 않았던 몇 명은 엄격한 덕성에서 부족한 것을 넓은 도량으로 보충했고, 교회와 국가에 유용한 자질을 갖추고 있었다. 루이 16세가 고위 성직자를 임명할 때는 몇몇 예외는 있지만 선왕보다 더 인품을 중시했다고 들었다. 나는 그 말이 사실일 것이라고 (약간의 개혁 열정이 왕의 재위기간 내내 뚜렷했으므로) 믿는다.

## 7. 국민의회의 교회 정책

### 새로운 교회 제도

그러나 현재 통치 권력은 교회를 약탈하려는 경향만을 드러내면서 모든 고위 성직자를 처벌했다. 그리하여 적어도 평판이라는 관점에서 보면, 악덕 성직자를 이롭게 하는 결과가 되었다. 그들은 모욕적인 연금제도를 마련했는데, 자유로운 생각을 지녔거나 형편이 넉넉한 사람들은 아무도 자녀들을 그러한 처지에 두려고 하지 않는다. 그 제도는 최하 계급 사람들 속에 자리 잡을 것임이 틀림없다. 이제 당신네 하위 성직자는 임무에 비해 인원이 충분하지 않다. 그들의 임무는 과도하게 세세하고 고생스럽다. 그리고 중간 지위 성직자를 여유롭게 놓아두지 않았으므로, 장래 프랑스 교회에는 학문과 학식과 관련된 어떤 것도 존재할 수 없게 된다. 그런 계획을 완성하고자 국민의회는 성직 후견권에 조금도 개의치 않고, 장차 성직자 선출제도를 마련했다. 그 제도는 성직자 계급에서 모든 진지한 사람을, 그들의 직무에서나 그들의 행동에서 독립적이고자 하는 사람들을 축출하는 결과를 초래할 것이다. 그리고 그 제도는 여론을 지도하는 일을 모두 방탕하고 방자하며, 교묘하고 분파적이며 아첨하는 철면피 무리의 손에 넘겨줄 것이다. 이들 비열한 자들은, 성직자들이 받는 굴욕적인 연금을 (이에 비하면 세리의 봉급조차 수지맞고 명예로울 정도다) 비열하고 인색한 음모의 대상으로 만들 처지인 자들이며, 그러한 생활방식을 지닌 자들이다. 그들이 아직 주교라고 부르는 간부들은 초라한 봉급을 받는 자리에 선출될 예정이다. 그들은 알려진 또는 발명될 수 있는 모든 종교적 신조의 소유자들에 의해, 동일한 방책을 통해 (즉 선거라는 방책 말이다) 선출될 예정이다. 새 입법자들은 주교의 자질을, 그 신조에서나 덕성에서나, 명백하게 규정한 바 없다. 그들은 하위 성직자들에 관해서도 명백하게 규정하지 않았다. 그리하여 고위 성직자나 하위 성직자 두 집단 모두, 재량껏 원하는 대로 어떤 양식이든 종교나 비종교를 집전하고 설교할 수 있다는 양상뿐, 확실한 것이 없다. 나는 아직 주교단이 하급자들에 대해 어떤 관할권을 지니는지 알지 못한다. 그리고 관할권을 지닐 것인지 여부조차 알 길이 없다.

요컨대 이 새로운 종교제도는 나에게, 기독교를 어떤 형태의 것이든 완전히 폐지하기 위한 과도기적인 것으로서, 그리고 그 준비를 위해 의도된 것으로서 보인다. 기독교 폐지는, 사제들을 모든 이의 경멸대상으로 만듦으로써, 사람들이 최후의 일격을 가할 준비가 되었을 때는 언제고 단행될 것이다. 이런 일을 주도한 철학적 광신도들이, 그 기획을 오래전부터 쭉 지니고 있었다는 점을 믿으려 하지 않는 사람들은, 그들의 성향과 행동에 관해 전적으로 무지한 인사들이다. 이 열광자들은 자신들의 의견을 거리낌 없이 공언하는데, 국가가 하나의 종교를 지니는 것보다 종교 없이 더 잘 유지될 수 있다는 것이다. 그들은 종교가 지닐 수 있는 선이 어떤 것일지라도, 그들 자신의 기획에서 대신 제공할 수 있다고 말한다.——즉 인간의 육체적 욕구에 대한 지식에 기반하며, 잘 이해되면 더 확대되고 공적인 이익과 일치되는 계몽된 이기심으로 진전되게 하는 그들이 상상하는 일종의 교육에 의해 제공될 수 있다는 것이다. 이 교육계획은 이미 오래전부터 알려져 있었다. 최근에 그들은 그 계획에 **시민교육**(Civic Education)이라는 이름을 붙여 (그들이 기술적 용어들을 구사하는 전적으로 새로운 명명법을 소지하게 됨에 따라) 두드러지게 만들었다.

나는 영국에 있는 그들 일파가 (나는 그들에게, 이 혐오스런 기획에서, 궁극적 목표보다는 매우 무분별한 행동을 연결하는 바다) 성직자 약탈에도, 우리의 주교단이나 교구 목사직에 민중선거 원리를 도입하는 데에도, 성공하지 않기를 바란다. 이것이야말로 지금 같은 세상에서 교회의 최종적 타락이 될 것이다. 성직자의 성품이 완전히 타락할 것이며, 국가가 종교를 오해에 기초해 조처함으로써 입을 가장 위험한 충격이 초래될 것이다. 나는 주교직과 교구목사직이, 지금 영국에서 행해지고 있고 프랑스에서 최근까지 행해졌던 대로 국왕과 영주의 임명권 아래서 때로 부당한 방식으로 얻어졌다는 점을 잘 안다. 그러나 성직자 선거라는 다른 방식은, 그 직책을 무한하게, 더 확실하게 그리고 더 보편적으로, 비천한 야심에서 유래하는 모든 사악한 술책의 대상이 되도록 만든다. 그 술책들은 훨씬 더 많은 사람에게 행사되고, 훨씬 많은 사람에 의해 행사되면서, 그에 비례하는 커다란 폐해를 만들어낼 것이다.

당신들 중 성직자에게 강도짓을 한 자들은, 자신들의 행위가 모든 개신교도 국민과 쉽게 화해할 수 있는 사안이라고 생각한다. 왜냐하면 자신들이 약탈하고 능멸하고 조롱과 경멸 대상으로 만든 성직자들이, 로마 가톨릭이라는 이유에서다. 즉 **그들 마음대로** 참칭한 종파이기 때문이라는 것이다. 나는 다른 나라에서와 마찬가지로 우리나라에도, 몇몇 딱한 편집광이 있으리라는 점을 의심하지 않는다. 종교의 본질을 사랑하기보다는, 자신과 다른 종파나 당파를 더 미워하는 자들 말이다. 우리에게 공통된 희망의 기반을 공격하는 자들과 불화하기보다는, 구체적 계획과 방식에서 자신과 견해가 다른 사람들에 대해 더 크게 분노하는 자들 말이다. 이러한 자들은 이 주제에 관해, 그들의 기질과 성격에서 예상되는 방식으로 글을 쓰고 발언할 것이다. 버넷(Burnet) 은 다음과 같이 말했다.[126] 그가 1683년 프랑스에 있을 때 "최상급의 인물들을 가톨릭교도로 만드는 방법은 이러했다.――그들에게 스스로 기독교 전체를 의심하게 만드는 것이었다. 일단 그렇게 되면, 겉모습 에서 어느 쪽이든 어떤 형태를 취하는지는 덜 중요한 문제로 보였다." 만일 이것이 당시 프랑스의 종교정책이었다면, 그 후 아무리 후회해도 모자랄 사안이다. 그들은 자신들의 이념에 맞지 않은 종교 형태보다는 무신론을 선호한 것이다. 그들은 그 형태의 종교를 파괴하는 데 성공 했다.[127] 그리고 무신론은 그들을 파괴하는 데 성공한 것이다. 나는 버

---

126) 윌리엄 3세 때 솔즈베리의 주교였다. 가톨릭 반대자로 유명한데, 인용문은 그 의 『그 시절의 역사』(History of His Own Times, 1723~34)에서 발췌한 것 이다―옮긴이.

127) 프랑스 종교전쟁에서 개신교 측이 패배하고 가톨릭이 국교 지위를 유지한 사 실을 말한다―옮긴이.

넷의 이야기를 사실이라고 금세 믿을 수 있다. 왜냐하면 우리나라에서도 유사한 정신을 너무도 많이 (왜냐하면 그것이 조금일지라도 너무나도 많은 것이기 때문이다) 보아왔기 때문이다. 그러나 그 기질은 일반적이지 않다.

영국에서 우리의 종교를 개혁한 스승들은, 파리에서 현재 당신네 개혁 박사들과는 닮은 데가 전혀 없었다. 그들은 바람직한 것보다는 더 (그들의 적대자들과 마찬가지로) 당파적 심성의 영향 아래 있었다고 하겠다. 그러나 그들은 매우 진지한 신앙인이었다. 매우 열렬하고 고상한 경건함을 지닌 사람들이었다. 그들의 특정한 기독교 이념을 지키기 위해 (그들 중 몇몇이 실제로 그렇게 죽은 것처럼) 진정한 영웅처럼 죽을 각오가 되어 있었다. 마찬가지로 꿋꿋하게 그리고 더 기꺼이 그들은, 자신들의 피로 싸운 가지들의 근간이 되는 보편적 진리를 위해 죽을 용의가 있었다. 이 인물들은, 논쟁을 벌였던 상대방들을 약탈하고 그러면서 동일한 종교를 경멸했다는 점만을 가지고 자신들과 동료라고 주장하는 그 무뢰배에 대해, 혐오감 속에서 관련성을 부인했을 것이다. 이 인물들은 공통된 종교의 순수성을 위해 열성적으로 진력했는데, 이 일이야말로 그들이 개혁하고자 소망한 그 조직의 본질에 대해 최고도의 존경을 지녔다는 점을 의심의 여지없이 증명한다. 그들의 후손 다수가 같은 열성을 간직했다. 그러나 그 후손들은 (분쟁에 빠져드는 일이 적어짐에 따라) 더 절제력을 지니게 되었다. 그들은 정의와 인자함이 종교의 본질적 부분임을 잊지 않는다. 불경한 자들이, 어떤 부류든 같은 인류에 대해 불공평하고 잔인한 짓을 저지르면서, 그 인물들과 동료가 될 수는 없다.

우리는 이 새 교사들이 자신들의 관용정신을 계속 자랑하고 있다는 소식을 듣고 있다. 모든 견해에서 평가해줄 만한 것이 하나도 없다고 생각하는 사람이 모든 견해를 관용하는 것은, 큰 장점이 될 사안이 아니다. 동등하게 무시하는 것은 공평한 친절과는 다르다. 경멸에서 나온 자비는 진정한 자선이 아니다. 영국에는 진정한 관용정신에서 관용적인 사람들이 많다. 그들은 종교 교리는 정도 차이는 있을지언정 모두 중요하다고 생각한다. 그리고 종교 교리들 중에서, 모든 가치 있는 것들이 그러하듯, 더 선호할 정당한 근거가 존재한다고 생각한다. 따라서 그들은 선호하면서 또한 관용하는 것이다. 그들은 관용하는데, 의견을 경시하기 때문이 아니라 정의를 존중하기 때문이다. 그들은 그들이 모두 동의하는 그 위대한 원리와 그들이 모두 지향하는 그 위대한 목표를 사랑하고 존중하기 때문에, 모든 종교를 경건하게 그리고 애정을 지니고 보호하려는 것이다. 그들은 우리가 모두 하나의 공통의 적에 대항하는 것과 같이, 하나의 공통된 대의를 지닌다는 점을 점점 더 명백하게 인식하기 시작한다. 그들은 소속된 작은 집단을 위해 행하는 일을, 자신이 다른 명칭으로서 속해 있는 전체 집단을 대상으로 하는 특수한 악의적 행위들에서 구별해내지 못할 정도로 당파심 때문에 미혹되지 않는다. 나로서는 우리나라의 모든 종류의 신자가 각각 어떤 성격인지 말하기는 불가능하다. 그러나 나는 다수에 관해서 말하는데, 그들을 대변하여 다음과 같이 말하겠다. 교회약탈은 선행에 관한 그들 교리 속에는 들어 있지 않다고. 그러한 행위를 근거로 하여 당신네를 동료로 맞아들이기는커녕, 만일 당신네 교수들이 동료로서 용납되고자 한다면, 무고한 사람들의 재산을 빼앗는 것을 정당하다고 하는 교리를 주의 깊게 감춰야 하며, 모든 훔친 재산을 제자리에 돌려놓아야만 할 것이라고. 그때까지는 그들이 우리와 동료일 수 없다.

당신네들이 토지에서 얻는 독립재산을 소유한 주교, 대성당 사제와 참사회장 그리고 교구사제들의 수입을 몰수한 것을 우리가 찬동하지 않는 이유를, 영국에도 동일한 종류의 교회재산이 존재하기 때문이라고 생각할지도 모르겠다. 그러한 반론은 수도사와 수녀의 재산 몰수와 수도원의 폐지에 관해서는 해당되지 않는다. 당신네가 행한 전면적인 몰수에서 이 특정 부분이, 합당한 선례로서 영국에 영향을 미치지 않음이 사실이다.[128] 그러나 몰수의 구실은 응용되고 게다가 확대될 수 있다. 장기의회는 잉글랜드에 소재한 대성당 참사회와 참사회장들의 토지를 당신네 국민의회가 수도원 재산을 판매한 것과 같은 생각에 입각하여 몰수했던 것이다. 그러나 위험은 부정한 원리에 있는 것이지, 그 원리가 어떤 종류의 사람에게 먼저 적용되었느냐에 있지 않다. 나는 우리의 바로 이웃나라에서, 인류의 공통 관심사인 정의에 도전하는 정책노선이 추구되는 것을 눈앞에서 보고 있다. 프랑스 국민의회에게 소유권은 아무것도 아니다. 법률과 관습도 아무것도 아니다. 나는 그 국민의회가 공개적으로 시효 이론(doctrine of prescription)을 비난하는 것을 보고 있다. 시효 이론은 그네들 자신의 법률가 중 가장 위대한 인물이[129] 우리에게, 실로 진리에 적합하게도 자연법의 일부라고 말한 바 있다. 그 법률가는 시효의 한계를 명문으로 확정하고 침해로부터 수호하는 일이 공공 사회 자체를 조직하는 목적의 하나라고 우리에게 말한다. 만일 시효가 흔들리면, 어떤 종류의 재산도 그것이 일단 궁핍한 권력의 탐욕을 유혹할 정도로 큰 대상인 경우 안전하지 않다. 나는 자연법의 이 위대한 기본 부분에 대한 그들의 경시에, 완벽하게 부합하는 하나의 행위를 보고 있다. 나는 몰수하는 자들이 주교와 참

---

128) 영국에서는 16세기 헨리 8세의 종교개혁 때 이미 수도원 폐지와 재산 몰수가 행해졌다―옮긴이.

129) 도마(Domat, 17세기 프랑스 법학자로 『자연적 질서에서의 민법』Les Lois civiles dans leur ordre naturel의 저자다―옮긴이).

사회와 수도원들부터 시작하는 것을 보는 것이다. 그러나 나는 그들이 거기서 그치지 않는 것을 보고 있다. 나는 그 왕국의 가장 오래된 관행에 따라 대토지재산을 소유한 왕족들이 (의례적인 논의조차도 거의 없이) 재산을 박탈당하는 것을 본다. 그들은 안정적인 독립재산 대신에, 의회가 마음 내키는 대로 처리하는 불확실하고 시혜적인 약간의 연금을 희망하는 신세로 떨어졌다. 그런데 의회는 합법적 소유자들의 권리를 무시하는 마당에, 마음대로 하는 연금 수령자의 권리를 물론 거의 존중하지 않을 것이다. 그들은 최초의 파렴치한 승리에 따른 오만으로 의기양양해지고, 불경스러운 돈벌이에 대한 갈망이 빚어낸 재난의 중압에 실망했으나 의기는 꺾이지 않아, 마침내 대왕국 전역에 걸쳐 모든 종류의 모든 재산을 완전히 전복하는 길로 나섰다. 그들은 모든 상거래에, 모든 토지 매매에, 시민들의 거래에 그리고 생활상의 교제 전체를 막론해서, 자신들이 약탈한 재산의 판매계획 위에 성립하는 투기의 상징을, 완벽한 지불수단이며 정당하고 합법적인 법정화폐로서 수취하도록 모든 사람에게 강요했다.[130] 그들은 자유와 소유권의 흔적으로서 무엇을 남겨놓았는가? 배추밭의 소작권, 오두막의 1년 사용권, 추정재산권의 그림자에 불과한 술집이나 빵집의 영업권조차도 우리나라 의회에서는, 당신네가 매우 존경스러운 인물들이 소유한 매우 오래되고 매우 가치 있는 토지 재산을 취급하거나 혹은 당신 나라의 화폐 소유 계급과 상인 계급 전체를 다루는 경우보다도 더 정중하게 취급한다. 우리는 입법부의 권위에 대해 높은 존경심을 품는다. 그러나 우리는 의회가 소유권을 유린하고 시효를 뒤엎는 권력을 지닌다고는 꿈에

---

130) 교회 재산을 담보로 발행했던 아시냐 공채를 1790년 8월부터 불환지폐로 전환한 조처를 말한다—옮긴이.

도 생각하지 않는다. 또 의회 스스로 꾸며낸 통화를, 진정한 그리고 여러 국민의 법에 의해 인정된 화폐 대신에 강제하는 그 어떤 권력도 지니고 있다고 몽상조차 하지 않는다. 그러나 당신들은 매우 온건한 제한에도 승복하기를 거부하면서 일을 시작해서 전대미문의 전제정치를 수립하는 것으로 결말을 보았다. 나는 당신네 몰수자들이 일을 진행한 토대는 여기에 있다고 본다. 즉 자신들의 행위는 법정에서는 진정 지지를 얻지 못할 것이나, 시효의 법칙은 입법기관을 속박할 수 없다는 것이다.[131] 그리하여 자유국의 입법부는 소유권 보장을 위해서가 아니라 소유권 파괴를 위해 개회 중이다. 소유권 파괴뿐 아니라 소유권에 안정성을 부여할 수 있는 모든 규칙과 원칙의 파괴와 재산을 유일하게 유통시킬 수 있는 도구들의 파괴를 추구한다.

16세기에 뮌스터의 재침례파들이 재산에 관한 평준화 주장과 난폭한 견해로 독일 전체를 혼란에 빠뜨렸을 때, 그들의 광기의 진전에 정당하게 경악하지 않은 유럽 국가가 어디 있었는가? 무엇보다도 전염병처럼 번지는 광신 앞에서 지혜가 가장 공포에 질렸다. 왜냐하면 모든 요소 중에서도 지혜가, 어떤 종류든 대항할 자원을 제공하기에 가장 어려운 상대가 광신이기 때문이다. 우리는 무신론적 광신주의에 관해 무지할 수 없다. 그것은 믿기 어려울 정도의 근면성과 비용을 치르면서 확산되는 많은 저작물과 파리의 모든 길거리와 공중이 모이는 모든 장소에서 행해지는 설교에 자극받고 있다. 이 저작과 설교들은 사람들 마음에 음흉하고 야만스런 잔혹성을 채워넣었다. 그 심성은 사람

---

131) 카뮈(Camus) 씨의 연설로, 국민의회의 명령으로 출판되었다(국민의회 의원으로서 성직자를 국가 관료로 위치지은 「성직자 민사기본법」을 기초했다. 1790년 말 국민의회는 성직자에게 「성직자 민사기본법」에 선서할 것을 강요했는데, 성직자 다수가 거부하고 혁명에 적대적이 되었다—옮긴이).

들 마음에서, 도덕과 종교의 모든 감정과 더불어 보편적인 자연적 감정을 대신한다. 그리하여 이들 가련한 자들은 재산에 대해 행해진 난폭한 변동과 변경에 의해 그들에게 가해진 참을 수 없는 고난을, 굼뜬 인내심을 지니고 참도록 유도되는 정도에 이르렀다.[132] 이 광신 정신에는 변절의 정신이 동반한다. 광신자들은 그들의 신조를 전파하기 위해 국내외에서 파벌을 만들고 교신하기 위한 협회를 지니고 있다. 베른 공화국(republic of Berne)은 세상에서 가장 행복하고 번영하며 가장 잘 통치되는 나라다. 그런데 그들이 파괴하고자 하는 주요 목표물 가운데 하나가 되었다. 나는 그들이 그곳에 불만의 씨를 뿌리는 데 어느 정도 성공했다고 들었다. 그들은 독일 전역에서 분주하게 일한다. 스페인과 이탈리아에서도 시도되지 않은 것이 아니다. 영국도 그

---

132) 다음 서술이 정확한 사실인지 여부를 나는 모른다. 그러나 출판인이라면 다른 사람들을 자극하기 위해 사실이라고 퍼뜨릴 수준의 것이다. 그들의 신문 중 하나에 실린 툴(Toul)에서 온 편지에는 그 지역 주민에 관해 다음과 같은 구절이 있다. "대혁명 과정에서, 그들은 맹신의 모든 유혹에 저항했고 혁명의 적들이 유포하는 중상모략과 험담을 극복했다. 국민의회를 만들어낸 공공의 질서를 존중하기 위해 개개인의 사적 이해를 떨쳐버린 그들은 아무런 불만 없이 헌납을 통해 무수히 난립했던 종교기관들이 사라지는 데 일조했다. 또 모든 수입의 유일한 원천이던 주교 교구를 상실해서 이제까지 경험하지 못한, 경험할 수도 없었던 극도의 비참한 상황을 강요받으면서도 그들은 아무런 불평을 하지 않았다. 그들은 가장 순수한 애국심을 지닌 충성스러운 국민으로 남아 있다. 헌법이 그들의 낡은 세계를 철저히 소멸시킬지라도 그들은 계속해서 이 헌법을 수호하기 위해 자신들의 피를 바칠 준비가 되어 있다." 이들이 자유를 위한 투쟁 속에서 그러한 고난과 부정의를 견뎠다고는 생각되지 않는다. 왜냐하면 이 같은 이야기에서 사실에 맞게 그들이 언제나 자유로웠다고 진술하기 때문이다. 그들이 구걸과 파멸 속에서 인내하며, 극악하고 명백한 부정의에도 항의하지 않은 것은, 그대로 사실이라면, 이 무서운 광신주의의 영향일 수밖에 없다. 프랑스 전체에 걸쳐 다수가 그와 같은 처지에 있고, 같은 정서를 지니고 있다.

들의 악의에 찬 사랑을 퍼뜨리는 종합적 기획에서 벗어나 있지 않다. 그리고 영국에서 그들에게 손을 뻗치는 사람들과, 그들의 예를 한곳이 아닌 설교대에서 권장하는 사람들, 일회성 아닌 정기적 회합에서 그들과 공식적으로 교신하고 그들에게 갈채를 보내고 그들을 모방 대상으로 삼기로 작정한 사람들을 볼 수 있다. 이들 영국인들은 그들의 예식 및 비적을 행하면서 그들로부터 협회 회원증서와 깃발을 받는다.[133] 이 영국인들은 그들에게 영원한 친선동맹을 제안하는데, 이는 우리 헌법이 이 왕국을 동맹에 참여시킬지 결정권을 독점적으로 부여한 당국이, 그들과 전쟁하는 것이 적절하다고 판단할 수 있는 그러한 때에 제안된 것이다.

프랑스의 예에서 내가 두려워하는 것은 우리나라의 교회 재산이 몰수될까봐서가 아니다. 물론 이는 사소한 해악이 아니다. 그러나 내가 크게 염려하는 바는, 영국에서 어떤 종류일지라도 몰수로 재원을 조달하려는 것이 국가정책으로서 고려된다든지, 어떤 부류의 국민이 다른 사람들을 누구라도 자신들의 적당한 먹이로 간주한다든지 하는 것이다.[134] 여러 국가가 끝없는 부채라는 대양에 점점 더 깊이 빠져들고 있

---

133) 낭트 소재 협회의 의사록을 보라(혁명 당시 많은 협회가 결성되어 상호 연계를 지녔는데, 자코뱅협회도 그중 하나다. 낭트의 애국자협회는 영국 혁명협회와 서신을 주고받았으며 우정의 표시로 혁명협회에 깃발을 보냈다—옮긴이).
134) "비록 재산을 부당하게 얻은 사람 수가 재산을 부당하게 빼앗긴 사람보다 다수라고 하더라도 그 이유 때문에 전자의 입장이 후자보다 더 영향력을 가질 수 없다. 왜냐하면 그러한 문제에서 영향력은 수의 많고 적음이 아니라 비중을 따져야 하기 때문이다. 재산을 전혀 갖지 못했던 사람이 수년 또는 수세대에 걸쳐 점유되어온 토지를 자기 것으로 하고, 그전의 소유자는 재산을 상실하지 않으면 안 되는 사태를 어떻게 공정하다고 할 수 있는가? 스파르타인들이 그들의 감독관 리산드로스(Lysandros)를 추방하고, 아기스(Agis) 왕을 사형시킨 일—스파르타 역사상 미증유의 사건—은 바로 이러한 부정한 행

다. 국가 부채는 처음에는 많은 사람이 국가의 평온에 관심을 갖게 하여 정부에 대한 보증이 되었으나, 이제 과도하게 되어 정부의 전복 수단이 될 수 있다. 만일 정부가 이 부채에 대해 중과세함으로써 대처하려 한다면, 정권이 국민의 적의를 사서 사라지게 된다. 만일 정부가 부채에 대해 조처를 취하지 않으면, 모든 당파 중에서도 가장 위험한 당파의 작용에 의해 파멸하게 될 것이다. 나는 불만을 품은 광범위한 화폐 소유 계급을 말하는데, 그들은 손해를 입었으나 파멸하지는 않은 상태가 되기 때문이다. 이 계급을 구성하는 사람들은 자신들의 안전을 먼저 정부의 신뢰성에서, 그다음에는 그 권력에서 구한다. 만일 오래된 정권이 쇠약해지고 피폐하여 스프링이 느슨해져서 그들의 목적에 충분한 활력을 지니지 않게 되면, 그들은 더 많은 에너지를 지닐 새 정권들을 찾게 될 것이다. 그리고 이 에너지는 재원의 획득에서가 아니라 정의의 경시에서 얻게 될 것이다. 무릇 혁명은 몰수하는 데 적절한 기회다. 그리고 어떤 가증스러운 이름 아래 다음번 몰수가 승인될지 알 길이 없다. 나는 프랑스에서 기승을 부리는 원리가 독기 없는 나태

---

위 때문이었다. 이후 같은 이유 때문에 격렬한 내분이 계속되어 참주가 대두되었고, 귀족은 추방되었으며, 비할 바 없을 정도로 훌륭하게 구성되어 있던 국가도 붕괴되어 사라졌다. 그러나 붕괴한 것은 스파르타만이 아니었다. 라케다이몬에서 시작되어 점점 광범위하게 확산된 해악에 감염되어 나머지 그리스 전체도 파멸하고 말았다." 진정한 애국자의 모범인 시키온의 아라토스(Aratos of Sycion)의 행위—매우 다른 정신에서 행해졌는데—에 관하여 이야기한 후, 키케로는 이렇게 말한다. "이것이 동포시민에 대한 올바른 조처다. 그것은 이미 두 번에 걸쳐 본 바와 같이, 광장에 창을 세워놓고 시민의 재산을 경매에 붙이는 것과는 다르다. 그러나 그 유명한 그리스인은 뛰어나게 현명한 인물답게 전체 이익을 고려하지 않으면 안 된다고 생각했다. 이와 같이 선량한 시민의 차원에서 최고의 정치력과 가장 건전한 지혜는 시민의 재산을 분할하는 것이 아니라 편벽되지 않은 공정성 위에서 그 재산을 결합하는 데 있다"(키케로, 『의무론』De officiis, 제2권).

를 자신들의 안전에 상책이라고 생각하는 여러 나라 여러 부류의 매우 많은 사람들에게 퍼져나갈 것이라고 확신한다. 재산 소유자들이 지닌 이러한 종류의 순진함은 무용지물이라고 주장될지 모른다. 그리고 무용지물이라는 주장에서 나아가 그들의 영지에 부적합하다는 주장이 될 수 있다. 유럽의 많은 곳이 공공연한 무질서에 빠져 있다. 다른 여러 곳에서는 지하에서 희미한 중얼거림이 있다. 하나의 혼란스러운 움직임이 감지되는데, 그것이 세계 정치에서 대지진이 될 조짐이 있다. 이미 몇몇 국가에서 매우 괴이한 성격의 공모와 연락이 이루어지고 있다.[135] 사태가 그러하므로 우리는 경계를 단단히 서지 않으면 안 된다. 모든 변천에서 (만일 변천이 있어야만 한다면) 그 폐해의 날카로움을 가장 무디게 할 수 있고, 그에 내포될지도 모르는 선을 증진하는 정황은 우리 정신이 정의를 고집하고 소유권에 유념하는 때다.

그러나 프랑스에서의 이 몰수를 다른 나라에서는 염려할 것 없다고 주장할 수도 있다. 그 몰수가 제멋대로의 탐욕에서 비롯된 것이 아니라고 지적할 것이다. 그것은 국가 정책의 대사업으로서, 광범위하고 만성적이며 미신인 폐단을 제거하기 위해 채택되었다고 지적할 것이다. 나로서는 정책에서 정의를 분리하기가 매우 어려운 일이다. 정의는 그 자체가 공공 사회의 위대한 항구적 정책이다. 그리고 어떤 상황에서도 그로부터 크게 벗어나는 것은 전혀 정책일 수 없다는 의심이 든다.

사람들이 현존하는 법에 의해 일정한 생활양식을 영위하도록 조장

---

135) 다음 두 책의 제목을 보라. 『광명단(Illuminatenorden)에 관한 일차 자료집』, 『광명단의 조직과 장래』(뮌헨, 1787)(광명단은 프리메이슨 계통의 결사로, 당시 유럽의 종교와 정부에 대항하는 음모집단이라는 혐의를 받았다—옮긴이).

되었고 또 합법적 직업에 종사하는 것과 마찬가지로 그 방식이 보호될 때——그들이 모든 생각과 모든 습관을 그 방식에 적응시켰을 때——법률이 오랜 기간에 걸쳐 그 규칙에 충실함을 평판의 기반으로 삼고 그로부터의 일탈을 치욕의 기반 또는 형벌의 기반으로 삼았을 때——나는 입법부가 그러한 때에 자의적 법률에 의해 사람들의 정신과 감정에 갑작스러운 폭력을 행사하는 것은 부당하다고 확신한다. 그들의 상태나 상황에서 강제적으로 강등시킨다든지, 전에는 그들의 행복과 명예의 척도가 되었던 성격과 습관을 치욕과 오명으로써 낙인찍는 일은 부당하다고 확신한다. 만일 여기에 더하여 그들이 집에서 추방되고 재산이 모두 몰수된다면, 나는 사람의 감정과 양심, 편견 그리고 재산을 가지고 행해지는 이 전제정치적 오락이 어떻게 극악한 폭정과 구별될 수 있을지 알 만큼 지혜롭지 못하다.

### 수도원 제도의 이점

이제 프랑스에서 추구된 노선이 정의롭지 못함이 명백해졌다고 하면, 다음은 그 수단의 현명함 여부가, 즉 그로부터 기대된 공공 이익이 어떠한지가 적어도 밝혀져야 할 그에 못지않게 중요한 사안이다. 자신의 기획에서 공공선 이외에는 아무것도 고려하지 않으며 어떤 열정에 의해서도 영향 받지 않는 사람에게는, 다음 두 가지 사이의 커다란 차이점이 즉시 간파될 것이다. 애초에 그러한 제도들을 도입할 때 명령하는 방침과 그 제도의 전면적 폐지 문제를 명령하는 방침 사이의 차이점이 그것이다. 후자의 경우, 제도들은 그 뿌리를 깊고 넓게 내렸고, 오랜 관습(habit)에 의해 자체보다 더 가치 있는 것들이 그 제도들에 적응되고 어떤 의미로는 결합되어 있어서, 다른 쪽을 손상하지 않고는 한쪽을 파괴할 수 없는 곳에서 전면적으로 폐지하는 것이 된다. 만일 당면한 문제가 궤변가들이 하찮은 논쟁 스타일로 묘사하는 바와 진정으로 같다면, 그 인물도 당혹스러워 할 것이다. 그러나 여기에는 국가에 관한 대부분의 문제가 그렇듯이 중도의 길이 있다. 단순히 완전 파괴인가, 개혁 없는 존속인가의 양자택일 외에, 다른 어떤 것이 있는 것이다. "스파르타를 얻었으니 그를 장식하라."[136] 이는 내 생각에 심오한 의미를 지닌 규칙이다. 그리고 정직한 개혁자라면 절대 잊어서는 안 되는 것이다. 나는 어떤 자가 감히 자신의 나라를 백지(carte blanche)에 불과하다고 보고 자신이 좋을 대로 그 위에 갈겨쓸 수 있다고 생각하는 정도로 오만할 수 있는지 이해가 가지 않는다. 열렬한 공상적 선의로 가득한 자라면, 자신의 사회가 자신이 보고 있는 것과 다르게 구성되기를 기원할지 모른다. 그러나 훌륭한 애국자이고 진정한 정치가라면, 자신의 국가에 현존하는 자료를 가지고 어떻게 최선의 것을 만들어낼 수 있을까 항상 생각할 것이다. 보수하려는 성향과 개선하는 능력이 같이 가는 것이 정치가에 대한 내 기준이다. 그외에 다른 것은 모두 그 생각에서 천박하고 실행에서 위험하다.

  국가들이 걷는 운명에서, 특정한 인물들이 위대한 정신적 노력을 기울여 개선을 행하도록 부름을 받는 순간이 있다. 그러한 순간에 그들이 군주와 온 나라의 신임을 얻어 권위를 전부 부여받은 듯싶은 때에도, 반드시 적절한 도구를 갖게 되는 것이 아니다. 정치가가 위대한 일을 하기 위해서는, 우리나라 기술자들이 지렛대라고 부르는 힘(power)을 구한다. 그리고 만일 그가 그 힘을 얻게 되면, 기술직에서와 마찬가지로 정치에서도 그것을 사용하는 데 어려울 일은 없다. 내 생각으로

---

136) 『에라스무스의 격언집』에 나오는 라틴 격언인데, 르네상스 시기 "인문학자들 가운데 왕"이라고 불리는 에라스무스는 이 격언을 군주의 방 여러 곳에 새겨 놓아야 한다고 주장했다—옮긴이.

는 수도원 제도에서, 현명한 자비의 메커니즘을 작동시킬 큰 힘을 찾을 수 있다. 거기에는 공적 지시를 받는 수입이 있었고, 공적 연계와 공적 원리들 외에는 가진 것 없이 완전히 분리되어 공적 목적을 위해 헌신하도록 되어 있는 사람들이 있었다. 그들은 공동체의 영지를 개인 재산으로 전환할 가능성이 없는 사람들이며, 사사로운 이익 추구가 금지되어 탐욕일지라도 일부 공동체들을 위한 것인 사람들이다. 그들에게 자신의 빈곤은 명예가 되며, 자유 대신에 절대적 복종이 자리를 잡는다. 이러한 사항들은 원한다고 해서 그것을 만들어낼 가능성을 기대해보아도 헛될 뿐이다. 바람은 불고 싶은 대로 분다. 이 수도원 제도들은 열성의 산물이며 지혜의 도구다. 지혜는 재료를 만들어낼 수 없다. 재료는 자연의 선물이거나 우연의 산물이다. 지혜가 지니는 자부심은 사용되는 데 있다. 연합으로 이루어진 단체들과 그 재산이 항구적으로 존재하는 것은, 거시적 안목을 지닌 사람에게 특히 적합한 사항들이다. 그는 형성하는 데 시간이 필요한 계획과 완성된 다음에는 지속을 꾀하는 계획을 구상하는 사람이다. 당신네가 성급하게 파괴해버린 것과 같은 그러한 단체들의 재산, 규율 그리고 관습에 존재하는 힘의 지휘권과 지배권을 획득한 사람이, 그것을 자기 나라의 위대하고 영속적인 이익으로 전환할 방도를 찾을 수 없다면, 그는 위대한 정치가의 서열에서 높은 위치를 차지할 자격이 없으며 또는 거기에 이름이 올려질 자격조차 없다. 궁리에 능한 사람이 이 주제를 고찰하게 되면, 수천 가지 용도가 저절로 떠오를 것이다. 인간 정신의 왕성한 생산력에 따라 저절로 자라는 힘을 어떤 것이라도 파괴하는 행위는, 물질세계에서 물체의 분명한 활동 속성을 파괴하는 짓을 도덕세계에서 하는 것과 마찬가지다. 그것은 질산소다에 함유된 기체의 팽창력이나 증기, 전기, 자기(磁氣)의 힘을 (만일 우리에게 파괴할 능력이 있다면 말이지만) 없애려고 덤비는 것과 같다. 이 에너지들은 자연에 항상 존재했고 인식이 가능했다. 어떤 것은 도움이 안 되었고, 어떤 것은 유해하며, 어떤 것은 아이들의 장난감 정도로 보였다. 그러나 궁리하는 능력이 실용 기술과 결합하여 그 야성을 길들이고 이용되도록 만들어서, 인류의 위대한 전망과 기획에 종사하는 데 대번에 가장 강력하고 가장 순종하는 힘으로 만들었다. 정신적 노동과 육체적 노동을 지휘할 5만 명에 이르는 사람과, 태만과 미신에서 얻은 것이 아닌 수십만 파운드의 연 수입이, 당신네 능력을 행사하기에는 너무 크다고 생각했는가? 당신네는 인재를 쓸 방도가 성직자를 연금수령자로 바꾸는 것 외에 없다고 생각했는가? 그 세입을 이용하는 방도가 재산을 탕진하는 판매라는 경솔한 수단밖에는 없었는가? 만일 당신네가 그토록 정신적 기금이 부족하다면, 그 행위는 자연스런 경로인 것이다. 당신네 정치가들은 자신들의 직업을 이해하지 못했다. 그래서 자신들의 연장을 팔아버린 것이다.

그러나 그 제도들은 바로 그 원리에서 미신의 기색을 풍기며, 영구적이며 상시적 영향력을 통해 미신을 키운다고 말해진다. 이 점에 관해 이의를 제기하려는 것이 아니다. 그러나 그렇다고 해서 미신 그 자체에서 공공 이익을 제공할 수 있는 방편들을 어느 것이고 추출해내는 것이 방해받아서는 안 된다. 인류의 여러 성향과 여러 열정에서도 이익을 얻을 수 있는데, 이러한 것들은 도덕적 관점에서 보아 미신 그 자체와 마찬가지로 의심스러운 기미를 띠고 있다. 모든 열정에 관해서와 같이, 이 열정에 들어 있는 해로운 것을 모두 교정하고 완화하는 것이 당신들 일이었다. 그러나 미신이, 있을 수 있는 모든 악 가운데 가장 큰 것인가? 미신이 그 가능성대로 과도해진다면 매우 커다란 악이 된다고 나는 생각한다. 그러나 이는 도덕의 주제로서, 물론 모든 정도의 차이와 온갖 변형이 포함될 수 있다. 미신은 정신이 허약한 자들의 종교다. 따라서 약간의 이러저러한 사소한 형태와 또는 약간의 열정적인 형태로, 상호 혼합되어 있는 것을 용인하지 않으면 안 된다. 그렇지 않으면 매우 강력한 정신에게도 필요한 방편을, 허약한 정신들에서 빼앗아버리는 것이 된다. 모든 진정한 종교의 본체는 의심할 바 없이 세계의 주재자 뜻에 복종하는 것이다. 그 주재자가 선포한 것을 확신하고, 그의 완전성을 모방하는 것이다. 나머지는 우리 자신의 몫이다. 그것이 그 위대한 목표를 저해하는 것일 수 있으며, 또한 도움이 되는 것일 수도 있다. 현명한 사람은 현명하기 때문에 찬미자가 되지 않으며 (적어도 "대지의 물질적 선물"[137]의 찬미자가 아니다) 이러한 것들에 격렬하게 집착하지 않으며 또한 격렬하게 혐오하지도 않는다. 지혜는 오류에 대한 가장 엄격한 교정자가 아니다. 양자는 경쟁하는 오류이며, 서로 가차 없는 전쟁을 벌인다. 양자가 자신의 우세를 이용하는 데 매우 잔인하여, 상호 논쟁에서 무절제한 대중을 이편에 또는 다른 편에 끌어들이는 일이 있을 정도다. 신중함은 중립일 것이다. 그러나 본성상 그러한 열기를 만들어내게끔 되어 있지 않은 사안에 관해 맹목적 집착과 격렬한 반감이 대립하는 경우, 정열이 초래하는 과오와 과도함 가운데 무엇을 비난하고 무엇을 용인할지 선택하지 않으면 안 될 경우, 아마도 현명한 인물은 건설하는 미신이 파괴하는 미신보다 더 용인될 수 있다고 생각할 것이다.──나라를 변형하는 것보다 장식하는 것이,──약탈하는 것보다 부여하는 것이,──진정한 부정의를 자극하는 것보다 잘못된 자비에 기우는 것이,──자기부정을 받쳐주는 약간의 자료를 다른 사람에게서 빼앗는 것보다 그 자신의 합법적 즐거움을 거부하도록 하는 것이 더 용인될 수 있다고 생각할 것이다. 나는 그

---

137) 호라티우스의 『서정시』에 나오는 구절이다―옮긴이.

러한 것이, 고대에 수도원과 관련된 미신을 설립한 인물들과 현금의 자칭 철학자들이 지닌 미신 사이에 제기된 문제 양상과 매우 닮았다고 생각한다.

### 재산 이전 정책으로서 수도원 재산 몰수

당분간 나는 판매로 얻으리라는 공공 이익——나로서는 완전한 기만이라고 파악한다——에 관한 모든 고찰을 뒤로 미루겠다. 여기서 나는 그 문제를 재산 이전(移轉)으로만 고찰하려 한다. 재산을 이전한 그 정책에 관해 나는 몇 가지 생각을 당신에게 말하려 한다.

모든 번영하는 사회에서는, 생산자의 생계를 직접 유지하는 데 소요되는 것보다 더 많이 생산된다. 이 잉여분이 토지 자본가의 소득을 형성한다. 그 소득은 노동하지 않는 재산 소유자에 의해 소비될 것이다. 그러나 무노동 자체가 노동의 원천이다. 이 휴식이 노동에 대한 박차다. 국가가 관심을 둘 유일한 부분은, 토지에서 나온 지대로서 수취된 자본이 다시 그것이 나온 근면에 되돌아가게 하는 것이다. 그리고 그 소비가 소비하는 사람의 도덕성과 그 소비가 귀착하는 민중의 도덕성에 손상을 가장 적게 주는 방식으로 이루어지도록 하는 것이다.

분별력 있는 입법자라면, 그가 추방하도록 권유받은 소유자와 그 자리를 채우도록 제안된 낯선 자를 수입, 지출 그리고 개인적 직업에 관해 모두 고찰하여 주의 깊게 비교할 것이다. 광범위한 몰수를 통한 재산상의 모든 난폭한 혁명에 수반되기 마련인 불편이 초래되기 전에, 몰수재산의 구입자들이 상당한 정도로, 옛 소유자들——그 소유자들을 우리가 주교, 대성당 참사회원, 수도원장, 수도사 또는 당신이 좋을 대로 무어라고 부르든——보다 더 근면하고, 더 유덕하며, 더 분별력 있다는 점에 관해 우리는 무언가 합리적으로 확신할 수 있어야만 한다.

몰수재산 구입자들은 옛 소유자들에 비해 노동자의 소득에서 불합리한 비율로 갈취하거나 개인의 한도에 적당한 몫 이상을 소비하는 경향이 덜한지 또는 현명한 소비라는 목적에 적합하도록 잉여를 더욱 견실하고 평등한 방식으로 지출할 자질을 지니고 있는지에 관해서도, 우리는 무언가 합리적인 보증을 얻어야 한다. 수도사들은 게으르다고 말한다. 그럴지도 모른다. 그들이 다른 일은 하지 않고, 다만 성가대에서 노래하는 일만 맡았다고 가정해보라. 그들은 노래하지도, 말하지도 않는 사람들만큼 유용한 데에 종사하는 것이다. 심지어 무대에서 노래하는 사람들과 같은 정도로 유용한 일에 종사한다. 그들은 마치 새벽부터 어두울 때까지 예속적이며 굴욕적이고 꼴사나우며 남자답지 못하고, 자주 건강에 매우 해로우며 위험한 직업들——사회조직에 의해서 많은 가련한 자에게 피할 수 없게끔 운명지어진——에서 일하는 것인 양 유용한 일에 종사한다. 만일 사물의 자연적 경로를 교란해서, 이 가련한 인간들의 노동에 의해 돌아가며 오묘하게 조종되는 순환의 거대한 바퀴를 조금이라도 방해하는 것이 전반적으로 해롭지 않다면, 나는 고요한 수도원의 평온한 안식을 난폭하게 교란하기보다는, 그 가련한 자들을 그 비참한 노동에서 강제적으로 구출하는 쪽으로 무한히 더 기울 의향이 있다. 인간애와 아마도 현명함의 견지에서 볼 때, 후자를 행하는 경우가 전자의 경우보다 더 정당화될 것이다. 이것은 내가 종종 고찰한 주제이며, 고찰할 때마다 항상 감정이 우러나는 주제였다. 나는 토지의 잉여 생산물을 고압적인 방식으로 분배하려 하는 사치의 멍에와 환상의 전제에 굴복할 필요성을 제외하고는 어떠한 고찰도 잘 규율된 나라에서 그러한 힘든 직업이나 고용의 허용을 정당화할 수 없다고 확신한다. 그러나 이 분배 목적에서 볼 때, 수도사들의 무노동 속에서의 지출은 우리 세속인 비노동자들의 지출만큼이나 그 목적에 적합하다고 여겨진다.

소유에서 오는 이익과 기획에서 오는 이익이 동등할 때는 변화를 시도할 동기가 없다. 그러나 지금 이 경우 양자에서 나오는 이익은 아마도 동등하지 않으며 차이가 있는데, 소유 쪽이 우세하다. 당신네가 추방하려는 사람들의 지출은, 그들 집에 당신들이 억지로 들이밀려는 당신네 애호인의 지출만큼, 그렇게 직접적이고 전반적으로 그 자금이 경유하는 사람들을 해치고 타락시키며 비참하게 만드는 경로를 실제로 택한다고 생각되지 않는다. 대토지재산에서의 지출——이는 토지에서 나온 잉여 생산물의 분산이다——이 인간 정신의 힘과 약점의 역사인 방대한 소장 도서의 집적이라는 경로를 택할 때, 당신네나 나에게 용납되기 어렵다고 비칠 이유가 무엇인가? 법률과 관습을 증거하고 설명하는 고문서들, 옛 메달들 그리고 화폐들을 대규모로 수집하고, 자연을 모방함으로써 창조의 한계를 확장한다고 볼 수 있는 그림과 조각품을 후원하고, 생애에 대한 존경과 연계를 무덤 넘어서까지 지속하는 죽은 자들에 대한 거창한 기념비를 만드는 경로를 밟는데도 말인가? 세상의 모든 속(屬)과 과(科)의 표본 집합이 되는 자연계 종(種)의 수집을 행하는 경로를 밟아, 과학으로 가는 길을 성향에 따라 촉진하거나 호기심을 발동시킴으로써 개발하는데도 말인가? 만일 이러한 지출 대상이 대규모 영구적 기관에 의해서, 개인의 변덕과 방종 때문에 불안정한 장난감이 되는 것에서 더 안전하게 지켜질 수 있다면, 동일한 취향이 흩어져 있는 개인들에서 나타나는 경우보다 더 나쁘다고 할 것인가? 농민의 땀에 못지않은 석공과 목수의 땀이, 악과 사치가 판치는 채색한 판매대와 누추한 우리를 짓는 것만큼, 웅장한 종교적 건축물의 건설과 수리에 마찬가지로 즐겁고 마찬가지로 유익하게 흘러들어가지 않겠는가? 덧없는 쾌락의 일시적 저장소를 위해 땀을 흘리는 것만큼

오페라극장, 사창가, 도박장, 클럽 하우스 그리고 샹드마르스의 오벨리스크[138]에 땀을 쏟는 것만큼, 여러 해를 지나며 누추해진 신성한 제작물들을 복구하는 데 땀을 흘리는 것이 명예스럽고 이익이 되지 않겠는가? 올리브나무와 포도덩굴의 잉여 산물이, 인간의 자존심에 예속적이며 쓸모없는 하인으로 타락한 많은 자들의 입맛을 맞추는 것보다 경건한 상상력에서 신에 대한 봉사를 해석하여 높은 지위에 오른 사람들의 검소한 생계에 사용되는 것이 더 나쁜 사용방법인가? 풍요로움이 과잉의 짐을 유희로 없애버리는 리본, 레이스, 전국민적 모자장식들, 별장과 연회들 그리고 모든 헤아릴 수 없는 겉치레와 바보짓보다, 성당을 장식하는 비용이 현명한 자의 지출에서 덜 가치 있는 것인가?

우리는 전자의 것마저도 용인한다. 그것들을 좋아하기 때문이 아니라 더 나쁜 것을 두려워하기 때문이다. 우리는 그것들을 용인한다. 왜냐하면 소유권과 자유는 어느 정도 그러한 관용을 필요로 하기 때문이다. 그러나 왜 후자의 것, 즉 모든 면에서 보아 재산을 더 칭찬할 만하게 이용하는 것을 금지하는가? 왜 모든 소유권을 위반하면서, 자유의 모든 원리를 유린하면서, 강제적으로 사용 방법을 더 나은 쪽에서 더 나쁜 쪽으로 이동시키는가?

새로 등장한 개인들과 옛 단체를 비교하는 이 방식은, 후자가 개혁할 수 없었다는 가정 위에서 행해졌다. 개혁 문제에서 나는 항상, 단체들이 그것이 단일한 것이든 다수로 이루어진 것이든, 그 재산의 사용에서 그리고 그 구성원의 생활양식과 관행의 규제에서, 개인에게 할 수 있는 것보다 또는 개인에게 해야 하는 것보다, 국가 권력에 의한 공

---

138) 1790년 7월 샹드마르스에서 열린 바스티유 함락 1주년 기념식 때 세워졌다―옮긴이.

적 관리를 받기에 훨씬 용이하다고 생각한다. 이것이 나에게는 정치적인 업무라는 이름에 걸맞은 어떤 일을 담당한 사람들에게 매우 중요한 고려사항이라고 여겨진다.──수도원 재산에 관해서는 이 정도로 해두기로 한다.

주교와 수사신부들 그리고 수도원장들이 소유한 영지에 관해서 말한다면, 나는 토지재산이 경우에 따라서는 상속에 의해서가 아닌 다른 방식으로 보유할 수 없는 이유를 모른다. 토지재산 중에서 특정한── 동시에 커다란──몫의 소유권이 이론상으로는 항상 그리고 현실적으로도 종종, 경건함과 도덕성 그리고 학식이 뛰어난 사람들을 통해 계승되는 것에 대해, 그것이 갖는 절대적·상대적 해악을 철학적 약탈자 중 누구라도 증명해줄 수 있는가? 그 재산들은 목적에 따라 우수성에 기반하여 이전됨으로써 최상층의 가문에게는 쇄신과 지원을, 최하층의 가문에게는 존엄과 상승의 수단을 부여한다. 그 재산들을 보유하기 위해서는 특정한 의무를 (그 의무에 당신이 어떤 가치를 부여하든지 간에) 수행해야 하며, 소유자에게는 적어도 외면상의 예의와 근엄한 태도가 요구된다. 그들은 또 관대하지만 절제 있는 접대를 행해야 한다. 그들은 그 재산에서 소득의 일부를 자선을 위한 신탁으로 여겨야 한다. 그리고 그들은 그 위임에 부응하지 못했을 때라도, 인격적으로 실추되어 세속의 귀족이나 신사의 수준이 될지라도, 몰수한 재산의 소유권에서 그들을 계승할 사람들보다 어느 면에서도 못지 않다. 그 영지들이 의무를 지닌 사람보다 의무가 없는 사람들에 의해 소유되는 것이 더 나은가? 인격과 지출 용도가 미덕을 지향하는 사람들보다, 재산을 사용할 때 자신의 의사와 탐욕 외에는 어떤 규제도 지침도 없는 사람들이 소유하는 것이 더 나은가? 더구나 이 재산 보유에는 양도불능제도에 내재한다고 생각되는 특징이나 해악이 반드시 동반되는 것도 아니다. 그 재산들은 다른 어떤 것보다도 빠르게 회전하며 소유자가 바뀐다. 무엇이든 과도한 것은 선이 아니다. 따라서 토지재산의 너무 많은 부분이 직무상 종신 보유로 되어 있다고 말할 수도 있다. 그러나 화폐를 먼저 획득한 뒤가 아니라 다른 방법으로 소유할 수 있는 기회를 제공하는 영지가 어느 정도 존재하는 것이 어느 나라에나 크게 해로운 것으로 보이지는 않는다.

# 제3부 국민의회의 새 국가 건설 사업

## 1. 국민의회 정책의 기본 성격과 그 오류

이 편지는, 비록 그 주제가 지니는 무한한 범위를 고려하면 정말 짧은 셈이지만, 매우 길어졌다. 이런저런 일들 때문에 때때로 내 마음이 이 주제에서 멀어졌다. 내가 국민의회의 조치들에서 나의 최초의 감정을 얼마간 변경하거나 완화할 이유를 발견할 수는 없는지 고찰할 여가를 갖는 데 유감은 없었다. 모든 사태가 애초의 내 견해를 더 강력하게 확인시켰다. 나의 원래 목표는 국민의회의 원리를 주요한 근본 제도들과 관련해 검토하는 것이었다. 그리고 당신네가 파괴한 것 대신에 만들어놓은 것을 모두 우리 영국의 몇몇 헌정제도와 비교하려는 것이었다. 그러나 이 계획은 내가 처음 계산한 것보다 훨씬 방대하고, 당신네는 실제 예에서 이점을 취할 의사가 없는 것으로 판단된다. 이제 나는 당신네 제도들에 관해 의견을 약간 말하는 것으로 만족하겠다. 실제 존재하는 대로 우리 영국의 왕정, 귀족 그리고 민주주의의 정신에 관해 언급하려던 계획은 다음 기회로 미루려 한다.

나는 이제까지 프랑스의 통치 권력이 시행한 것을 검토했다. 나는 분명 그에 관해 자유롭게 말했다. 인류 고래의 영구적 분별력을 멸시하고, 새 원리에 입각하여 사회계획을 세우는 것을 원칙으로 삼는 자들은, 인류의 판단을 자신들의 판단보다 우월하다고 생각하는 우리 같은 사람들이, 그들과 그들의 계획을 재판정에 선 인물과 계획으로 여긴다는 점을 당연히 예상해야 한다. 우리가 그들의 논리에는 많은 주의를 기울이지만, 그들의 권위는 전혀 고려하지 않는다는 점을 그들은 당연하게 받아들여야 한다. 그들에게는 인류가 지닌 영향력 있는 편견 가운데 단 한 가지도 유리한 점을 제공하지 않는다. 그들은 여론에 대한 적개심을 공공연히 표명한다. 당연히 그들은, 그들이 다른 모든 권위와 함께 그 관할권을 박탈해버렸던 여론의 영향력에서 어떠한 지원도 기대해서는 안 된다.

나는 이 의회를 상황을 이용하여 국가 권력을 잡은 자들의 임의 단체 이외의 것으로 보지 않는다. 그들은 애초에 모였을 당시에 얻었던 재가와 권위를 지니지 않는다. 그들은 매우 다른 성격을 지닌 다른 것이 되었으며, 그들이 원래 지녔던 관계를 모두 변경하고 전복했다. 그들이 행사하는 권력은 국가의 어떤 기본법에도 의거한 것이 아니다. 그들은 그들을 선출한 인민의 지침에서 이탈했다. 그 지침은, 의회가 어떤 고래의 관습이나 규정된 법에 따라 행동하지 않았으므로, 그들 권위의 유일한 원천이었다. 그들이 제정한 가장 중요한 법률도 큰 차이가 나는 다수로 결정된 것이 아니었다. 찬반 양편이 이렇게 거의 비슷하여 다만 적극적으로 해석하여 전체의 권위를 지니는 경우, 국외자는 그 결정과 함께 논리도 검토하려 한다.

만일 그들이 쫓겨난 폭정에 필요한 대체물로 이 새로운 정부를 세웠다면, 인류는 시효(prescription)에 필요한 시간을 감안했을 것이다. 시효는 오랜 관행을 통해 그 시작에서는 난폭했던 것을 합법적 정부로 숙성시키기 때문이다. 사람들이 공공질서를 유지하도록 이끄는 애정을 지닌 모든 이는, 설득력을 지닌 편의성이라는 원리(principles of cogent expediency)에서——모든 정당한 정부가 그로부터 탄생했고 지속을 정당화하는 데 기반을 제공하는 원리——태어난 아이를 요람에 있을 때조차 적생자로 인정할 것이다. 그러나 법에도 필요성에도 의거하지 않은 채 생겨난 권력의 행사에 대해서는, 그리고 그 권력은 오히려 사회적 결합을 종종 교란하고 때로 파괴하는 부도덕하고 사악한 행위에 기원을 두므로, 사람들은 어떤 형태로든 그를 지지하는 데 지체하고 주저할 것이다. 이 의회는 1년간의 시효도 갖지 못했다. 그들 자신의 말로 자신들이 혁명했다는 것이 그 이유다. 혁명은 '우선' 변명이 필요한 조처다. 혁명을 행하는 것은 우리나라 고래의 국가를 전복하는 일이다. 그리고 그처럼 난폭한 행위를 정당화하는 데는 통상적이 아닌 이유가 요구된다. 인류의 분별력이 우리에게 정당하다고 인정해준 것은, 새 권력의 획득 양상을 조사하고 그 권력 행사를 비판하는 데는, 확립되고 승인받은 권위에게 부여하는 것보다 적은 경외심과 존경을 지녀도 된다는 점이다.

이 의회가 권력을 획득하고 확보하면서 따른 원리는, 그들의 권력 행사에서 지침이 되는 것으로 보이는 원리와는 정반대다. 이 차이점에 관한 고찰이, 그들 행위의 진정한 정신을 찾아낼 수 있게 할 것이다. 권력을 획득하고 유지하기 위해 그들이 했던 모든 일이나 계속하는 모든 일은, 가장 통상적인 기술에 속한다. 그들은 야심가 선조들이 그들에 앞서 했던 그대로 나아간다. 그들의 모든 책략, 기만 그리고 폭력의 자취를 추적해보면, 새로운 것이라고는 아무것도 발견할 수 없다. 그들은 법률 사무원에 걸맞은 세밀한 정확성을 동원하여 선례와 실례를 따른다. 그들이 폭정과 찬탈의 정식 방식에서 조금이라도 벗어난 적은 결코 없다. 공공선과 관련된 모든 규칙에서는 그들의 정신은 정반대였다. 그들은 시험해보지 않은 사변의 처분에 전부를 맡겨버렸다. 그들은 공중의 가장 소중한 이익을 그러한 산만한 이론에 맡겨버렸는데, 자신들의 개인적 이해관계에서는 그들 중 누구도 조금도 이론에 맡긴 바가 없다. 이렇게 차이가 나는 것은, 그들이 권력을 획득하고 확보하려는 욕망에 완전히 열성적이어서, 이미 다져놓은 길로 걸어가기 때문이다. 공공 이익에 관해서는 염려하는 일 없이, 전부 우연에 내맡겨버렸다. 내가 우연이라고 말하는 이유는 그들의 계획은 경험상 그 경향이 유익하다고 증명할 것이 아무것도 없기 때문이다.

인류의 행복이 관련된 사안에서 소심하고 자신 없어하는 사람들이 저지르는 과오에 대해 우리는 존경심마저 섞어 유감스러워한다. 그러나 이 신사들의 경우, 갓난아이를 실험 대상으로 삼아 토막내기를 두려워하는 부모의 애정어린 염려 같은 것은 아예 찾아볼 수 없다. 그들의 거창한 약속에서 그리고 자신들의 예상에 대한 확신에서, 그들은 돌팔이 의사의 모든 허풍을 훨씬 능가한다. 그들의 자부심은 교만 수준이어서 도발적인 데가 있으며, 우리에게 그들의 기초가 무엇인지 조사하도록 만든다.

나는 국민의회의 민중 지도자들 가운데는 상당한 재능의 소유자도 있다고 확신한다. 그들 몇몇은 연설과 저술에서 유창함을 보였다. 이러한 유창함은 풍부하고 연마된 재능 없이는 불가능하다. 그러나 유창함은 그에 비례하는 정도의 지혜를 동반하지 않고도 갖출 수 있다. 따라서 능력에 관해 말할 때는 구별하지 않으면 안 된다. 그들의 체제를 옹호하기 위해 했던 일들은, 그들이 보통 사람이 아님을 증명한다. 체제 그 자체를 시민의 번영과 안전을 확보하고 국가의 힘과 위엄을 증진하기 위해 구성된 하나의 국가 계획으로 보았을 때, 종합적이며 적절한 정신 작업이라거나, 심지어 통속적인 신중함이라도 나타내는 그 어떤 것은 단 하나의 예도 발견할 수 없었음을 나는 고백하는 바다. 그들의 목적은 어디서나 곤란을 회피하고 빠져나가는 데 있는 것으로 보인다. 모든 기예에서 위대한 거장들의 영광은 곤란을 대면하고 극복하는 데 있었다. 최초의 곤란을 극복했을 때, 그들은 그것을 새로운 곤란을 다시 극복하기 위한 도구로 만들었다. 그리하여 그들의 학문 영역을 확대할 수 있었으며, 자신들의 애초 생각의 범위를 넘어섬으로써 인류의 인식 자체의 범위마저 확장할 수 있었다. 난관은 엄격한 교사다. 우리를 우리 자신보다 더 사랑하며 우리 자신보다 더 잘 아는 부모 같은 후견자이자 입법자가 내린 최고 명령에 따라 우리 앞에 세워진 엄격한 교사다. "신께서 직접 농부의 일이 쉽지 않도록 명령을 내렸다."[1] 우리와 맞붙어 싸우는 자는, 우리의 신경을 튼튼하게 하고 우리의 기술을 날카롭게 만든다. 우리의 적대자는 우리를 도와주는 존재인 것이다. 난관과 벌이는 이러한 우호적인 투쟁은 우리 목적에 대해 더 잘 알도록 강요하고, 모든 관련성 속에서 고찰하도록 강제한다. 우리가 피상적이 되도록 허용하지 않는 것이다. 세계 여러 곳에 자의적 권력을 지닌 정부들을 탄생시킨 것은 그러한 관계를 이해하는 용기가 부족하기 때문이다. 그러한 정부의 탄생은 편법적인 지름길과 하찮은 허위적 재간에 대한 타락한 애호 때문이다. 그러한 것들이 프랑스에서 예전의 자의적 왕국을 세웠다. 그러한 것들이 이제 자의적인 파리 공화국을 만들었다. 그들에게서 부족한 지혜는, 풍부한 강제력을 가지고 보충될 것이다. 그럼으로써 그들이 얻을 것은 아무것도 없다. 작업을 나태의 원리에 입각하여 개시함으로써, 그들은 게으름뱅이와 공통된 운명을 맞게 된다. 그들이 탈피하기보다는 회피했던 난관이 그들의 길

---

1) 베르길리우스의 『농경시』에 나오는 구절이다—옮긴이.

에 다시 나타난다. 곤란은 증가하고 무성하게 그들을 덮친다. 그들은 혼란된 세부 사항들의 미로에 부딪혀 방향을 잃고 끝없는 수고를 하게 된다. 그리하여 종국에는 그들의 일 전체가 위태롭고, 타락하고, 불안 정하게 된다.

프랑스의 이 자의적 의회가 개혁 계획을 폐지와 전면적 파괴를 행하 면서 시작해야 했던 이유는 곤란과 맞붙을 능력이 없다는 바로 이 무 능력에 있다.[2] 기술을 과시할 곳이 파괴하고 전복하는 행위밖에 없는 가? 그런 일이라면 당신네 폭도들이 적어도 당신네 의회만큼이나 잘 할 수 있다. 매우 피상적인 이해력, 매우 무지막지한 손이 그 작업에는 충분하고도 남는다. 신중함, 숙고 그리고 예견력이 100년에 걸쳐 세운 것을, 분노와 광포함이 반시간 안에 더 많은 것을 폐허로 만들 것이다. 고래의 제도들의 과오와 결점은 뚜렷하며 명백하다. 그 과오와 결점을 지적하는 데는 능력이 필요 없다. 그리고 절대 권력이 존재하는 곳에 서는 해악과 제도를 함께 전면적으로 폐지하는 데에, 말 한마디면 다 된다. 이 정치가들이 파괴한 것의 자리를 채우기 위해 일하게 되었을 때, 태만을 애호하고 안정을 혐오하는 나태하면서도 불안정한 기질이

---

2) 국민의회의 지도자인 라보 드 생테티엔느(Rabaud de St. Etienne) 씨는 그들 의 행동 전체의 원리를 매우 명백하게 표현했다. 그 이상 더 명료한 표현은 없 다. "프랑스의 모든 낡은 것이 인민들의 불행을 뒤덮고 있다. 그들에게 행복을 돌려주기 위해서는 그들을 개조하지 않으면 안 된다. 그들의 생각을 바꾸게 하 고, 그들의 규범을 바꾸고, 그들의 관습을 바꾸어야 한다.〔……〕인간들을 변경 하고, 사물을 변경하고, 말을 변경해야 한다.〔……〕모든 것은 파괴되어야 한다. 그래야 모든 것을 다시 창조할 수 있다." 이 신사는 '맹인 수용소'도 '정신병자 수용소'도 아니며, 구성원들이 자신들을 이성적 존재라고 내세우는 한 집회에 서 의장으로 당선된 자다. 그러나 그의 생각, 말, 행동은 현재 프랑스에서 작동 중인 기계를 운전하는 국민의회의 안과 밖에 포진한 인사들의 주장, 견해, 행위 와 조금도 다른 데가 없다.

그들을 지휘하고 있다. 그들이 보아왔던 것 전부에 대해 모두 반대로 하는 것은, 파괴하는 것만큼이나 쉬운 일이다. 이제까지 시험해보지 않은 것에는 어려움도 발생하지 않는다. 존재한 적이 없는 것의 결점을 발견하려 할 때, 비판은 거의 실패하기 마련이다. 그리하여 강렬한 열광과 기만적인 희망이 광활한 상상력의 영역을 전부 차지해버려서, 거기에서 그러한 열광과 희망은 반대에 거의 또는 전혀 직면하지 않은 채 참회하게 될지 모른다.

보존과 개혁을 동시에 하려는 것은 위의 것과는 전혀 다른 일이다. 오랜 제도의 유용한 부분들이 유지되며, 그 위에 덧붙여진 것이 보존된 것에 적합하게 되기 위해서는 활발한 정신, 꾸준하고 끈기 있는 주의력, 비교하고 결합하는 여러 능력 그리고 방편이 풍부한 이해력이 제공하는 자원들이 동원되어야 한다. 그러한 자질은 반대편 해악의 결합 세력과 계속 싸우면서 발휘되어야 한다. 또 모든 개선을 거부하는 완고함과 소유하는 것 모두에 대해 염증을 내고 혐오하는 경솔함과도 싸우면서 발휘되어야 한다. 당신은 이의를 제기할지 모르겠다.──"이런 식의 진행은 속도가 느리다. 여러 시대가 이룬 일을 몇 달 만에 수행하는 데에서 명성이 높은 의회에게는 적합하지 않다. 그러한 개혁 방식으로는 아마 여러 해가 걸릴 것이다." 의심할 여지없이 그럴 것이다. 그리고 그렇게 시간이 걸려야 한다. 작동 속도가 느리고 몇몇 경우에는 거의 알아챌 수도 없다는 점이, 시간을 보조자들에 포함시키는 방식이 지니는 우월성 가운데 하나다. 생명을 지니지 않은 물질을 처리하는 데에서조차 조심하고 주의하는 것이 지혜의 일부라고 한다면, 우리가 파괴하고 건설하는 것이 벽돌과 재목이 아니라 민감한 존재여서 그들의 상태와 상황 그리고 습관을 갑자기 변경하면 다수가 비참해질지 모르는 경우에, 조심과 주의는 진정 의무의 일부가 되는 것이다.

그러나 파리에서는 무감각한 가슴과 의심 없는 확신이, 완벽한 입법자의 유일한 자질이라는 의견이 지배적인 것처럼 보인다. 그 정도 고위직에 대한 내 생각은 매우 다르다. 진정한 입법자는 감수성으로 가득 찬 가슴을 지녀야 한다. 그는 인류를 사랑하고 존경하며, 스스로 두려워해야 한다. 그의 기질이 직관적인 일별에 의해 자신의 궁극적 목적을 파악하도록 허용되어야 한다. 그러나 그 목표를 향한 동작은 신중해야 한다. 정치적 조처는 사회적 목적을 지닌 작업이므로, 오직 사회적 수단에 의해서만 수행될 수 있다. 거기에는 정신과 정신이 모아져야 한다. 우리가 목표로 하는 모든 좋은 결과를 산출할 수 있는 유일한 길인 그러한 정신적 연합을 조성하는 데는 시간이 필요하다. 우리의 인내가 물리적 힘보다 더 많은 것을 이룰 것이다. 만일 내가 파리에서는 유행에 매우 뒤떨어진 것, 즉 경험에 호소해도 좋다고 한다면, 나는 다음과 같이 말하고 싶다. 나는 인생 경로에서 위대한 사람들을 알게 되었으며, 나름대로 그들과 협력하여 일한 경험이 있다고. 그리고 어떤 계획일지라도, 사업을 지도하는 인물보다 이해력이 훨씬 뒤떨어진 사람들의 관찰에 의해 변경을 겪지 않는 경우는 결코 본 적이 없었다고. 느리나 착실히 뒷받침된 진전 속에서, 한 걸음 한 걸음의 결과가 관찰될 수 있다. 첫 번째 걸음의 성공 또는 실패가 두 번째 걸음에서 우리에게 빛을 던져준다. 그리하여 빛에서 빛으로 전 과정을 통해 우리는 안전하게 안내받는 것이다. 우리는 그 체제의 부분들이 서로 충돌하지 않는지 주시한다. 가장 유망한 고안물에 잠재되어 있는 해악도, 그것이 발생하는 데 따라서 대비가 행해진다. 하나의 장점은 가능한 적게 다른 장점을 위해 희생된다. 우리는 보충하고, 조정하고, 균형을 잡는다. 우리는 인간정신과 인간사에서 보는 다양한 예외와 상충하는 원리를 하나의 일관된 전체로 통합할 수 있다. 여기서 발휘되는 것은 단순성에서의 탁월성이 아니라, 그보다 훨씬 우월한 조합에서의 탁월성이다. 인류의 중대한 이해관계가 몇 세대에 걸쳐 오래 계승되면서 문제로 대두된 경우, 그 이해관계에 매우 깊게 영향을 미치는 심의회들에서 그러한 계승이 얼마간 발언권을 갖도록 인정되어야만 한다. 이것이 정의가 요구하는 바라고 한다면, 그 작업 자체에서는 한 시대가 제공할 수 있는 것보다 더 많은 정신의 도움이 요구된다. 가장 훌륭한 입법자들이 확실하고 견고하며 주요한 정부 원리 몇몇을 확립하는 데에만 종종 만족했던 것은, 사안에 관한 이러한 견해에 기인한다. 그들의 권력을 일부 철학자들은 조형적 성격이라고 규정하는데, 그들은 원리를 확정해놓은 다음 나머지는 그 자체의 작동에 맡겨놓았던 것이다.

이러한 방식으로 진행하는 것, 즉 하나의 지도원리와 풍부한 에너지를 지니고 진행하는 것이, 나에게는 심오한 지혜로 판단되는 기준이다. 당신네 정치가들이 대담하고 강건한 천재의 표지라고 생각하는 것은, 개탄스러운 능력 결여의 증거일 뿐이다. 그들은 난폭하게 서두름으로써, 자연의 과정을 무시함으로써, 모든 기획가와 모험가에게, 모든 연금술사와 돌팔이 의사에게 맹목적으로 넘어가버리고 만다. 그들은 보통의 것은 어느 것이나 활용할 생각을 지레 포기한다. 그들의 치료법에는 식이요법이 존재하지 않는다. 그 최악의 부분은, 통상적인 병에 대해 통상적 치료 방식을 단념하는 것이 단지 이해력의 결함에서뿐 아니라 다소간 악의적 기질에서 비롯된다는 점이다. 당신네 의회 의원들은 모든 전문직업과 높은 지위 그리고 관직에 관한 견해를, 풍자가들의 장광설과 익살에서 얻었던 것으로 보인다. 그런데 풍자가들은 자신들이 묘사한 바가 글자 그대로 받아들여진다면 스스로 경악할 것이다. 이러한 말들에만 귀를 기울임으로써 당신네 지도자들은 모든 일을 해악과 오류의 측면에서만 고려하며, 그 해악과 오류를 여러 과장된 색조를 통해 본다. 역설적으로 들리겠지만 일반적으로 오류를 찾아내고 드러내는 일을 습관적으로 하는 사람은 개혁 작업에 자격이 없다는 것이 의심할 바 없는 사실이다. 왜냐하면 그들의 정신에는 공정과 선의 원형들이 갖춰져 있지 않을 뿐 아니라, 그러한 것들을 예상하는 데서 습관적으로 기쁨을 얻지 못하기 때문이다. 악을 너무 많이 증오함으로써 그들은 사람들을 거의 사랑하지 않게 되기 때문이다. 그러므로 그들이 사람들에게 봉사할 의향도, 봉사할 능력도 없다는 점은 놀랄 일이 아니다. 당신네 안내자 몇몇이 모든 것을 산산조각내려는 체질적 성향을 지니고 있는 것은 여기서부터 생겨났다. 그들은 이 악의적 게임에서 "네발 달린 동물"의 행동을 전부 보여준다. 나머지 부분에는 자신들의 재능을 시험하고, 이목을 끌며, 경악을 유발하기 위해 순전히 하나의 공상적 유희로 만들어진 유창한 작가들의 역설이 채택되었다. 이 신사들이 채택한 것은 자신들의 취향을 계발하고 문체를 개선하려는 원래 작가들의 취지에서가 아니다. 이 역설은 그들에게는 진지한 행동 기반이 되어, 그에 입각해 국가의 가장 중요한 사안을 규제해나간다. 키케로는 카토(Cato)가 스토아 철학을 배우는 어린 학생들의 기지를 연마하기 위해 사용된 학습용 역설에 입각해 국가적 업무를 수행하려 한다고 우스꽝스럽게 묘사한 바 있다. 만일 그것이 카토의 참모습이라면, 이 신사들은 카토 시대에 살았던 몇몇 사람들의 방식대로 그를——"맨발의 카토를" 흉내 내는 것이다.[3] 흄(Hume) 씨는

---

3) 호라티우스의 『서간』에 있는 다음 구절 중에서 인용한 것이다. "만일 누가 카토를 흉내 내어 맨발과 남루한 차림에 험악한 얼굴로 돌아다닌다고 해서 그가 진정 카토의 도덕성을 보여주는 것이냐?" 카토는 기원전 2세기 전반 로마의 정치가·군인·문인으로 로마 고래의 강건함을 회복하고 대외적으로 강경책을 펴라고 역설했다—옮긴이.

나에게 루소 본인에게서 그의 작문 원리의 비밀을 들었다고 말했다.[4] 별나지만 예리한 그 관찰자가 인식한 것은 대중의 주의와 흥미를 끌기 위해서는 경이로운 것을 만들어내지 않으면 안 된다는 것이다. 이교도의 신화에서 따온 경이로운 것들은 오래전에 그 효력을 상실했다는 것, 그 뒤를 이은 거인들, 마술사들, 요정들 그리고 기사 영웅들도 그들 시대에 존재했던 쉽게 믿는 마음을 다 써버렸다는 것, 현재 작가에게 남은 것은 다른 방식이지만 앞에 것들만큼 효과가 큰 그러한 종류의 경이로운 것뿐이라는 것이다. 그것은 정치와 도덕에 새롭고 예상치 못한 타격을 야기하는 정도로 경이로운 것, 즉 생활, 예절, 성격, 예외적 상황 등에서의 경이로운 것들이라는 것이다. 나는 만일 루소가 살아 있다면 그리고 제정신이 든 때라면, 역설에서 루소의 비굴한 모방자들이며 의심이 많은데도 함축된 신앙을 발견한 그의 생도들이 벌이는 실행상의 광란에 충격을 받으리라 믿는다.

중대한 일을 담당한 사람들은 정상적인 방식으로 책임을 맡은 경우에도, 그의 능력을 우리가 추정할 수 있도록 근거를 제공해야 한다. 더구나 국가의 의사로서 질병 치료에 만족하지 않고 헌정 전체의 재생을 기도하는 자들은 비범한 능력을 보여주어야 한다. 어떠한 관례에도 호소하지 않고 어떤 모델도 모방하지 않는 자들의 계획에는, 무언가 매우 비상한 지혜의 모습이 저절로 나타나야만 한다. 그런 것이 나타났는가? 나는 국민의회가 한 일을 (주제에 비해서는 매우 짧게) 고찰하

---

4) 흄은 『인성론』(Treatise of Human Nature)에서 인식에 객관적 필연성이 존재하지 않으며 관습에 의존할 뿐이라고 주장해 회의주의를 표명했다. 루소는 『사회계약론』, 『에밀』 등의 저작을 통해 도덕적 민주주의, 자연주의적 교육을 주장했다. 루소가 영국으로 도피했을 때 흄의 도움을 받았다고 한다. 흄은 프랑스혁명 발발 13년 전, 루소는 11년 전에 사망했다—옮긴이.

고자 한다. 먼저 입법부의 구성에 관해, 두 번째로 행정부에 관해, 세 번째로 사법부에 관해, 그다음 군대의 형태에 관해 고찰하고, 재정체계로 마감하려 한다. 이 대담한 기획자들이 전 인류에 대해 우월성을 주장하는 바가 정당화될 수 있을 정도의 경이로운 능력이 그들 계획의 어떤 부분에서든 발견될 수 있는지 살펴보려 한다.

## 2. 입법부 계획

그들의 대 전시물을 볼 수 있으리라고 기대할 곳은 이 새 공화국을 주재하고 통치하는 기구의 구성에서다. 그들은 그곳에서 자긍심 높은 자신들의 요구에 적격자임을 증명할 것이다. 전체적인 계획 자체와 기반 논리에 관해 나는 국민의회의 1789년 9월 29일자 일지를 참조하고, 그 계획에 변경을 가한 경우에 이후의 의사록을 참조했다. 다소 혼란스러운 사안에서 내가 이해할 수 있는 한, 그 체제는 원래 구성된 것과 실질적으로 같다. 나는 그 체제의 정신과 경향 그리고 자칭 민중국가를 설계하는 데에서 적격성을, 모든 국가가 설립되는 목적에 상응하는지, 특히 그러한 국가가 설립되는 목적에 상응하는지에 비추어 몇 가지 언급하려고 한다. 동시에 나는 그 체제가 자체적으로 일관성을 지니는지, 그 원리와 일관성을 지니는지 고찰하고자 한다.

오래된 제도는 그 효과에 비추어 판단된다. 만일 국민이 행복하고 통합되었으며 부유하고 강력하다면, 우리는 나머지 것들도 미루어 짐작한다. 우리는 선을 발생시킨 것은 선이라고 결론짓는다. 오래된 제도에서는 이론에서 벗어난 부분들에 대해 여러 교정책이 발견되어왔다. 실상 오래된 제도들은 여러 필요성과 편의의 산물이다. 그 제도들은 종종 어떤 이론에 따라 설립된 것이 아니다. 오히려 이론이 그 제도에서 추출된다. 오래된 제도들에서는, 우리가 그 원래 계획이라고 상상하는 것과 수단이 완벽하게 조화되지 않는 듯 보이는 곳에서 그 목적이 가장 잘 성취되는 것을 종종 보게 된다. 경험에서 얻은 수단이, 원래 계획에서 안출된 수단보다도 정치적 목적에 더 적합할 수 있다. 그 경험적 수단은 다시 원래의 헌법 구조에 작용하여, 그 수단들이 그로부터 때때로 이탈했다고 보였던 계획 자체를 개선한다. 나는 이러한 것이 모두 오묘하게도 영국의 헌정제도에서 예증된다고 생각한다. 최악의 경우에도, 추산에서의 모든 종류의 과오와 이탈은 발견되고 계산되어서, 배는 정규 항로로 항해하게 되는 것이다. 이것이 오래된 제도들의 경우다. 그러나 새로이 이론에만 기초한 체제에서는, 각가지 안출이 다만 표면적으로 보아서 그 목적에 적합하다고 예측된다. 특히 기획자들이 새 건물을 벽이든지 기반이든지, 구건물과 조정하려고 노력하는 데 결코 공을 들이지 않는 경우에 그러하다.

프랑스의 건축가들은 눈에 보이는 것은 무엇이나 단지 쓰레기라고 치워버리고, 그 나라의 장식 정원사들이 하듯이 모든 것을 단일한 수준으로 만들면서, 지방과 중앙의 입법부 전체를 별도의 세 가지 기초 위에 세우기를 제안한다. 하나는 기하학적이고, 다른 하나는 산술적이며, 세 번째는 재정적이다. 첫째 것을 그들은 **지역적 기초**라고 부르고, 둘째 것은 **인구적 기초**, 셋째 것은 **분배적 기초**라고 부른다. 이 목표 가운데 첫째 것을 완수하기 위해 그들은 자기 나라 영토를 가로세로 18리그씩 정사각형인 83조각으로 분할했다. 이 큰 지역은 "데파르트망"(Department)이라고 부른다. 그들은 정사각형 측정을 계속해서 이 지역들을 "코뮌"(Commune)이라고 불리는 720지구로 나누었다. 이 지구들에 정사각형 측정을 계속하여 "캉통"(canton)이라고 불리는 더 작은 구역으로 재분할함으로써 모두 6,400개를 만들었다.

얼핏 보아 그들의 이 기하학적 기반은 크게 칭찬할 것도, 크게 비난할 것도 없어 보인다. 그것은 대단한 입법적 재능을 필요로 하지 않는다. 이와 같은 계획을 위해서는 정확한 측량기사가 측쇄와 조준기, 경위의를 지니는 것 이상은 아무것도 필요하지 않다. 구래의 국토 구획에서는, 다양한 시기의 다양한 사건들이 그리고 다양한 영지와 재판권이 들고 나면서 경계선을 정했다. 이 경계선들은 의심할 바 없이, 어떤 고정된 체계에 입각해 만들어졌던 것이 아니다. 그 경계선들은 약간 불편을 초래했다. 그러나 그 불편에 대해서는 사용하면서 경감시킬 방도가 발견되었고, 습관이 적응과 인내로 이어졌다. 그러나 이 정사각형 속 정사각형에 낸 새 도로에서는, 그리고 현명한 원리가 아니라 엠페도클레스(Empedocles)와 뷔퐁(Buffon)의 체계에[5] 입각하여 만들어진 이 조직과 반(半)조직에서는, 익숙해지지 않은 수많은 지역적 불편이 생겨나지 않을 수 없다. 그러나 이 불편에 관해서는 넘어가려고 한다. 왜냐하면 구체적으로 논하기 위해서는 그 나라에 관한 정확한 지식이 필요한데, 나는 그런 지식이 없기 때문이다.

이 국가 측량사들이 자신들의 측량 일을 개괄하게 되었을 때, 정치에서 최대 오류가 기하학적 증명이라는 점을 곧 알게 되었다. 그래서 그들은 잘못된 기반 위에서 기우뚱거리는 건물을 지탱하기 위해 다른 기초를 (그보다는 버팀대라고 해야 할 것을) 사용하게 되었다. 토지의 비옥도, 주민 수, 주민의 부 그리고 조세 부담의 크기가 정사각형마다 무한히 다양하기 때문에, 국가에서 측량을 권력의 기준으로 삼는 것은 터무니없으며, 기하학적 평등이 주민을 배분하는 모든 측량 가운데 가

---

5) 엠페도클레스는 기원전 5세기 그리스 철학자로서 만물은 불, 바람, 물, 땅의 4원소의 혼합이라고 보았다. 뷔퐁은 18세기 프랑스 박물학자인데, 뉴턴의 물리학을 프랑스에 소개했다—옮긴이.

장 불평등한 것이라는 점이 명백했다. 그러나 그들은 그것을 포기할 수 없었다. 그들은 정치적·사회적 대표를 세 부분으로 나누어 그 한 부분을 이 정사각형 측량에 할당했는데, 대표를 이렇게 지리적 비율에 따르는 것이 공정한지 그리고 그 비율이 어떤 원리에 따라 3분의 1이 되어야 하는지를 확인해주는 단 하나의 사실이나 계산도 갖고 있지 않았다. 어쨌든 그들은 내가 추정하기에 숭고한 학문에 대한 경의에서 기하학에 이 몫을 (미망인 몫으로 3분의 1)[6] 주어버리고 나서, 나머지 3분의 2를 두고 다른 부분들, 즉 인구 원리와 세금 부담원리가 서로 다투도록 내버려두었다.

인구 원리를 처리하는 단계가 되자, 그들은 기하학의 영역에서처럼 그렇게 매끄럽게 진행할 수 없었다. 여기서 그들의 산술이 그들의 법률적 형이상학에 압박을 가하게 되었다. 만일 그들이 형이상학 원리에 충실했다면 산술 과정이 정말 단순했을 것이다. 인간은 그들에게는 완전히 평등하며, 그들 자신의 정부에서 동등한 권리를 지닐 자격을 갖는다. 이 체제에 따르면, 한 사람마다 투표권을 가지며, 각자는 입법부에서 그를 대표할 사람을 직접 선거할 것이다. "그러나 부드럽게— 보통 정도의 방식으로, 아직은 아니다."[7] 이 형이상학적 원리에 법, 관습, 관행, 정책, 이성이 양보했어야 했는데, 다시 그 원리 자체가 그들이 좋을 대로 하게 양보해야만 한다. 대표자가 그의 선거인과 접촉하기까지는, 많은 등급과 몇 개의 단계를 거쳐야 한다는 것이다. 실상은

6) 영국의 보통법 전통에서 과부는 죽은 남편 토지의 3분의 1을 상속받는다―옮긴이.
7) 영국 시인 포프(A. Pope, 1688~1744)의 『도덕론』(*Moral Essays*) 제4편에 나오는 구절이다. 포프의 대표작으로는 당시 작가들을 풍자한 『우인열전』(*The Dunciad*)이 있다―옮긴이.

우리가 곧 보게 되는 바와 같이, 대표자와 선거인 양자는 어떠한 종류의 교섭도 하지 않는다. 먼저, 그들이 "기초의회"라고 부르는 것을 구성하는 캉통에서의 선거인은 자격조건을 갖추어야 할 것이다. 무엇이라고! 인간의 파기할 수 없는 권리에 자격조건이 붙는다고? 그렇다. 그러나 매우 작은 자격조건이 될 것이다. 우리의 부정의는 매우 조금만 억압적일 것이다. 지역에서 3일간의 노동 임금에 상당하는 금액을 국가에 납부하면 된다. 그렇게 많은 액수는 아니라고 나는 선선히 인정하는 바다. 이것이 당신들의 평준화 원리를 완전히 뒤엎는 것이 아니라면 하는 말이다. 자격조건으로 보면 그것은 그냥 두어도 좋을지 모른다. 자격조건을 설정하는 어느 한 목적도 달성하지 않기 때문이다. 그리고 당신네 생각대로라면, 그 조건은 자연적 평등성이 가장 보호되고 방어되어야 할 사람들을 선거에서 배제하기 때문이다. 나는 자연적 평등성 외에는 자신을 방어하는 데 아무것도 갖지 못한 사람들을 말하는 것이다. 당신네는 그에게 권리를 사라고 명령하는데, 그 권리는 전에 당신들이 그에게 자연이 그의 탄생 때 무상으로 부여했으며 지상의 어떤 권위도 그 권리를 합법적으로 박탈할 수 없다고 말한 바였다. 당신네 장터에 나올 수 없는 사람에게는 그를 가로막는 폭군적 귀족정이 첫 단계부터 세워지는 셈인데, 그것이 그에 대한 불구대천의 적이라고 자칭하는 당신들에 의해서 세워진 것이다.

등급 구분은 위로 올라간다. 캉통의 기초의회는 코뮌에 보내는 대표자를 선출한다. 200명의 유자격자 주민당 한 명을 선출한다. 여기에 초급 선거인과 대표인 입법자 사이에 최초의 매개 과정이 설치되었다. 그리고 여기에 두 번째 자격조건으로, 인권에 세금을 매기는 새로운 통행세 수취소가 만들어졌다. 10일간의 노동 임금액을 지불하지 않는 사람은 아무도 코뮌의 대표로 선출될 수 없기 때문이다. 아직 다 끝나지 않았다. 또 다른 등급이 있다.[8] 캉통에서 선출된 이 코뮌 대표들은 데파르트망 대표를 선출한다. 그리고 데파르트망의 대표가 국민의회로 보내는 그들의 대표를 선출한다. 여기에 이치에 맞지 않은 자격조건을 두어 세 번째 장벽이 존재한다. 국민의회에 선출되는 모든 대표는 은 1마르크 상당을 직접세로 지불하지 않으면 안 된다. 이 모든 자격조건이라는 장벽을 우리는 동일한 것으로 생각할 수밖에 없다. 즉 그러한 장벽들은 의원의 독립을 확보하는 데는 무력하며, 인간의 권리를 파괴하는 데만 강력할 뿐이다.

이 모든 과정에서 그 근본 요소에서는 자연권 원리에 입각하여 인구만을 고려한다고 했지만, 여기에는 재산에 대한 명백한 배려가 존재한다. 이는 다른 계획에서는 아무리 정당하고 합리적이라고 할지라도, 그들의 계획에서는 전적으로 지지될 수 없는 것이다.

그들이 세 번째 기초, 즉 세금납부의 기초에 이르게 되면, 인간의 권리를 완전히 망각했음을 보게 된다. 이 마지막 기초는 전적으로 재산에 기반을 둔다. 이로써 인간의 평등과는 완전히 다르며 끝까지 조화될 수 없는 한 원리가 승인된 것이다. 그러나 이 원리는 승인되자마자 (으레 그렇듯이) 전복되어버렸다. 그리고 그 전복은 (우리가 곧 보는 바와 같이) 불평등한 부를 자연의 수준에 접근시키기 위한 것이 아니다. 대표의 제3부분에 (전적으로 고액 납부자를 위해 유보된 부분인데) 마

---

8) 국민의회가 그 위원회의 계획을 실행할 때는 약간 변경되었다. 그들은 이 등급들에서 한 단계를 폐지했다. 이로써 비판의 일부가 차단된다고 할 수 있다. 그러나 비판의 주된 부분, 즉 그들의 계획에서는 일차 선거구의 선거인이 입법부에서의 대표자와 관련을 갖지 않는다는 비판은 그대로 모두 유효하다. 다른 변경들도 행해졌는데, 일부는 어쩌면 개선으로 이어지겠지만 일부는 확실히 악화되고 말 것이다. 그러나 필자는 이 사소한 변경들의 장점과 단점이 중요하다고 생각하지 않는다. 그 계획 자체가 근본적으로 사악하고 불합리하기 때문이다.

련된 부가된 몫은 **지역만**을 고려하게끔 제정된 것으로서, 그 지역 안에서 납부하는 개인들을 고려한 것이 아니다. 그들의 추론 과정에서, 그들이 얼마만큼 인간의 권리와 부자의 특권이라는 모순되는 생각 때문에 곤경에 처해 있는지 쉽게 알 수 있다. 헌법위원회가 양자가 전적으로 조화되기 어렵다는 점을 인정하는 정도까지는 선한 편이다. "세금 부담에서의 관계는, 그 문제가 개인과 개인 사이의 정치적 권리와 비중을 따질 때 의문의 여지없이 **무효**다. (그들은 그렇게 말한다.) 그렇지 않다면 개인의 **평등**은 파괴될 것이며 부자의 귀족정이 세워질 것이다. 그러나 이 불편은 세금납부의 비율관계가 대집단 단위에서, 즉 오직 지역과 지역 사이에 관해서만 고려된다면 완전히 사라진다. 그 경우 그것은 도시 사이에 공정한 상호 비율을 형성하는 역할을 할 뿐, 시민의 권리에는 영향을 미치지 않는다."

여기서 개인과 개인 사이에서는 **세금납부**의 원리가 **무효**이며, 평등에 파괴적이며, 부자의 **귀족정**을 설립하게 하므로 해롭기까지 하다고 배척된다. 그러나 그것을 폐기해서는 안 된다. 난관을 없애는 방법은 각 데파르트망 안에서 모든 개인을 정확히 대등하게 두면서, 데파르트망과 데파르트망 사이에 불평등을 설치하는 것이다. 개인 사이의 대등성은 데파르트망 내에서 자격조건이 정해졌을 때 이미 파괴되었다는 점에 유의하시라. 그리고 인간의 평등이 집단적으로 훼손되는지, 개인 차원에서 훼손되는지는 그리 중요한 문제가 아닌 듯 보인다는 점에도 유의하시라. 소수에 의해 대표되는 집단에서의 개인은, 다수에 의해 대표되는 집단에서의 개인과 동일한 중요성을 지니지 않는다. 자신의 평등에 관해 경계심을 늦추지 않는 사람에게, 의원을 3명 선출하는 선거인이 10명 선출하는 선거인과 동일한 선거권을 지닌다고 말할 수는 없는 일이다.

이제 그 문제를 다른 시각에서 거론하기로 한다. 세금부담에 입각한, 즉 부에 입각한 그들의 대표원리가 잘 구상된 것이고 그들의 공화국에 필요한 기초라고 가정하자. 그들의 이 세 번째 기초에서, 그들은 부는 존중되어야 한다는 것, 그리고 정의와 현명함이 요구하는 바는 부가 부자에게 어떤 형태로든 공적 문제의 경영에 더 큰 몫을 갖는 자격을 부여하는 것이라고 전제했다. 이제 국민의회가 부를 이유로 부자에게 더 큰 권력을, 개인에게는 거부하면서 그들의 지역에 부여함으로써 부자의 우월성뿐 아니라 안전성까지도 어떻게 마련하는지 볼 차례다. 나는 민주주의적 기반을 지닌 공화국 정부에서, 부자는 왕정에서 필요한 것을 넘어 그 이상의 안전책이 필요하다는 점을 선선히 인정한다. (사실 나는 그것을 기본원리로 제시해야 한다.) 부자들은 시샘 대상이 되며, 시샘을 넘어 억압의 대상이 된다. 현재 계획에서는, 지역간 불평등 대표제의 바탕이 되는 귀족정치적 특혜에서 그들이 어떤 이점을 얻을 수 있는지 파악하기 어렵다. 부자들이 그 특혜를 품위의 버팀목으로나 재산에 대한 보증으로 인식할 수는 없는 일이다. 왜냐하면 귀족정치적 지역은 순수하게 민주주의적 원리에서 생겨났기 때문이다. 그리고 중앙 대표에서 지역에 주어진 특혜는, 그 재산 때문에 지역의 우월성이 정해졌음에도 부자를 배려한 것도, 부자와 관련된 것도 아니다. 만일 이 계획의 안출자들이 부자들에게 세금부담을 이유로 어떤 특혜를 부여하려고 의도했다면, 부자 개인에게든지 부자들로 구성된 계급에게 특권을 부여했어야 했다. (세르비우스 툴리우스Servius Tullius[9]가 로마 초기의 헌법에서 시행했다고 역사가들이 전하는 것

---

9) 기원전 6세기 로마 초기 왕으로, 로마인들을 재산 크기에 따라 100명을 한 단위로 하는 100인대(century)로 분류했다고 알려졌다—옮긴이.

처럼 말이다.) 왜냐하면 부자와 빈자 사이의 다툼은, 단체와 단체 사이의 투쟁이 아니라 사람과 사람 사이의 다툼이기 때문이다. 지역 상호 간 경쟁이 아니라 등급 사이의 경쟁이기 때문이다. 만일 그 계획이 거꾸로 된다면, 그 목적이 더 잘 수행될 것이다. 즉 지역간 투표권은 평등하게 하고, 각 지역 내에서의 투표권은 재산에 비례하도록 만드는 식으로 말이다.

만일 어떤 지역의 한 주민이 그의 이웃 100명분만큼 세금을 납부했다고 가정하자. (이는 무리 없이 가정될 수 있다.) 이 100명에 대해 그는 단 한 표만을 갖는다. 만일 이 집단에서 대표가 단 한 명 선출된다면, 그의 가난한 이웃들은 단일 대표자를 선출하는 데 그를 100 대 1로 압도할 것이다. 그러나 매우 잘못된 일이기에 그를 위해 수정이 행해질 것이다. 어떻게? 그 지역이 그의 재산 때문에 대표자 한 명 대신에 가령 10명을 선출하게 된다. 다시 말하면, 매우 많이 납부함으로써 그는 대표 1명을 선출하는 데서 100 대 1로 가난한 자들에 의해 압도되는 대신에, 10명의 대표를 선출하는 데서 똑같은 비율로 압도되는 행복을 누리는 것이다. 실상 그 부자는 대표의 수가 많아진 것으로 이익을 얻는 대신, 첨가된 고난을 겪게 된다. 그의 지역에서 대표자가 증가함으로써 9명이 더 내세워지는 것인데, 9명보다도 더 많은 민주주의적 후보자가 있어서 그가 지불한 돈으로 작당하고 음모를 꾸미며 민중에게 아부해 그를 억압하게 만들 것이다. 이러한 수단에 의해 저열한 부류의 대중에게 하나의 이익이 제공된다. 즉 파리에 거주하는 즐거움과 왕국의 통치에 몫을 갖는 것 외에, 하루에 18리브르의 급여를 (그들에게는 거금이다) 얻게 되는 것이다. 야심의 대상이 증가하고 민주적이 될수록 바로 그 비율로 부자는 위험에 빠진다.

지방에서 부자와 가난한 자들 사이가 귀족정치적으로 되어야 하는 데, 이러한 방식에 따라 지역 내에서의 관계는 그와는 정반대되는 성격을 띠게 된다. 그 외적 관계, 즉 다른 지역과의 관계에서 부유함 때문에 지역들에 주어진 불평등한 대표권이 어떻게 국가의 균형과 평온을 유지하는 수단이 될 수 있는지 나는 알 수 없다. 왜냐하면 만일 국가의 한 목적이 약자가 강자에 의해 말살되는 것을 방지하는 데 있다면 (모든 사회에서 의심할 바 없이 그런 것처럼) 어떻게 이들 지역들 중에서 약소하고 가난한 지역이 더 부유한 지역의 압박에서 지켜질 수 있겠는가? 부유한 지역에게 약소 지역들을 억압하는 더 발달되고 더 체계적인 수단을 더해주면 되겠는가? 우리가 지역 사이의 대표성에서 균형을 맞춘다고 할 때, 지역적 이해, 경쟁 그리고 질시가 개인 사이와 마찬가지로 지역 사이에서 잔뜩 벌어질 것이다. 그리고 그 분열은 더 치열한 분쟁 정신을 만들어낼 것이고, 거의 전쟁상태로까지 치닫게 할 것이다.

지역 사이에 존재하는 이 귀족정치적 관계는 직접 납부의 원리라고 불리는 것을 기반으로 해서 만들어졌는데, 이보다 더 불평등한 기준은 없을 것이다. 이 직접세보다는 소비에 과세하는 간접세가 사실은 더 나은 기준이고 부를 더 자연스럽게 따라가며 찾아낸다. 어쨌든 간접세든, 직접세든 또는 양자든, 지역에 특혜를 주는 기준으로 삼는 것은 진정 어려운 일이다. 왜냐하면 어떤 지역은 내부의 이유 때문이 아니라, 상대방 지역들——문제의 지역이 표면상 그보다 더 많이 납부하여 특혜를 얻게 되는——에서 연유하는 이유들에 의해 더 많이 납부할 수도 있기 때문이다. 만일 지역들이 독립적 주권 조직체여서 중앙 정부 재정에 일정한 분담금을 제공해야 하며, 전국에 공통적으로 부과되는 세금——단체가 아니라 개인을 대상으로 하여 그 성격상 모든 지역적 경계를 뒤섞어놓는 징세——항목이(현재와는 달리) 많지 않은 가운데 세입이 얻어진다면, 지역에 입각한 세금부담이라는 기초를 옹호하는 말을 할 수 있을 것이다. 그러나 각 지역을 하나의 전체에서 구성원이 라고 생각하는 나라에서는, 세금납부에 따라 산정해야 하는 이 대표제 를 공평의 원리 위에 정착시키는 일이 매우 어렵다. 파리나 보르도 같 은 대도시들은 다른 지역과는 비교도 안 되는 거액을 납세하는 것으로 보이고, 그 대도시가 속한 지역도 따라서 그렇게 여겨진다. 그러나 이 도시들은 그 비율만큼 실제로 납부하는가? 아니다. 보르도로 수입된 상품의 소비자들이 프랑스 전체에 흩어져 있는 채로, 보르도의 수입 관세를 지불하는 것이다. 기엔과 랑그도크에서 생산된 포도주가 수출 됨으로써 생기는 세금납부 수단을 보르도에 제공하는 것이다. 재산을 파리에서 소비하는 지주들은 그럼으로써 파리의 창조자가 되는데, 그 들이 소득을 얻는 지방이 파리를 위해 납부하는 것이다. 거의 동일한 논지가 직접 납부를 기준으로 배당되는 대표자 몫에 적용될 것이다. 왜 냐하면 직접 납부는 실제 또는 추정된 재산을 근거로 산정되어야 하는 데, 지역의 재산 자체는 지역적 원인에서 얻어진 것이 아니며, 따라서 형평상 그를 근거로 지역에 특혜를 주는 결정이 내려져서는 안 되기 때문이다.

지역의 대표자 수를 직접 납부를 기준으로 하여 결정하는 이 근본 규 칙에 관해, 그들이 어떻게 그 직접 납부를 부과할지 그리고 어떻게 배 분할지에 관해 아직 결정하지 않았다는 점은 크게 주목할 만하다. 아 마도 이 이상한 절차에는 국민의회를 지속시킬 어떤 정책이 숨겨져 있 을 것이다. 그러나 그를 정할 때까지는, 그들은 확실한 헌법을 지닐 수 없게 된다. 그 헌법은 결국 조세체계에 의존할 수밖에 없으며, 그 체계 의 모든 변화와 더불어 변경될 수밖에 없다. 그들이 궁리하는 방식에 따르면, 그들의 과세가 그들의 헌법에 의존하는 것이 아니라 헌법이 과세에 의존하게 된다. 이는 지역들 사이에 큰 혼란을 야기할 것이 틀림없다. 지역 내에서도 만일 선거전이 본격적으로 시작되게 되면, 투표권 자격의 가변성이 끝없는 내부 논란을 야기할 것이 틀림없다.

이 세 가지 기초를 정치적 이유에 입각해서가 아니라 국민의회가 기반으로 하는 이념에 입각하여 비교하고, 국민의회 자체의 논리적 일관성을 판정해보면 다음과 같은 사실이 반드시 인식되기 마련이다. 즉 위원회가 인구 기초라고 부르는 원리는 **지역** 기초와 **세금납부** 기초라고 불리는 다른 두 원리와 동일한 지점에서 작동하지 않는다는 것이 그것이다. 뒤의 두 원리는 귀족정치적 성격을 지니는 것이다. 그 결과, 세 가지가 모두 작용을 시작한 곳에서는, 전자가 후자의 두 원리들에 작용하여 매우 불합리한 불평등이 생겨난다. 각 캉통은 사방 4리그의 넓이며, 평균 4,000명의 주민과 기초의회에 대해 평균 680명의 선거인을 보유한다. 기초의회의 수는 캉통의 인구에 따라 달라지는데, 유권자 200명당 1명의 대표를 코뮌에 보낸다. 9개의 캉통이 하나의 코뮌을 이룬다.

이제 **무역 항구**나 **제조업 대도시**를 포함하는 한 캉통을 예로 들어보자. 이 캉통의 인구가 1만 2,700명, 유권자가 2,193명으로서 3개의 기초의회를 구성하며 코뮌에 **대표**를 10명 보낸다고 가정하자.

이 하나의 캉통에 대해 동일한 코뮌에서 나머지 8개 중 다른 두 캉통을 대조해보자. 이 두 캉통에는 각각 평균 인구 4,000명과 680명의 유권자가, 그리고 둘을 합하여 인구 8,000명과 1,360명의 유권자가 있다고 가정하자. 이들은 단지 2개의 기초의회를 구성하며 코뮌에 단지 6명의 대표를 보낼 것이다.

코뮌의회가 그 의회에 적용하도록 처음 도입되는 지역 기초에 의거하여 투표하게 되면, 다른 2개 캉통의 면적의 반인 하나의 캉통이 데파르트망 의회에 보내는 3명의 대의원을 뽑는 선거에서 전자의 6표에 대해 10표를 갖게 된다. 데파르트망 의회에 보내는 대의원은 명시적으로 지역기초에 의거하여 선출된다.

이 불평등은 그 자체로 심각하지만, 만일 우리가 그러리라고 예상하는 것처럼 그 코뮌에 있는 6~7개의 다른 캉통이 주요 캉통의 인구가 평균보다 많은 것에 비례하여 평균보다 적다고 가정한다면, 불평등이 현저하게 커진다. 이제는 역시 코뮌의회에 적용되도록 처음 도입되는 세금납부 기초에 관해서 살펴보자. 위에서 묘사한 대로 하나의 캉통을 다시 예로 들어보자. 만일 무역이나 제조업 대도시에서 납부하는 직접세 전부가 주민에게 평등하게 배분된다면, 그곳 개인은 마찬가지로 평균을 납부하는 농촌 주민 개인에 비해 훨씬 많이 납부하게 된다. 대도시 주민이 납부하는 전체 금액은 농촌 주민의 납부액 전체보다 많을 것이다. 아마 3분의 1이 더 많다고 보면 될 것이다. 그러면 그 캉통의 주민 1만 2,700명 또는 유권자 2,193명은 다른 캉통의 주민 1만 9,050명 또는 유권자 3,289명과 같은 금액을 납부하는데, 이는 거의 다른 캉통 5곳의 주민과 유권자 수에 해당된다. 이제 유권자 2,193명은 앞에서 말한 바와 같이 코뮌의회에 단지 10명의 대표를 선출한다. 반면 유권자 3,289명은 16명을 선출한다. 그리하여 코뮌 전체의 납부액에서 평등한 몫을 내는 데 대해, 전 코뮌의 납부액을 대표하는 원리에 입각하여 선출되는 대의원을 선거하는 데에서는 16표 대 10표라는 차이가 생겨난다.

같은 계산방식에 따르면, 다른 캉통의 주민 1만 5,875명 또는 유권자 2,741명은 전체 코뮌의 납부액에서 6분의 1을 덜 내는데, 그 하나의 캉통의 주민 1만 2,700명 또는 유권자 2,193명보다 3표를 더 갖게 된다.

지역과 세금납부에 기반하여 대표권을 이렇게 기묘하게 배분함으로써 지역과 지역 사이에서 발생하는 기괴하고 부당한 불평등은 이와 같다. 이 기초들이 부여하는 자격은 실상 부정적 자격부여다. 그 자격의 소유에 반비례하여 권리를 부여하기 때문이다.

세 가지 기초로 된 이 안출 전체에 관해, 당신은 좋을 대로 어떤 시각에서든 고찰하시라. 나로서는 다양한 목적이 일관된 전체로 융합되었다고 보지 않는다. 대신 몇 개의 상반되는 원리가 당신네 철학자들에 의해 주저하면서 상호 조화되지 않은 채 제기되고 합쳐졌을 뿐이라고 본다. 이는 마치 야수들이 우리에 갇힌 채 서로 할퀴고 물어뜯어 결국 모두 파멸하게 되는 것과 같은 모양새다.

나는 헌법을 만든다는 그들의 사고방식에 너무 깊숙이 들어간 듯하다. 그들은 형이상학을 많이 가졌는데, 그것은 나쁜 형이상학이다. 기하학을 많이 가졌지만 나쁜 기하학을 가진 것이다. 비례산술을 많이 가졌지만 잘못된 비례산술을 가진 것이다. 그러나 이 모든 것이 형이상학, 기하학, 산술이 그래야 하는 것처럼 정확하다고 해도, 그들의 계획에서 그 모든 부분이 완벽하게 일치한다고 해도, 그 결과는 좀더 그럴듯하고 구경거리가 될 뿐인 환상으로 끝나고 말 것이다. 그들이 사람들을 대규모로 재편하는 일에서, 도덕과 관련된 어떤 것이나 정치와 관련된 어떤 것을 참조한 바는 무엇이 되었든 전혀 찾아볼 수 없다는 점은 특기할 만하다. 인간의 관심사, 행위, 정열, 이익과 관련된 것은 아무것도 발견되지 않는다. "인간적인 맛이 없다."[10]

당신이 보다시피, 나는 이 헌법을 국민의회에 단계적으로 이르는 선거제도로만 고찰했다. 나는 데파르트망의 내부 행정이나 코뮌과 캉통

---

10) 1세기 로마 시인 마르티알리스(Martialis)의 『잠언』(*Epigrams*)에 나오는 "나의 페이지에는 인간적인 맛이 난다"를 응용했다─옮긴이.

을 거치는 계보를 다룰 생각이 없다. 이 지방정부들은 원래 계획에서, 선거에 의한 의회와 가능한 같은 방식으로 그리고 같은 원리에 입각하여 구성되도록 되어 있다. 각 지방정부는 그 자체가 전부 짜여 완결된 조직이다.

당신은 이 계획에서 프랑스를 여러 공화국으로 절단하여 상호 완전히 독립적으로 만들려는 직접적이고 즉각적인 경향이 있음을 파악하게 된다. 이 계획에는 각각의 독립된 공화국에서 온 대사들의 종합 의회가 내린 결정에 승복함으로써 초래되는 그 어떤 것 외에는, 통일이나 연결 또는 복종을 위한 어떤 직접적인 헌법상 수단이 존재하지 않는 것이다. 국민의회가 실상 그러하다. 세계에는 그런 정부들이 존재한다는 점을 나는 인정한다. 다만 그런 정부의 형태는 그 국민의 지역적 상황과 관습 양상에 훨씬 더 적합하게 조직되어 있다. 그러나 정치 조직이기보다는 연합이라고 할 그러한 형태들은, 일반적으로 선택된 것이 아니라 필요성의 산물이었다. 그리고 나는 현재 프랑스의 권력자들이 나라를 자기들 마음대로 요리하는 완전한 권위를 얻어서, 야만스러운 방식으로 나라를 분열하기로 결정한 최초의 시민 집단이라고 믿는다.

이 주제넘은 시민들이 기하학적 배분과 산술적 처리의 정신 속에서 프랑스를 정복된 나라와 똑같이 취급한다는 점을 인식하지 못할 수는 없다. 그들은 정복자처럼 행동하면서 그 가혹한 인종의 가장 가혹한 정책을 모방했다. 정복당한 민족을 경멸하고 그들의 감정을 모욕하는 그러한 야만적 승리자들의 정책은 한결같이 종교, 국가조직, 법률 그리고 풍습에 담긴 옛 국가의 모든 흔적을 가능한 한 파괴하는 것이었다. 지역적 경계를 뒤섞고, 전부 가난하게 만들고, 그들의 재산을 경매에 붙이고, 왕족, 귀족 그리고 고위 성직자들을 없애버리는 것이었다.

똑같은 수준 이상으로 머리를 쳐드는 것이나, 흩어졌던 민중을 곤궁 속에서 옛 견해의 깃발 아래 결속하고 규합하는 데 도움이 될 수 있는 것은 무엇이나 때려 눕혔다. 인간의 권리의 성실한 친구였던 로마인들이 그리스, 마케도니아 그리고 다른 민족들을 해방시킨 것과 같은 방식으로, 그들은 프랑스를 자유롭게 만들었다. 그들은 각 도시에 독립을 준다는 깃발 아래 그들의 결합의 끈을 없애버렸다.

이 새로운 조직체인 캉통과 코뮌 그리고 데파르트망——고의적으로 혼란이라는 매개물을 사용하여 만들어진 제도들——을 구성하는 사람들이 활동을 시작하게 되면, 그들은 각각 서로에 대해 크게 보아 외지인이라는 점을 발견할 것이다. 모든 선거인과 당선자들은 특히 농촌 캉통에서는, 종종 시민적 습성이나 결합 또는 진정한 공화국의 영혼인 자연적 규율을 전혀 지니지 않을 것이다. 지방관이나 세금 징수원들은 이제 담당 지역에 관해 알지 못하며, 주교는 주교관구에 대해, 목사는 교구에 관해 알지 못한다. 인권의 이 새 식민지들은, 타키투스(Tacitus)가[11] 쇠퇴하는 로마의 정책에서 관찰했던 군사적 식민지 종류와 매우 깊은 유사성을 지닌다. 로마가 더 훌륭했으며 현명했던 시기에는 (그들이 외국에 대해 어떤 노선을 취했든지 간에) 조직적 정복의 요소와 식민의 요소가 병행되도록 주의를 기울였다. 심지어 군대에 시민적 규율의 기초를 마련하는 데도 주의를 기울였다.[12] 그러나 모든

---

11) 1세기 말 2세기 초에 로마의 집정관, 총독 등을 지냈는데,『게르마니아』,『연대기』,『역사』등을 저술했다─옮긴이.

12) "사령관, 백인대장, 각 백인대의 병사 등 군단 전체가 이민 가서 전원일치와 전우애로 하나의 작은 국가를 창설하던 시대는 지나갔다. 이제 이민자들은 서로 모르는 사이이고 완전히 다른 부대에서 온 사람들이다. 지도자도 없고, 서로 무관심하며, 마치 전혀 군인이 아닌 듯하다. 그들은 식민지를 세운다기보다는 그저 한곳에 모여든 집단일 뿐이다"(타키투스,『연대기』 1권). 이 모든 것

좋은 수완이 쇠퇴하였을 때, 로마인들은 당신네 의회가 그러는 것처럼 인간의 평등에 입각하여 행동하고, 판단도 거의 포기했다. 그리고 국가를 용납할 만하고 지속되게 만드는 것들에 대해 거의 주의를 기울이지 않았다. 그러나 다른 거의 모든 경우와 마찬가지로 이 점에서도 당신네 새 국가는 타락하고 쇠락한 나라들의 특징인 그러한 부패 속에서 탄생하고 자라고 자양분을 얻는다. 당신네 국가라는 아이는 죽음 증상을 지니고 세상에 나왔다. "히포크라테스가 말한 얼굴"이[13] 그 인상의 특징을 이루며, 그 운명을 예시한다.

고대의 공화국들을 조형한 입법자들은 자신들의 업무가 힘든 일이어서, 대학생 수준의 형이상학이나 소비세 담당관리 수준의 수학과 산술 같은 도구로는 도저히 완수될 수 없다는 점을 인식했다. 그들은 인간을 다루어야 했으며, 인간의 본성을 연구하지 않으면 안 되었다. 그들은 시민을 다루어야 했으며, 시민이 생활하는 환경 속에서 전달되는 습관에 대해 연구하지 않으면 안 되었다. 그들은 이 2차적 본성이 1차적 본성에 작용하여 새로운 조합을 만들어낸다는 점을 인식했다. 나아가 출생, 교육, 직업, 나이, 도시나 농촌 거주, 재산을 획득하고 유지하는 방법 등에 따라서 그리고 재산 그 자체의 성질에 따라서 사람들 사이에 많은 다양성이 생겨났으며, 사람들을 마치 매우 다른 종류의 동물인 것처럼 만들었음을 인지했다. 이 때문에 입법자들은 시민들을 독특한 습관에 따라 적합하다고 여겨지는 계급들로 배치하고, 국가에서 그에 따른 적절한 위치에 두지 않으면 안 된다고 생각했다. 그리고 입

---

이, 이 불합리하고 무분별한 헌법에 규정된 국민의회—연합되지 않고 윤번제이며 2년 임기인—에 더 잘 적용된다.
13) 기원전 5세기 그리스 의사 히포크라테스는 죽어가는 사람의 얼굴 모습에 관한 고전적 설명을 남겼다—옮긴이.

법자들은 각 계급의 사람들에게 그들의 특수한 업무에 필요한 것을 확보해줄 수 있으며, 이해의 다양성——모든 복잡한 사회에서는 존재할 수밖에 없으며, 서로 다툴 수밖에 없는——에서 초래되는 갈등에서 그들을 보호할 힘을 제공할 수 있는 적절한 특권을 배당하지 않으면 안 된다고 생각했다. 그 이유는 이러하다. 단순 무지렁이 농부라도 그의 양, 말, 소 들을 어떻게 분류하고 이용할지를 잘 알며, 각 종류에 적절한 먹이, 보살핌, 사역을 배분하지 않고 그 동물들을 모두 추상화하며 평등화하지 않을 정도의 상식을 충분히 지닌다. 그런데 입법자가 사람들의 경제담당자이자 배치자며, 목자면서, 자신을 뜬구름 잡는 형이상학자로 높이고 자신의 무리에 관해 일반적 인간으로밖에는 아무것도 모르기로 작정한다면 부끄러워해야 마땅하기 때문이다. 이런 이유에서 몽테스키외(Montesquieu)는 매우 타당하게 다음과 같이 말했다.[14] 고대의 위대한 입법자들이 자신들의 능력을 최고로 발휘해 보여주었고 그들 사이에서도 두각을 나타낼 수 있었던 것은 시민을 분류하는 사무에서였다는 것이다. 여기서 당신네 현대 입법자들은 그와 반대되는 대열로 깊숙이 들어갔으며, 심지어 무명인 자신들의 지위보다도 더 추락했다. 옛 입법자들이 시민의 부류가 다른 점에 유의하고 그들을 하나의 국가로 통합한 데 대해 후자, 즉 형이상학적이며 연금술사 같은 입법자들은 그와 정반대 노선을 택했다. 그들은 모든 종류의 시민을 그들이 할 수 있는 한 하나의 동종 집단으로 섞어놓았다. 그런 다음 그 혼합물을 서로 연결되지 않은 다수의 공화국으로 나누었다. 그

---

14) 프랑스 계몽사상가로 분류되는데, 1748년에 발간된 『법의 정신』이 대표작이다. 그는 지역적 차이와 공동체 내 이해의 다양성을 지적하고 긍정적 기능을 설명해 사회학적 안목을 지녔다고 평가된다. 버크가 칭찬하는 것도 이 대목이다—옮긴이.

들은 사람들을 간단하게 셈하기 위해 시시한 산가지들로 만들어버리고, 계산대의 자기 위치에서 일어설 능력을 지닌 사람으로는 취급하지 않는다. 그러나 그들 자신의 형이상학 원리가 더 나은 교훈을 가르쳐 줄 수 있었을 것이다. 그들이 자신들의 범주표를 낭독하면서, 지적 세계에는 실체와 수량 외에 다른 것도 있음을 알 수도 있었을 것이다. 그들은 형이상학의 교리문답에서 모든 복합적 고찰에는 항목이 그외에도 8개가 더 있다는 사실을[15] 배울 수 있었을 것이다. 이 항목들에 관해 그들은 결코 생각한 적이 없지만 모두 10개 중에서 이 항목들은 인간의 기술이 일단 발휘되는 데 관련되기 마련인 주제다.

세심한 정확성을 지니고 인간의 도덕 상태와 경향에 따르던 몇몇 고대 공화국 입법자들의 유능한 성향과는 매우 달리 그들은 발견되는 모든 위계를 평준화하고 한꺼번에 분쇄해버렸다. 그들은 공화국과는 달리 정부 형태에서 시민을 분류하는 것이 그리 중요하지 않은 왕국에서, 소박하고 단순한 신분편성 아래 존재하는 것조차 분쇄해버린 것이다. 그러나 사실 그러한 계급화는 만일 적절하게 이루어졌다면, 모든 정부 형태에서 유익한 것이다. 그것은 공화국에 실효성과 영속성을 부여하는 필요한 수단임과 동시에 전제의 과도함을 막는 강력한 장벽을 구성한다. 이런 것 없이 만일 현재의 공화국 기획이 실패한다면, 절제된 자유를 위한 모든 보장도 함께 실패하게 된다. 전제정치를 완화하는 모든 간접적 규제도 제거된다. 그리하여 만일 프랑스에서 현재의 왕조든 아니면 다른 왕조 아래서든, 왕국이 세력을 다시 전부 키우게 된다면, 아마도 그 왕국——만일 국왕의 현명하고 도덕적인 의도에 의해 초기에 자발적으로 진정되지 않는다면——은, 지상에 출현했던 그

---

15) 성질, 관계, 능동, 수동, 장소, 시간, 위치, 상태.

어떤 것보다도 가장 완전한 자의적 권력이 될 것이다. 이것은 가장 절망적인 게임이다.

그들은 그러한 모든 행위에 수반하는 혼란을 자신들의 목적의 하나라고 선언하는 데까지 이르렀고, 그들이 헌법을 제정하는 데 수반되었던 해악이 되돌아온다는 공포를 빌미로 자신들의 헌법을 유지하고자 희망한다. 그들은 "이렇게 하면, 당국이 헌법을 파괴하는 것이 어려워질 것이다. 당국은 국가 전체를 완전히 해체하지 않고는 헌법을 파괴할 수 없게 된다"라고 말한다. 그들은 이 당국이 그들이 획득한 것과 같은 정도의 권력을 갖게 되면, 그 권력을 더욱 완화하고 순화하여 사용할 것이며, 그들이 했던 바와 같이 국가를 야만적인 방법으로 해체하는 데에는 경외감 속에서 두려워할 것이라고 추정한다. 그들은 복귀하는 전제정치의 미덕 속에서, 그들의 민중주의적 악폐의 후예가 안전을 누리게 되리라고 기대하는 것이다.

나는 당신과 독자들이 이 주제에 관해 칼론(Calonne) 씨의 저술을 주의 깊게 살피기 바란다. 그의 책은 진정 유려할 뿐 아니라 우수하며 유익하다. 나는 새 국가의 헌법과 세입 사정에 관해 그가 말한 것에만 한정하겠다. 이 장관이 경쟁자들과 벌인 논쟁에 관해서는 의견을 표명할 생각이 없다. 마찬가지로 나는 그가 자기 나라를 예속, 무정부, 파산 그리고 구걸이라는 치욕스럽고 개탄스러운 상태에서 벗어나게 하기 위해 택했던 재정적·정치적 방법과 수단에 관해서도 논평할 의도가 없다. 나는 그처럼 그렇게 낙관적으로 추측하지 않는다. 그러나 그는 프랑스 사람으로서 그러한 목표에 대해 더 밀접한 의무를 지녔고, 그 목표를 판단할 더 나은 수단을 지니고 있다. 그가 언급한 공식적 발언에 특히 주의를 기울이기 바란다. 그것은 국민의회의 주요 지도자들 가운데 한 사람의 발언이었는데, 프랑스를 왕국에서 공화국으로 변화시킬 뿐 아니라, 공화국에서 단순한 연방으로 만들려는 그들 계획의 의도에 관한 것이다. 그것은 내 고찰에 새 힘을 더해준다. 실상 칼론 씨의 책은 이 편지의 대부분의 주제들에 관해 새롭고 강력한 많은 논지로 나의 부족분을 보완한다.[16]

그들을 곤경과 모순에 가장 많이 빠져들게 한 것이 자신들의 나라를 별개의 공화국들로 절단하려는 결의다. 이 결의가 없었다면, 개인의 권리, 인구 그리고 세금납부 사이의 엄밀한 평등과 관련된 모든 문제와 이들 사이의 균형——결코 달성될 수 없는——은 모두 쓸데없는 것이 된다. 대표는 부분에서 선출되지만, 그의 의무는 똑같이 전체에 대해 지는 것으로 간주된다. 의회의 의원 각자는 프랑스의 대표자일 것이며, 그 모든 부류, 다수자와 소수자, 부자와 가난한 자, 큰 지역과 작은 지역의 대표자일 것이다. 이 모든 지역이 그들과는 독립적으로 존재하는 상임 권위에 복속된다. 그 권위에서 그들의 대표성과 그에 속하는 모든 것이 생겨나고, 그 대표성이 또한 그에 귀결된다. 이 영구적이며 불변하는 근본적 정부가 영토를 진정으로 그리고 타당하게 하나의 전체로 만들며, 또 그렇게 만들 수 있는 유일한 것이다. 우리나라에서 민중 대표를 선거할 때, 그들을 하나의 회의체에 보내는데, 거기에서 누구나 개인으로서 피지배자이며, 모든 통상적 임무를 수행하는 정부에 완전히 복종한다. 당신네의 경우 선출된 의회가 주권자이며, 게다가 유일한 주권자다. 모든 의원은 그러므로 이 단일한 주권의 불가결한 부분이다. 그러나 우리의 경우 이와 전적으로 다르다. 우리 대표는 다른 부분과 분리된다면, 어떤 활동도 불가능하며 존재할 수도 없

---

16)『프랑스 국가』(*L'Etat de la France*), 363쪽을 보라(루이 16세의 대신이었던 칼론의 저서로 1790년 런던에서 출판되었다—옮긴이).

다. 우리의 대표제도에서 정부가 대의원들과 지역들의 귀결점인 것이다. 이것이 우리의 통합의 중심이다. 귀결점인 이 정부는 **전체**를 위한 수탁자이며, 부분을 위한 것이 아니다. 우리의 국가위원회의 다른 부분, 즉 귀족원도 그러하다. 우리에게 왕과 귀족은 각 지구, 지역, 도시의 평등을 위한 각각의 그리고 통합된 보증이다. 당신은 영국에서 어떤 지역이 대표제의 불평등 때문에 고통을 당한다는 이야기를 들어보았는가? 어떤 지구가 대표를 전혀 두지 못하여 고통을 당한다는 이야기를 들었는가? 우리의 왕과 귀족이 통합의 기초인 평등을 보증할 뿐아니라, 그것이 평민원 자체의 정신이기도 하다. 대표제의 불평등——매우 어리석게도 그에 대해 불평하지만——이야말로, 아마도 우리가 지역구 의원으로서 생각하거나 행동하는 것을 방지하는 바로 그것이다. 콘월은 스코틀랜드 전체와 같은 수의 대표자를 선출한다. 그러나 콘월이 스코틀랜드보다 더 배려되고 있는가? 몇몇 경솔한 클럽에서 나온 당신네 기초들 어떤 것에 관해서도, 머리를 썩일 우리나라 사람은 거의 없다. 설득력 있는 논리를 기반으로 하면서 무언가 변화를 원하는 사람들은 대부분 개혁이 당신네와 다른 이념에 입각하기를 원한다.

당신네 새 헌법은 그 원리에서 우리나라 것과 정반대다. 그리고 나는 당신네 헌법에서 행해진 그 어떤 것이라도, 그것을 영국이 따를 모범으로서 제시하려고 꿈꾸는 자가 어떻게 있을 수 있는지 놀랍기만 하다. 당신네 헌법의 경우, 중앙의 의회의원과 기초 선거인 사이에는 연결이 거의, 아니 차라리 전혀 존재하지 않는다. 전국의회의 의원은 인민에 의해 선출되지 않으며, 그들에게 책임도 지지 않는다. 의회 의원이 선출되기까지 선거가 세 번 치러진다. 그와 기초의회 사이에 2개 층위의 지역적 권위가 자리 잡고 있어서, 의원을 한 국가 안에서 인민의 대표가 아니라 내가 이미 말한 바와 같이 한 국가의 대사로서 만드는 결과가 되었다. 이 때문에 선거의 전체 정신이 변화되는 것이다. 그리고 당신네 헌법 판매자가 어떤 교정책을 고안해내더라도, 그 본래 모습이 아닌 다른 어떤 것으로 바뀔 수는 없다. 그런 일을 시도한다면 만일 가능한 경우, 필연적으로 현재보다 더 무서운 혼란을 초래할 것이다. 기초 선거인과 의회의원을 연결하는 방법은 우회적인 방법밖에 없다. 즉 의원 후보자가 일차적으로 기초 선거인에게서 지지를 구하게 하고, 이 기초 선거인들은 권위에 찬 지시에 (그리고 아마도 그 이상의 것에) 의해 이후 2단계의 선거인들에게 자신들의 희망과 일치하는 선택을 하도록 강제하게끔 하는 방법이다. 그러나 이는 체계 전체를 분명히 뒤엎어버릴 것이다. 그리하여 그들은 다시 민중 선거가 초래하는 소동과 혼란에 빠져들게 되는데, 이는 그들이 단계적 선거제를 끼워넣음으로써 피해 보려고 했던 것이다. 그들은 결국 국가의 전 운명을, 국가와 관련된 지식과 이해관계를 제일 적게 갖는 사람들에게 맡기는 모험을 하게 된다. 이는 영원한 딜레마로 그들이 선택한 사악하고 취약하며 모순적인 원리들 때문에 빠져들게 되었다. 만일 민중이 이러한 단계제도를 해체하고 평준화하지 않는다면, 의회의원을 실질적으로 선거하는 것이 전혀 아니라는 점이 명백하다. 실상 그들은 모양새로나 실제로나 거의 선거를 하지 않는 셈이다.

우리 모두가 선거에서 추구하는 바가 무엇인가? 실제 목적을 달성하기 위해서는, 당신이 선출할 사람이 적합한지 여부를 아는 수단을 먼저 지니지 않으면 안 된다. 그다음 그가 당신에게 개인적 의무라는 의존관계를 지님으로써 그에 대한 통제를 보유하지 않으면 안 된다. 그런데 프랑스에서 이들 기초 선거인들에게 선택권을 부여하여 경의를 표하는, 아니면 오히려 우롱하는 목적은 무엇인가? 기초 선거인들은 그들에게 봉사할 의원들의 자질에 관해 아무것도 알 수 없으며, 의원은 그들에게 아무런 의무도 지지 않는다. 판단을 내릴 무언가 실질적 수단을 지닌 사람들이 부적절하게 권력위임을 행할 때 특별히 가장 부적절한 경우가 직접 선택(personal choice)과 관련된 것이다. 권력이 남용되어도 기초 선거인 집단은 대표자에게 책임을 결코 물을 수 없다. 그 의원은 대표제의 연쇄에서 그들로부터 너무 멀리 떨어져 있는 것이다. 그가 2년의 의원 임기 말에 부적절하게 행동한다고 하더라도, 앞으로 2년 동안 그는 걱정하지 않아도 된다. 프랑스 새 헌법에 따르면, 최상의 가장 현명한 의원들도 최악의 의원들과 똑같이 "하계 체류장"(Limbus Patrum)에 빠지게 된다.[17] 의원들이라는 배의 밑바닥이 더러워진다고 상정하고, 의원들은 수선되기 위해 수선소에 들어가지 않으면 안 된다는 것이다. 의회에서 활동했던 모든 의원은 이후 2년간 재선될 자격이 없는 것이다. 이 고위직들은 업무를 배우기 시작하자 굴뚝 청소부와 마찬가지로 그를 실천할 자격이 박탈되는 것이다. 당신네 미래 지배자들이 얻을 것은 모두 피상적이며 설익고 사소한 성격일 것이며 그들의 회상은 중단되고 단조로우며 단절되고 부실한 것이 될 것이다. 당신네 헌법은 깊은 분별력을 지니기에는 너무 많은 시기심이 포함되어 있다. 당신네는 대의제도에서 신탁 위반을 일차적 중요 사항으로 너무 중시한 나머지, 대표가 신탁을 수행하는 데 적합한 인물인가 하는 문제를 전혀 고려하지 않는다.

죄를 씻는 이 연옥 기간은, 나쁜 지배자인 만큼 유능한 책략가일 신의 없는 대표자에게 불리한 것만은 아니다. 이 기간에 그는 작당하고

---

17) 스콜라 신학에서는 예수 이전 율법시대에 죽은 유덕한 이들이 예수가 재림해 구출할 때까지 천국도 지옥도 아닌 하계에 머문다고 상정한다. 국민의회 의원은 연이어 의원으로 피선되는 것이 금지되었는데, 버크는 그 규정을 언급하고 있다―옮긴이.

음모를 꾸며, 가장 현명하고 도덕적인 대표자들보다 우위에 서게 될 수 있다. 이 선거 관련 국가 제도에서 구성원은 모두 결국 동일하게 일시적이며 단지 선거를 위해 존재하므로, 그 의원을 선출했던 사람들은 그가 신탁의 갱신을 요청할 때 부응해야 할 사람들과 더 이상 같을 수가 없을 것이다. 코뮌의 제2차 선거인 모두에게 책임지도록 하는 일은 터무니없고 비현실적이며 부당하다. 그들 자신도 선택할 때 기만당했을 수 있다. 제3차 선거인인 데파르트망의 선거인들도 이와 같이 기만당할 수 있다. 당신네 선거에서는 책임감이란 존재할 수 없다.

### 3. 프랑스를 당분간 결속시키는 접착제의 실체

프랑스의 여러 새 공화국의 성격과 기본제도에서 그들을 상호 종합할 어떤 원리도 발견할 수 없어서 나는 프랑스 입법자들이 어떤 외부적 요소를 가지고 공화국들을 위한 접착제를 마련했는지 고찰했다. 그들의 연합 행위들, 장관을 연출하는 행위들, 시민 축제들 그리고 열정 분출 등에는 주의를 기울이지 않겠다. 그것들은 순전히 속임수일 뿐이다. 그러나 그들의 행동을 통해서 그들의 정책을 추적하면, 이 공화국들을 결집하기 위해 그들이 마련한 장치들을 밝혀낼 수 있다고 생각한다. 첫 번째 것은 몰수인데, 강제적 지폐 통용이 그에 결부되어 있다. 둘째는 파리 시의 최고 권력이다. 세 번째는 국가의 정규군이다. 이 중 세 번째 것에 관해 내가 말할 것은 군대를 한 주제로서 따로 고찰할 때까지 미뤄두겠다.

단순 접착제로서 첫 번째 것(몰수와 지폐 통용)의 작용에 관해, 상호 의존하는 이 양자가 한동안 일종의 접착제가 될 것이라는 점을 부인할 수 없다. 다만 운영과 여러 지방을 통합하는 데서 그들의 광기와 어리석음이 시초부터 반발을 야기하지 않는다는 조건에서 그렇다. 그러나 그 계획에 약간의 통합력과 지속성이 있음을 인정한다고 하더라도, 만일 잠시 후 몰수물이 지폐를 지탱하기에 충분하지 않게 될 (충분하지 않게 된다고 내가 확신하는 바와 같이) 때는 이 공화국들 사이에서 그리고 각 공화국 내의 여러 부분에서도, 접착 대신에 분열과 불화와 혼란이 무한정 증가될 것이다. 그러나 만일 몰수가 지폐를 상환할 정도까지 성공적으로 수행된다면, 접착력은 지폐와 더불어 사라질 것이다. 당분간 그 접착력이 매우 불확실할 것이며, 지폐의 신용도에서의 모든 변화와 더불어 강화되거나 약화될 것이다.

이 계획에서 오직 하나가 확실한데, 보기에는 2차적 효과이나 이 사업을 지휘하는 자들의 마음속에서는 직접 효과라고 내가 확신하는 것이다. 그것은 각 공화국들에서 과두지배를 만들어내는 효과다. 예치된 또는 보증된 정화에 기반하지 않고 이미 영국 돈으로 4,400만 파운드에 달하는 이 지폐 유통은, 강제로 프랑스 정화의 자리를 대신해서 국가 세입의 실질을 이루고 모든 상업적이며 사적 거래의 수단이 되어가고 있다. 그런데 그 형태가 어떻든 남아 있는 모든 권력, 권위, 영향력이 이 유통을 경영하고 관리하는 자들의 손에 들어갈 것이 틀림없다.

영국에서 우리도 은행의 영향력을 감지하고 있다. 비록 영국은행은 자발적 거래의 중심에 지나지 않지만 그렇다. 더욱 광범위하고 성격 상 우리나라 은행보다 훨씬 더 관리자에 좌우되는 금융사업의 경영에서 나오는 힘을 인식하지 않는 자는 금전이 인류에게 미치는 영향에 관해 거의 무지한 사람이다. 이 체제에는 이 화폐 경영과 불가분하게 결합된 다른 구성 부분이 존재한다. 그것은 몰수된 토지 일부를 마음대로 판매에 부치는 수단이며, 지폐를 토지로, 토지를 지폐로 끊임없이 변환하는 과정을 수행하는 수단이다. 우리가 이 과정을 결과까지 추적하면, 이 체제를 작동시키는 세력의 강력함을 어느 정도 인식할 수 있을 것이다. 이 수단에 의해 화폐 조작과 투기 정신이 대량의 토지에 투입되고 융합된다. 이러한 작용에 의해 토지재산이 (말하자면) 민활성을 얻게 된다. 토지재산은 부자연스럽고 기괴한 행적을 취하게 되고, 그에 따라 몇몇 관리자——그들이 상급자든 하급자든, 파리 사람이든 지방민이든——가 모든 종류의 화폐와 아마도 프랑스 전 토지의 10분의 1을 장악하게 되었다. 이제 지폐의 폐단 중 최악이며 가장 해로운 측면인 가치의 극도의 불확실성이 토지에 퍼졌다. 그들은 델로스의 토지재산에 대해 레토(Lato)가 베풀었던 친절과는 정반대 일을 한 것이다.[18] 그들은 토지재산을 난파선의 가벼운 조각들처럼 "해안 여기저기 사방에"[19] 흩날리도록 해버렸다.

새로 등장한 거래자들은 모두 선천적인 모험가들이며, 어떤 안정된 습관도 지역적 애착도 지니지 않는다. 그들은 지폐 시장이나 금전 시장, 토지 시장이 이익을 제공하는지 여부에 따라 전매하기 위해 구입할 것이다. 한 주교께서는 몰수된 교회 토지를 구입할 "계몽된" 고리대금업자로부터 농업이 크게 이익을 얻을 것이라고 생각하지만,[20] 훌륭하지는 않으나 나이든 농사꾼인 나로서는 그 주교님께 매우 공손하게 다음과 같이 아뢰는 바다. 즉 고리대금업은 농업의 스승이 아니라고. 그리고 당신네 학파에서 항상 그렇듯이 만일 "계몽된"이라는 단어가

---

18) 델로스는 떠다니는 섬이었는데, 레토가 아폴로와 다이애나를 그 섬에서 출산하자 주피터가 섬을 고정시켰다─옮긴이.

19) 베르길리우스의 장편 서사시 『아이네이스』에 나오는 구절이다─옮긴이.

20) 오우텅 주교였던 탈레랑(Talleyrand)을 가리킨다. 교회 재산 국유화를 제안하고 국민의회 의장이 되었다. 그 후 총재정부와 나폴레옹 시대에 외교업무에 종사하다가 파면되었으나, 나폴레옹 몰락 후 다시 등용되어 1830년 7월혁명 이후까지 외교관으로 활동했다─옮긴이.

새 사전에 따라 해석된다면, 신을 믿지 않는 것이 어떻게 농부에게 대지를 조금이라도 더 능숙하게 또는 의욕적으로 경작하게 가르칠 수 있는지 알 길이 없다고. 로마의 한 노인은 쟁기 한쪽을 붙잡고 다른 한쪽은 죽음에 붙잡힌 채로 "나는 불사의 신들을 위해 씨를 뿌린다"라고 말했다.[21] 비록 당신이 두 곳 아카데미의 지도자 전부를 할인은행의 이사들과 합쳐서 위원회를 만든다고 해도, 경험 있는 늙은 농부 하나가 그들 전부와 맞먹는다. 나는 카르투지오회(Carthusian)[22]의 수도사와 나눈 짧은 대화에서 흥미롭고 재미있는 농업 분야에 관해, 내가 대화해본 모든 은행 이사에게서 얻은 것보다 더 많은 정보를 얻은 경험이 있다. 그러나 대금업자들이 농촌 경제에 참견하는 것에 걱정할 이유가 없다. 이 신사들은 그 부류 중에서 현명함이 넘치는 사람들이다. 처음에는 아마도 그들의 부드럽고 감수성 있는 상상력이 전원생활의 순진하고 비영리적인 즐거움에 매료될지 모른다. 그러나 곧 그들은 농업이 그들이 버린 직종보다 훨씬 더 고되며 이익은 훨씬 적다는 것을 알게 된다. 그들은 찬사를 바친 후, 그들의 선배이며 전형적 인물이 그랬던 것처럼 농업에 등을 돌릴 것이다.──그들은 그 자처럼 "그는 행복하다"라고 노래하면서 시작할 것이다.──그러나 결말은 어찌될까?

장래 농부가 되어야지 하고
대금업자 알피우스(Alphius)는 언제나 생각했지.
그렇게 말하면서 그는 한 달의 중간쯤 되면
돈을 모두 거둬들였지.

---

21) 키케로의 『노년에 관해』에 나오는 구절이다─옮긴이.
22) 11세기 말 프랑스에서 설립된 수도회로 엄격한 규율을 시행해 기도와 농업노동에 종사하도록 했다─옮긴이.

다음 달 초에는 다시 돈놀이를 하기 위해서.[23)]

그들은 이 고위 성직자의 가호 아래 교회의 포도밭이나 농경지보다 훨씬 많은 이익을 남기면서 "교회의 금고"를 경작할 것이다. 그들은 재능을 자신들의 습관과 이익에 따라 동원할 것이다. 그들이 재정을 관리하고 여러 지방을 통치할 수 있는 한, 쟁기를 따라가지 않을 것이다.

모든 면에서 새로운 당신네 입법자들은, 도박 위에 국가를 건설하고 이 풍조를 생명의 숨으로서 불어넣은 최초의 사람들이다. 이러한 정치의 대대적 목표는 프랑스를 대왕국에서 거대한 도박판으로 변형하는 데 있다. 주민을 도박꾼 국민으로 바꾸는 데 있다. 투기를 일상생활의 전면으로 확대해 일상의 모든 관심사와 결합하는 데 있다. 그리고 민중의 모든 희망과 우려를 통상적인 수로에서 이탈하게 하여 운에 의존해 살아가는 사람들의 충동·열정·미신 쪽으로 흘러가게 만드는 데 있다. 그들은 소리 높여 자신들의 의견을 피력하는데, 그들의 현재 공화국 체제가 이러한 종류의 도박 자금이 없으면 존속할 수 없다는 것이다. 그리고 공화국의 생명줄 그 자체가 이 투기 섬유에서 실을 뽑는다는 것이다. 옛날의 투자 도박은 물론 해로운 것이었다. 그러나 그 피해는 다만 개인에게 돌아갔다. 그것이 미시시피(Mississippi) 회사와 남해(South Sea)회사에서처럼 광범위했을 때라도,[24)] 비교적 소수에게만 영향을 미쳤다. 그것이 복권처럼 확대된 경우에도 그 의도는 단 하나의 목표를 지녔을 뿐이다. 그러나 대부분의 상황에서 도박을 금지하고 어느 경우에나 도박을 장려하지 않는 법률 자체가 타락하여 그

---

23) 호라티우스의 『서정시』(*Epode*)에 나오는 구절이다―옮긴이.

24) 18세기 초 주식 투기 열풍을 불러일으켰다가 파산한 무역회사들로, 전자는 프랑스계, 후자는 영국계 회사다―옮긴이.

본질과 정책을 역전시키는 정도까지 이른 경우에, 그리고 아주 사소한 일에까지 도박의 정신과 상징을 도입하고 모든 사람이 모든 일에서 도박을 행하도록 함으로써 백성을 이 파멸적인 판에 명시적으로, 강제로 끌어들이는 정도까지 이른 경우에, 이 세상에 출현했던 그런 종류보다 더 무서운 전염병이 퍼지게 된다. 당신네 나라에서는 이제 투기하지 않고는 저녁밥 값을 벌 수도 저녁밥을 사먹을 수도 없게 되었다. 그가 아침에 받은 것이 저녁에는 같은 가치를 지니지 않을 것이다. 그가 이전에 빌려준 돈을 받을 때 수령해야 했던 화폐가 그 자신이 진 빚을 갚을 때는 동일한 가치로 수령되지 않을 것이다. 그가 빚지지 않기 위해 즉시 지불할 때라도 동일한 값어치가 안 될 것이다. 근면은 사라져버릴 것이며, 검약이 당신네 나라에서 쫓겨날 것임이 틀림없다. 주의 깊게 예비하는 일은 존재하지 않을 것이다. 소득 액수를 알지 못하는데 누가 일을 하겠는가? 아무도 견적을 낼 수 없는 것을 누가 늘리려고 궁리하겠는가? 저축한 것의 가치를 알 수 없는데 누가 모으려고 하겠는가? 만일 도박에 사용되는 효용을 제외한다면, 당신네 지폐로 부를 축적하는 일은 사람의 현명함의 소산이 아니라 갈가마귀의 병적인 본능의 소산일 것이다.

조직적으로 도박꾼 국민을 만드는 정책에서 진정 암울한 부분은 이것이다. 즉 모두 도박을 하도록 강요되지만 그 도박을 이해할 수 있는 자는 거의 없다는 점이다. 그리고 그 지식을 이용할 처지에 있는 사람들은 더욱 적다는 점이다. 다수의 사람들이 투기 기구를 지휘하는 소수의 봉이 되기 마련이다. 그것이 농촌 사람들에게 어떤 영향을 미치는지는 명확하다. 도시 주민들은 하루하루 회계를 할 수 있으나 농촌 주민은 그렇지 못하다. 농민이 곡물을 시장에 낼 때 도시의 관리가 액면가대로 아시냐를 받도록 한다. 그 농민이 이 지폐를 가지고 상점에 가면, 길을 건넌 것뿐인데 가치가 7퍼센트 하락한 것을 알게 된다. 그는 이 시장에 두 번 다시 선선히 나오려고 하지 않을 것이다. 도시민들은 격분할 것이다! 그들은 농촌 주민들이 곡식을 갖고 오도록 강제할 것이다. 저항이 시작될 것이고, 그리하여 파리와 생드니에서 있었던 학살이 프랑스 전체에서 재개될지도 모른다.

　당신네의 대표 이론에서 차지하는 비중보다 농촌에 더 많은 몫을 할당함으로써 농촌에 공허한 찬사를 바치는 것은 무슨 의미인가? 당신네는 화폐와 토지의 유통을 지배하는 실제 권력을 어디에 두었는가? 모든 사람의 자유보유지의 가치를 올리거나 떨어뜨리는 수단을 어디에 두었는가? 모든 프랑스인의 재산을 조작에 의해 10퍼센트 감소시키거나 10퍼센트 증가시킬 수 있는 사람들은 모든 프랑스인의 주인임이 틀림없다. 이 혁명에 의해서 획득된 권력 전부가 도시에 그리고 도시민과 그들을 지휘하는 금융 지배자들 사이에 자리 잡을 것이다. 지주 향신, 자작농 그리고 농민 누구도 지금 프랑스에 남겨진 권력과 영향력의 이 유일한 원천에서 약간의 몫이라도 얻을 수 있게 하는 습관도, 성향도, 경험도 지니고 있지 않다. 모든 농사일과 거기서 얻는 모든 즐거움을 지닌 농촌 생활의 성질 그 자체, 토지재산의 성질 그 자체가 농촌 사람들에게 결합과 조정을 (영향력을 획득하고 행사하는 유일한 방식인데) 어느 정도 불가능하게 만든다. 당신이 할 수 있는 모든 수단을 동원하고 모든 노력을 기울여 그들을 결합시켜보라. 그들은 항상 개인으로 분해된다. 통합의 성격을 지니는 어떤 것도 그들 사이에서는 거의 불가능하다. 희망, 공포, 우려, 시기심, 하루 만에 업무를 끝내고 사라지는 덧없는 이야기 등 모든 것이 지도자가 추종자의 마음을 제어하고 북돋우는 고삐와 박차인데, 분산된 사람들 사이에는 쉽게 채용되지 않거나 전혀 채용될 수 없다. 그들이 모이거나, 무장하거나, 행동하는 데에는 극도의 어려움과 큰 비용이 따른다. 그들의 노력은 일단 시작되었다고 하더라도 지속될 수 없다. 그들은 체계적으로 진전할 수 없다. 만일 시골 신사들이 그 재산에서 나오는 소득만을 가지고 영향력을 지니고자 한다면, 그들의 영향력은 가처분 소득이 그들의 10배이고, 그들에 대항하기 위해 약탈물을 시장에 내놓음으로써 그들의 재산을 파멸시킬 수 있는 사람들의 영향력에 비하면 무엇이란 말인가? 만일 지주가 저당을 잡히고 싶다면, 자신의 토지 가치는 떨어뜨리면서 아시냐의 가치는 올리게 된다. 그가 적과 경쟁하기 위해서 택해야 하는 바로 그 수단이 적의 힘을 증가시키는 것이다. 그러므로 육해군 장교직책을 담당하고, 관대한 시각과 습관의 소유자이면서 특정한 직업을 지니지 않은 시골 신사들은, 마치 법률로 금지된 것처럼 자기 나라 정부에서 완전히 배제될 것이다. 한편 도시에서는 시골 신사들에게 불리하게끔 공모했던 모든 것이, 화폐 관리자와 경영자에게 유리하게 결합한다. 도시에서는 사람들의 결합이 저절로 이루어진다. 도시민의 습관, 직업, 오락, 사업, 태만이 계속 그들을 상호 접촉하게 만든다. 그들의 미덕과 악폐는 사교성을 지닌다. 그들은 항상 병영에 있는 셈이다. 그리하여 그들은 통합되고, 반은 훈련된 상태로 민간 행동 또는 군사 행동을 목표로 그들을 결성하고자 꾀하는 사람들의 손에 들어오게 된다.

만일 이 헌법 괴물이 계속 존재할 수 있다면, 프랑스는 집단을 이룬 선동자들, 즉 아시냐의 집행자들, 교회 토지 매각 담당자들, 공증인들, 대행업자들, 금융업자들, 투기자들 그리고 모험가들로 구성된 도시의 협회들에 의해 전적으로 통치될 것이라는 사실이 위에서 모든 사항을 고찰한 끝에 나에게 의문의 여지없이 확실해진다. 이들은 왕과 교회와 인민의 파멸을 기반으로 하여 비열한 과두제를 구성하게 된다. 인간의 평등과 권리라는 모든 기만적인 몽상과 환영이 이렇게 끝을 맺게 된다. 그것들은 이 저질 과두제의 "세르보니아 수렁"(Serbonian bog)[25] 속으로 흡수되고 가라앉아 영원히 소멸된다.

비록 인간의 눈으로 추적할 수는 없지만, 프랑스에서 벌어진 심각한 범죄들의 원성이 하늘에까지 닿은 것이 아닌가 생각된다. 하늘은 인류가 억압당하면서도 명예가 실추되었다고 느끼지 않게 만드는 가짜 광휘들——다른 전제정치에서는 출현했던——에서도 위안이나 보상을 얻을 수 없는 정도의 사악하고 불명예스러운 지배에 프랑스를 예속시켜 징벌하는 것이 적합하다고 생각한 것은 아닌가. 나는 이전에 높은 신분이었으며 지금도 유명인사인 몇몇 사람의 행동에 대해 얼마간 적개심이 섞인 슬픔을 느낀다고 고백해야겠다. 그들은 그럴듯한 명칭에 속아서, 그들의 이해력으로는 측량하기 어려운 사업에 깊숙이 종사해왔다. 그들은 상종할 수 없는 사람들의 기획에 자신들의 훌륭한 평판과 고명한 이름을 빌려줌으로써 그들의 미덕 자체가 자기 나라의 파멸을 작동시키도록 만들었다.

여기까지가 첫 번째 결합원리에 관해서다.

그들의 새 공화국을 위한 두 번째 접착제는 파리 시의 우월이다. 나는 이것이 지폐통용과 몰수의 원리라는 다른 결합원리와 밀접하게 관련된다고 인식한다. 종교적·정치적 지역과 관할구역들의 오랜 경계선이 모두 파괴되고, 옛 결합이 모두 분해되었으며, 작고 서로 연결되지 않은 매우 많은 공화국이 형성된 원인은 그 계획의 바로 이 부분에서 찾아야 할 것이다. 파리 시의 권력은 명백히 그들의 모든 정치가 나

---

25) 17세기 영국 시인 밀턴(Milton)의 『실낙원』(*Paradise Lost*)에 나오는 수렁 이름인데, 매우 깊어서 군대 전체를 수장시켰다―옮긴이.

오는 하나의 큰 원천이다. 이 당파의 지도자들이 입법부 전체와 행정부 전체를 지휘하는 것은, 아니 차라리 명령하는 것은, 이제 부정행위의 중심이자 초점이 된 파리의 권력을 통해서다. 따라서 파리 시가 다른 공화국들에 대해 지니는 권위를 확고하게 할 수 있는 것은 무엇이든 실행되었다. 파리는 조밀하게 꽉 차 있다. 파리는 정사각형인 어떤 공화국의 권력에 비해서도 불균형적으로 거대한 힘을 지닌다. 그리고 이 힘은 좁은 범위에 결집되고 응축되어 있다. 파리는 그 부분들과 자연적으로 그리고 용이하게 결합되어 있어서 기하학적 구조를 위한 어떤 계획에도 영향을 받지 않을 것이다. 또 그 그물 안에는 온갖 물고기를 전부 지니고 있으므로, 대의원 몫이 많은지 적은지는 큰 문제가 되지 않는다. 프랑스 왕국의 다른 지역들은 나뉘고 산산이 찢겼으며 그들의 전통적 통합 수단과 심지어 통합 원리에서 분리되었으므로, 적어도 당분간은 파리에 대항하여 연합할 가능성이 없다. 그러한 종속적 구성체들 모두에게는 취약성, 분리, 혼란 외에는 남겨진 것이 없다. 국민의회는 그 계획에서 이 부분을 확고하게 하기 위해 최근 한 결의를 채택했으니, 그 내용은 그들의 공화국들 어디도 파리와 동일한 직급의 총지휘관을 지녀서는 안 된다는 것이다.

전체를 조망하는 사람에게는, 그렇게 형성된 파리의 힘이 총체적으로 부실한 체제를 반영하는 것으로 보일 것이다. 기하학적인 정책이 채용되었다는 점, 모든 지역적 이념은 억제된다는 점 그리고 더 이상 가스코뉴인(Gascons)도 피카르드인(Picards)도 브르타뉴인(Bretons)도 노르망디인(Normans)도 아니며, 하나의 나라, 하나의 가슴, 하나의 의회를 지닌 프랑스인이라는 점이 자랑거리로 내세워진다. 그러나 모두 프랑스인이 되는 대신에 더 가능성이 큰 귀결은, 그 지역 주민들에게 나라가 곧 없어지리라는 것이다. 정사각형을 측량해서 나온 것에는, 아무도 자긍심과 편애, 진정한 애정을 지니며 애착을 가진 적이 없었다. 어느 누구도 제71지구라든가 다른 어떤 구획 표지에 소속되는 것을 명예롭게 여기지 않을 것이다. 우리는 공적 애정을 우리 가족에서부터 시작한다. 냉랭한 친척이 열성적 시민이 될 수 없다. 그런 다음 이웃에게로, 그리고 관습에 의해 정해진 지역적 연계로 나아간다. 이러한 곳은 여관이며 휴식장소다. 우리나라의 지역 구분은 국가의 돌연한 조치가 아니라 관습에 따라 형성되어, 국가 전체의 여러 작은 이미지들이어서 그 속에서 사람들은 마음 붙일 대상을 얻었다. 전체에 대한 사랑은 이 하위에서의 편애(partiality) 때문에 사라지는 것이 아니다. 아마도 이 편애는 더 고차원이며 더 확대된 관심으로 가는 일종의 기초훈련이 될 것인데, 그렇게 사람들은 프랑스와 같은 넓은 왕국의 번영을 자신의 이해관계와 마찬가지로 마음을 기울이게 된다. 그 전체 영토 자체에 대해 사람들은, 각 지역의 옛 이름에 대해서처럼, 오래된 편견과 천착되지 않은 습관──그 형태의 기하학적 성질 때문이 아니라──에 따라 관심을 갖는 것이다. 파리의 권력과 압도가 지속되는 한 확실히, 이 공화국들을 억누르고 결합할 것이다. 그러나 위에서 밝힌 이유들 때문에 나는 그것이 그리 오래 지속될 수 없다고 생각한다.

이 헌법에 의한 시민 만들기와 시민 결합원리들에서부터 주권자로서 등장하고 행동하는 국민의회로 주제를 옮기자. 우선 이 단체의 구조가 가능한 모든 권력을 쥔 채 외부의 통제를 전혀 받지 않는다는 점을 알게 된다. 기본법도, 확립된 원리도, 존중되는 절차 규칙도 지니지 않은 단체, 그리하여 어떤 것도 어떤 식이든 체계가 서도록 만들 수 없는 그러한 단체를 보는 것이다. 권력에 관한 그들의 생각은 입법권을 최대한 확대한 것을 항상 채택하며, 일반 사안들에서 그들에게 전례가 되는 것은 매우 긴급한 필요성에서 나온 예외적 조치들이다. 국민의회의 미래는 거의 모든 측면에서 현재 국민의회와 같을 것이다. 그러나 새 선거 방식과 새 통화의 추세 때문에, 다양한 이익집단에서 선출되어 그들의 정신을 어느 정도 보유하는 소수파가 적게나마 지녔던 내적 통제를 국민의회는 상실하게 될 것이다. 다음 의회가 구성된다면 현 의회보다 더 나쁠 것이 틀림없다. 현 의회는 모든 것을 파괴하고 변경하면서 민중의 인기를 얻을 것으로 보이는 사업은 어떤 것도 후계자들에게 남겨놓지 않을 것이다. 다음 의회는 경쟁심과 선례에 의해, 가장 대담하고 가장 불합리한 모험에 착수하도록 자극받을 것이다. 그러한 의회가 온전한 평온 속에서 일하리라는 예상은 터무니없다.

당신네 전능한 입법자들은 모든 일을 한꺼번에 하려고 서두르다가 본질적인 것 하나를 잊어버렸다. 그것은 공화국 건설의 입안자들 누구나 이론에서나 실천에서 결코 빠뜨리지 않았다고 내가 믿는 것이다. 당신네 입법자들은 **원로원**이나 무언가 그러한 본질과 성격의 것을 구성하는 일을 잊었다. 입법하며 능동적인 단 하나의 의회와 그 행정 관료를 보유하면서 그러한 자문회의를 두지 않은 경우는 이때까지의 국가체제에서 알려진 바가 없다. 외국 국가들이 연계를 맺을 어떤 것, 통치에서 일상적·구체적 문제에 관해 인민이 존중할 어떤 것, 국가의 행동에 경향성과 견고함을 부여하고 일관성 비슷한 것을 담보할 그 어떤 것을 지니지 않은 국가체제는 알려진 바가 없다. 그러한 단체를 왕은 보통 자문회의로 보유한다. 왕정은 그런 것 없이도 존재할 수 있다. 그러나 공화국 통치에서는 본질적인 부분이라고 생각된다. 그러한 기관은 한편으로 인민이 행사하는 또는 그들로부터 직접 위임된 최고 권력과 다른 한편으로 순전한 행정부 사이에 일종의 중간지대로서 자리 잡는다. 이에 준하는 것이 당신네 헌법에는 전혀 보이지 않는다. 그리고 이러한 것을 전혀 설치하지 않음으로써 당신네 솔론(Solons)과 누마(Numas)는[26] 다른 모든 문제에서와 마찬가지로 최고도의 무능력을 보인다.


## 4. 행정부 계획

이제 눈을 돌려 행정부를 형성하기 위해 그들이 한 일을 보기로 하자. 이 목적을 위해 그들은 강등된 왕을 선택했다. 그들의 이 첫째 행정관리는 자신의 임무를 수행하기 위한 어떤 행위에서도, 어떠한 자유재량권도 없는 하나의 기계로 되어 있다. 기껏해야 왕은 국민의회가 아는 것이 중요한 사안을 그리로 전달하는 통로에 지나지 않는다. 만일 그가 독점적 통로가 되었다면, 그 권력이 중요하지 않다고 말할 수는 없을 것이다. 비록 그 권력을 행사하려는 사람들에게는 지극히 위험한 일이 되겠지만 말이다. 그러나 공적 정보와 사실 진술이, 다른 여러 통로를 통해 동등하게 신뢰되며 국민의회에 전달될 수 있다. 따라서 권위가 부여된 보고자의 진술에 따라 정책에 방향을 제시하는 수단이라는 시각에서 보면, 이 정보관의 지위는 아무것도 아닌 셈이다.

한 행정관에 관한 프랑스 계획을 공인(公人)적 측면과 정치적 측면이라는 두 자연적 구분 상태에서 검토해보자. 먼저 주목되는 것은, 프랑스의 새 헌법에 따르면 사법부의 고위직이 공인적·정치적 두 계통

---

26) 솔론과 누마는 각각 기원전 6세기 전반 아테네와 기원전 7세기 전반 로마의 지배자로서, 모두 입법자의 전형으로 간주된다. "솔론의 개혁"의 주된 내용은 채무 노예제의 금지, 재산에 따른 시민 분류와 정치권력의 차등화다. 누마의 업적은 확실하지 않으나, 로마 종교의식의 창설자이며 달력을 개혁했다고 한다—옮긴이.

어느 쪽을 막론하고 왕에게 속하지 않는다는 점이다. 프랑스 왕은 정의의 원천이 아니다. 1심에서도 상고심에서도 판사들은 왕이 임명하지 않는다. 왕은 후보자를 천거하지도 않으며, 선택된 자에 대한 거부권도 지니지 않는다. 그는 공적 기소권자조차 아니다. 그는 몇몇 지구에서 행해진 판사 선정에 대해 공증인으로서 인증하는 역할을 할 뿐이다. 왕은 관리들을 통해 판사들의 판결을 집행하도록 되어 있다. 왕의 권위의 진정한 성격을 살펴보면, 집달리(執達吏), 순라꾼, 포졸(捕卒), 옥졸(獄卒) 그리고 사형집행인의 우두머리 이상 아무것도 아닌 자로 드러난다. 그 어떤 것이든 왕위라고 불리는 것을 이보다 더 모멸적인 시선으로 볼 수는 없다. 사법 임무 중에도 존경받는 것, 위무하는 것은 모두 박탈당하고, 기소권도 없으며, 법을 정지하거나 형을 경감하고, 사면을 행할 권한도 없다. 이 불행한 군주의 위엄을 위해서는, 그가 사법 집행과는 아예 전혀 관련을 맺지 않는 편이 천 배나 나았을 것이다. 사법부에서 미천하고 혐오스러운 부분은 모두 왕에게 맡겨진 것이다. 국민의회가 최근까지 자신들의 왕이었던 인물을 사형집행인보다 겨우 한 단계 위의 위치에 두고, 거의 똑같은 성격의 직책을 맡기기로 결의했을 때, 몇몇 관직에서 오명을 제거하려고 그처럼 애쓴 이유가 없는 것은 아니다. 현재 프랑스의 왕과 같은 위치에 있으면서, 자긍심을 지닌다든지, 다른 사람들의 존경을 받을 수 있다든지 하는 일은 자연스런 일이 아니다.

국민의회의 명령에 따라 행동하는 이 새 집행관을 정치적 권한의 측면에서 보기로 하자. 법 집행은 왕의 직무에 속한다. 명령을 집행하는 자라면 왕이 아니다. 그러나 정치적 집행관의 임무는 그 자체만으로도 대단한 신탁이다. 그 신탁은 지휘자와 그의 모든 하급자의 충실하고 근면한 수행에 크게 의존한다. 이 의무를 수행하는 수단은 규정에 의해 제공되어야 한다. 그리고 의무를 수행할 의향이 신탁에 동반하는 정황으로 고취되지 않으면 안 된다. 그 신탁은 위엄과 권위와 경의로 둘러싸여야 하며, 영광으로 이어져야 한다. 집행자라는 관직은 노력을 경주해야 하는 자리다. 우리는 권력의 과업이 무기력 속에서 수행될 것이라고 기대하지 않는다. 집행 업무를 명령하면서 그에 대해 보상할 수단을 전혀 갖지 않은 왕은 어떤 인물인가? 종신직으로도, 토지수여로도, 아니 50파운드의 연금으로도, 매우 허황되고 사소한 칭호로도 보상할 수 없는 것이다. 프랑스에서 왕은 정의의 원천이 아닌 것처럼 영예의 원천도 아니다. 모든 보상과 특혜는 다른 사람들 손에 있다. 그러한 왕을 위해 일하는 사람들을 움직일 수 있는 자연적 동기는 공포뿐이다. 그러나 그들의 주군을 제외한 다른 모든 것에 대한 공포에 의해서다. 왕의 국내 강제력은 사법부에서와 마찬가지로 혐오스러운 것들이다. 만일 어떤 지방단체에 대해 원조가 행해진다면, 국민의회가 시행한다. 만일 의회에 복종시키기 위해 군대를 보내야 한다면 왕이 그 명령을 시행해야 한다. 어느 경우에나 백성의 피를 뒤집어쓸 자는 왕이다. 왕은 거부권이 없다. 그럼에도 모든 가혹한 법령을 집행하는데 그의 권위가 이용된다. 그뿐만이 아니다. 왕을 감금에서 해방시키려는 사람들이나, 왕의 신체나 고래의 권위에 대해 조금이라도 애착을 보이는 사람들을 학살하는 일조차 왕은 동의하지 않으면 안 된다.

집행관직은 그 직책의 구성원이 복종을 바칠 인물을 애호하고 존경하도록 조직되어야 한다. 고의적인 태만이나 그보다 더 나쁜 것으로서, 표면적으로는 복종하나 실은 뒤틀린 악의적인 행태는 가장 현명한 조언조차 실패하게 만든다. 법은 그러한 계산된 태만과 기만적 준수를 예상하거나 추적하려고 시도하겠지만 실패하기 마련이다. 사람들을 열성적으로 행동하게 만드는 것은 법의 능력에 속하지 않는다. 왕들은 진정한 왕일 경우에는 더욱이 자신에게 불쾌한 신민의 자유를 인내할 수 있거나 인내해야 한다. 왕은 싫은 사람의 권위조차, 만일 그들이 더 많은 봉사를 하게 된다면 인내할 것이며, 그로써 자신들의 권위가 훼손되지도 않는다. 루이 13세는 리슐리외(Richelieu) 추기경을 지극히 증오했다.[27] 그러나 왕이 그 대신을 경쟁자에 대항하여 지지한 것이 그의 치세에 거둔 모든 영광의 근원이 되었으며, 왕좌 자체의 군건한 기반이 되었다. 루이 14세는 즉위했을 때 마자랭(Mazarin) 추기경을 좋아하지 않았다.[28] 그러나 자신에게 이로우므로 그 추기경의 권력을 유지시켰다. 노년에는 루브아(Louvois)를 혐오했다.[29] 그러나 그가 충실하게 왕의 위대함을 위해 봉사하는 동안 몇 년이고 그를 인내했다. 조지 2세가 맘에 들지 않는 피트(Pitt)를 내각에 받아들였을 때, 현명한 군주를 손상시킬 일을 한 것이 전혀 아니었다.[30] 이 대신들은 애정 때문이 아니라 사무적으로 발탁되어 왕의 이름으로 그리고 그 위임

---

27) 리슐리외는 주교로서 왕실 고문관이었으나 루이 13세(재위 1610~43)가 모친의 섭정을 폐지하고 친정체제를 확립하면서 1617년 궁정에서 쫓겨났다. 그러나 1624년에는 복귀해 루이 13세의 고문관이 되었다. 신교도의 반란을 진압하고 왕권 강화에 힘썼다—옮긴이.

28) 루이 14세(재위 1643~1715)가 5세에 즉위해 모친이 섭정을 행할 때, 마자랭은 재상의 지위에 있었다. 마자랭은 프롱드 난(1648~53)을 극복하고 1661년 사망할 때까지 리슐리외에 이어 왕권강화를 꾀하여 루이 14세가 "태양왕"이라는 호칭을 얻을 정도로 강력해지는 데 기여했다—옮긴이.

29) 루이 14세의 전쟁부 대신으로서 군제개혁을 단행해 프랑스가 당시 유럽 최고의 군대를 보유하도록 했고 루이 14세의 고문관에 올랐다—옮긴이.

30) 조지 2세(재위 1727~60)는 영국 하노버 가의 제2대 왕으로, 전반기에는 월폴(Walpole)을, 후반기에는 피트를 중용했다. 피트(William Pitt, "대 피트")는 조지 2세가 하노버의 이익을 우선하는 정책을 편다고 비판했다. 그는 7년전쟁(1756~63) 때 북아메리카에서 프랑스 세력을 격퇴했는데, 미국독립전쟁 중인 1778년에 사망했다—옮긴이.

으로 행동했다. 왕에 대하여 천명되고 공공연하며 헌법에 규정된 주인으로서 행동한 것이 아니었다. 나는 어떤 왕이라도 최초의 공포에서 겨우 회복된 후, 그 자신에 대해 극도의 혐오감을 지닌다고 생각할 수밖에 없는 사람들이 명령한 것임을 아는 조치에 성심껏 활기와 박력을 불어넣는다는 것은 불가능하다고 생각한다. 장관들의 경우 누구라도 그러한 왕(또는 다른 무엇이라고 불리든)에게 겉으로 적당한 존경만을 지니며 복무할 텐데, 과연 바로 일전에 왕의 이름으로 자신들이 바스티유에 감금시켰던 자들의 명령을 충실하게 따를 것인가? 이 장관들은 그들에게 전제적 사법권을 행사하면서도 그들을 관대하게 대했고 감옥에 피난처를 마련해주었다고 생각했는데, 과연 그들의 명령에 복종할 것인가? 만약 당신네가 그러한 복종을 기대한다면, 당신네가 행하는 다른 혁신과 부활에 더하여, 자연에 혁명을 일으키고 인간 정신에 새로운 성질을 제공하지 않으면 안 된다. 그렇지 않다면 당신네 최고 통치부는 집행체계와 조화를 이룰 수 없다. 명칭과 추상만 가지고 처리할 수 없는 사안들이 있다. 당신네는 우리가 보기에는 정당하게 두려워하고 증오할 만한 대여섯 명의 주동 인물을 국민이라고 부를 수 있을 것이다. 당신네가 그렇게 하면, 우리에게 그들을 더욱 두려워하고 증오하게 만들 뿐이다. 당신네가 했던 것처럼 그러한 수단을 통해 그리고 그러한 인물들을 통해 그러한 혁명을 일으키는 것이 정당하고 적절하다고 생각했다면, 10월 5일과 6일의 사업을 완수하는 편이 더 현명했을 것이다.[31] 그러면 새 집행관은 그 지위를 그의 창설자며 주인들에 의해 얻었을 텐데, 그는 범죄의 패거리로서 이익과 (만일 범

31) 루이 16세와 왕비 마리 앙투아네트를 베르사유에서 파리로 데려온 일을 완수한다는 것은 왕과 왕비를 퇴위시킴을 의미한다—옮긴이.

죄에도 미덕이 깃들 수 있다면) 감사의 마음으로 결속되어 매우 수지 맞고 대단한 육체적 환락——그리고 무언가 더 있다——의 자리에 그를 승진시켜준 사람들에게 봉사하게끔 되었을 것이다. 무언가 더 있을 거라는 것은, 이 부풀린 인물을 창조한 사람들이 항복한 적대자를 대할 때처럼 그를 제한하려 하지 않을 것이어서, 그는 그들에게서 더 많은 것을 받을 것임이 틀림없기 때문이다.

현재와 같은 상황에 놓인 왕이, 만일 불운 때문에 완전히 마비상태가 되어 먹고 자는 것을 살아가는 데 필수적인 것이라고 생각하지 않고, 상금이며 특혜라고 생각하는 정도까지 이르러 명예에는 전혀 관심이 없다면, 그는 왕위에 결코 적합하지 않다. 만일 그가 사람들이 보통 느끼듯이 느낀다면, 그러한 상황에 놓인 직위에서는 명성도, 덕망도 얻을 수 없다는 점을 인식할 수밖에 없다. 행동하도록 자극할 무슨 관대한 관심거리도 없다. 기껏해야 그의 행동은 수동적이며 방어적이 된다. 하층 사람들에게는 그러한 직위가 명예가 될지도 모른다. 그러나 그 직위로 상승하는 것과 그리로 하락하는 것은 다르며, 소감도 달라진다. 그가 **실제로** 장관들을 지명하는가? 그러면 장관들은 왕과 공감할 것이다. 장관들의 임명이 왕에게 강요되는가? 그 경우에는 장관들과 명목상 왕 사이의 모든 사무는 상호 저지하는 형태로 될 것이다. 다른 나라에서는 모두 장관의 지위는 최고의 위엄을 지닌다. 프랑스에서는 그 지위가 위험천만이며 명예로운 일이 불가능하다. 그러나 세상에 천박한 야심이 존재하는 한, 아무것도 아닌 지위를 두고 경쟁이 붙을 것이며, 빈약한 봉급에 대한 전망이 근시안적 탐욕에 자극제가 된다. 장관과 경쟁하는 자들은 당신네 헌법에 따라 상대방의 급소를 공격할 수 있는 반면, 장관들은 미결수라는 굴욕적 자격으로만 그들의 비난을 막아낼 뿐 다른 방도가 없다. 프랑스의 장관들은 그 나라에서 유일하게 국무 회의에 참여할 수 없는 사람들이다. 무슨 장관들이 이런가! 무슨 회의가 이런가! 무슨 나라가 이런가! 그러나 장관들은 책임을 진다. 책임에서 나오는 봉사는 빈약하기 마련이다. 공포에서 비롯된 정신의 고양으로는 국가를 결코 명예롭게 만들 수 없다. 책임감은 범죄를 예방한다. 법에 반하는 모든 기도를 위험한 것으로 보기 때문이다. 그러나 그것이 활력 있고 열성적인 봉사의 원리가 될 수 있다고는, 바보가 아닌 다음에야 아무도 그렇게 생각하지 않는다. 근본 방침을 혐오할 사람에게 어떻게 그 전쟁을 지휘하는 임무를 맡길 수 있겠는가? 전쟁을 승리로 이끌 각 조처마다 자신을 탄압하는 자들의 권력을 강화하게 되는 처지에 있는 사람에게 전쟁 지휘를 맡길 수 있는가? 다른 나라들이 전쟁과 강화(講和)의 대권을 지니지 않은 사람과 진지하게 교섭할 것인가? 아니, 그 자신이나, 그의 장관들이나, 그가 영향을 미칠 수 있는 그 누구도 단 한 표의 결정권도 갖지 않은 사람과 교섭할 것인가? 경멸당하는 처지는 군주에게 맞는 지위가 아니다. 당장 그를 폐위하는 것이 낫다.

나는 다음과 같은 의견이 제시되리라는 점을 알고 있다. 즉 궁정과 행정부에서의 이러한 분위기는 현세대 동안만 지속될 것이며, 왕도 세자를 그 위치에 적합하게 교육시킬 것이라고 선언하였다는 것이 그것이다. 만일 세자가 자신의 위치에 합당하도록 만들어진다면, 그는 교육을 전혀 받지 않게 될 것이다. 그에 대한 훈육은 자의적 왕에 대한 훈육보다도 더 나쁠 것임이 틀림없다. 만일 그가 글자를 읽는다면, 아니 그가 글자를 읽든 안 읽든, 착한 신령이나 악한 신령이 세자에게 그의 조상이 왕이었다고 말해줄 것이다. 이후 그의 목적은 자신을 내세우고 부모의 복수를 행하는 것이 되기 마련이다. 그것이 세자의 의무는 아니라고 당신들은 말할 것이다. 그럴지 모른다. 그러나 그것이 자연이라는 것이다. 당신들은 자연이 당신들에게 거역하도록 화를 돋우면서, 현명하지 못하게도 의무라는 것을 신뢰한다. 이처럼 형편없는 정치조직의 계획에 따르면, 그 국가는 품 안에 당분간 취약성, 혼란, 반동, 무능 그리고 쇠퇴의 근원을 키우게 된다. 그러고는 최종적인 파멸의 방식을 만들어낸다. 간단히 말하여, 나는 이 집행 권력에서 (나는 그것을 권위라고 이름붙이지 못하겠다) 활력이라고는 겉모습조차 찾을 수 없다. 그리고 최고 권력——현재 존재하는 형태로든, 장래 정부의 계획에서든——과는 적절한 조응이나 균형, 우호관계를 조금도 찾을 수 없다.

당신네는 그 술책만큼이나 비뚤어진 방침에 의해, 하나는 실제이고 다른 하나는 허구인 두[32] 통치기구의 건설로 낙착을 보았다. 둘 다 거액의 비용을 치르고 유지되었다. 그러나 허구의 정부 쪽에 비용이 제일 많이 들어갔다고 생각된다. 후자와 같은 기계는 바퀴에 치는 기름만큼도 가치가 없다. 비용이 막대한데, 구경거리로나 효용에서나 그 비용의 10분의 1만큼의 가치도 없다. 아! 당신은 말할 것이다. 그 입법자들의 재주를 정당하게 평가하지 않는다고. 그 불가피성을 참작해야 함에도 그렇게 하지 않았다고. 행정 권력에 관한 그들의 계획은 선택이 아니었다고. 이 구경거리는 유지되어야 했다고. 민중은 그것을 없애는 것에 동의하지 않을 것이라고. 옳다. 나는 당신이 말한 바를 이해한다. 당신네는 장대한 이론을 지니고 그에 하늘과 땅을 맞추려 함에도 사물의 성질과 상황에 자신들을 어떻게 일치시키는지도 알고 있다. 그러나 그처럼 상황과 일치하지 않으면 안 되었을 때, 당신네는 그 굴

---

32) 지방의 공화국 설립도 포함하면 실제로 세 개가 된다(여기서 버크는 실제적 통치기구로서 의회를, 허구적 통치기구로서 왕을 지칭한다—옮긴이).

복을 더 진척했어야 했다. 그리고 당신네가 채택하지 않으면 안 되었던 것을 적절한 도구로 그리고 그 목적에 유용한 것으로 만들었어야 했다. 당신네는 그렇게 할 힘이 있었다. 예를 들어 많은 다른 일 가운데 당신네 왕에게 전쟁과 강화 권한을 남겨두는 일은 당신네가 할 수 있는 일이었다. 무엇이라고! 행정부 담당관에게 모든 대권 중에서 가장 위험한 것을 맡기라고? 당신은 그렇게 말할 것이다. 나도 그보다 더 위험한 일은 없다고 생각한다. 그러나 그렇게 위임하는 것보다 더 필요한 일은 없다. 나는 이 대권을 왕이 그에 수반하는 보조적 위임을 향유하지 않는 한, 왕에게 위임해야 한다고 말하는 것이 아니다. 현재 왕에게는 그러한 보조적 위임이 주어지지 않는다. 그러나 만일 왕이 그를 보유한다면, 물론 위험하기는 하지만, 그 위험을 보상하고도 남을 이점이 그러한 헌법에서 생겨날 것이다. 유럽의 여러 군주가 당신네 의회 의원들과 개별적으로 사적 음모를 꾸미는 것을 방지할 다른 방법이 없는 것이다. 그 군주들이 당신네 이해관계 전부에 간섭하며, 모든 당파 중에서 가장 해로운 외국 세력의 이익과 그 지시에 따르는 당파를 당신네 나라 한복판에서 선동하는 일을 막아낼 방도가 없는 것이다. 우리는 다행히도 해악 중 최악인 그로부터 벗어나 있다. 당신네가 능력이 있다면, 이 위태로운 위임에 대해 간접적이나마 교정책과 규제책을 강구하는 것이 좋을 것이다. 만일 당신네가 우리 영국에서 선택한 방책을 좋아하지 않는다면, 당신네 지도자들은 더 나은 것을 안출하기 위해 노력하는 것이 좋다. 만일 국가 대사의 처리에서 당신네 것과 같은 행정부가 초래할 결과를 예시하는 것이 필요하다면, 국민의회에 제출한 몽모랑(de Montmorin) 씨의[33] 최근 보고서와 영국

---

33) 당시 외무장관이었는데, 1791년 6월 루이 16세의 국외탈출 시도가 실패했을

과 스페인 사이 분쟁에 관한 다른 의사록 전부를 참조하라고 권하는 바다. 그 이상을 당신에게 지적하며 보여주는 것은 당신의 이해력을 경멸하는 자세가 될 것이다.

나는 장관이라고 불리는 사람들이 그 직위를 사임할 의사를 표명했다고 들었다. 그들이 오래전에 사임하지 않은 것이 오히려 놀랍다. 온 우주를 준다 해도, 나는 그들이 근래 12개월간 있었던 처지에 머물지 않을 것이다. 그들이 혁명이 잘되기를 바랐다는 점은 나도 당연한 것으로 여긴다. 그렇더라도, 장관들은 고위직——비록 치욕스런 높은 자리였지만——에 있었으므로, 혁명이 만들어낸 해악을 집단적으로 보았고, 각 부처에서 개별적으로 감지한 최초의 사람들일 수밖에 없다. 자신들이 채택하거나 채택을 묵과한 모든 조처에서, 그들은 국가 상황이 추락하는 것을 감지했을 것이며, 국가에 대한 봉사에서 자신들이 전혀 무력함을 감지했을 터였다. 그들은 일종의 하급 예속상태에 있는데, 이전에는 아무도 그런 자리에 있은 적이 없었다. 그들은 군주에게 강요된 자로서 군주의 신임을 얻지 못한다. 그들을 왕에게 강요한 의회의 신임도 얻지 못한다. 그들 관직이 지니는 모든 고상한 직능은 의회의 위원회에서 장관들의 개인적 권위나 공식적 권위에 대한 아무런 고려 없이 수행된다. 장관들은 권력 없이 수행하도록 되어 있다. 재량권이 없음에도 책임을 지게 되어 있다. 선택권이 없는데도 심의하도록 되어 있다. 자신들이 어떤 영향도 미칠 수 없는 두 주인 아래 있는 그 당황스러운 위치에서, 장관들은 (그들이 무엇을 의도할지라도 결과적으로) 때로는 이쪽을 배반하고, 때로는 다른 쪽을 배반하며, 항상 자신들을 배반하는 그러한 방식으로 행동할 수밖에 없다. 그들의 상황이

---

때 사임을 강요당했고, 1792년 9월 학살 때 살해됐다—옮긴이.

그러했고, 그들을 계승하는 자들의 상황도 그러할 것이다. 나는 네케르 씨를 많이 존경하며 그가 잘되기를 바란다. 나는 그의 주의력 덕을 보고 있다. 적들이 그를 베르사유에서 축출했을 때, 나는 그가 망명하는 것이 매우 진지한 축하거리가 된다고 생각했다. "그러나 많은 도시와 국가가 기원하는 데 힘입어" 그는 지금 프랑스 재정과 왕정의 폐허 위에 앉아 있다.[34]

새 정부 집행부의 기묘한 구조에 관해서는 훨씬 더 많은 것을 언급할 수 있다. 그러나 그 자체로는 한계가 거의 없는 주제를 검토할 때는 피곤함이 범위를 한정짓는다.


### 5. 사법부 계획

국민의회가 마련한 사법부 계획에서도, 뛰어난 재능이라고는 거의 찾아볼 수 없다. 당신네 헌법 기획자들은 그 변함없는 노선에 따라 먼저 고등법원을 모두 폐지했다. 이 유서 깊은 기관은, 왕정 자체에는 아무 변경도 하지 않더라도, 옛 정부의 다른 부분들과 마찬가지로 개혁할 필요가 있었다. 고등법원을 자유로운 헌정체제에 적합하게 만들기 위해서는 몇몇 변혁이 더 필요했다. 그러나 고등법원의 구조는 현명한 사람들의 찬사를 받을 만한 특성을 적지 않게 지녔다. 고등법원은 하나의 근본적인 탁월성을 지녔는데, 독립성이 그것이다. 그 기관에서 가장 불신되는 사안인 관직매매도 독립성에 기여했는데, 그 직책은 종신제였다. 실상 세습된다고도 말할 수 있다. 국왕이 임명하지만, 거의

---

34) 네케르는 1789년 7월 11일 루이 16세에 의해 파면되고 국외퇴거 명령을 받았다. 그러나 며칠 뒤 왕은 그를 다시 소환했다. 인용구절은 유베날리스의 『풍자시』에 나오는데, 자신의 인기가 파멸을 초래한 경우를 가리킨다—옮긴이.

국왕 권한 밖에 있다고 여겨졌다. 고등법원에 대해 국왕의 권위가 가장 강력하게 시도되었던 예들은, 그 본질적 독립성을 증명할 뿐이었다. 고등법원들은 자의적 변혁에 저항하는 구조를 지녀 항구적 정치조직을 구성했다. 그리고 그 집단적 구조와 대부분의 형태에 의해, 법에 확실성과 지속성 양자를 부여하도록 잘 계획되어 있었다. 고등법원은 기질과 의견의 모든 변천을 넘어서 그러한 법들을 확보하는 피난소였다. 고등법원은 자의적 군주들의 통치 기간과 방자한 도당들의 투쟁 시기에, 국가의 신성한 비축물들을 지켜냈다. 고등법원은 헌법의 기억과 기록을 살아 있게 했다. 그 기관은 개인 재산에 대한 탁월한 보증이었다. 사유재산은 사실 프랑스에서 다른 나라에 못지않게 (인신 자유가 존재하지 않은 때에) 잘 지켜졌다고 말할 수 있다. 국가에서 최고 권력은 사법권을 가능한 한 그 권력에 의존하지 않을 뿐 아니라 어느 형태든 그와 균형을 이루도록 구성하지 않으면 안 된다. 그 최고 권력은 사법부에 대해, 자신의 권력에 의해서 침해되지 않을 보증을 제공해야 한다. 사법부를 마치 국가 외부에 있는 것처럼 만들어야 하는 것이다.

고등법원들은 물론 최선의 것은 아니지만, 왕정의 과도함과 해악에 대해 몇몇 주목할 만한 교정책을 제공했다. 그러한 독립적 사법부는, 민주주의가 국가의 절대 권력이 되었을 때 10배나 더 필요했다. 민주적 국가제도에서는, 당신네가 안출한 대로 선출되고 임기제이며 지역에 매여 좁은 사회에서 종속적 기능을 행하는 판사들이란 모든 사법제도 중에서 최악의 것이다. 그러한 법정에서는 이방인, 미움받는 부자들, 패배한 소수파, 선거에서 실패한 후보자를 지지한 모든 사람에 대해, 정의의 겉모습이라도 찾으려는 것은 헛된 일일 것이다. 새로 구성된 사법부에서 최악의 당파심이 존재하지 않게 하는 일은 불가능할 것이다. 비밀선거를 채용하여 어떤 고안을 하더라도, 쏠림 현상을 방지하는 데는 소용없으며 어린아이 짓거리가 된다는 점이 경험적으로 아는 바다. 그러한 고안은 은폐 목적에는 잘 부응할지 모르나, 의혹을 낳는 데도 효력이 있다. 그리고 이것이 편파성을 낳는 더욱 나쁜 원인이 된다.

만일 고등법원들이 국민에게 그처럼 파멸적인 변화를 초래하면서 해체되는 대신 존속되었다면, 아테네에서 아레오파고스의 원로원 법원[35]이 했던 것과 정확히 똑같지는 않더라도 (나는 엄밀한 대비를 말하고 있지 않다) 거의 같은 목적을 이 새 체제에서 수행할 수 있었을 것이다. 즉 경박하고 불공정한 민주주의의 악폐에 대해 균형과 교정을 행하는 목적이 그것이다. 그 법정이 아테네의 위대한 버팀목이었음은 모두가 아는 사실이다. 그 법정이 얼마나 주의 깊게 유지되었는지, 얼마나 큰 종교적 경외심으로 신성화되었는지 모두 아는 바다. 고등법원들은 당파심에서 완전히 자유롭지는 않았다. 그 점을 인정한다. 그러나 이 폐해는 표면적이며 우연적인 것이어서, 당신네가 고안한 6년 임기의 선거로 선출되는 재판관 제도처럼 해악이 구조 자체에서 비롯되지 않았다. 몇몇 영국인은 고등법원이 모두 뇌물과 부패 속에서 판결했다고 생각하고, 옛 법정들의 폐지를 칭찬한다. 그러나 고등법원은 왕정과 공화정이 실시한 조사라는 시험을 거쳤다. 고등법원이 1771년 폐지되었을 때 궁정은 그에 대한 부패 혐의를 증명할 의향이 많았다.[36] 고등법원을 다시 해체한 자들도 할 수 있다면 같은 일을 했을 것

---

35) 귀족시대 아테네 원로들로 구성된 최고법정이 아레오파고스라는 언덕에서 열렸다—옮긴이.

36) 루이 15세(재위 1715~74)와 파리고등법원이 충돌하여, 전국의 고등법원이 폐지되었다—옮긴이.

이다. 그러나 두 번의 조사도 실패했으므로, 나는 현저한 금전적 부정은 드물었음이 틀림없다고 결론을 내린다.

고등법원이 존속되고, 왕정시대에 제정된 법령에 했던 것처럼, 국민의회의 모든 법령에 대해 등록하고 적어도 항의하는 옛 권한을 유지하도록 하는 것이 현명했을 것이다. 그러한 권한은 민주주의의 우발적인 법령들을 몇 가지 보편적 법률 원리에 적합하게 만드는 수단이 될 것이다. 고대 민주정의 해악으로서 그 멸망의 한 원인이었던 것은, 당신네가 그러는 것처럼 우발적인 법령들인 "프세피스마타"(psephis-mata)를[37] 가지고 통치했다는 사실이다. 이 관행은 법률의 대의와 일관성까지 곧 침해했다. 법률에 대한 민중의 존경심을 감소시켜, 결국 완전히 파괴하기에 이르렀다.

왕정시대에는 파리고등법원에 부여되었던 항의권을, 당신네가 상식에 반하여 왕이라고 계속 부르는 수석 행정관에게 부여한 일은 불합리의 극치다. 집행이 맡겨진 자의 항의는 결코 용납되어서는 안 된다. 이는 자문회도 집행도 이해하지 못한 처사다. 권위도 복종도 이해하지 못한 것이다. 당신네가 왕이라고 부르는 인물은 이 권한을 가져서는 안 된다. 아니라면 그는 더 많은 권한을 지녀야 한다.

당신들의 현재 조치는 엄밀하게 법관에 관한 것이다. 왕정을 모방하여 판사들을 독립적으로 만드는 대신에, 당신네 목적은 그들이 가장 맹목적으로 복종하도록 만드는 것이다. 당신네는 모든 것을 변화시키면서 질서의 새 원리도 발명했다. 당신네는 먼저 판사를 임명하는데, 그들은 내가 생각하기에 법에 따라 판결할 것이다. 그런 다음 당신네

---

37) 아테네 시민의 집회에서 투표로 결의된 것으로서 법률의 효력을 지녔다―옮긴이.

는 판사들에게 그들이 준수하여 판결할 법을 내려주겠다고 알린다. 그들이 해왔던 공부는 (공부했다고 하면) 쓸모없게 되는 것이다. 그러나 이 공부를 보충하는 것은, 국민의회로부터 때때로 받을 모든 규정, 명령 그리고 지침에 복종하기로 선서하는 것이다. 이에 그들이 복종하게 되면, 해당 문제에 대한 법적 기반을 전혀 남겨놓지 않게 된다. 판사들은 지배 권력의 손에 있는 완전하고 가장 위험한 도구가 된다. 지배 권력은 소송 사건의 도중에나 예상 시점에 판결의 규칙을 완전히 바꿀지도 모르는 일이다. 만일 국민의회의 이러한 명령이 판사들을 선출한 지방 민중들의 의사에 반하는 것일 때에는, 생각하기에도 두려운 혼란이 야기될 것이 틀림없다. 왜냐하면 판사들은 그들의 지위를 지역 권위에 의거하는데, 복종을 선서한 명령은 그들의 임명에 아무 역할도 없는 사람들에게서 나오기 때문이다. 한동안 판사들은 직능 수행을 고무하고 지도할 샤틀레(Chatelet) 법정의[38] 예를 본받을 것이다. 그 법정은 국민의회가 보내거나 다른 경로들을 통해 오게 된 형사범들을 재판하게 될 것이다. 판사들은 생명을 보전하기 위해 호위병 입회 아래 심리한다. 판사들은 어떤 법에 의거하여 재판할지, 어떤 권위 아래 판결을 내릴지, 그들의 재임 조건이 무엇인지 모른다. 판사들이 때로 생명에 위협을 느끼며 유죄판결을 내리지 않으면 안 될 것이라고 생각한다. 이는 확실하지 않을 수 있다. 확인될 성질의 것도 아니다. 그러나 무죄를 선고했을 때, 그들이 방면한 사람이 법정 문 앞에서 교살되고 가해자가 전혀 처벌되지 않는 일을 경험했음은 우리가 아는 바다.

국민의회는 간결, 단순, 명확 등의 성격을 지닌 일단의 법을 제정하

---

38) 바스티유 함락 후 국민의회는 왕당파를 국민반역죄로 재판하기 위해서 파리의 옛 법정인 샤틀레를 사용하기로 결정했다—옮긴이.

겠다고 약속했다. 다시 말하면 간결한 법률에 따라 많은 것을 판사 재량에 맡기겠다는 것이다. 그러나 한편으로 그들은 판사의 재량권(최선의 경우에도 위험한 것)을 건전한 재량이라는 명칭에 걸맞은 것으로 만들 수 있는 모든 학문적 권위를 탐구해왔다.

행정부 기관들이 이 새 법정의 관할에서 주의 깊게 제외되어 있다는 점이 기묘한 주목거리다. 이는 전적으로 법률에 종속되어야 할 사람들이 법률의 권력에서 면제됨을 의미한다. 공적 신탁 자금을 집행하는 사람들은, 다른 누구보다도 그들의 의무에 가장 엄격하게 충실해야 한다. 만일 당신네가 그 행정부서들을 진정한 독립 주권국가들로 만들 의향이 없었다면, 먼저 주의를 기울일 사항 가운데 하나가 당신네의 옛 고등법원이나 우리의 왕실재판소 같은 근엄한 재판소를 설립하는 것이라고 생각한다. 그러한 재판소에서는 모든 관료가 직능을 합법적으로 수행하는 데 보호받을 수 있으며, 법적 의무를 위반했을 경우에는 강제력이 행사된다. 그러나 행정부를 제외한 원인은 명백하다. 행정기관들은 현 지도자들이 민주주의를 통해 과두정으로 나아가는 데 중요한 기구인 것이다. 따라서 법 위에 두어야만 했다. 당신네가 만든 법률상의 재판소들이 관료를 강제하는 데 부적당하다고 말하는 사람이 있을 것이다. 의심할 바 없이 부적당하다. 그 재판소들은 어떠한 이성적인 목표에 비추어보아서도 부적당하다. 또 행정기관들이 국회에 대해 책임을 지게 될 것이라고도 말하는 사람이 있을 것이다. 나로서는 그런 발언이, 그 의회와 이 행정기관들의 성격에 대해 별로 고찰하지 않아서 나왔다고 생각한다. 그 의회의 의향에 종속되는 것은, 보호를 위해서나 규제를 위해서나, 법에 복종하는 것이 아니다.

이 재판관 제도는 완성까지는 아직 모자라는 것이 있다. 새 재판소가 그 위에 자리 잡아야 할 것이다. 대국가재판소가 그것인데, 국민에 대해 저질러진, 즉 국민의회의 권력에 대항하여 저질러진 범죄를 심판할 것이다. 그들은 영국에서 대찬탈 시대에 세워졌던 고등재판소와[39] 같은 성격의 것을 염두에 두고 있는 듯하다. 그들이 계획의 이 부분을 아직 완성하지 않았으므로 그에 정면적인 판단을 내리기는 불가능하다. 그러나 국사범의 심리에서 그들을 이끌었던 정신과는 매우 다른 정신으로 재판소를 설립하도록 큰 주의를 기울이지 않는다면, 재판소는 그들의 이단심판소인 "수색위원회"(the committee of research)에 종속되어 프랑스에서 자유의 마지막 불씨마저 사라지게 할 것이며, 이제까지 어떤 나라에 존재했던 것보다도 더 무섭고 자의적인 전제를 세우게 될 것이다. 만일 그들이 재판소에 자유와 정의의 겉모습이라도 부여하고자 한다면, 그들 의원과 관계된 소송사건들을 마음대로 재판소에서 이첩해온다든지 그리로 이송한다든지 하지 말아야 한다. 그리고 그들은 재판소 위치를 파리 공화국 밖으로 옮겨야 한다.[40]

## 6. 군대 관련 조치들

당신네가 군대를 조직하는 데는, 사법부 계획보다 더 나은 지혜가 발휘되었는가? 이 부면을 유능하게 처리하는 일은 더 어렵고, 더 많은 역량과 주의력이 요구된다. 이 일은 그 자체가 중요할 뿐 아니라 당신네가 프랑스 국민이라고 부르는, 공화국들로 이루어진 새로운 단체에서 세 번째 접착원리이기 때문이다. 사실 군대가 결국 무엇이 될지를 예측하는 일은 쉽지 않다. 당신네는 겉으로 나타난 지불 능력에 적어

---

39) 17세기 영국 내전 때 찰스 1세를 국가반역죄로 재판한 법정을 말한다—옮긴이.
40) 사법부 전체와 수색위원회에 관해 설명을 더 얻으려면 칼론 씨의 저작을 보라.

도 걸맞은, 장비를 잘 갖춘 대규모 군대 창설을 의결했다. 그러나 그 규율의 원리는 무엇인가? 누구에게 복종할 것인가? 당신네는 늑대의 귀를 잡고 있는 형국이다. 당신네가 선택한 그 행복한 위치를 즐기기 바란다. 당신네는 군대에 관해서든 다른 사안에 관해서든, 자유롭게 숙고할 수 있는 좋은 상황에 놓여 있다.

전쟁부장관은 드 라 투르 뒤 팽(de la Tour du Pin) 씨다.[41] 이 신사는 행정부 동료들과 마찬가지로 혁명에 대해 매우 열성적인 주창자이며, 그로부터 생겨난 새 체제의 낙관적 찬양자다. 프랑스 군대에 관해 그가 진술하는 사실들은 중요한데, 이는 그의 공적·사적 권위 때문만이 아니다. 그것은 또한 프랑스 군대의 실제 상황을 매우 명확하게 보여주기 때문이며, 국민의회가 이 위험한 대상의 운영에서 입각하는 원리를 시사해주기 때문에 중요하다. 우리나라에서 프랑스의 군사 정책을 모방하는 것이 어느 정도 쓸모 있는지 판단하는 데에도 도움이 될 것이다.

뒤팽 씨는 지난 6월 4일에 국민의회의 후원 아래 있는 자신의 부서 상황에 관해 보고하게 되었다. 누구도 상황을 그보다 잘 알 수 없으며, 누구도 더 잘 진술할 수 없다. 국민의회에서 그는 다음과 같이 말한다. "폐하께서는 금일 여러분께 증대된 혼란에 관해 보고하도록 본인을 보내셨다. 이에 관해 폐하는 매일 매우 통탄할 보고들을 받고 계신다. 군대는 매우 난폭한 무질서 상태에 빠질 징후를 보인다. 법, 국왕, 여러분의 법령으로 발동된 명령, 자신들이 아주 엄숙하게 행했던 서약 등을 연대 전체가 한꺼번에 위반했다. 이러한 폭거에 관한 보고를 여러

---

41) 1789년 네케르에 의해 전쟁부 장관으로 임명되어 국민의회의 군사위원장이 되었으나 이듬해 사임했다. 1794년에 처형되었다—옮긴이.

분께 드릴 의무가 있는 자로서, 이러한 일을 자행한 자들이 누구인가 생각할 때 내 마음은 자못 비통하다. 그들에 대해 통탄할 고발을 행하지 않는 것은 내 권한 밖에 있는 일이다. 그러나 그들은, 오늘날까지 명예와 충성심으로 가득했으며, 50년 동안 내가 전우며 친구로서 같이 살아온 그 군대의 일부다."

"착란과 환상의 어떤 불가해한 정령이 그들을 갑자기 잘못되도록 만들었는가? 이 제국에 통일성을 부여하고 전체를 하나의 종합적이고 일관된 체제로 형성하기 위해 여러분이 쉬지 않고 노력하는 동안에 그리고 법이 인권에 대해 바쳐야 할 존경과 시민이 법에 대해 바쳐야 할 존경을 프랑스 국민이 당신들에게 배우는 동안에, 군대 운영은 소동과 혼란만을 보여주고 있다. 나는 한 둘이 아닌 여러 군단에서 기율의 끈이 헐거워지거나 끊어진 것을 본다. 이제까지 들어본 적도 없는 주장이 직접적으로 그리고 어떤 위장도 하지 않은 채 공언되는 것을 본다. 명령은 힘을 잃었고, 대장들은 권위를 잃은 것을 본다. 군의 금고와 군기도 누군가 가져가버린 것을 본다. 국왕 자체의 권위마저도 ('여기서 웃어서는 안 된다') 뻔뻔스럽게 도전받는 것을 본다. 장교들은 경멸당하고 무시당하고 위협받고 추방되며, 몇몇은 자기 군단 안에서 포로가 되어 증오와 모욕감을 가슴에 품은 채 위태로운 목숨을 부지하는 것을 본다. 그리고 이 모든 무서운 일들에 더하여, 지역 사령관들이 자기 병사들의 눈앞에서 대부분 그들의 손에 목이 잘렸다."

"이 악행들은 극심한 것들이다. 그러나 그러한 군사 소요에서 초래될 수 있는 최악의 결과는 아니다. 조만간 그들은 국민 전체를 위협할지 모른다. 사물의 본질이 요구하는 바는 군대가 도구로만 행동해야 한다는 것이다. 그 자체가 심의기관이 되어 자체 결의에 따라 행동하는 순간부터, 그 통치는 그것이 무엇이 되었든 즉시 군대 민주주의로 전락할 것이다. 그것은 일종의 정치적 괴물로서, 항상 그것을 만들어낸 사람들을 삼켜버리는 것으로 끝났다."

"이 모든 것을 보았을 때 몇몇 연대에서 상급자 모르게 또는 상급자의 권위를 무시하면서까지 일반 병사와 하사관들이 조직한 불법적 협의체와 소란을 일으키는 위원회에 경악하지 않을 사람이 누가 있겠는가? 물론 그러한 흉악한 민주적 집회(comices)에 대해서는,[42] 그들 상급자가 출석하고 동의했다고 어떤 권위가 부여되는 것은 아니다."

화폭 범위 전체에 걸쳐 완성된 이 그림에 많은 것을 덧붙일 필요가 없다. 그러나 내가 이해하기로는, 이 그림은 군대 민주주의가 지니는 무질서의 성질과 복잡성을 전부 드러내지 않았다. 이 군대 민주주의는 전쟁부장관이 올바르고 현명하게 관찰한 바와 같이, 공식 명칭이 무엇이든지, 존재하는 곳 어디서나 국가의 실제 체질임이 틀림없다. 왜냐하면 장관은 국민의회에 대해 상당히 많은 부대가 충성을 저버리지 않았으며 의무에 충실하다고 알리지만, 품행이 최선인 부대들을 관찰한 여행자들은 규율이 존재한다기보다 반란이 일어나지 않은 상태임을 발견한다.

나는 여기서 잠시 멈추어, 장관이 그러한 난폭성을 진술하면서 경악을 표출하는 데 대해 고찰하지 않을 수 없다. 장관에게는 군대가 충성과 명예라는 오랜 원칙에서 이탈한 것이 이해할 수 없는 것으로 비춰졌다. 그러나 장관의 연설 상대인 사람들은 분명 그 원인을 너무도 잘 알고 있다. 그들이 설교한 교리와, 그들이 통과시킨 법령과, 그들이 장려한 행동을 알고 있다. 병사들은 10월 6일의 일을 기억한다. 그들은

---

42) 고대 로마의 민회로 입법, 사법, 선거 기능을 지녔다. 코미티아(comitia)로도 불린다—옮긴이.

프랑스 근위병들을 상기한다. 병사들은 파리와 마르세유에서 국왕 요새를 점거한 일을 잊지 않았다.[43] 그 두 요새의 사령관이 살해된 데 대해 처벌이 행해지지 않았다는 사실이 그들 마음에서 지워지지 않았다. 그들은 그처럼 과시하며 공들여서 표명된 인간 평등의 원리를 포기하지 않는다. 병사들은 프랑스 귀족 전체가 추락하는 데 대해 그리고 신사라는 관념 자체가 억압되는 것에 대해 눈을 감을 수 없다. 작위와 특수지위의 전면 폐지도 놓치지 않는다. 그러나 뒤팡 씨는 국민의회의 박사들이 동시에 그들에게 법 존중을 가르쳤을 때, 그들의 불충에 경악한 것이다. 손에 무기를 든 사람들이 두 종류의 가르침 중에서 어느 쪽을 배울지는 쉽게 판단되는 사안이다. 왕의 권위와 관련하여 본다면, 우리는 장관 자신의 말에서 (만일 이 주제에 관한 어떤 주장도 전혀 쓸데없는 것이 아니라면) 이 병사들에게는 다른 누구보다 더 고려할 사항이 되지 못함을 추측할 수 있다. 그는 말한다. "국왕께서는 이러한 폭거를 중지하라고 몇 번이고 반복해서 명령했다. 그러나 이러한 심각한 위기에서는 **여러분의** (국민의회의) 동의가, 국가를 위협하는 해악을 방지하는 데 필요 불가결한 것이 된다. **여러분**은 입법부의 힘에 더 중요한 **여론**의 힘을 결합한다." 물론 군대가 국왕의 권력이나 권위에 대해 여론을 형성할 수는 없다. 아마 병사들은 지금쯤 국민의회가 왕보다 훨씬 많은 수준의 자유를 누리는 것이 아님을 알았을 것이다.

이제는 국가에 닥칠 수 있는 최대의 위급 상황에 직면하여 무엇이 제안되었는지 보기로 하자. 전쟁부장관은 국민의회에 공포를 불러일으킬 모든 차림새를 갖추고 그 위엄을 동원하라고 주문한다. 그는 국

---

43) 1789년 7월 바스티유가 함락되고 1790년 4월 마르세유 요새가 점거될 때, 두 곳의 사령관은 민중과 국민방위군에게 살해되었다—옮긴이.

민의회가 엄중하고 준열한 원리를 표명하면, 왕의 선포가 힘을 얻을 것이라고 희망한다. 이 희망이 피력된 후에, 일반법정과 군사법정이 어떤지 살펴볼 필요가 있다. 몇몇 부대는 해산되며 다른 몇 부대는 10명 중 1명을 처형하고, 그외 모든 해악 중 가장 무서운 것의 확산을 저지하기 위해 그러한 경우에 필요성에 따라 채용되는 모든 무서운 수단이 동원되고, 특히 병사들 눈앞에서 지역 사령관들이 살해된 데 대해 본격적인 조사가 행해질 것이라고 예상할 것이다. 실제로는 이러한 것에 관해 또는 그와 비슷한 어떤 것에 관해서도, 단 한 마디도 없었다. 국민의회는 왕에 의해 선포된 의회 결의를 군사들이 유린했다고 들은 후, 새 결의들을 통과시켰다. 그리고 왕이 새 포고령을 발령하도록 재가했다. "매우 장엄한 의식 속에서 행해진" 선서를 군단들이 전혀 존중하지 않는다고 전쟁부장관이 진술하자——그들이 제안한 것은—— 무엇이었는가? 더 많은 선서였다. 그들은 결의와 포고령들이 불충분하다는 것을 알게 됨에 따라, 새로운 것들을 내려 보냈다. 그리고 그들이 사람들 마음에서 종교의 구속력을 약화시키는 것에 비례하여 선서들을 증가시켰다. 나는 볼테르(Voltaire), 달랑베르(d'Alembert), 디드로(Diderot), 엘베시우스의 영혼 불별, 개별적으로 주재하는 섭리, 내세의 상벌에 관한 훌륭한 설교들의[44] 간편한 축약본이 병사들에게 시민선서와 함께 내려보내지기를 희망한다. 그렇게 되리라는 것을 나는 의심하지 않는다. 내가 이해하는 바로는, 특정한 종류의 독서가 그들의 군사적 훈련에서 적지 않은 부분을 차지하며, 병사들은 탄약통의 탄약만큼 팸플릿이라는 탄약을 충분히 지급받고 있다.

---

44) 4명 모두 18세기 프랑스 계몽주의 철학자로, 반교회적 · 유물론적 입장을 표명했다—옮긴이.

병사들의 음모, 불법적 협회, 불온한 위원회, 괴물 같은 민주적 집회(코미티아, 코미스)에서 생겨나는 폐해들을 방지하기 위해, 그리고 태만, 사치, 낭비, 불복종에서 나오는 온갖 무질서를 방지하기 위해, 나는 인간이 경험한 가장 놀라운 수단——이 다산성의 시대에 생겨난 모든 발명품에서조차도——이 동원되었다고 믿는다. 다름 아닌 이것이다.——전 연대에 보낸 회람 서신에서 왕은 각 연대가 각 지역의 클럽과 협회에 참가하여 그들의 연회와 시민 축제에 참여하라는 직접적 재가와 장려를 선언한 것이다. 이 유쾌한 규율은 그들 마음의 맹렬함을 약화시키기 위한 것으로 보인다. 그들을 다른 종류의 음주 동반자와 화합하게 하여, 특정한 음모를 좀더 일반적인 연합으로 통합하기 위한 것으로 보인다.[45] 이러한 치료책이 뒤팡 씨가 묘사한 바와 같이 병사들을 기쁘게 하리라는 점을 나는 쉽게 믿을 수 있다. 그리고 그들이 다른 점에서는 아무리 불온하더라도 왕의 이러한 포고들에는 충실하게 복종할 것이라는 점도 믿는다. 그러나 나는 이러한 시민으로서의 모든 선서와 결사와 연회가, 그들의 현재 성향보다 더 장교에게 복종하는 성향으로 만들 것인가에 대해 의심하게 된다. 또는 그들을 군대 기율의 엄격한 규칙에 복종하도록 가르칠 것인지 의심된다. 그들을 프랑스식의 훌륭한 시민으로 만들 것이나 어떤 식으로든 그리 좋은 병사로 만들지는 않을 것이다. 이 잘 차린 식탁들에서의 대화가 그들을 단순히 **도구일 뿐**이라는 성격에 훨씬 더 적합하게 만들지에 관해 의문이

---

45) "폐하는 축제가 개별적인 단체들의 조직이 아니라, 공동의 번영과 자유 그리고 공공질서를 유지하기 위해 모든 프랑스인이 자발적으로 참여하는 모임이라는 것을 인정했다. 그리하여 시민과 군대의 관계를 돈독히 하고 양자 사이의 유대를 촉진하기 위해, 각 부대는 시민 축제에 적극적으로 참여해야 한다고 생각했다." 내가 의심을 사는 일이 없도록 하기 위해, 군대가 민중 협회들과 더불어 연회에 참여하도록 재가한 해당 문서를 삽입한다.

제기될 듯하다. 군대가 그러한 성격이라는 점은, 노련한 장교이며 정치가가 정당하게 파악한 바와 같이, 사물의 본질상 항상 요구되는 사안이다.

그렇게 왕의 권위와 재가에 따라 공식적으로 장려되어서, 지역 협회들의 연회에서 병사들이 자유롭게 대화하는 것이 기율을 개선할 것인지의 가능성에 관해, 우리는 각 지역 자체 상황을 가지고 판단할 수 있을 것이다. 그 상황은 전쟁부장관이 바로 그 연설에서 전하고 있다. 장관은 몇몇 연대의 양호한 성향을 이유로 당분간 질서 회복을 위한 그의 노력이 성공하리라고 낙관적 희망을 지니고 있다. 그러나 장래에 관해서는 어두운 면을 인식한다. 혼란의 재발을 방지하는 것과 관련하여 그는 진술한다. "이 점에서 행정부는 당신들에게 책임질 수 없게 되어 있다. 여러분의 제도에 따르면 전적으로 국왕에게 유보된 군대의 지배권을 각 지역들이 찬탈하게 되면 그런 상황이 되는 것이다. 여러분은 군대의 권위와 지방자치체의 권위의 한계를 확정했다. 여러분은 지방자치체가 군대에 대해 갖는 권리를 출동 요청권으로 한정했다. 그러나 여러분의 법령은 그 조문에서나 정신에서, 이 지방자치체들의 일반인에게 장교를 해임한다든지, 재판에 회부한다든지, 병사들에게 명령을 내린다든지, 수비하도록 명령받은 주둔지로부터 축출한다든지, 왕이 명령한 행진을 정지시킨다든지 하는 권리를 재가하지 않았다. 즉 한마디로 군대가 통과하는 각 도시나 심지어 소도시의 변덕에 예속되게 하는 권리를 절대 재가하지 않은 바였다."

군대를 교정하여 군사적 복종의 참된 원칙에 복속시키며, 그들을 국가의 최고 권력이 장악하는 기관으로 만들어야 할 지방자치체의 성격과 성향이 그러한 것이다! 프랑스 군대의 병폐가 그 정도인 것이다! 그 치료책도 그러하다! 육군이 그러한 것처럼, 해군도 마찬가지다. 지방자치체는 국민의회의 명령을 대신하고, 이번에는 해군이 지방자치체의 명령을 대신한다. 나는 마음을 다하여 전쟁부장관 같은 존경할 만한 공직자가 놓인 상황을 동정한다. 그는 늙은 나이에 시민 연회에 참석하여 국민의회에 서약해야 하며, 백발을 날리면서 이들 청소년 정치가들의 온갖 환상적 변덕에 가담해야 할 처지다. 그러한 계획은 인생 50년에 닳고 닳은 사람에게서 나올 제안이 아니다. 그 계획은 국가에서 자신들의 학위를 얻는 길을 단축한 당당한 정치적 학위구입자들에게서나 기대될 수 있는 종류다. 이들은 모든 과목에서 무언가 내적·광신적 확신과 계시를 지니고 있다. 그에 기반하여 그중 한 박사가 국민의회에게 노인이나 경험을 내세우는 자는 누구에게나 귀를 기울이지 말라고 주의시키는 것이 적절하다고 보았는데, 그는 큰 박수를 받고 큰 성공을 거두었다. 따라서 나는 모든 장관이 경험과 관찰의 오류와 이단을 전부 저버림으로써 자격을 갖추고 이 시험을 치러야 할 것이라고 예상한다. 누구나 그 자신의 취향이 있는 법이다. 그러나 나는 만일 내가 그 지혜에 도달할 수 없다면, 적어도 나이가 지니는 단호하고 의연한 위엄을 얼마간 유지하고자 한다. 이 신사들은 재생에 종사한다. 그러나 나는 어떤 값에도 내 굳은 기질이 그들에 의해 재생되도록 내주지 않을 것이다. 또 60대가 되어서 그들의 새 악센트로 울부짖는다든지, 제2의 요람 속에서 그들의 야만스런 형이상학의 초보적 발음을 더듬거리지도 않겠다.[46] "만일 내가 다시 어린애가 되어 그들의 요람에서 울 수 있게 허락되더라도, 나는 거절하리라."[47]

그들이 헌법이라고 부르는 이 유치하고 현학적인 체제는, 일부의 취

---

46) 이 전쟁부장관은 그 후 그 학파를 떠나고 직책도 사임했다.
47) 키케로의 『노년에 관해』에 나오는 구절이다—옮긴이.

약성이 드러나면, 그와 접해 있거나 그와 가장 멀게라도 연관된 다른 모든 부분이 지니는 완전한 부적합성과 해악이 동시에 발견될 수밖에 없다. 왕위의 무력함에 대한 치유책을 제안하면서 의회의 허약함을 밝히지 않을 수 없다. 군대의 혼란에 관해 고찰하면서, 무장한 지역 자치 단체가 지니는 더 나쁜 무질서를 밝히지 않을 수 없다. 군대의 무질서는 민간의 무질서를, 민간의 무질서는 군대의 혼란을 드러낸다. 모두 뒤팡 씨의 유려한 연설을 주의 깊게 살펴보기 바란다. 그는 지방자치체를 구제할 수 있는 길을 일부 군대의 바람직한 행동에서 구한다. 이 부대들은 그러한 지방자치체 중에서 좋은 품성을 지닌 쪽——가장 허약하다고 시인된——을, 가장 강력한데 나쁜 품성을 지닌 부분의 약탈에서 보호하리라는 것이다. 그러나 지방자치체는 일종의 주권을 멋대로 자임하므로, 그들의 보호에 필요한 군대에 명령을 내릴 것이다. 사실, 자치체는 군대를 명령하거나 달래거나 하지 않으면 안 된다. 자치체는 상황의 필요에 따라 그리고 획득한 공화정 형태의 권력에 따라서 군대에 대해 주인이 되거나, 하인이 되거나, 동맹자가 되거나, 그러한 역할을 각각 차례로 취하거나 하지 않으면 안 된다. 아니면 그들은 상황에 따라서 전부 뒤범벅을 만들지 않으면 안 된다. 자치체 말고는 군대를 억제할 무슨 통치기구가 있는가? 또는 군대가 아니면 자치체를 억제할 무슨 통치기구가 있는가? 권위가 실종된 곳에서 화합을 유지하기 위해, 국민의회는 모든 결과를 운에 맡기고 질병을 질병 자체로 치료하려고 시도한다. 그들은 군대가 자치체에 대해 타락한 관심을 갖도록 함으로써, 완전한 군사 민주주의로부터 자신들을 방어하고자 희망한다.

만일 병사들이 잠시라도 지역의 클럽, 파벌, 협회와 일단 섞이게 된다면, 선거의 매력에 의해 그들은 가장 저급하고 가장 악착스러운 부류에게로 이끌리게 된다. 병사들의 습관, 애착, 공감이 그들과 일치하여 나갈 것이다. 군대의 음모가 민간 협회에 의해 제거될 것이라는 것, 반항하는 지방자치체는 질서를 유지할 군대를 부추길 수단을 제공받음으로써 순종하도록 만든다는 것——기괴하고 불길한 정책이 만든 이 모든 괴물이, 그것의 연원인 혼란을 가중시킬 것이 틀림없다. 분명히 유혈 사태가 발생할 것이다. 모든 종류의 물리력을 쌓아나가는 데서 그리고 모든 종류의 행정적·사법적 권위에서, 명백하게 나타나는 상식적 판단의 결여가 피를 부를 것이다. 무질서는 일시적으로 한 지역에서는 진정될 수 있을 것이다. 그러나 다른 시기, 다른 장소에서 발생할 것이다. 그 악폐가 뿌리 깊고 본질적이기 때문이다. 반란 소지가 있는 병사들과 불온한 시민들을 혼합하려는 이 모든 계획은, 병사들과 장교들의 군사적 연결을 점점 약화시킬 것이다. 또 소란스런 장인들과 농민들에게 군사적이고 반역적인 대담성을 더해줄 것이다. 진정한 군대를 유지하기 위해서는 장교가 병사들의 눈에 최초이며 최후가 되어야 한다. 병사가 바치는 열중, 복종, 존경에서 최초이며 최후가 되어야 하는 것이다. 이 계획에서도 장교가 존재할 듯한데, 그들의 자격 요건은 타협과 인내가 되지 않으면 안 된다. 장교들은 군대를 선거 기술로 조종할 것이며, 지휘관으로서가 아니고 입후보자로 행동해야 한다. 그러나 그러한 수단에 의해 권력이 때로 그들 손에 들어올 수 있으므로, 그들을 지명하게 되는 권위자가 매우 중요해진다.

당신네가 결국 무엇을 할지는 아직 드러나지 않는다. 당신네 군대와 당신네 공화국의 모든 부분 사이의 괴상하고 모순적인 관계와 그 각 부분들 상호 그리고 전체에 대한 모호한 관계가 현재 상태로 남아 있는 한, 그 문제는 실상 그리 중요하지 않다. 당신네는 장교에 대한 예비 지명권을 1차적으로 왕에게 국민의회의 승인이라는 단서를 붙여

부여한 듯 보인다. 무릇 추구할 이익을 지닌 사람은 권력의 진정한 소재가 어디인지 찾아내는 데 매우 재빠른 법이다. 그들은 무한정 거부권을 행사할 수 있는 사람이 사실상의 임명자라는 점을 파악하기 마련이다. 그리하여 장교들은 승진을 위한 유일하게 확실한 길로, 의회에서 계책을 쓰는 쪽으로 나아갈 것이 틀림없다. 그러나 당신네 새 헌법에 따르면, 그들은 승진 청원을 궁정에서 시작해야 한다. 군대에서의 지위를 두고 벌이는 2중 교섭은, 이 방대한 군대 인사권을 둘러싼 파쟁을 의회 안에서 증대하는 데 아주 적합하도록——마치 그 목적을 위해 궁리된 것처럼——만든 고안물로 보인다. 이 장치는 또, 어떠한 기초 위에 서 있는 정부라도 그 안전에 더욱 위험하며, 군대 자체의 능력에 결국 파멸적인 성질을 지니는 파쟁이 장교단에 독약처럼 퍼지도록 고안된 것으로 보인다. 왕이 의도했던 승진에서 탈락한 장교들은 자신들을 거부했던 의회의 당파에 반대하는 하나의 당파를 형성할 것이며, 지배 권력에 대항하여 군대 안에 불만을 키울 것이다. 반면에 의회의 한 세력을 통해 목적을 이루는 장교들은, 자신들이 의회의 호의에서는 첫 번째일지라도 왕의 호의에서는 기껏해야 두 번째일 뿐임을 인식하고, 자신들의 승진을 저지할 수는 없으면서 추진하려고도 하지 않는 권위를 무시할 것이 틀림없다. 만일 이 해악을 피하기 위한 방책으로서, 당신네가 지휘권 또는 승진 규칙으로서 연령 서열 외에 다른 것이 없다면, 당신네는 인습주의적 군대를 갖게 될 것이다. 동시에 이 군대는 더 독립적이 될 것이며, 더 군사 공화국의 성격을 띨 것이다. 그들이 아니라 왕이 기계가 되는 것이다. 왕은 어중간한 방식으로 폐위되어서는 안 된다. 만일 왕이 군대 지휘에서 모든 것이 아니라면, 그는 아무것도 아니다. 군대의 감사 대상도, 공포 대상도 아닌 인물을 명목상 군대 수장으로서 앉혀놓았을 때, 그 권력의 효력은 무엇인가? 그러한 무력한 존재는 군대의 최고 지휘권이라고 하는, 다른 어떤 것보다도 까다로운 사안을 관리하는 데 적절하지 않다. 군대는 실제적이고 강력하며 효과적이고 단호한 인격적 권위에 의해 억제되어야 한다. (그대로 둔다면 군대는 자신들의 필요가 요구하는 대로 성향을 지니게 된다.) 의회의 권위 자체도, 그들이 선택한 그러한 쇠락시키는 통로를 지나면서 손상을 입게 된다. 군대는 가짜 외관을 지니며 명백하게 강요당하는 기관을 통해 행동하는 의회를 곧 중시하지 않게 될 것이다. 그들은 포로에 대해 진정한 복종을 바치려 하지 않을 것이다. 그들은 가장행렬 같은 구경거리를 경멸하든지, 포로가 된 왕을 동정하든지 할 것이다. 당신네 군대와 국왕의 관계가, 내가 큰 오류를 범하고 있지 않다면, 당신네 정치에서 심각한 딜레마가 될 것이다.

다음 사항도 고찰할 필요가 있다. 즉 당신네 의회와 같은 의회가, 명령이 전달되는 다른 종류의 기관을 소유한다고 가정하더라도, 군대의 복종과 기율을 증진하는 데 적합한지 문제다. 무릇 군대는 이제까지 원로원이나 민중적 권위 기관에 대해서는 매우 위태롭고 불확실하게만 복종했다는 점이 알려져 있다. 그리고 군대는 2년 동안만 지속되는 의회에 대해서는 거의 복종하지 않을 것이다. 만일 장교들이 중재자들이 행사하는 지배를 완벽한 복종과 적당한 존경을 지니고 대한다면, 그들은 군인의 특징적 성향을 완전히 잃었음이 틀림없다. 군대 정책과 지휘 능력이 (만일 그들이 능력을 소유한다면 말이지만) 임기가 일시적인 것과 마찬가지로 불확실하기 마련인 중재자들의 끝없는 계승에 대해 계속 비위를 맞추어야 한다는 점을 장교들이 인식할 때 특히 그러하다. 한 권위는 취약하고, 모든 권위는 부침을 거듭하는 속에서, 장교들은 한동안 불온한 채로 파쟁에 휩싸여 있을 것이다. 마침내 병사의 호감을 얻는 기술을 이해하고, 지휘의 진정한 기백을 갖춘 어느 민중적 장군이 출현하여 모든 사람의 시선을 자신에게 집중시킬 것이다. 군대는 그 개인에게 복종할 것이다. 이런 사태에서는 군대의 복종을 확보할 다른 길이 없다. 그러나 그러한 일이 벌어지게 되면, 군대를 실제로 지휘하는 그자가 당신들의 주인이 된다. 당신네 왕의 주인(이는 대단한 것이 아니다), 당신네 의회의 주인, 당신네 공화국 전체의 주인인 것이다.[48]

의회가 현재 지니는 권력만으로 어떻게 군대를 제압할 수 있었는가? 물론 주로 병사들을 유혹하여 장교에게서 이탈하게 하는 방법을 통해서다. 의회는 가장 무서운 작업을 시작한 것이다. 그들은 군대를 구성하는 작은 부분들이 의지하는 중심점을 건드렸다. 그들은 군대의 복종의 연쇄가 시작되며 제도 전체가 의존하는, 장교와 병사 사이의 본질적이며 중대한 유대에 존재하는 복종 원리를 파괴했다. 병사들은 그가 시민이며, 인간과 시민의 권리를 지닌다는 말을 듣는다. 인간의 권리는 자신이 지배자가 되는 것이며, 그가 자치권을 위임한 자들에 의해서만 통치되는 것이라고 듣는다. 이리하여 병사가 다른 무엇보다도 최고 복종을 바쳐야 할 데에서 선택권을 가져야 한다고 생각하게 되는 것은 매우 당연하다. 그러므로 다분히 그는 현재 때때로 행하는 것을 체계적으로 행하게 될 것이다. 즉 그는 자신의 장교 선출에서 적어도 거부권을 행사하려 할 것이다. 현재 장교들은 그들이 잘 처신한다면, 기껏해야 용납되는 처지인 것으로 알려져 있다. 그러나 사실은 장교들이 사병들에게 추방된 예도 많다. 이 경우 왕의 선택에 대해 두 번째 거부권이 행사된 것인데, 적어도 의회의 거부권만큼이나 효과가 있다. 병사들이 장교들 전체 또는 그 일정 부분에 대해 직접적 선택권

---

48) 9년 뒤 나폴레옹의 쿠데타와 집권으로 이 예언은 실현된 셈이다―옮긴이.

을 가져서는 안 되는지 여부가 이미 문제로 제기되었다. 병사들은 국민의회가 그에 대해 적대적이지 않다는 사실을 알고 있다. 그러한 사안이 심의 중일 때, 그들이 자신들 주장에 가장 호의적인 의견에 쏠리게 되리라는 것은 터무니없는 억측이 아니다. 같은 나라에 있는 다른 부대가 자유 헌법 아래 자유 군대로 간주되는데, 그들과 연회에 참석하고 협회를 결성하는 자신들이, 감금된 왕의 군대로 여겨지는 것을 그들은 참으려 하지 않을 것이다. 그들은 다른 편의 더 영구적인 군대에 눈을 돌릴 것이다. 나는 자치체의 군대를 말하는 것이다. 그 군대는 실제로 자신들의 장교를 선출한다는 사실을 그들은 잘 알고 있다. 그들은 그들 자신의 라파예트 후작(Marquis de la Fayette)을 (그의 새 이름이 무엇인지 알기 어려운데)[49] 선출해서는 안 되는 차별 근거를 이해할 수 없을 것이다. 이와 같이 자치체의 총사령관을 선거하는 것이 인간 권리의 일부라면, 자신들의 장교를 선거하는 것은 왜 안 되는가? 그들은 선거제 치안판사, 선거제 재판관, 선거제 사제, 선거제 주교, 선거제 지방자치, 선거제 파리군 사령관을 본다. 왜 그들만 제외되어야 하는가? 용감한 프랑스 군대가, 군인의 장점과 사령관에 필요한 자질에 관하여 적합한 판정관이 못 되는 유일한 사람들이란 말인가? 국가에게서 봉급을 받으므로 인간의 권리를 상실한다는 말인가? 그들 자신이 국민의 일부이며 그 봉급에 대해 기여하는 데도 말이다. 그리고 국왕도, 국민의회도 그리고 국민의회 의원을 선거하는 모든 사람도

---

49) 미국 독립전쟁의 영웅이었고, 1789년 혁명 발생 때 자유주의적 귀족의 지도자로서 국민의회 부회장, 국민방위군 사령관으로 선출되었다. 1790년 6월 국민의회가 세습 작위를 폐지했으므로, 버크가 이 책을 저술할 때 라파예트는 더 이상 후작이 아니다. 한편 라파예트는 1792년 8월 오스트리아군에 투항했고, 1815년 왕정복고 후에는 의회의원, 1830년 혁명에서는 국민군 사령관으로 활약했다—옮긴이.

마찬가지로 국가에서 봉급을 받지 않는가? 이들이 모두 봉급을 받기 때문에 권리를 상실했다고 보는 대신에, 병사들은 이 모든 경우에서 봉급이 그러한 권리를 행사한 대가로 지급된다고 인식한다. 당신네의 모든 결의, 모든 의사록, 모든 토론, 종교와 정치학 박사들의 모든 저술이 부지런히 그들 손에 들어갔다. 그리고 당신들 교리와 실례가 당신네 욕구를 만족시키는 만큼, 군대가 그것들을 자신들의 주장에 이용하리라는 점이 당연히 예상된다.

당신네 정부와 같은 정부는 모든 것을 군대에 의존한다. 왜냐하면 당신네는 정부를 지탱하는 모든 견해, 편견 그리고 당신네에게 존재하는 모든 본능을 파괴해버렸기 때문이다. 그리하여 당신네 국민의회와 국민의 어떤 부류 사이에 무언가 이견이 발생하자마자 당신네는 무력에 호소할 수밖에 없다. 당신들에게는 그외에 아무것도 남아 있지 않다. 아니 오히려 당신네가 자신들에게 그외에 아무것도 남겨놓지 않은 것이다. 당신네 전쟁부장관의 보고에서, 군대의 배치가 대부분 국내 제압을 목표로 행해졌음을 알게 된다.[50] 당신들은 군대를 가지고 통치할 수밖에 없다. 그리고 당신들은 통치수단인 군대와 국민 전체에게, 당신네가 군대를 이용하여 수행하려고 마음먹은 용도를 곧 불가능하게 만들 원리를 주입했다. 국왕은 자신의 인민에 대항하라고 군대를 출동시켜야 한다. 한편 세상은 군대가 시민에게 발포해서는 안 된다고 들어왔고, 그 주장은 여전히 우리 귓가에 울리고 있다. 식민지들은 독립 헌법과 자유로운 무역을 주장한다. 그들을 군대로 제압하지 않으면 안 된다. 그러나 식민지인들은, 당신네 인권 법전의 어떤 조항에서, 자신들의 상업이 다른 사람들의 이익을 위해 독점되고 제한되는 것이 인

---

50) 『프랑스 정보』, 1790년 7월 30일자. 『국민회의 보고』, 제210호.

간 권리의 일부라고 읽을 수 있다는 말인가. 식민지인들이 당신들에 대항하여 궐기함에 따라 흑인들이 식민지인들에 대항하여 궐기한다. 다시 군대를 부른다.──그리고 학살, 고문, 교수형! 이것들이 당신네 인간의 권리! 이것들이 멋대로 발표되었다가는 수치스럽게도 취소된, 형이상학적 선언들의 열매다! 당신네 한 지방에서 농민들이 영주에 대항하여 몇 종류의 지대 납부를 거부했던 것이 바로 얼마 전의 일이다. 이 때문에 당신네는, 당신네가 부당하여 불평거리가 된다고 판단하고 폐지한 부과금을 제외하고는, 모든 지대와 부과금을 농촌 사람들이 납부해야 한다고 포고하기에 이르렀다. 그리고 농민들이 거부하면, 그때 당신네는 왕에게 명하여 그들을 향하여 진격하게 한다. 당신네는 보편적 결론으로 나아가는 형이상학적 전제를 정해놓고, 그다음은 전제정치를 이용해 그 논리를 제한하려고 한다. 현재 체제의 지도자들은 의회가 주권을 지닌 입법부로서 국민의 이름으로 개회 중임에도, 의회로부터 권위의 최소한의 겉모습조차 부여받지 않고도 요새를 탈취하고, 호위병을 살해하며, 왕을 습격하는 인간으로서의 권리를 사람들에게 말한다. 그러면서도 그들은 군대를 출동시킬 태세다. 자신들의 찬사에 따라서 보장된 원리를 기준으로 판단하고 그 모범을 따른 사람들을 억압하기 위해 이러한 무질서에 한몫을 한 그 군대를 말이다.

당신네 지도자들은 민중에게, 모든 봉건적 제도는 전제정치의 야만성의 발로이므로 증오하고 거부하라고 가르친다. 그런 다음 그들에게, 야만적 전제정치를 인내심을 지니고 얼마만큼 참아야 하는지 말해준다. 사람들은 당신네 지도자들이 불만에 관한 한 조명에 아낌이 없는 만큼, 그 교정책에 대해서는 극도로 인색한 것을 보게 된다. 민중은 당신들이 일시불로 해소할 수 있다고 허가한 (그러나 상환을 위한 자금은 제공하지 않았다) 몇몇 면역지대와 인신적 부과금이, 당신네가 그에 대해 아무런 조처도 마련하지 않은 부담금에 비하면 아무것도 아님을 알고 있다. 민중은 더 나아가 토지재산의 거의 전체 체제가 그 기원이 봉건제에 있음을 알게 되었다. 현재 토지재산이 원래 소유자의 재산을 야만적 정복자가 자신의 야만적 하수인들에게 분배한 것이며, 정복의 가장 고통스러운 결과가 각종 지대임――의문의 여지없이 그러하다――을 알고 있는 것이다.

농민들은 아마 십중팔구, 옛 소유자인 로마인이나 골(Gaul)인의[51] 자손일 것이다. 그러나 농민들은 만일 고고학자와 법률가의 원리에 의거한 권리 주장에서 다소 실패하게 되더라도, 인간의 권리라는 요새로 퇴각하여 버틸 수 있다. 거기서 그들은 인간은 평등하다는 점을 발견한다. 그리고 모두에게 친절하고 평등한 어머니인 대지는, 본성상 그들보다 더 우수하지 않으며, 만일 빵을 얻기 위해 노동하지 않는다면 그들보다 더 저열한 어떤 자의 자만심과 사치를 조장하기 위해 독점되어서는 안 된다는 점을 발견한다. 농민들은 자연법에 따르면 토지의 점유자와 경작자가 진정한 소유자라는 사실, 자연에 반한 시효는 존재하지 않는다는 사실, 예속시대에 그들이 영주와 맺었던 협정은 (그러한 것이 존재하는 경우) 협박과 폭력의 결과일 뿐이라는 사실 그리고 민중이 인간의 권리를 되찾은 때에 그러한 협정은 봉건적이고 귀족적인 옛 전제정치의 위세 아래서 정해진 다른 모든 것과 마찬가지로 무효가 되었다는 사실을 발견한다. 농민들은 정장 모자나 관료 표지가 달린 모자를 쓴 게으름뱅이와 수도사 옷이나 사제복을 입은 게으름뱅이 사이에 어떤 구별도 하지 않는다고 말할 것이다. 만일 당신네가 지

---

51) 현재의 북이탈리아, 프랑스, 벨기에 등지를 로마인들은 갈리아(Gallia)라고 불렀는데, 그 지역 주민이 골이다. 기원전 1세기 카이사르는 갈리아 전역을 정복해 로마 영토로 만들었다―옮긴이.

대 수취권을 계승과 시효에 근거하여 주장한다면, 그들은 국민의회가 그들을 계몽하기 위해 출판한 카뮈(Camus) 씨의 연설을 이용하여 당신네에게 다음과 같이 말할 것이다. 즉 부정하게 시작된 것들에는 시효를 원용할 수 없다고, 이 영주들은 그 기원이 사악했다고, 폭력은 적어도 사기만큼이나 나쁜 것이라고 말할 것이다. 세습에 기반한 권리 주장에 대항하여, 그들은 당신네에게 다음과 같이 말할 것이다. 토지를 경작하는 자들의 계승이야말로 소유권의 진정한 계보를 이루며 부식된 양피지와 어리석은 교환이 소유권의 근거가 아니라고, 영주들은 찬탈 결과를 너무나 오래 향유했다고 말할 것이다. 그리고 자신들이 만일 이 재속 수도자들에게 무언가 박애적인 연금을 허용한다면 재속 수도자들은 잘못되게 권리를 주장하는 자들에 대해 그처럼 관대한 진정한 소유자들이 주는 하사금에 감사해야 할 것이라고 말할 것이다.

당신들이 당신네 모습과 명문을 표면에 새겼던 궤변적 이성의 주화를 농민들이 당신들에게 되돌려줄 때, 당신들은 그 주화를 조악한 화폐라고 소리치며 거절하면서, 이후로는 프랑스 호위병과 중기병 그리고 경기병으로 갚아줄 것이라고 그들에게 말한다. 당신들은 농민을 징벌하기 위해 왕이 지닌 중고품 권위를 치켜 세운다. 그러나 왕은 파괴의 도구일 뿐이며, 인민도 왕 자신의 인신도 보호할 어떤 힘도 지니지 않는다. 당신들은 왕을 이용해 복종을 받으려는 듯하다. 그들은 대답한다. 당신네는 문벌 신분은 존재하지 않는다고 우리를 가르쳤다. 그런데 당신들 원리 중 어느 것이 우리가 선출하지 않은 왕들에게 머리를 숙이라고 우리를 가르치는가? 우리는 당신들이 가르치지 않았어도, 토지가 봉건적 고관들과 봉건적 직함들과 봉건적 관직들을 유지하기 위해 수여되었다는 것을 안다. 당신들이 그 원인을 불만 사항이라면서 제거했는데 어찌하여 더 불만스러운 결과는 유지되어야 하는가?

이제는 세습적 영예도 없으며 저명한 문벌도 존재하지 않은데, 당신들이 존재해서는 안 된다고 우리에게 말했던 것을 유지하기 위해 어찌하여 우리에게 세금을 부과하는가? 당신들은 우리의 옛 귀족 영주들을 당신들의 권위 아래, 다른 성격이나 다른 자격 아닌 징수자로서 내려보내고 있다. 당신들이 당신들의 이 지대 수취인들을 우리 눈에 존경스럽게 비치도록 노력한 적이 있던가? 없다. 당신들은 그들을 무기가 거꾸로 향해진 채, 방패가 부서진 채, 문장은 훼손된 채 우리에게 보냈다. 그처럼 깃털장식이 뽑히고 멸시당하며 모습이 바뀌어, 그러한 깃털 없이 두 다리를 지닌 것들을 우리는 이제 모른다. 그들은 우리에게 낯설다. 그들은 우리 옛 주인의 이름을 가지고도 통용되지 않는다. 신체적으로 그들은 동일한 인물일지 모른다. 비록 우리가 개인 정체성에 관한 당신들의 새 철학 교리들에 입각한다면, 그 점을 확신할 수 없게 되지만 말이다. 다른 모든 점에서 그들은 완전히 바뀌었다. 당신들이 그들의 모든 명예와 직함과 지위를 폐지하기에 타당한 권리를 가졌듯이, 우리가 그들의 지대를 거부할 타당한 권리를 왜 갖지 않는지 이해할 수 없다. 그러한 일을 하라고 우리가 당신들에게 위임한 적이 없다. 그리고 그것은 당신들이 위임받지 않은 권력을 횡령한 다른 수많은 일 가운데 하나일 뿐이다. 우리는 파리 시민들이 그들의 클럽과 폭도들과 국민 방위군을 통해 당신들에게 마음대로 지시하고, 그것을 당신들에게 법으로 부여하는 것을 보고 있다. 그리고 그것이 당신들의 권위 아래 우리에게 법으로서 전달됨을 보고 있다. 당신들을 통해 파리 시민들은 우리 모두의 생명과 재산을 처리한다. 당신들은 왜, 우리에게 매우 심각한 영향을 미치는 우리의 지대 문제에 관해서 근면한 농부들의 요구에 그만큼 많은 주의를 기울이지 않는가? 반면에 이 거만한 시민들에게도 우리에게도 전혀 영향을 주지 않는 영예와 직함과 지위에 관해서는, 그 시민들의 요구에 대해 많은 주의를 기울이면서 말이다. 그러나 우리는 당신들이 우리의 필요보다는 그들의 환상을 더 중시하는 것을 발견한다. 동등한 사람에게 공물을 바치는 것이 인간의 권리에 속한다는 것인가? 당신들이 이러한 조치를 시행하기 전에는, 우리가 완전히 평등하지는 않다고 생각했다. 우리는 우리 영주들에게 유리한 무언가 낡고 관습적이며 무의미한 편견을 지녔다고 하겠다. 그러나 우리는 당신들이 영주들에 대한 모든 존경심을 없애려는 것 외에 무슨 다른 목적을 지니고, 그들을 강등시키는 법을 만들었는지 이해할 수 없다. 당신들은 우리가 그들을 옛날식으로 존경의 형식을 갖추어 대하는 것을 금지했다. 그러고는 이제 당신들은 긴 칼과 총검을 가지고 우리를 공포와 무력에 복종하도록 만들기 위해 군대를 보낸다. 당신들은 우리가 여론이라는 온화한 권위에 굴복하는 것을 허용하지 않았다.

이성적인 모든 사람의 귀에, 위 주장들 몇몇의 근거는 조잡하고 우스꽝스럽다. 그러나 궤변 학파를 창시하고 무정부주의를 위한 제도를 설립한 형이상학적 정치가들에게는 견고하고 결정적인 것이다. 국민의회 지도자들은 권리를 그저 고려하는 것만으로도, 호칭, 가문 문장과 더불어 지대도 폐지하는 데 조금도 주저하지 않으리라는 점이 분명하다. 그런 일은 그들의 논리 원리를 따르고 그들 행동과의 유사성을 완성시키는 것에 지나지 않을 것이다. 그러나 그들 자신은 몰수에 의해 막대한 토지재산을 새로 획득했다. 그들은 이 토지를 상품으로 시장에 내놓았다. 만일 그들 자신이 흠뻑 도취되어 있는 투기에 농민들도 빠져들도록 허용했다면, 토지시장은 완전히 파괴되어버렸을 것이다. 어떤 종류든 재산이 향유할 수 있는 유일한 안전은, 다른 사람들을 겨냥한 국민의회 지도자들의 탐욕스런 이해관계에서 나온다. 그들은 어떤 재산이 보호될지 그리고 어떤 재산이 파탄날지를 결정하는 데 그들 자신의 자의적 욕구 외에 다른 것을 남겨놓지 않았다.

또 국민의회 지도자들은 지방자치체를 복종하도록 묶을 수 있는 원리를 하나도 남겨놓지 않았다. 지방자치체들이 전체에서 이탈하여 독립체가 되거나, 다른 나라와 결합하지 않도록 양심적으로나마 강제할 수 있는 원리조차 남겨놓지 않았다. 리옹 주민들이 최근 세금 납부를 거부한 듯하다. 그들이 그렇게 해서는 안 될 이유가 있는가? 그들을 강제할 어떤 합법적 권위가 남아 있는가? 몇몇 조세는 왕이 부과했다. 그보다 오래된 과세들은 신분에 기반하여 조직된 옛 신분제의회가 결정했다. 그들은 국민의회에 대고 말할 것이다. 당신들은 누구인가? 우리의 왕이 아니고, 우리가 선출한 신분제의회도 아니며, 우리가 당신들을 선출한 원리에 입각하여 회의를 진행하지도 않는 당신들은 누구인가? 그리고 당신들이 납부하라고 명령한 소금세가 철저히 거부되는 것을 확인하고, 그 불복종 행위를 후에 당신들이 재가하는 것을 확인하는 우리는 누구인가? 어떤 세금은 납부하고 어떤 세금은 납부하지 말아야 할지 결정할 수 없으며, 당신들이 다른 사람들에게는 타당하다고 승인했던 동일한 권력을 행사할 수 없는 우리는 누구인가? 이에 대해서 응답은 우리는 군대를 보내겠다는 것이다. 왕들에게는 마지막 행위인 것이 당신네 의회에서는 언제나 첫 번째가 된다. 이러한 군대 도움은, 봉급 인상의 기미가 유지되는 한, 그리고 모든 분쟁에서 심판자가 되는 것이 제공하는 허영심이 북돋아지는 한, 한동안 효력을 발휘할지 모른다. 그러나 이 무기는 휘두르는 손에 불충실하게 되고, 곧 부러지고 말 것이다. 국민의회는 학교를 하나 유지하고 있는데, 거기서는 체계적으로 그리고 부단히 끈기 있게 민간이나 군대를 막론하고 모든 복종 정신에 대해 파괴적인 원리를 가르치고 규정을 만든다. 그리고는 무정부주의적 인민을 무정부적인 군대를 이용하여 복종시킬 수 있을 것이라고 기대한다.

그들의 새 정책에 따르면 이 국가 군대에 대해 균형을 이룰 자치체의 군대는, 그 자체만을 고찰한다면, 훨씬 단순하게 구성되었으며 모든 면에서 비난의 여지가 적다. 그것은 왕이나 왕국과 연결되어 있지 않은 순전한 민주적 집단이다. 부대들이 개별적으로 속해 있는 지역이 임의로 무장시키고 훈련시키며 지휘한다. 부대를 구성하는 개인들의 직접 복무나, 직접 복무 대신의 부담금도 지역 당국이 관장한다.[52] 이보다 더 획일적인 것은 없다. 그러나 국왕, 국민의회, 국가 재판소, 다른 부대와의 관계 측면에서 고찰한다면 또는 그 내부 부분들 사이의 연계나 일관성의 견지에서 고찰한다면, 그 군대는 괴물로 보인다. 그리고 그 혼란스런 동작은 무언가 커다란 국가적 재난을 초래하고야 멈출 것임이 틀림없다. 이것은 잘못 구성된 정부체제가 빚어낸 긴박성 속에서 헌정 전체를 유지하기 위한 수단이라는 관점에서 볼 때, 크레타 도시들의 방위 연합이나 폴란드 연방[53] 또는 이제까지 시도된 잘못 구상되었던 다른 어떤 교정책들보다도 더 나쁘다.

---

52) 네케르 씨의 회계에서 내가 아는 바는, 파리의 국민 방위군이 그들 자신의 도시에 할당된 금액을 넘어, 국고에서 약 14만 5,000파운드를 더 받았다는 사실이다. 이 금액이 그 군대가 유지된 9개월 동안의 실제 지불액인지, 1년간의 비용을 산정한 것인지 확실히 알 수는 없다. 그러나 이는 그리 중요하지 않다. 그들은 원하는 대로 가질 것이 확실하기 때문이다.

53) 크레타 도시들은 외적이 침입했을 때만 임시적으로 방위 연합을 결성했다. 폴란드는 중세 이래 봉건제후의 세력이 강력해 반(半)독립적인 영주들이 느슨한 연방을 이루는 정부 형태를 유지했다—옮긴이.

## 7. 재정 조치들

최고권력부, 행정부, 사법부, 군대의 구성에 관해 그리고 이 제도들 사이의 상호 관계에 관해 내 의견 제시를 이상으로 마친다. 이제는 당신네 입법자들이 재정 수입 측면에서 보여준 능력에 관해 말하려 한다.

이 문제와 관련된 그들의 행동에서는 정치적 판단이나 재정적 자질의 흔적은 발견할 수 있다고 하더라도 더 적게 나타난다. 신분제의회가 개최되었을 때, 재정체계의 개선, 징수 범위의 확대, 강압과 고충의 제거, 가장 확고한 기반 위에서의 정립이 중요한 목표로 보였다. 유럽 전체를 통해 그러한 목표에 거는 기대가 매우 컸다. 프랑스가 유지되느냐 추락하느냐가 이 거대 장치에 달려 있었다. 그리고 내 의견으로는, 이것이 매우 타당하게 의회에서 통치하는 사람들의 역량과 애국심을 시험하는 시험대가 되었다. 국가의 재정 수입이 바로 국가 자체다. 유지든 개혁이든, 실로 모든 것이 이에 달렸다. 어떤 직업이든 그 품위는, 직업에 쏟는 미덕의 양과 종류에 전적으로 달려 있다. 공적으로 작동하는 모든 위대한 정신적 자질은 단순히 인내하거나 수동적인 것이 아니어서 그를 발휘하는 데 힘이 필요하므로, 그 자질들이 명백하게 존재하기 위해서 모든 힘의 원천인 재정 수입의 경영이 모든 활동적 미덕의 영역이 된다고 말할 수 있다. 공적 미덕은 본래 장엄하고 화려하며, 중요한 일들에 적용되고 중요한 사안들과 친숙하여 풍부한 범위와 공간을 필요로 한다. 그것은 제약받고 옥죄이며 협소하고 구차한 상황에서는 확산되고 성장할 수 없다. 국가조직은 재정 수입만을 통해 진정한 재능과 성격을 발휘할 수 있다. 그러므로 국가조직은 그것이 정당한 세입을 지니는 정도만큼 집단적 미덕을 드러낼 것이다. 그리고 그만큼 그를 운용하는 사람들, 말하자면 생명이요 지도 원리인 사람들의 성격을 드러내는 미덕의 양을 보여줄 것이다. 왜냐하면 담대함, 관대함, 선의, 의연함, 혜안 그리고 모든 훌륭한 기예에 대한 후견이 그 양식을 얻으며 그 기관의 성장을 얻는 곳은 바로 여기이기 때문이다. 그뿐 아니라 절제, 극기, 근면, 주의력, 근검 그리고 그외 정신이 욕망보다 우위에 있음을 보이는 곳에 존재하는 모든 것은, 다른 어디보다 공적 재물을 충당하고 배분하는 데에 본연의 영역이 있기 때문이다. 그러므로 많은 보조적 지식 분야의 도움을 얻어야 하는 이론적·실제적 재정학이, 일반인뿐 아니라 가장 현명하고 훌륭한 인물들에서도 높은 평가를 받는 학문이라는 것은 타당성이 없지 않다. 그리고 이 학문이 대상의 발전과 더불어 성장한 것과 같이, 국민의 번영과 개선이 재정수입의 증가와 더불어 일반적으로 증진되었다. 또 개인의 노력을 강화하기 위해 남겨놓은 것과 국가가 집행하는 공동 노력을 위해 징수된 것 사이의 균형이, 상호 적절한 비율을 유지하고 밀접하게 상응하며 상통하는 한, 재정학과 국가는 둘 다 계속 성장하고 번영할 것이다. 그리고 재정 구조에서 옛 폐단들이 발견되고 그 진정한 성격과 합리적 이론이 더욱 완벽하게 이해되는 것은, 아마도 재정수입이 방대하고 국가의 필요성이 급박한 데서 비롯될 것이다. 비록 개인의 부와 국가 세입 사이의 비율이 동일할지라도, 훨씬 더 많은 세입이 다른 시기에 고통스러운 것보다, 어느 시기에는 소규모 세입이 더 고통스러울 수 있는 것이다. 이러한 상태에서 프랑스 의회는 재정 수입 가운데 폐지하고 변경하는 것과 함께 유지하고 확보하며 현명하게 관리해야 할 것들을 발견했다. 비록 그들의 교만한 태도를 보면 가장 엄격한 심사가 적절할 듯하지만, 나는 재정적 조치들에 관한 그들의 능력을 심사하면서 일반 재무장관이 지니는 기본적이며 명백한 의무만을 고찰하고자 한다. 나는 그 기준으로 그들을 심사할 것이며, 이상적인 완벽성을 지닌 모델을 기준으로 하지 않겠다.

재무장관의 목표는 풍부한 세입을 확보하는 것이다. 또 판단력과 공평성을 지니고 부과하며, 세입을 경제적으로 사용하는 것이다. 그리고 필요에 따라 국채에 의존하게 될 때에는, 그 경우에 대해서뿐 아니라 항구적으로, 자신의 행위의 투명성과 정직성, 계산의 정확성, 기금의 견실성에 의해 그 기초를 확실하게 만드는 것을 목표로 한다. 이 힘든 일을 관장하겠다고 나선 국민의회 인사들의 장점과 능력에 대해, 이 항목들을 기준으로 하여 간단하고 명료하게 관찰할 수 있다. 내가 지난 8월 2일 재정위원회 소속 베르니에(Vernier) 씨의[54] 보고서에서 발견한 것은, 그들 손에서 재정수입은 결코 증가하지 않았다는 사실이다. 오히려 국가의 재정수입은 혁명 전과 비교하여 연간 2억 리브르, 즉 800만 파운드 감소했다. 이는 전체의 3분의 1을 훨씬 넘는 액수다!

만일 이것이 위대한 능력의 결과라고 한다면, 능력이 이처럼 두드러진 방식으로 또는 그처럼 강력한 효과를 초래하며 발휘된 적이 결단코 없었다. 어떤 일반적인 오류, 어떤 대중적 무능력, 어떤 통상적인 공무상 태만, 어떤 공적 범죄, 어떤 부패, 어떤 횡령, 현대 세계에서 우리가 목격한 바 있는 어떤 직접적 적의조차도, 그처럼 짧은 시간에 재정과 함께 대왕국의 세력을 그처럼 철저하게 파괴할 수는 없었다.——"당신들은 당신네 위대한 나라를 어떻게 하여 그렇게 빨리 멸망시키게 되었는가?"[55]

궤변가들과 항의자들은 국민의회가 개회되자마자, 조세 수입의 옛 구조에 대해 소금의 국가 전매 등 가장 본질적인 여러 부면들을 비난

---

54) 국민의회 의원으로 재정 부면에서 활약했다—옮긴이.

55) 키케로가 『노년에 관해』에서 인용한 구절인데, 질문에 대한 답은, "새로운 웅변가들이 대두함으로써 우둔한 젊은이들이 멸망시켰다"이다—옮긴이.

하는 것으로 시작했다. 그들은 세입 구조가 잘못 안출되었으며 억압적이고 불공정하다며 사실이기는 하지만 그러나 현명하지 못한 방식으로 비난했다. 이런 식의 표현을 그들은 개혁 계획의 전초가 되는 연설들에서 이용하는 데 만족하지 않았다. 그들은 그 표현을 엄숙한 결의로서, 또는 그 과세에 대해 말하자면 사법적으로 내려진 공적 판결로서 선언했다. 그리고 그것을 나라 전체에 퍼뜨렸다. 그들이 그 법령을 통과시키면서 마찬가지로 엄숙하게, 이 부당하고 억압적이며 불공정한 세금이 다른 대치할 만한 세입원이 찾아질 때까지 납부되어야 한다고 명령했다. 그 결과는 피할 수 없는 것이었다. 소금 전매에서 언제나 면제되었던 지방들은, 그중 몇몇에는 동등하다고 할 다른 분담금이 부과되었으나, 그 부담의 어떤 부분도 전혀 짊어지려고 하지 않았다. 그러한 부담은 공평하게 분배했다면, 다른 지방의 부담에 대해 벌충하는 것이었는데도 그러했다. 국민의회로 말할 것 같으면, 인권의 선언과 위반에 몰두하고, 보편적 혼란을 만들어내는 데만 열중했다. 국민의회는 세금을 대체하든가, 공평하게 하든가, 지방들에 대해 벌충을 하든가 또는 면제될 다른 지구와의 조정 기획을 지휘하든가 하는 등의 일과 관련된 어떤 계획도 안출할 능력도, 여가도 그리고 그를 시행할 권위도 지니지 않았다.

소금 생산지 주민들은, 세금 납부를 명령했던 당국이 이제는 단죄하는 세금 아래서 초조해하다가 곧 그들의 인내가 한계에 달했다고 인식했다. 그들은 자신들을 국민의회만큼이나 파괴에 능숙하다고 여겼다. 그들은 부담 전체를 벗어던짐으로써 부담에서 벗어났다. 이러한 예에 고무되어 각 지구나, 지구의 일부가 자체 감정에 의거하여 자체 불만을 판단하고, 자체 의견에 따라 교정책을 판단하면서, 다른 세금에 대해서도 하고 싶은 대로 행동했다.

다음으로 국민의회가 평등한 과세를 안출하는 데 어떻게 행동했는지 보기로 한다. 평등한 과세는 각 시민의 능력에 비례하면서 공적 재산의 연원인 사적 부를 산출하는 데 채용된 활동자본에 무겁게 편중될 가능성이 최소가 되어야 한다. 국민의회는 개별 지구와 각 지구의 개인들에게 옛 조세 중에서 어떤 부분을 납부하지 않아도 되는지 판단하도록 놓아둠으로써 공평성을 위한 더 나은 원리 대신에, 가장 억압적인 종류인 새 불평등이 도입되도록 했다. 납부는 성향에 따라 결정되게 된 것이다. 프랑스 왕국에서 가장 복종적이며 가장 질서가 잡혔으며, 공동체에 대해 애정을 가장 많이 지닌 지역이 국가 전체의 부담을 지게 되었다. 허약한 정부만큼 억압적이고 부당한 것이 없다는 사실이 드러났다. 옛 세금의 결점과 예상되는 모든 종류의 새 결함을 벌충하는 데서 권위를 상실한 국가에게 남은 것은 무엇이었는가? 국민의회는 모든 시민의 소득——납부하는 자의 명예를 걸고 평가된——에서 4분의 1을 자발적으로 헌금하도록 요청했다. 이로써 그들은 이성적 계산으로 예상할 수 있는 것보다 얼마간 더 많이 얻었지만, 실제 필요에 충당하기에는 턱없이 모자랐으며, 그들의 어리석은 예상보다 훨씬 적었다. 이성적인 사람들이라면, 자발적 헌금을 위장한 그들의 이 세금에서 거의 기대하지 않았을 것이다. 취약하고 실효성 없고 불공정한 세금이기 때문이다. 사치와 탐욕과 이기심을 덮어주는 세금이며, 그 부담이 생산적 자본과 성실성과 관대함과 공공정신에게 놓인 세금,——즉 미덕을 제한하는 세금이기 때문이다. 마침내 가면이 벗겨져서 그들은 이제 자발적 헌금을 강압적으로 징수하는 수단을 (성공을 거두지 못하면서) 시험해보고 있다.

이 헌금은 무능이 낳은 허약한 자손이어서, 다산성인 동일한 무능이 산출한 쌍둥이인 다른 재원으로 지탱될 것이었다. 애국적 기부가 애국적 헌금의 실패를 벌충할 것이었다. 존 도(John Doe)가 리처드 로 (Richard Roe)의[56] 보증을 서는 형국이었다. 이 방법을 통해 그들은 기부자에게는 값진 물건들이지만 받는 자에게는 비교적 적은 가치를 지닌 물건들을 받았다. 그들은 몇몇 직종을 파멸시켰다. 국왕에게서는 장식품들, 교회에서는 은그릇들 그리고 보통사람들에게서는 개인 장식물을 약탈했다. 이 철부지 자유 참칭자들이 발명한 것은, 실상 쇠락하는 전제정치에서 가장 빈약한 수단 가운데 하나를 맹목적으로 모방한 것에 지나지 않는다. 그들은 루이 14세의 구식 겉치레 물건들의 장롱에서, 국민의회의 조로 현상인 대머리를 덮기 위해 옛날식 거대한 가발을 꺼냈던 것이다. 그들은 이 유행 지난 어리석은 공식 행사를 연출했다. 만일 이성적인 사람들에게 그 폐해와 결함을 드러낼 논거가 부족했다고 한다면, 생 시몽 공작(Duke de St. Simon)의 『회고록』에[57] 풍부하게 드러나 있다. 똑같은 종류의 방책이 내 기억으로는 루이 15세에 의해 시도되었다. 하지만 그것은 언제고 효과가 없었다. 그러나 파멸적인 전쟁으로 인한 절박성이, 필사적인 기획들을 마련할 구실이 되었다. 재앙 속에서 궁리한 결과는 별로 현명한 성격을 지니지 못한다. 그러나 이번 경우는 배치와 배려가 가능한 시기였다. 그들이 이 절망적인 실없는 짓을 채용한 때는, 아주 평온한 시기가 5년 지속되었으며 더 오래 계속되리라고 전망되던 때였다. 그들은 재정이라는 장난감과 놀이기구를 가지고 그들 나름의 심각한 상황에서 의사록의

---

56) 양자는 부동산 소송에서 편의상 각각 원고와 피고가 사용하는 가공의 이름이다. 따라서 본문의 의미는, 가공의 인물이 가공의 인물을 보증 서는 식으로 신뢰성과 효력이 전혀 없다는 것이다—옮긴이.

57) 18세기 전반 프랑스의 정치가이며 문필가인데, 『회고록』에서 당시 인물들을 묘사했다—옮긴이.

반을 차지할 정도로 장난질을 했다. 당연히 그 결과는 그들이 거둘 수 있었던 빈약하고 일시적인 공급을 가지고 보상할 수 없을 만큼 평판이 크게 실추되었다. 그러한 기획을 채용한 자들은 자신들의 상황에 전적으로 무지했거나, 필요성에 대처할 능력을 전혀 갖추지 못했던 듯 보였다. 이 방책에 어떤 이점이 있든 간에, 애국적 기증도 애국적 헌납도 두 번 다시 채용될 수 있는 것이 아니다. 국가가 행하는 어리석은 짓을 뒷받침할 자원들은 금세 고갈되어버린다. 실상 그들의 세입 계획 전체는 어떤 궁리에 의해서든, 가득한 저수지라는 외양을 당분간 만들어내는 것이다. 동시에 그들은 영구히 공급하는 샘과 원천의 흐름을 중단시켰다. 그 후 오래지 않아 네케르 씨가 제출한 보고서는 의심할 바 없이 호의를 지닌 것이었다. 그는 그해를 넘긴 방법들에 대해 치하하는 견해를 피력했다. 그러나 당연하게도 그다음 해에 관해서는 얼마간 우려를 내비쳤다. 이 마지막 예측과 관련하여 네케르 씨는, 적절한 통찰력을 지니고 예측된 해악을 방지하기 위해 우려의 근거들을 검토하는 대신에, 국민의회 의장에게서 일종의 우호적 질책을 받았다.

과세와 관련된 국민의회의 다른 계획들에 관해서는, 그중 어떤 것도 확실하게 말할 수 없다. 왜냐하면 아직 작동되지 않았기 때문이다. 그러나 그 계획들이, 그들의 무능 때문에 세입에 초래된 넓게 벌어진 구멍을 꽤 메울 수 있다고 생각하는 정도로 낙관적인 사람은 없다. 현재 그들의 금고는 현금이 하루하루 고갈되고, 허구적 대체물로 점점 넘치고 있다. 그들은 현재 안팎에서 지폐——풍요가 아니라 결핍의 표현이며, 신용이 아니라 권력의 산물인——외에는 다른 것을 거의 발견할 수 없으므로, 영국에서 우리의 번영이 그 지폐에 기인한다고 상상한다. 우리의 지폐가 우리나라의 상업 번창과 신용의 건실성과 모든 상거래에서 권력 관념의 철저한 배제 덕분이라고는 생각하지 않는 것이다. 그들은 영국에서는 어떤 종류의 지폐 1실링도 받고 싶을 때만 받는다는 점, 모든 지폐가 실제로 예치된 정화에 그 기초를 두고 있다는 점, 그리고 원한다면 즉시 아무 손실 없이 다시 정화로 태환할 수 있다는 점을 잊었다. 우리나라 지폐는 법에서는 가치가 없기 때문에 상업에서 가치를 지닌다. 웨스트민스터 의사당에서는 무력하기 때문에 증권거래소에서는 강력하다. 20실링의 부채를 갚는 데 채권자는 영국은행 지폐를 모두 거절할 수도 있다. 또 우리나라에서는 어떤 품질이든, 어떤 성격이든 공채가 관헌에 의해 강제되는 것은 단 하나도 없다. 사실 우리나라 지폐의 풍부함은 실질적 주화를 감소시키지 않고 증가시키는 경향을 지닌다는 점, 화폐 대체물이기는커녕 유입·퇴장·유통을 작동시킨다는 점, 곤궁의 표지가 아니라 번영의 상징이라는 점을 쉽게 보여줄 수 있다. 우리나라에서는 정화 부족과 지폐 범람이 불만거리가 되었던 적은 한 번도 없다.

글쎄! 그러나 헤픈 씀씀이를 줄이고 고결하며 현명한 그 의회가 도입했던 절약으로, 세금 영수에서 발생되는 손실을 벌충할 수 있을 것이다. 이 점에서 그들은 적어도 재정가의 의무를 수행했다고 말할 수 있다. 그렇게 말하는 사람들은 국민의회의 자체 비용을 살펴보았는가? 지방자치 도시들의 비용, 파리 시의 비용, 두 군대에서의 봉급 인상 비용, 새 경찰 비용, 새 사법부 비용을 살펴보았는가? 현재의 연금 목록을 예전 목록과 주의 깊게 비교한 적이 있는가? 이 정치가들은 경제적이지 않고 무자비하다. 낭비했던 예전 정부와 그 당시 세입의 관계를 한편에 놓고, 다른 한편에 새 재정 상태와 대비해 이 새 체제의 비용을 놓아 비교하면, 나는 현재 쪽이 비교의 여지없이 더 비난받아 마땅한 것으로 판명되리라 생각한다.[58]

이제 남은 것은, 현재 프랑스 경영자들이 신용에 기반하여 경비를 조달할 때 드러날 재정 능력에 대한 증거를 검토하는 일뿐이다. 여기서 나는 약간 난처한 상황에 빠졌다. 왜냐하면 그들은 본래 의미에서의 신용을 전혀 지니지 않았기 때문이다. 이전 정부의 신용도 실상 최선은 아니었다. 그러나 그 정부는 항상 국내에서뿐 아니라 여유 자금이 축적되어 있는 유럽 나라 대부분에서도, 어떤 조건으로든지 자금을 모을 수 있었다. 그리고 정부의 신용도는 날로 개선되고 있었다. 자유제도의 채택이 신용도에 새 힘을 부여할 것이라고 물론 기대될 것이다. 그리고 만일 자유 제도가 채택되었더라면, 실제로 그렇게 되었을 것이다. 그러나 자유로 위장한 그들의 정부는, 그들의 지폐로 거래하고자 했을 때 네덜란드, 함부르크, 스위스, 제노바, 영국에서 어떤 제안을 받았던가? 이 상업과 경제 국가들이 어찌하여 사물의 성격 그 자체를 전복하려는 사람들과 어떤 것이든 금전적 거래 관계를 맺으려 하겠는가? 이들에게서 채무자가 채권자에게 총검을 겨누면서 자신이 지불할 수단을 정하거나, 하나의 채무를 다른 채무로 변제하거나, 자신의 궁핍을 자신의 자원으로 바꾸거나, 이자를 자신들의 넝마 지폐로 지불하거나 하는 자들을 그 나라 사람들이 보았는데도 그러하겠는가?

---

58) 독자들은 본인이 프랑스의 재정상태를 수요 측면에서 가볍게 다루었음을 (내 계획상 더 많을 필요는 없다) 파악할 것이다. 내 의도가 달랐더라도, 수중에 있는 자료들이 그러한 작업을 하기에 충분하지 않다. 이 주제에 관해 독자들에게 칼론 씨 저술을 참조하라고 권한다. 그는 무지와 무능에서 나온 허황된 선한 의도가 초래한, 프랑스 국가재정과 공무 전반에서의 무질서와 황폐를 매우 잘 보여준다. 그러한 원인에서는 항상 그러한 결과가 야기되기 마련이다. 그 보고서를 그의 적들은 자신의 입장을 최대한 강화하려는 욕구를 지닌 면직된 재정가의 보고서쯤으로 취급한다. 그러나 그 보고서를 매우 엄밀한 눈으로 살피고, 과도할 정도의 엄격성을 지니고 평가할 때, 프랑스를 희생시킨 혁신가들의 대담무쌍한 정신을 경계하는 이 교훈보다 더 유익한 경고는, 이제까지 인류에게 제공된 적이 없다는 점이 인식되리라 믿는다.

이 철학자들은 교회 약탈로 모든 것이 가능해졌다고 광신적으로 확신하여 국가 재산에 대하여 주의를 기울이지 않았다. 마치 철학자의 돌에 대한 꿈이 얼간이에게 연금술이라는 좀더 그럴듯한 환상 속에서, 자신의 재산을 개선할 모든 합리적 방법을 소홀히 하게 만드는 바와 같다. 이 철학적 재정가들에게는, 교회의 미라로 만든 이 만병통치약이 국가의 모든 악폐를 치유할 것이었다. 이 신사들은 아마도 신앙의 기적을 크게 믿지 않을 것이다. 그러나 그들이 교회약탈의 신비한 효험에 관해서는 흔들리지 않는 믿음을 지녔다는 점은 의심의 여지가 없다. 그들을 압박하는 빚이 있다면——아시냐를 발행하라. 그들이 관직에서 자유보유지를 강탈했거나 직업에서 추방한 사람들에 대해 보상할 필요가 있거나 부양 결정이 내려졌다면——아시냐. 함대를 갖추어야 한다면——아시냐. 만일 인민에게 강요된 이 아시냐가 1,600만 파운드에 이르러도, 국가의 궁핍이 여전하다면, ——누군가 아시냐를 3,000만 파운드 발행하라고 말하고, ——또 다른 자는 아시냐를 8,000만 파운드 발행하라고 말한다. 재정에 관한 당파들 사이의 유일한 차이점은, 민중의 고통 위에 부과될 아시냐 양이 더 많고 더 적은 것뿐이다. 그들은 모두 아시냐 신봉자들이다. 심지어 타고난 양식과 상업 지식이 철학에 의해 망각되지 않아서 이 환상에 대해 결정적인 반론을 제공하는 사람들조차도, 자신들의 논의를 아시냐 발행을 제안하는 것으로 끝맺는다. 나는 그들이 다른 말은 이해되지 않을 것이기 때문에, 아시냐에 관해 말할 수밖에 없다고 추측한다. 효과가 없다는 것을 모두 경험하고도, 그들은 조금도 단념하지 않는다. 구(舊) 아시냐가 시장에서 가치가 하락하는가? 처방은 무엇인가? 새 아시냐를 발행하라. ——"만일 병이 나을 것 같지 않다면 다음 수단은 무엇인가? 아시냐다. 또 아시냐다. 또 아시냐다."[59] 단어가 조금 변경된다. 당신네 현재 박사들의 라틴어 수준은 당신네 옛 코미디보다 나을 것이나, 지혜와 소재의 다양성에서는 같은 수준이다. 그들의 노래가 뻐꾸기보다 더 많은 음을 갖춘 것도 아니다. 오히려 그들의 음성은, 여름과 풍요의 전령인 그 새가 지니는 부드러움과는 거리가 멀어, 갈가마귀 소리처럼 날카롭고 불길할 뿐이다.

철학과 재정에서 극심한 자포자기 상태의 모험가를 제외하고는 어느 누가, 몰수한 재산을 재료로 다시 설립하려는 희망에서, 공공 신용에 대한 유일한 담보인 안정된 세입을 파괴할 생각을 할 수 있겠는가? 그러나 만일 경건하고 존경스러운 고위 성직자 (교부가 되리라고 예상되는) 한 분이[60] 국가에 대한 과도한 열정에서 자신의 교단을 약탈하고, 교회와 인민을 위해 몰수 담당 대재정관과 교회약탈의 재무감사 지위를 스스로 담임한다면, 내 생각으로는, 그와 보좌관들은 그 후의 행동에 의해 자신들이 담당한 관직에 관해 무언가 알고 있다는 점을 보였어야 했다. 그들이 정복된 그들 나라의 토지 재산 일부를 국고로 돌리기로 결의했을 때, 은행을 가능한 한 진정한 신용기관으로 만드는 일이 그들이 해야 할 사업이었다.

토지은행(Land-bank)에 기반하여 신용유통을 확립하는 일은, 어떤 상황에서도 매우 어렵다는 점이 이제까지 밝혀진 바다. 그러한 시도는 보통 파산으로 끝났다. 그러나 국민의회가 도덕을 멸시하여 경제적 원리를 거역하는 데까지 이르렀을 때, 그들이 적어도 곤란을 덜어내고 파산의 확산을 방지하기 위해서 어떤 수단도 빠뜨리지 않을 것이라고 기대되었다. 당신네 **토지은행**을 웬만한 것으로 만들기 위해서, 담보 보

---

59) 17세기 프랑스 작가 몰리에르(Molière)의 『상상으로 병든 남자』 중에서 어떤 질문에도 같은 대답을 하는 수험생을 인용했다―옮긴이.

60) 보쉬에의 라 브뤼에르(La Bruyere of Bossuet).

고서의 공개성과 솔직성을 명시하는 모든 수단과 청구에 대한 상환을 도울 모든 것이 채용되리라고 기대할 것이다. 가장 호의적인 관점에서 묘사하면 당신네 상황은, 대토지를 소유한 사람이 부채를 상환하고 특정 용역을 제공받기 위해 토지를 처분하고자 하는 상황이다. 즉시 매각이 이루어지지 않았으므로, 당신네는 저당잡히고자 했다. 그러한 상황에서, 공정한 의도와 통상적으로 명석한 이해력을 지닌 사람이라면 무엇을 할 것인가? 그는 먼저 토지의 총가치, 관리와 처분에 필요한 비용, 그 재산과 결부된 모든 종류의 영구적이거나 일시적인 부담을 확인한 다음, 순수 잉여를 확정하여 담보의 적정 가치를 계산해야 하지 않는가? 그 잉여(채권자에게는 유일한 보증이 되는)가 명확하게 확인되고 수탁자의 손에 적정하게 맡겨졌을 때, 비로소 그는 어떤 부분을 판매할지 매각의 시기와 조건을 명시할 것이다. 그다음 그가 원한다면 공적 채권자가 이 새 기금에 그의 몫을 청약하도록 허용할 것이다. 또는 이러한 종류의 담보를 구입하기 위해 대금을 선불하려는 사람에게 아시냐 지불 제안을 수락할 수도 있을 것이다.

이것이 사업가답게 규칙에 따라 합리적으로 일을 진전하는 방식일 것이며, 현재 존재하는 공적·사적 신용에 관한 유일한 원리에 입각한 것일 것이다. 이렇게 되면, 구입자는 그가 무엇을 구입했는지 정확히 알게 된다. 그의 마음에 남겨진 유일한 불확실성이라면, 죄 없는 동료 시민들을 경매하는 데서 구입자가 될 수 있었던 그 혐오스러운 철면피들이 신성모독적 불만에서 어느 날 시행할지도 모르는 약탈품의 회수(아마 처벌이 부과되면서)라고 하는 우려뿐일 것이다.

재산의 순수 가치와 매각 시기, 조건, 장소를 공개적이며 정확하게 진술하는 일이, 이제까지 모든 종류의 토지은행에 붙여진 오명을 가능한 많이 제거하는 데 모두 필요했다. 그 일은 다른 원리에서도 필요했다. 즉 장차 불확실한 사안에 대한 충실성도 최초 거래를 준수함으로써 확립될 수 있다는, 그 문제에 대해 이전부터 제시된 신의의 보증 원리에서도 필요했던 것이다. 그들이 마침내 교회 약탈물로 국가재원을 마련하기로 결정했을 때, 1790년 4월 14일 그들은 그 주제에 관해 엄숙한 결의를 발표하고 자신의 나라에 서약했다. "국가의 재량 아래 있는 부동산과 동산이 모든 부담에서 청산되어, 대표자들 또는 입법부에 의해 국가의 위대하고 가장 시급한 긴급사태에 이용되도록 하기 위해, 매년의 국가 지출 보고서에는, 로마 가톨릭 교회의 비용, 사제의 생활비, 빈민 구호, 재속 또는 수도원 소속의 남녀 성직자들의 연금 등을 지불하기 위해 필요한 금액이 계상되어야 한다." 같은 날 그들은 더 나아가, 1791년에 필요한 금액을 즉시 결정하기로 약속했다.

이 결의문에서 그들은 위의 목적 비용을 구체적으로 제시하는 것이 자신들의 의무라고 인정했다. 그 비용은 그들이 다른 결의들을 통해서도 비용 충당 순서에서 1순위여야 한다고 이전에 약속했던 바였다. 그들은 그 재산이 모든 부담이 청산된 것임을 명시해야 하며, 그를 즉시 명시해야 한다는 점을 인정했다. 그들이 이를 즉각 시행했던가? 아니면 언제라도 시행했던가? 그들이 아시냐 때문에 몰수했던 부동산에 관해 지대장부를 제공하거나, 동산 목록을 제시한 적이 있었는가? 그들이 어떤 방식으로, 재산의 가치나 부담의 크기를 확정하지 않고, "모든 부담이 청산된 재산"을 공공사업을 위해 제공하리라는 약속을 이행할 수 있을지, 그들에 대한 영국인 찬양자들에게 설명하도록 맡겨두겠다. 이 언질이 나온 즉시 그리고 그를 이행하는 어떤 조치도 취해지기 전에, 그들은 그처럼 근사한 선언을 신용으로 하여 1,600만 파운드 상당의 지폐를 발행했다. 이는 남자다운 행위였다. 이러한 거장다운 솜씨가 발휘된 후, 어느 누가 재정에서 그들의 능력을 의심할 수 있겠는가?──그러나 이런 지적도 있을 수 있다. 이러한 재정적 면죄부를 더 발행하기 전에, 그들은 적어도 최초의 약속이 이행되도록 배려는 했다!──만일 재산의 가치나 부담액에 관한 그러한 산정이 이루어졌다고 한다면, 내가 그를 지나쳐버린 듯하다. 나는 그에 관해 들은 바가 없다.

드디어 그들은 발언하여, 어떤 것이든 모든 부채와 모든 용역 대금에 대한 담보로서 교회 재산을 내놓으면서 자행한 혐오스러운 사기가 완전히 드러나도록 만들었다. 그들은 오직 자신들이 기만할 수 있도록 하기 위해 강탈한다. 그러나 금방 강탈과 사기가 둘 다 지향하는 목적이 손상된다. 이는 다른 목적을 위해 제공된 설명이, 폭력과 사기로 이루어진 그들의 장치 전체를 망쳐버리기 때문이다. 나는 칼론 씨가 이 굉장한 사실을 증명하는 문서에 언급한 덕을 보았다. 나는 어찌된 일인지 그것을 간과했던 것이다. 실상 1790년 4월 14일의 선언에 대한 신의 파기에 관해서는, 내 주장을 제기할 필요가 없었다. 그들의 위원회 보고서에 의해 이제 다음 사실이 드러났다. 즉 축소된 교회 조직들을 유지하는 경비, 그외 종교 관련 비용, 잔류하거나 연금을 받는 남녀 수도자들의 부양비 그리고 재산을 전복함으로써 그들이 떠맡게 된 동일한 성격의 다른 부대비용이, 동일한 수단으로 획득된 재산에서 얻는 수입을 연간 200만 파운드라는 엄청난 금액만큼 웃돈다는 사실이다. 게다가 700만 파운드 이상의 부채가 있다. 이것이 사기꾼의 계산능력이다! 이것이 철학에서 나온 재정이다! 이것이 가련한 민중에게 반란과 살인, 교회 약탈을 자행하도록 하고, 그들을 나라를 파괴하는 재빠르고 열성적인 도구로 만들기 위해 제공된 모든 환상의 결과다. 어떤 경우에도 국가가 시민들의 재산을 몰수하여 부유해진 적이 없다. 이 새 실험도 다른 모든 경우와 마찬가지로 진행되었다. 모든 정직한 사람들, 자유와 인류를 진정으로 사랑하는 사람들은, 부정의가 반드시 좋은 책략이 아니라는 점과 약탈이 부유함에 이르는 탄탄대로가 아니라는 점을 보고 기뻐하지 않으면 안 된다. 나는 기쁘게 이 주제에 관한 칼론 씨의 탁월하고 생생한 고찰을 각주에 첨부하는 바이다.[61]

교회 몰수가 무진장한 재원임을 세상에 납득시키기 위해, 국민의회는 직책과 결부된 재산에 대한 몰수로 나아갔다. 이 또 다른 몰수를 그 대대적 토지재산 몰수를 사용하여 보상하지 않는다면 공통된 양상을 지닐 수 없었다. 그들은 모든 부담을 청산한 후 잉여로 나타날 이 자금에 새로운 부담을 부과한 것이다. 해체된 사법부 전체와 폐지된 모든

---

61) "의회 전체를 상대로 말하는 것이 아니다. 자신들의 속셈을 숨기고 의회를 그릇된 길로 몰고 나가는 이들에게 이야기하는 것이다. 나는 그들에게 이렇게 말하고자 한다. 당신들의 목적이 성직자들에게서 모든 희망을 빼앗고 그들을 파멸로 이끄는 것임을 당신들은 부정하지 못할 것이다. 사람들은 당신들이 탐욕스러운 속셈을 지녔을 것이라고는, 공공재산에 대한 음모를 꾸밀 것이라고는 추호도 의심하지 않는다. 당신들이 제안하는 그 끔찍한 사업 일정 속에서 어떤 성과를 얻을 수 있으리라 생각한다. 그렇지만, 당신들이 참여시키려 하는 인민들, 그들은 어떤 이익을 얻을 수 있는가? 당신들은 끊임없이 그들을 이용하지만, 도대체 그들을 위해 하는 일이 무엇이 있는가? 아무것도, 아무것도 없다. 오히려 그들에게 새로운 조세부담을 가중하는 방향으로 나아가고 있을 뿐이다. 인민들의 이익을 고려하지 않고, 당신들은 4억 리브르의 헌금을 거절했다. 만일 수락했다면 그들의 고통을 완화하는 데 쓰일 수 있었음에도 그러했다. 유용하고 합법적이기도 한 이 자금 대신에, 당신들은 엄청나게 부당한 방식을 제시하고 있다. 당신들이 자인한 것처럼, 국고에 모든 부담을 돌리려 하고 있다. 그 결과 인민들은 매년 적어도 5,000만 리브르를 지출해야 하고, 다시 1억 5,000만 리브르를 상환해야 한다."
"불행한 인민들! 결국 교회 재산의 약탈과 자선단체 사제들의 봉급을 마련하기 위한 과세법의 가혹함 때문에, 모든 부담은 인민들이 짊어지게 되었다. 교회의 자선활동은 가난한 이들을 돌보기 위한 것이었다. 그러나 이제 교회를 대신해 인민들이 자신들의 세금으로 자선활동 비용을 충당해야 하는 상황이 된 것이다."『프랑스 국가』, 81쪽, 92쪽 이하를 볼 것.

직책과 영지에 대한 보상이 그것이다. 그 액수를 나는 확인할 길이 없다. 그러나 의심할 바 없이 수백만 리브르에 이른다. 또 하나 새 부담금은 제1차 아시냐의 이자로서 매일 지불될 (만일 그들이 신용을 지키기로 선택한다면) 48만 파운드에 이르는 연간 지출이다. 그들이 지방자치체 수중에 있는 교회 토지의 관리 비용을 공정하게 진술하려는 노력을 기울인 적이 있던가? 그들은 몰수 재산의 관리를 지방자치체와 그 휘하 수많은 하급관리들의 조심성과 기량과 근면에 맡기기로 선택했다. 그리고 그 결과는 당시의 주교에[62] 의해 매우 탁월하게 밝혀진 바 있다.

그러나 이 당연한 부담금 항목에 대해 길게 논의할 필요가 없다. 그들이 전체――나는 모든 종류의 전국적·지방적 기관들 전체를 의미한다――의 총부담금 상황을 명백히 제시하고, 그를 세수에서 얻는 정규 수입과 비교한 적이 있던가? 여기서 초래된 모든 부족분이, 채권자가 교회 토지 1에이커에라도 양배추를 심을 수 있기 전에, 몰수 재산에 대한 부담금이 된다. 이 몰수 외에는 국가 전체가 붕괴하는 것을 막을 버팀목이 없다. 이러한 상황에서 그들은, 원래라면 면밀하게 명시하여야 할 모든 것에 의도적으로 두터운 안개를 씌워버렸다. 그런 다음 돌진할 때 눈을 감는 황소처럼 그들 자신이 맹목이 되어서, 주인들 못지않게 맹목인 그들의 노예를 총검으로 위협하여, 그들의 허구를 통화로서 받아들이고 한 번에 3,400만 파운드에 이르는 지폐 알약을 삼키도록 몰아간다. 그리고 과거의 약속들 전부를 이행하지 않은 채, 게다가 잉여재산은 최초의 저당――나는 아시냐의 4억 리브르(1,600만

---

62) 앙리 드 라 파르(Henri de la Fare, 1752~1829)를 가리킨다. 성직자 민사 기본법에 선서를 거부하고 망명했다. 왕정복고 후 추기경의 지위에 올랐다―옮긴이.

파운드)를 말한다——에도 부족하리라는 점이 명백해진 (만일 그러한 사안에서 무언가 명백한 일이 있을 수 있다면) 시점에, 그들은 당당하게도 장래의 신용 대출에 대한 권리를 내세운다. 이 모든 절차에서 나는, 정직한 거래의 건전한 감각이나, 기발한 사기에서의 교묘한 솜씨 어느 쪽도 찾아낼 수 없다. 이 사기 홍수에 대해 홍수방지 수문을 들어올리는 것에 대한 의회 내의 반대는 응답 없이 무시되었다. 그러나 그들은 십만 명에 이르는 금융지구의 자본가들에게 철저하게 논박을 당했다. 이러한 것이 형이상학적 산술가들이 계산하는 숫자들이다. 이것들이 프랑스에서 철학적 공채가 기반하는 웅대한 계산이다. 그들은 자금 공급을 확보할 수 없다. 그러나 폭도들을 일으킬 수는 있다. 시민을 약탈하여 국가의 소용에 충당하도록 한 그들의 지혜와 애국심에 대해, 그들이 던디에 있는 클럽의[63] 갈채를 받고 기뻐하도록 두자. 나는 이 문제에 관해 잉글랜드 은행의 이사들에게서 어떤 발언이 있었다고 듣지 못했다. 비록 그들의 승인은 신용 등급에서 던디에 있는 클럽의 승인보다 조금 더 무게를 지닐 것인데도 그렇다. 그러나 그 클럽에 대해 공정하게 말한다면, 나는 클럽 신사들이 겉으로 드러난 것보다 더 현명하다고 믿는다. 그들은 연설에서보다 자신들의 돈에서 덜 화통할 것이다. 그들은 당신네의 가장 깨끗한 아시냐 20장에 대해, 자신들이 지닌 매우 구겨지고 닳아빠진 스코틀랜드 지폐의 접혀진 한 귀퉁이도 내주려고 하지 않을 것이라고 믿는다.

올해 초 국민의회는 1,600만 파운드 상당의 지폐를 발행했다. 국민의회가 당신네 일들을 대체 어떠한 지경으로까지 끌고 갔기에, 그처럼

---

63) 스코틀랜드의 항구 도시 던디에 있던 급진 단체 "던디 자유 애호자들"(the Dundee Friends of Liberty)을 가리킨다—옮긴이.

방대하게 공급하며 제공된 구제가 거의 감지되지 않는가? 이 지폐도 역시 거의 즉각적으로 5퍼센트 감가가 이루어졌고, 얼마 되지 않아 약 7퍼센트 감가되었다. 이 아시냐가 세금 수입에 미친 영향은 엄청나다. 네케르 씨는 세금 징수자들이 경화로 받아서 국고에는 아시냐로 납부하는 것을 발견했다. 징세인들은 정화를 받아 감가된 지폐로 청산하여 7퍼센트를 벌었다. 이렇게 되는 것이 필연적이라고 예견하는 일은 그리 어려운 일이 아니었다. 그렇다고 해도 덜 난처한 것은 아니었다. 네케르 씨는 조폐국의 소용에 충당하기 위해 금과 은을 구입하지 않으면 안 되었는데 (나는 상당 부분이 런던 시장에서 충당되었다고 믿는다) 그 금액은 구입된 상품의 가치보다 1만 2,000파운드 더 많았다. 그 장관은 그 비밀 영양 보충 능력이 어떠할지라도, 프랑스 국가가 아시냐에만 의존해서 살 수는 없다는 의견이었다. 그리고 무기를 손에 들고 있어 별로 출중한 인내력을 발휘할 것 같지 않은 사람들이 봉급 인상이 정화로 제시되었지만 감가된 지폐 때문에 기만적으로 다시 제자리로 돌아갈 것이라고 인식할 때, 그들을 특히 만족시키기 위해서는 약간의 진짜 은이 필요하다는 의견이었다. 이 당연한 곤경에 처하여 장관은, 의회가 징세인들에게 자신들이 경화로 받은 것을 경화로 납부하라고 명령하도록 호소했다. 통화 사용을 위해 국고에서 3퍼센트를 지불하는데, 그것이 장관이 발행한 것보다 7퍼센트 저하되어 돌아온다면, 그러한 거래가 크게 국가를 부유하게 만들 성격일 수 없다는 점을 장관은 놓치지 않았다. 국민의회는 그의 권고에 귀 기울이지 않았다. 그들은 이런 딜레마에 빠져 있었다.——만일 그들이 계속 아시냐를 받는다면, 국고는 경화와 인연 없게 될 것이 틀림없다. 반면 만일 그 지폐 부적의 납입을 거부한다든지, 조금이라도 냉대한다면, 그들은 유일한 재원의 신용을 파괴하지 않을 수 없게 된다. 그래서 그들은 선택을 한 듯하다. 자신들의 지폐를 자신들이 받음으로써 그에 약간의 신용을 부여한 듯하다. 동시에 그들은 연설에서 금속화폐와 자신들의 아시냐가 가치에서 차이가 없다는 일종의 으스대는 선언——나에게는 입법 권한을 넘어서는 것으로 생각된다——을 했다. 이는 철학적 종교회의의 존경할 교부들이, 파문을 내걸고서 발표한 간결 대담한 신앙 시험 조항이었다. 누구라도 믿고 싶은 사람은 "믿게 하라"이다.——그러나 결코 "유대인 아펠라(Apella)에게"는 아니다.[64]

재정이라는 그들의 볼거리에서 그 마술 등불이 로(Law) 씨의[65] 사기성 전시들과 비교된다는 것을 듣고, 당신네 민중 지도자들의 마음에는 고귀한 분노가 일었다. 그들의 체제가 기반하고 있는 교회의 바위가, 로의 미시시피 모래와 비교되는 것을 참을 수 없는 것이다. 그들이 세상 사람들에게, 아시냐를 받쳐줄 군건한 기반——다른 부담에 대한 몫으로 선취되지 않은——이 한 조각이라도 있는지 보여줄 때까지는, 그들이 제발 그 부푼 정신을 억제하게 하시라. 그들이 자신들의 저급한 모방과 위대하고 어머니격인 사기를 비교하는 일은, 후자를 부당하게 취급하는 것이 된다. 로가 미시시피에 관한 투기만을 기반으로 삼았다는 것은 사실이 아니다. 그는 동인도 무역도 보탰고, 아프리카 무역도 보탰다. 징세 청부로 얻은 프랑스 전체 세입 가운데 국고 납부금도 더했다. 이 모든 것을 합해도, 대중——그 자신이 아니라——의 열광이 그 위에 세우려고 했던 구조물을 지탱하는 데에는 의심할 바 없

---

64) 호라티우스의 『풍자시』에 "유대인 아펠라는 믿게 두어라. (나는 안 믿는다)"라는 구절을 응용한 것이다. 버크는 유대인을 조롱하고 비난하는데, 그들이 프랑스혁명에서도 이득을 챙기는 세력이라고 보았다—옮긴이.

65) 로(John Law, 1671~1729). 프랑스 정부로부터 지폐발행 은행 허가를 받았고, 미시시피 회사를 창설했다. 투기 열풍 후 파산하자 베니스로 도피해서 가난 속에 죽었다—옮긴이.

이 모자랐다. 그러나 이러한 것들은 비교해서 말한다면, 너그러운 환상이었다. 그들은 프랑스 상업의 증대를 예상했고, 그것을 목표로 했다. 그들은 프랑스 상업에 대해 지구 전체를 열어놓았다. 프랑스를 자체의 재산으로 먹여 살리려고 생각하지 않았다. 웅대한 상상력은 이러한 상업의 비약에서 매혹적인 것을 발견했다. 그것은 독수리의 눈도 현혹하는 것이었다. 당신네 것과 같이, 어머니 대지에 구멍을 파고 자신을 묻는 두더지의 후각을 유혹하기 위해 작성된 것이 아니었다. 그때 사람들은 저급하고 누추한 철학 때문에 자신들의 자연적 수준에서 위축되지 않았으며, 저열하고 천박한 기만에도 적응하지 않았다. 당시 그 체제를 운영한 사람들이 상상력을 이용하는 데 인간의 자유에 경의를 표했다는 점이 무엇보다 기억될 필요가 있다. 그들의 사기 행각에는 폭력이 섞이지 않았다. 폭력은, 이 계몽시대의 캄캄한 어둠을 뚫고 들어올지도 모르는 이성의 작은 불빛을 꺼버리기 위해 우리 시대에 비축해둔 것이었다.

돌이켜보니, 나는 이 신사들의 능력에 걸맞다고 주장될 수 있는 하나의 재정계획에 대해서는 말하지 않았다. 그 계획은 아직 국민의회가 최종적으로 채택한 것은 아니지만, 매우 화려하게 제안되었던 것이다. 지폐 유통의 신용을 북돋울 건실한 것을 동반한다고 하며, 그 효용과 세련미에 관해 이야기가 많았다. 나는 억압당한 교회의 종을 화폐로 주조하려는 계획에 관해 말하는 것이다. 이것이 그들의 연금술이다. 어리석은 짓 가운데는 논쟁을 차단하는 것, 조롱 대상을 넘는 것, 우리 마음에 혐오감만을 불러일으키는 것들이 있다. 그러므로 그에 관해 나는 더 말하지 않는다.

국민의회의 채권 발행과 재발행, 재난의 날을 늦추기 위한 유통방식, 재무부와 "할인은행" 사이에 벌어지는 연극 그리고 이제는 국가

정책으로 격상된 이 모든 구식의 파탄난 상업상의 사기 계략들에 관해서는 더 이상 언급할 가치가 없다. 국가 세입은 가볍게 다룰 일이 아니다. 인권에 관한 허튼소리는 비스킷 하나, 화약 1파운드를 살 때 전혀 지불수단으로서 받아주지 않을 것이다. 여기서 형이상학자들은 허공에 뜬 사색에서 내려와 충실하게 전례를 따른다. 어떤 전례를? 파산의 전례들이 그것이다. 그러나 패배하고 시달리고 모욕당하여 그들의 기력도, 힘도, 발명재간도, 환상도 모두 사라졌을 때, 그들의 자신감은 아직 버티고 있다. 그들의 능력이 명백하게 실패한 데서, 그것을 자신들의 자선의 공덕으로 삼는다. 세입이 자신들 손에서 사라졌을 때, 그들은 근래의 의사록 몇 구절에서 인민에게 자선을 베풀었다고 자신들을 자랑했다. 그들은 인민을 구제하지 않았다. 만일 그러한 의도를 지녔다면, 왜 그들은 그 가증스런 세금을 납부하라고 명령했겠는가? 인민은 국민의회와 상관없이 자신들을 구제한 것이다.

허위로 구제 공적을 내세우는 당파들에 관한 모든 논의를 끝내기로 하고, 그러면 인민에 대한 구제가 어느 형태로든 실제로 행해졌던가? 바이이 씨는 지폐 유통에서 최고 집행인 가운데 한 사람인데, 이 구제가 어떠한 성격인지 알게 해준다. 그가 국민의회에서 행한 연설에는, 파리 주민이 고난과 비참함을 불굴의 결의로 꿋꿋이 견딘 데 대해 고도로 공들인 찬사가 포함되었다. 인민의 큰 행복을 그린 탁월한 그림인 것이다! 무엇이라고! 위대한 용기와 정복되지 않는 굳건한 정신이 시혜를 견디고 구제를 참는 그림인 것이다! 이 박식한 시장의 연설을 들으면, 파리 시민이 과거 12개월 동안 어떤 무서운 봉쇄 때문에 고난을 겪었다고 생각할 것이다. 앙리 4세가 파리로 오는 보급품 길목을 끊어놓았다고, 그리고 쉴리[66]가 왕의 칙령을 지니고 파리 성문을 공격했다고 생각할 것이다. 그러나 실상은 파리 시민들이 다른 적이 아닌 바로 자신들의 광기와 우행, 그들 자신의 심술과 얼간이 기질에 포위된 것이다. 거짓되고 냉혹한 철학 때문에 파리가 "차갑고 건조하며 돌처럼 굳히는 철퇴로 맞은 상태"[67]인데도, 바이이 씨는 파리의 중심 열을 회복하는 것보다도 먼저 대서양 지역의 만년설을 녹일 것이다. 이 연설이 있은 얼마 후, 즉 지난 8월 13일에 같은 시장님은 같은 의회 연단에서 자신의 정부 상황을 보고하면서 다음과 같이 말했다. "1789년 7월에 (영원히 기념할 날짜) 파리 시의 재정은 아직 양호한 상태였다. 지출은 수입과 균형을 이루었으며, 당시 은행에 100만 리브르(4만 파운드)가 예치되어 있었다. 혁명 직후부터 시가 부담하게 된 비용은 250만 리브르에 달했다. 이 비용에 자발적 헌납액마저 크게 줄어들어서, 일시적일 뿐 아니라 전면적인 자금 부족이 발생했다." 이것이 작년 한 해 동안 프랑스 전체의 활력 부분에서 모은 그 방대한 금액으로 자양분을 얻었던 파리의 모습이다. 파리가 고대 로마의 지위를 차지하고 있는 한, 복속된 지역의 지원을 받아 계속 유지될 것이다. 이는 주권적 민주 공화국들을 지배하는 체제에 불가피하게 수반되는 폐단이다. 로마에서 그러했던 것처럼, 그 폐단은 그것을 낳은 공화정이 사라진 후에도 존속될지 모른다. 그런 경우 전제정치 자체가 민중의 인기라는 악덕에 굴복하지 않으면 안 된다. 로마는 황제 지배 아래에서 두 체제의 폐단을 결합했다. 그리고 자연에 거역하는 이 결합이 멸망의 주요 원인 가운데 하나였다.

민중에게 그들이 공공 재산을 피폐하게 하면서 구제되었다고 말하는 것은, 잔인하고 방자한 사기 행위다. 정치가는 국고 수입을 고갈시

---

66) 앙리 4세를 군사력과 재정면에서 보좌했다ー옮긴이.
67) 밀턴의 『실낙원』에서 죽음의 철퇴를 묘사한 구절이다ー옮긴이.

키면서 민중에게 제공한 구제에 대해 자만하기 전에, 먼저 이 문제 해결에 세심한 주의를 기울이지 않으면 안 된다.──인민들이 상당한 금액을 납부하고 그에 비례하여 수령하는 것이 더 이익인가, 아니면 모든 부담을 덜어주면서 그들이 수령액을 거의 못 받거나 전혀 없도록 할 것인가? 나는 첫 번째 제안에 찬동하는 쪽으로 마음을 정하고 있다. 경험이 내 편이며, 최선의 견해도 내 생각과 일치한다고 믿는다. 인민 쪽의 획득 능력과 인민이 감당해야 할 국가 쪽의 요구 사이에 균형을 잡는 것이, 진정한 정치가의 역량에서 근본 부분이다. 획득 수단들이 시간적으로도, 순서에서도 선행한다. 좋은 질서는 모든 좋은 것들의 기반이다. 획득할 수 있기 위해서는, 민중이 굴종적이지 않되 온순하고 순종적이어야 한다. 정부 고관들은 존경받아야 하며, 법률은 권위를 지녀야 한다. 민중의 마음속에서 자연적 복속 원리가 인위적으로 근절되어서는 안 된다. 민중은 자신들이 한몫 차지할 수 없는 재산에 대해 존중해야만 한다. 그들은 노동으로 얻을 수 있는 것을 얻기 위해 노동하지 않으면 안 된다. 그리고 그들이 대개 그렇듯이 성공이 노력에 비례하지 않음을 알게 되면, 위안은 영원한 정의가 행하는 최종 분배에서 얻어야 한다고 배워야 한다. 이 위안을 빼앗는 자는 그들의 근면성을 꺾으며, 모든 보존과 함께 모든 획득의 뿌리에 타격을 입힌다. 이러한 행위를 하는 인물은 가난하고 비참한 자들에 대한 잔인한 압제자이며, 무자비한 적이다. 동시에 그는 사악한 공상에 의해, 성공한 근면의 열매와 재산 축적을, 태만한 자들, 실망한 자들, 그리고 실패한 자들의 약탈에 노출시키는 것이다.

직업적 재정가들 가운데 너무 많은 이들이 국고 수입에 대해 은행, 화폐, 종신연금, 톤티 식 연금,[68] 영구지대, 그외 상점의 작은 물건들만을 보는 경향이 있다. 국가에 질서가 서 있는 상태에서는 이러한 것들이 소홀히 취급되어서는 안 되며, 그와 관련된 수완도 낮게 평가되어서는 안 된다. 이것들은 좋은 것이다. 그러나 안정된 질서의 효력을 전제로 하고, 그 위에 수립되었을 때 비로소 좋은 것이다. 이러한 소소한 고안물이, 공공질서의 기초를 파괴해버린 데서 생기는 해악과 소유권 원리의 전복을 초래하거나 겪는 데서 오는 해악에 대항하는 방책을 제공하리라고 생각하는 때가 문제인 것이다. 그러한 때에 그 재정가들은 피폐한 나라에, 터무니없는 정책들과 방자하고 근시안적이며 편협한 정신에서 비롯된 지혜의 결과로 암담하고 지울 길 없는 기념비를 남기게 될 것이다.


## 8. 국민의회의 무능과 모범적 영국 헌정

프랑스의 모든 주요 인물 중에서도 민중 지도자들이 보인 무능력의 결과는, 자유라는 "모든 것을 속죄시키는 이름"을 사용하여 덮어질 것이다. 나는 몇몇 사람들의 경우에 진정 커다란 자유를 누리고 있음을 본다. 대부분은 아닐지라도 많은 사람이 억압적이며 굴욕적인 예속을 겪고 있음을 본다. 그러나 지혜가 없고, 미덕이 없는 자유는 어떤 것인가? 그것은 있을 수 있는 모든 해악 중 최대의 것이다. 왜냐하면 그것은 감독이나 규제가 없는 채로 어리석음, 죄악, 광기이기 때문이다. 도덕적 자유가 무엇인지 아는 사람들은, 머리가 나쁜 자들이 고상하게 들리는 말을 입에 달고 다니면서 자유의 품격을 손상하는 것을 참을

---

68) 17세기 이탈리아인 톤티(L. Tonti)가 고안하여 프랑스에서 채택된 생명보험으로, 국가에 대부한 자들에게 원리금 대신 종신연금을 지불했다. 연금총액은 매년 동일한데 대부자들 중 사망자가 발생함에 따라 생존한 연금수령자의 연금액이 증가된다는 데 특이점이 있다—옮긴이.

수 없다. 자유를 향한 장엄하고 장대한 감정을 나는 결코 경멸하지 않는다. 자유의 감정은 가슴을 덥히며, 정신을 확대하고 관대하게 만든다. 전쟁 때에 용기를 북돋운다. 나는 나이가 들었어도, 루카누스(Lucanus)와 코르네유(Corneille)의[69] 고상한 환희를 즐겁게 읽는다. 나는 또 대중의 인기를 얻기 위한 사소한 기교와 고안을 전적으로 비난하지도 않는다. 그러한 것들은 많은 중요한 사안을 실행할 수 있게 한다. 민중을 결합하게 한다. 노력하는 정신에 생기를 준다. 도덕적 자유의 엄격한 얼굴에 때때로 유쾌함을 퍼뜨린다. 모든 정치가들은 매력을 지니기 위해 희생해야 하며, 이성과 유순함을 결합시키지 않으면 안 된다. 그러나 프랑스에서 행해지는 그러한 사업에서는, 이러한 모든 보조적 감정과 방책들이 별로 쓸모가 없다. 정부를 세우는 일에는 대단한 신중함이 필요치 않다. 권력의 자리를 안정시키고, 복종을 가르치면 일은 완수된 것이다. 자유를 부여하는 일은 더욱 쉽다. 지도할 필요가 없다. 고삐를 놓아버리는 일만이 필요하다. 그러나 **자유로운** 정부를 형성하는 작업은, 즉 자유와 억제라는 이 반대 요소를 조정하여 하나의 일관된 작품 속에 가두는 일은 많은 사려, 깊은 성찰, 현명하고 강력하며 결합하는 정신을 필요로 한다. 그러한 정신을 국민의회를 지도하는 사람들 속에서는 찾을 수 없다. 아마도 그들은 보기처럼 실제로도, 그렇게 가련하게 능력 부족은 아닐 것이다. 나는 그렇게 믿는 편이다. 그렇지 않다면, 그들을 보통 사람들 이해력보다 더 낮게 두게 될 것이다. 그러나 지도자들이 대중 인기의 경매장에서 스스로 응찰자로

---

69) 루카누스는 1세기 로마 시인으로 공화정 말기 상황을 그린 『파르살리아』(*Pharsalia*)를 남겼다. 코르네유는 17세기 프랑스 극작가로 풍속희극에서 큰 성공을 거두었다. 그러나 여기서 버크는 아마도 애국심, 관용, 순교 등을 주제로 한 그의 유명한 비극들을 지칭할 것이다—옮긴이.

나서기로 했을 때, 그들의 재능은 국가 건설사업에서는 쓸모가 없을 것이다. 그들은 입법자인 대신에 아첨꾼이 될 것이다. 민중의 지도자가 아니라 민중의 도구가 될 것이다. 만일 그들 중 하나가 현명하게 한정되고 적절하게 제한된 자유 계획을 제안한다면, 그는 즉시 더 화려하게 민중에 영합하는 무언가를 만드는 경쟁자에게 뒤지고 말 것이다. 대의에 대한 그의 충성심에 의혹이 제기될 것이다. 온건함은 비겁한 자의 미덕이라고 낙인찍힐 것이며, 타협은 배반자의 현명함이라는 오명을 얻을 것이다. 끝내 그 민중 지도자는 경우에 따라서는 자신을 조절하고 규제할지도 모를 명성을 유지하려는 희망에서, 그가 궁극적으로 지향했던 신중한 목표를 모두 결국 파괴시켜버릴 교리를 설파하고 권력을 수립하는 데 적극적이 되지 않을 수 없는 것이다.

그럼에도 나는 이 의회의 지칠 줄 모르는 노력 중에서, 무언가 칭찬할 만한 것을 전혀 찾아내지 못할 정도로 비이성적인가? 나는 무수하게 많은 폭력과 우둔한 행동 사이에는 무언가 좋은 것들도 있으리라는 점을 부인하지 않는다. 모든 것을 파괴하는 자들은 분명 몇몇 불만도 제거할 것이다. 모든 것을 새로 만드는 자들은 이로운 어떤 것을 만들어낼 기회를 갖게 된다. 그들이 찬탈한 권력 덕분에 행한 일에 대해 그들을 칭찬하거나, 권력을 얻을 때 저지른 범죄를 용인할 수 있는 찬사를 보내기 위해서는, 그러한 혁명 없이는 동일한 일들이 성취될 수 없다는 점이 밝혀지지 않으면 안 된다. 매우 확실히 그러한 일들은 가능했을 것이다. 왜냐하면 그들이 만든 규정 중에서 모호하지 않은 것들 거의 전부가 신분제의회에 왕이 자발적으로 행한 양보에 포함되었거나, 신분대표들에게 그와 동시에 내렸던 명령에 포함되었기 때문이다. 몇몇 관례들은 정당한 이유에 근거하여 폐지되었다. 그러나 그대로 영원히 존속되었다 하더라도, 어떤 신분의 행복과 번영도 거의 손상시키지 않을 그러한 것들이었다. 국민의회가 이룩한 개선은 피상적인 반면, 그들의 과오는 본질적이다.

나는 내 나라 사람들이 누구든 우리 이웃나라들에게 영국 헌정의 예를 추천하기 바란다. 그들로부터 우리 헌정을 개선하기 위한 모델을 구하는 대신에 그렇게 하기를 바란다. 영국 헌정에서 영국인은 매우 값진 보물을 얻었다. 생각건대 영국인이 우려하고 불평할 거리들을 지니지 않은 것이 아니다. 그러나 이러한 사항들은 그들의 헌정에 기인한 것이 아니고, 그들 자신의 행위 때문에 생긴 것이다. 나는 우리의 행복한 상태가 우리의 헌정 덕분이라고 생각한다. 어떤 한 부분이 아니라 헌정 전체 덕분인 것이다. 변경하고 첨가한 것들과 더불어 몇 번에 걸친 검토와 개혁을 거치면서도 유지시킨 것에 크게 혜택받고 있다. 우리나라 사람들은 자신들이 소유한 것이 훼손되지 않도록 지키는데 진정 애국적이고 자유로우며 독립적인 정신을 발휘할 일들을 많이 발견할 것이다. 나는 변경을 배제하지 않겠다. 그러나 변경할 때에도 그것이 보존하기 위한 것이어야 한다. 나는 심대한 불만거리가 있을 때 비로소 치료책을 강구하게 될 것이다. 행동에 옮길 때, 나는 우리 선조들의 모범을 따르지 않으면 안 된다. 나는 수선을 할 때, 가능한 그 건물과 같은 방식으로 할 것이다. 현명한 조심성, 주도면밀함, 기질적이기보다는 도덕적인 소심함이 우리 선조들이 가장 결정적인 행동을 취할 때 지녔던 지도 원리들이었다. 프랑스 신사들이 풍부하게 지녔다고 우리에게 말하는 광명에 의해 계몽되지 않았으므로, 우리 선조들은 인간이 무지하고 과오를 저지르기 쉽다는 생각을 강하게 지닌채 행동했다. 그리고 그들을 그렇게 과오를 저지르기 쉬운 존재로 만든 신은, 그들이 행동할 때 본성에 따랐다는 점에 상을 내렸다. 만일 우리가 조상들의 재산을 이어받을 자격을 갖추고자 한다면, 조상들의 유산을 간직하고자 한다면 조상들의 조심성을 본받자. 우리가 원한다면 덧붙이기로 하자. 그러나 조상들이 남긴 것을 지키자. 그리고 영국 헌정이라는 견고한 기반을 딛고 서서, 프랑스 공중 모험가들의 무모한 공중제비를 따르려고 애쓰는 대신에, 감탄하는 것으로 만족하자.

당신에게 내 감정을 솔직하게 이야기했다. 내 감정이 당신 감정을 바꿔놓을 것 같지는 않다. 당신 감정을 바꿔놓아야만 하는지 어떤지도 모르겠다. 당신은 젊어서 나라의 운명을 인도할 수는 없고, 그 운명을 따라야만 한다. 그러나 당신 나라가 선택할지 모르는 장래 형태에 관해, 내 술회가 앞으로 당신에게 약간 도움이 될 수 있을 것이다. 당신 나라는 지금 상태로 남아 있을 수 없다. 그러나 그 최종 안착이 이루어지기까지, 당신 나라는 우리 시인 중 하나가 말하듯이 "시험해보지 않은 무척 다양한 것들을 전전하며,"[70] 그리고 그 모든 변전이 불과 피로 정화되는 속에서 나아가지 않으면 안 될 것이다.

오랜 기간 관찰하고 공정성을 높였다는 점 외에는, 내 의견을 권고할 요소가 거의 없다. 이 의견들은, 이제껏 권력의 도구였던 적도, 명성에 대한 아첨꾼인 적도 없으며, 말년의 행동에서 자신의 생애 기조를 배반하고 싶지 않은 자에게서 나온 것이다. 이 의견들은 공적 활동의 거의 전부가 다른 이들의 자유를 위한 투쟁이었던 사람에게서 나왔다. 자신이 전제정치라고 생각한 것에 대해서 외에는 가슴에 영속적이거나 격렬한 어떤 분노도 품지 않았던 사람에게서 나왔다. 선량한 사람들이 번창한 압제를 실추시키려고 노력하는 데서 자신의 몫을 담당하면서, 당신네 사태에 관해 논설할 시간을 내었던 사람에게서 나온

---

70) 영국의 시인·언론인·정치가인 애디슨(J. Addison)이 1713년 발표한 비극 『카토』(*Cato*)에 나오는 구절이다—옮긴이.

것이며, 그런 활동이 자신의 통상적 업무에서 벗어나는 것이 아니라고 생각한 사람에게서 나온 것이다. 이 의견들은 영예나 지위나 이득을 바라지 않으며, 또 그러한 것을 전혀 기대하지 않는 사람에게서 나왔다. 명성을 가볍게 여기지 않으면서도 악평을 두려워하지 않는 사람, 의견 제시에 망설임이 없으나 언쟁은 회피하는 사람에게서 나왔다. 일관성을 유지하기를 원하나 자신의 목적의 통일성을 확보하기 위해 수단을 변경함으로써 일관성을 유지하고자 하는 사람, 타고 있는 배가 한쪽에 짐이 너무 많아 평형을 잃게 될 때 자신의 이성의 적은 무게나마 배의 평형을 유지하는 쪽으로 보태고자 원하는 사람, 이러한 사람에게서 나온 의견이다.

# 참고문헌

## 버크의 주요 저작(1729~97)

*A Vindication of Natural Society*(1756)

*A Philosophic Enquiry into the Origin of Our Ideas of the Sublime and Beautiful*(1757), 김혜련 옮김, 『숭고와 미의 근원을 찾아서 ─ 쾌와 고통에 대한 미학적 탐구』(한길사, 2010)

*An Essay towards an Abridgement of the English History*(1757)

*Thoughts on the Cause of the Present Discontents*(1770)

*Speech on American Taxation*(1774)

*Speech on Conciliation with Colonies*(1775)

*Speech on Oeconomical Reformation*(1780)

*Speech at the Guildhall in Bristol*(1780)

*Ninth Report from the Select Committee on India*(1783)

*Speech on Fox's East India Bill*(1784)

*Speech on the Nabob of Arcot's Debts*(1785)

*Reflections on the Revolution in France*(1790)

*A Letter to a Member of the National Assembly*(1791)

*An Appeal from the New to the Old Whigs*(1791)

*Thoughts on French Affairs*(1791)

*Letter to a Noble Lord*(1796)

*Thoughts on Scarcity*(1796)

*Letters on Peace with the Regicide Directory of France*(1797)


## 전집

*Works of the Right Honourable Edmund Burke*, 12 vols.(1887, Charleston, 2006)

*Correspondence of Edmund Burke*, Thomas Copeland et al., eds., 10 vols.(Cambridge and Chicago, 1958~78)

*The Writings and Speeches of Edmund Burke*, Paul Langford et al., eds., 12 vols.(Oxford, 1981~  )


## 특별 주제 중심의 편집

Bromwich, D. ed., *Edmund Burke on Empire, Liberty and Reform*(Yale Univ., 2000)

Fidler, David P. and Jennifer M. Welsh eds., *Empire and Community: Edmund Burke's Writings and Speeches on International Relations*(Boulder, 1999)

Hoffman, Ross J. and Paul Levack eds., *Burke's Politics: Selected Writings and Speeches of Edmund Burke on Reform, Revolution, and War*(New York, 1949)


## 2차 자료

강정인 · 김상우 편역, 『에드먼드 버크와 보수주의』(문학과지성사, 1997)

김병국 외, 『한국의 보수주의』(인간사랑, 1999)

박상익, 「버크의 보수주의의 사상적 기초」, 『역사학보』 제101집(1984)

박종훈, 「Edmund Burke에 있어서 정당과 정치: 그의 정당관, 정치활동, 그리고 정치철학 사이의 상호관련성 문제를 중심으로」, 『한국정치학보』 제24집(1990)

오인용, 「워즈워스, 아담 스미스, 에드먼드 버크: 감정성의 정치학」, 『영어영문학연구』 제47집, 2호(2005)

이태숙, 「E. 버크의 역사관과 보수주의」, 『역사학보』 제65집(1975)

──, 「W. 배저트의 영국 헌정론: 빅토리아기의 보수주의?」, 『역사학보』 제174집(2002)

* 위 두 논문은 수정을 거쳐 『근대영국헌정: 역사와 담론』(한길사, 2013)에 수록되었다.

Ahmed, Siraj, "The Theater of the Civilized Self: Edmund Burke and the East India Trials," *Representations*, 78(2002)

Armitage, David, "Edmund Burke and Reason of State," *Journal of the History of Ideas*, 61-4(2000)

Auerbach, Morton, *The Conservative Illusion*(Columbia Univ., 1959)

Ayling, Stanley, *Edmund Burke: His Life and Opinions*(John Murray, 1988)

Beales, Derek, "Edmund Burke and the Monasteries of France," *Historical Journal*, 48-2(2005)

Blakemore, Steven ed., *Burke and the French Revolution: Bicentennial Essays*(Univ. of Georgia, 1992)

Blakemore, Steven, "Edmund Burke, Marie Antoinette, and the Procedure Criminelle," *Historian*, 63-3(2001)

Boucher, David, "The Character of the History of Philosophy of International Relations and the Case of Edmund Burke," *Review of International Studies*, 17(1991)

Boulton, James T., *The Language of Politics in the Age of Wilkes and*

*Burke*(Routledge and Kegan Paul, 1963)

Bourke, Richard, "Liberty, Authority, and Trust in Burke's Idea of Empire," *Journal of the History of Ideas*, 61-3(2000)

Boyd, Richard, "The Unsteady and Precarious Contribution of Individuals: Edmund Burke's Defense," *Review of Politics*, 61-3(1999)

Bromwich, David, "Wollstonecraft as a Critic of Burke," *Political Theory*, 23-4(1995)

Bruyn, Frans, "Anti-Semitism, Millenarianism, and Radical Dissent in Edmund Burke's Reflections on France," *Eighteenth Century Studies*, 34-4(2001)

Bryant, Donald, "Edmund Burke: A Generation of Scholarship and Discovery," *Journal of British Studies*, 2-1(1962)

Butler, Marilyn ed., *Burke, Paine, Godwin, and the Revolution Controversy*(Cambridge Univ., 1984)

Canavan, Francis, "The Burke-Paine Controversy," *Political Science Reviewer*, 6(1976)

————, *The Political Reason of Edmund Burke*(London, 1960)

Chapman, Gerald Wester, *Edmund Burke: The Practical Imagination* (Harvard Univ., 1967)

Cobban, Alfred ed., *The Debate on the French Revolution*(London, 1950)

Cone, Carl B., *Burke and the Nature of Politics: the Age of the French Revolution*(1964)

————, *Burke and the Nature of Politics: the Age of the American Revolution*(1957)

Conniff, James, "Edmund Burke and His Critics: The Case of Mary Wollstonecraft," *Journal of the History of Ideas*, 60-2(1999)

————, *The Useful Cobbler: Edmund Burke and Political Economy* (New York, 1994)

Copeland, Thomas W., "The Reputation of Edmund Burke," *Journal of British Studies*, 2(1962)

Crowe, Ian, "Burke's Enduring Significance," *Modern Age*, 43-4(2001)

―――, "Edmund Burke on Manners," *Modern Age*, 39-4(1997)

Davidson, James, "Natural Law and International Law in Burke," *Review of Politics*, 21-3(1959)

Deane, Seamus F., "Burke and Tocqueville: New Worlds, New Beings," *Boundary* 2, 31-1(2004)

―――, "Lord Acton and Edmund Burke," *Journal of the History of Ideas*, 34(1973)

Dreyer, Frederick, "The Genesis of Burke's Reflections," *Journal of Modern History*, 50(1978)

Dunn, Susan, "Revolutionary Men of Letters and the Pursuit of Radical Change: The Views of Burke, Tocqueville," *William & Mary Quarterly*, 53-4(1996)

Eulau, Heinz, "The Role of the Representative: Some Empirical Observations on the Theory of Edmund Burke," *American Political Science Review*, 53-3(1959)

Fasel, Georg, *Edmund Burke*(Twayne, 1983)

Freeman, Michael, *Edmund Burke and the Critique of Political Radicalism*(Chicago, 1980)

Greeberg, Martin, "Burke and Political Liberty," *New Criterion*, 20-7 (2002)

Hampsher-Monk, Iain, "Edmund Burke's Changing Justification for Intervention," *Historical Journal*, 48-1(2005)

Hart, Jeffrey, "Edmund Burke and the English Revolution," *Modern Age*, 39-1(1997)

Hayek, Friedrich A., *The Constitution of Liberty*(1960), 김균 옮김, 『자유

헌정론』1 · 2(자유기업센터, 1996)

Herzog, Don, "Puzzling through Burke," *Political Theory*, 19-3(1991)

Hindson, Paul and Tim Grey, *Burke's Dramatic Theory of Politics* (Gower, 1988)

Huntington, Samuel P., *The Clash of Civilizations and the Remaking of World Order*(1996), 이희재 옮김,『문명의 충돌』(김영사, 1997)

―――, "Conservatism as Ideology," *American Political Science Review*, 51(1957)

Kilcup, Rodney W., "Burke's Historicism," *Journal of Modern History*, 49-3(1977)

Kirk, Russell, *Edmund Burke: A Genius Reconsidered*(Arlington House, 1967)

―――, *The Conservative Mind from Burke to Santayana*(Henry Regnery, 1953)

Klinge, Dennis Stephen, "Edmund Burke, Economical Reform, and the Board of Trade, 1777~1780," *Journal of Modern History*, 51-3 (1979)

Kontler, Laszlo, "The Ancien Regime in Memory and Theory: Edmund Burke and His German Followers," *European Review of History*, 4-1(1997)

Kramnick, Issac, "The Left and Edmund Burke," *Political Theory*, 11-2 (1983)

―――, *The Rage of Edmund Burke*(New York, 1977)

Lakoff, Sanford, "Tocqueville, Burke, and the Origins of Liberal Conservatism," *Review of Politics*, 60-3(1998)

Laprade, W. T., "Edmund Burke: An Adventure in Reputation," *Journal of Modern History*, 32-4(1960)

Lenzner, Steven J., "Strauss's Three Burkes: The Problem of Edmund

Burke in Natural Right and History," *Political Theory*, 19-3 (1991)

Lore, Walter D., "Edmund Burke's Idea of Body Corporate: A Study of Imagery," *Review of Politics*, 27(1965)

Love, Walter, "Edmund Burke and an Irish Historiographical Controversy," *History and Theory*, 2-2(1962)

Lucas, Paul, "On Edmund Burke's Doctrine of Prescription: or an Appeal from the New to Old Lawyers," *Historical Journal*, 9 (1968)

MacPherson, C. B., *Burke*(Oxford Univ., 1980)

Magnus, Philip Montefiore, *Edmund Burke: A Life*(Russell & Russell, 1973)

Mannheim, Karl, *Ideology and Utopia*(Harcourt, 1936)

Mazlish, Bruce, "The Conservative Revolution of Edmund Burke," *Review of Politics*, 20(1958)

Michaelson, Patricia Howell, "Religion and Politics in the Revolution Debate: Burke, Wollstonecraft, Paine," *Contributions to the Study of World Literature*, 87(1997)

Mosher, Michael, "The Skeptic's Burke," *Political Theory*, 19-3(1991)

Muller, Jerry Z. ed., *Conservatism*(Princeton Univ., 1997)

Nisbet, Robert, *Conservatism: Dream and Reality*(Minneapolis, 1986)

O'Brien, Conor Cruise, *Edmund Burke*(New Ireland Books, 1997)

O'Gorman, Frank, *Edmund Burke: His Political Philosophy*(Allen and Unwin, 1973)

O'Neill, Daniel, "Burke on Democracy as the Death of Western Civilization," *Polity*, 36-2(2004)

O'Sullivan, Noel, *Conservatism*(J. M. Dent and Sons, 1976)

Panichas, George A., "The Inspired Wisdom of Burke," *Modern Age*,

40-2(1998)

Parkin, C. W., "Burke and the Conservative Tradition," *Political Ideas* (1972)

Parkin, C. W., *The Moral Basis of Burke's Political Thought*(Cambridge, 1956)

Pocock, J. G. A., "Political Thought in the English Speaking Atlantic, 1760~1790, Part 2: Empire, Revolution and an End of early Modernity," *The Varieties of British Political Thought 1500~1800*(Cambridge Univ., 1993)

————, "Burke and the Ancient Constitution: A Problem in the History of Ideas," *Politics, Language and Time*(Methuen, 1972)

Presser, Stephen B., "What Would Burke Think of Law and Economics?," *Harvard Journal of Law & Public Policy*, 21-1(1997)

Radcliffe, Evan, "Revolutionary Writing, Moral Philosophy, and Universal Benevolence in the Eighteenth Century," *Journal of the History of Ideas*, 54-2(1993)

Roazen, P., "Reflections on Edmund Burke," *Virginia Quarterly Review*, 66-4(1990)

Rossiter, "Conservatism," *International Encyclopedia of the Social Sciences*(Macmillan, 1971)

Ryan, Vanessa L., "The Physiological Sublime: Burke's Critique of Reason," *Journal of the History of Ideas*, 62(2001)

Scruton, Roger ed., *Conservative Texts: An Anthology*(Macmillan, 1991)

————, *The Meaning of Conservatism*(Penguin, 1980)

Sewell, William H. Jr., "Ideologies and Social Revolutions: Reflections on the French Case," *Journal of Modern History*, 57(1985)

Spinner, Jeff, "Constructing Communities: Edmund Burke on Revolution," *Polity*, 23-3(1991)

Stanlis, Peter J., "An Imaginary Edmund Burke," *Modern Age*, 36-2 (1994)

───, *Edmund Burke and the Natural Law*(Ann Arbor, 1958)

Taylor, Quentin P., "On Edmund Burke's A Vindication of Natural Society," *Modern Age*, 43-3(2001)

Viereck, Peter, *Conservatism*(1953), 이극찬 옮김, 『보수주의론』(을유, 1959)

Vincent, R. J., "Edmund Burke and the Theory of International Relations," *Review of International Studies*, 10(1984)

Welsh, Jennifer M., *Edmund Burke and International Relations* (London, 1995)

Weston, John C., "Edmund Burke's View of History," *Review of Politics*, 23(1961)

Whale, John ed., *Edmund Burke's Reflections on the Revolution in France, New Interdisciplinary Essays*(Manchester Univ., 2000)

Whelan, Frederick G., *Edmund Burke and India: Political Morality and Empire*(Pittsburgh, 1996)

White, Stephen, "Burke on Politics, Aesthetics, and the Dangers of Modernity," *Political Theory*, 21-3(1993)

Wilkins, Burleigh Taylor, *The Problem of Burke's Political Philosophy* (Oxford, 1967)

Williamson, Arthur, "Edward Gibbon, Edmund Burke, and John Pocock: The Appeals of Whigs Old And New," *Canadian Journal of History*, 36-3(2001)

# 찾아보기

ㄱ

가톨릭 164, 243

감정 143~145, 148, 149, 253

개선행진 129~141

개신교 164

개혁 244, 270, 271, 254

경험 121

계몽 158, 302, 370

계약 171, 172

고든 경 153, 154

고등법원 89, 206, 322~325

공적 애정 144, 145, 310

관습 253, 310

관용 244, 245

광신 71, 72, 191, 248, 249

국가 169~174

국교제도 166, 175~182

국민의회

~ 교회재산 몰수 183~188, 193~195,
204~208, 246, 252, 253, 258~263,
300~307

~ 교회 정책 240~253

~ 국가통합 296, 297, 300, 301, 308~
310

~ 군대 정책 328~350

~ 사법부 계획 322~328

~ 성격 266~275, 374~377

~와 농민 344~348

~와 혁명협회 40, 42~44

~ 의원 92~105

~ 입법부 계획 276~300

~ 재정 정책 194~208, 351~373

~ 행정부 계획 312~322

권리선언(권리장전) 58~63, 72~74,
81

권리청원 67, 80

궤변가 71, 84, 105, 142, 180, 254,
353

극단파 123~129

기사도 142~148

기하학 111, 277~279, 289, 290, 309,
310

## ㄴ

남해회사 304
네케르 201, 202, 214, 216, 217, 219,
　220, 322, 350, 357, 368
노아유 자작 196
농촌 주민 305~307

## ㄷ

대권 62, 69
대표제 106, 107, 113~115
대헌장 79, 81
데귀옹 공작 196
데파르트망 277, 280~291, 300
뒤팡 329~336

## ㄹ

루소 156, 275
루이 14세 190, 315
루이 16세 130~141, 150~153, 219,
　240
리슐리외 103, 315

## ㅁ

메리 여왕 59, 60
명예혁명 40, 41, 57~82
몽테스키외 293
무신론 164, 229
문필가 190~193
미시시피 회사 304, 369, 370
미신 256~258
민주정 167, 209~211
민중 93, 167~169, 373

## ㅂ

바르톨로뮤 학살 233, 234
바이이 139, 146, 371, 372
법률가 95, 98
보수 65, 254, 271, 377, 378
보통법 64
볼링브룩 162, 211
볼테르 157, 333
봉건제 344~348
브룬스윅 가 56, 68
비국교도 42, 52, 53

## ㅅ

사변 77, 81, 84, 88, 108, 124, 125,
　158, 172, 235, 268
사회 118~122, 163, 171~173
상황 45
섭리 82, 173, 174, 148, 215, 257, 269
세습(상속) 56, 59~66, 68~72, 80~
　83, 107, 108
소유권 189, 208, 228, 246~248, 252,
　261, 262, 346, 374
소피아 왕비 68, 69
솜머스 경 61, 63
수도원 253, 255~259, 262
쉴리 103, 371
슈아죌 공작 196
스태너프 경 50, 129
시에예스 80
시효 117, 185, 246~248, 266, 269,
　345, 346
식민지 343, 344

신분제의회 85~90
신중함 123, 268, 271~273, 377, 378
신탁 59, 100, 120, 129, 153, 166~
 168, 188, 262, 299, 313, 327

**ㅇ**
아시냐 90, 91, 205~207, 359, 360,
 366~369
앙리 4세 103, 223~225
앙투아네트 136~142
엘베시우스 157, 333
역사 악용 229~235
영국
 ~교회 제도 163~182
 ~ 국민성 156, 162
 ~ 귀족원 64, 107, 108
 ~ 종교개혁 244
 ~ 왕위 55~77
 ~은행 301
 ~ 성향 153~182
 ~통화 357, 358
 ~평민원 44, 97, 98
 ~ 헌정 64, 65, 377, 378
예절 89, 134, 143~148, 182, 227, 275
오래된 제도 70, 159, 176, 253, 276,
 277
왕정복고 65
원로원 311, 312
윌리엄 왕 59, 60
유대인 102, 104, 112, 182, 369
유산 79~81, 169, 177
인간의 권리 54, 117~123, 198, 341~

 348
인간성 120, 122, 126, 144, 164, 173,
 174, 292
입법자 80, 97, 98, 157, 241, 258,
 271~273, 280, 292~294, 300, 304,
 311, 319, 351, 376

**ㅈ**
자연 82, 83, 105, 259
자연권 120~123
자유 45~47, 83, 84, 110, 111, 374~
 376
자코뱅 185, 198, 203
재산 106~108, 245~263, 281
절제 51, 86
정치가 254~256
제임스 2세 60, 68, 72
제3신분회 93~100
조상 81~84, 169, 377, 378
종교 163~166, 168, 173, 174, 178~
 180, 244
질서 373, 374
집합단체 230, 231

**ㅊ**
찰스 1세 80, 128
철학자 50, 160, 218, 258, 289, 360

**ㅋ**
칼론 219, 295, 296, 364, 365
캉통 277, 280~291
코뮌 277, 280~291, 300

쿡 79
크롬웰 102, 103

**ㅌ**

토지은행 361, 362
톨랑달 139, 140
통치계급 105~108

**ㅍ**

파리 308~310
　~ 공화국 109
팔레 루아얄 185, 234
페늘롱 238
편견 158, 159, 165, 266
편애 310
편의 120, 159
평등 88, 104, 107~109, 280~285,
　288, 292~294
프라이스 47, 49~58, 66, 67, 72, 74,
　76~78, 80, 110, 112~116, 126~
　129, 148, 150, 151, 154, 214, 219
프랑스
　~ 귀족 202~204, 222~229
　~ 성직자 202~204, 229~240

~신분제의회 85, 86, 90, 94
~ 왕정 212, 213, 215~219
~인구 214, 215, 219
피터스 50, 128, 129
피트 315

**ㅎ**

하노버 69, 70
하인 74~76
헌금 355~357
헌정협회 40, 41
헨리 8세 198~200
혁명 42, 49, 70, 78, 124~127, 148,
　208, 251, 267
혁명협회 40, 42~45, 47, 48, 66, 72,
　76, 110, 155
협약 119
형이상학 45, 65, 121, 122, 289, 336
홀랜드 백작 101
화폐 소유 계급 188, 190, 193~195,
　247, 251
후손 63, 68, 140, 169, 224, 244
흄 274, 275
휘그 63

# 지은이 에드먼드 버크

**에드먼드 버크**(Edmund Burke, 1729~97)는 아일랜드 출신으로 더블린의
트리니티 칼리지에서 수학한 뒤 영국에서 활약한 정치가이자 문필가다.
그가 영국 본토 출신이 아니라는 사실과 아버지와 자신은 영국국교도였으나
어머니와 누이는 가톨릭교도였다는 사실은, 영국제도에 관한 그의 태도에
심대한 영향을 미쳤다. 주변부 출신이면서 법률적 제재가 따랐을 뿐만 아니라
의심과 멸시의 대상이기도 했던 가톨릭과 연루되었다는 점은 버크에게
본토 영국인들보다 영국제도에 관해 더 심층적으로 탐구할 수 있었던
동인으로 작용했다. 결국 버크는 영국제도를 옹호하는 대표적인 논객이
되기에 이른다. 18세기 인물인 버크에 대하여 21세기의 연구자 D. 브롬위치는
"영국에서 가장 위대한 정치 저술가"이며 "대의정부 역사상 가장 영감에 찬
웅변가"라는 찬사를 바쳤다. 버크는 30년간 휘그파 평민원의원으로
활약하며 국왕 조지 3세의 권력, 미국독립, 인도통치 등에 관한
빛나는 연설을 남겼다. 저술가로서 버크의 명성은 1790년 11월에 발간한
『프랑스혁명에 관한 성찰』로 확고해졌다. 버크는 프랑스혁명 초기에
이미 혁명의 원리를 밝혀내어 그것의 오류와 위험성을 비판하면서 혼란 상황이
군사독재로 귀결될 것이라고 예견했다. 버크가 이 책을 저술한 일차적 목표는
프랑스혁명에 동조하는 영국개혁론자들을 논박함으로써 영국체제를 보수하는 데 있었다.
그의 주장은 "벼락출세한 아일랜드인"의 영국제도에 대한 찬양을 넘어서서
인간성과 정치와 역사에 대한 예리한 통찰을 수반함으로써
급진적인 개혁에 반대하는 보수주의에 유력한 논지를 제공한다.
이로써 『프랑스혁명에 관한 성찰』은 프랑스혁명을 비판하고
영국헌정을 옹호하는 수준을 뛰어넘어 보수주의의 경전이 되었다.

## 옮긴이 이태숙

**이태숙**(李泰淑)은 서울대학교에서 「버크의 역사관과 보수주의」로
석사학위를, 미국 캘리포니아 버클리 대학교에서 「웨이크필드와 식민체계화 운동」으로
박사학위를 받았다. 제국주의와 영국 정치사를 주제로 다수의 논문을 발표했으며,
근래 경희대학교 사학과 교수직에서 퇴임했다.
저서로 한길사에서 출간된 『근대영국헌정: 역사와 담론』(2013)을 비롯하여
『자본, 제국, 이데올로기: 19세기 영국』(공저, 혜안, 2005),
『서유럽 무슬림과 국가 그리고 급진 이슬람주의』(공저, 아모르문디, 2009)가 있다.
역서로 한길사에서 펴낸 에드먼드 버크의 『프랑스혁명에 관한 성찰』(2008)을 비롯하여
리튼 스트레이치의 『빅토리아 시대 명사들』(경희대학교출판국, 2003),
월터 배젓의 『영국 헌정』(공역, 지식을만드는지식, 2012),
사이먼 C. 스미스의 『영국 제국주의: 1750~1970』(공역, 동문선, 2001) 등이 있다.

프랑스혁명에 관한 성찰

**지은이** 에드먼드 버크
**옮긴이** 이태숙
**펴낸이** 김언호

**펴낸곳** (주)도서출판 한길사
**등록** 1976년 12월 24일 제74호
**주소** 10881 경기도 파주시 광인사길 37
**홈페이지** www.hangilsa.co.kr
**전자우편** hangilsa@hangilsa.co.kr
**전화** 031-955-2000~3 **팩스** 031-955-2005

**부사장** 박관순 **총괄이사** 김서영 **관리이사** 곽명호
**영업이사** 이경호 **경영이사** 김관영 **편집주간** 백은숙
**편집** 노유연 박홍민 배소현 임진영
**마케팅** 정아린 이영은 **관리** 이주환 문주상 이희문 원선아 이진아
**디자인** 창포 031-955-9933 **CTP출력·인쇄** 예림 **제본** 경일제책사

제1판 제1쇄 2008년 12월 30일
개정판 제4쇄 2024년 10월 18일

값 33,000원
ISBN 978-89-356-6454-2 94080
ISBN 978-89-356-6427-6 (세트)

● 잘못 만들어진 책은 구입하신 서점에서 바꿔드립니다.

● 이 도서의 국립중앙도서관 출판시도서목록(CIP)은 서지정보유통지원시스템 홈페이지(seoji.nl.go.kr)와
국가자료공동목록시스템(www.nl.go.kr/kolisnet)에서 이용하실 수 있습니다.
(CIP제어번호: CIP2016031697)

# 한길그레이트북스 인류의 위대한 지적 유산을 집대성한다

**1 관념의 모험**
앨프레드 노스 화이트헤드 | 오영환

**2 종교형태론**
미르치아 엘리아데 | 이은봉

**3·4·5·6 인도철학사**
라다크리슈난 | 이거룡
2005 『타임스』 선정 세상을 움직인 100권의 책
『출판저널』 선정 21세기에도 남을 20세기의 빛나는 책들

**7 야생의 사고**
클로드 레비-스트로스 | 안정남
2005 『타임스』 선정 세상을 움직인 100권의 책
2008 『중앙일보』 선정 신고전 50선

**8 성서의 구조인류학**
에드먼드 리치 | 신인철

**9 문명화과정 1**
노르베르트 엘리아스 | 박미애
2005 연세대학교 권장도서 200선
2012 인터넷 교보문고 명사 추천도서
2012 알라딘 명사 추천도서

**10 역사를 위한 변명**
마르크 블로크 | 고봉만
2008 『한국일보』 오늘의 책
2009 『동아일보』 대학신입생 추천도서
2013 yes24 역사서 고전

**11 인간의 조건**
한나 아렌트 | 이진우
2012 인터넷 교보문고 MD의 선택
2012 네이버 지식인의 서재

**12 혁명의 시대**
에릭 홉스봄 | 정도영·차명수
2005 서울대학교 권장도서 100선
2005 『타임스』 선정 세상을 움직인 100권의 책
2005 연세대학교 권장도서 200선
1999 『출판저널』 선정 21세기에도 남을 20세기의 빛나는 책들
2012 알라딘 블로거 베스트셀러
2013 『조선일보』 불멸의 저자들

**13 자본의 시대**
에릭 홉스봄 | 정도영
2005 서울대학교 권장도서 100선
1999 『출판저널』 선정 21세기에도 남을 20세기의 빛나는 책들
2012 알라딘 블로거 베스트셀러
2013 『조선일보』 불멸의 저자들

**14 제국의 시대**
에릭 홉스봄 | 김동택
2005 서울대학교 권장도서 100선
1999 『출판저널』 선정 21세기에도 남을 20세기의 빛나는 책들
2012 알라딘 블로거 베스트셀러
2013 『조선일보』 불멸의 저자들

**15·16·17 경세유표**
정약용 | 이익성
2012 인터넷 교보문고 필독고전 100선

**18 바가바드 기타**
함석헌 주석 | 이거룡 해제
2007 서울대학교 추천도서

**19 시간의식**
에드문트 후설 | 이종훈

**20·21 우파니샤드**
이재숙
2005 서울대학교 권장도서 100선

**22 현대정치의 사상과 행동**
마루야마 마사오 | 김석근
2005 『타임스』 선정 세상을 움직인 100권의 책
2007 도쿄대학교 권장도서

**23 인간현상**
테야르 드 샤르댕 | 양명수
2007 서울대학교 추천도서

**24·25 미국의 민주주의**
알렉시스 드 토크빌 | 임효선·박지동
2005 서울대학교 권장도서 100선
2012 인터넷 교보문고 MD의 선택
2012 인터넷 교보문고 MD의 선택
2013 문명비평가 기 소르망 추천도서

**26 유럽학문의 위기와 선험적 현상학**
에드문트 후설 | 이종훈
2005 서울대학교 논술출제

**27·28 삼국사기**
김부식 | 이강래
2005 연세대학교 권장도서 200선
2012 인터넷 교보문고 필독고전 100선
2013 yes24 다시 읽는 고전

**29 원본 삼국사기**
김부식 | 이강래 교감

**30 성과 속**
미르치아 엘리아데 | 이은봉
2005 『타임스』 선정 세상을 움직인 100권의 책
2012 인터넷 교보문고 명사 추천도서
『출판저널』 선정 21세기에도 남을 20세기의 빛나는 책들

**31 슬픈 열대**
클로드 레비-스트로스 | 박옥줄
2005 서울대학교 권장도서 100선
2005 연세대학교 권장도서 200선
2008 홍익대학교 논술출제
2012 인터넷 교보문고 명사 추천도서
2013 yes24 역사서 고전
『출판저널』 선정 21세기에도 남을 20세기의 빛나는 책들

**32 증여론**
마르셀 모스 | 이상률
2003 문화관광부 우수학술도서
2012 네이버 지식인의 서재

**33 부정변증법**
테오도르 아도르노 | 홍승용

**34 문명화과정 2**
노르베르트 엘리아스 | 박미애
2005 연세대학교 권장도서 200선
2012 인터넷 교보문고 명사 추천도서
2012 알라딘 명사 추천도서

**35 불안의 개념**
쇠렌 키르케고르 | 임규정
2012 인터넷 교보문고 필독고전 100선

**36 마누법전**
이재숙·이광수

**37 사회주의의 전제와 사민당의 과제**
에두아르트 베른슈타인 | 강신준

**38 의미의 논리**
질 들뢰즈 | 이정우
2000 교보문고 선정 대학생 권장도서

**39 성호사설**
이익 | 최석기
2005 연세대학교 권장도서 200선
2008 서울대학교 논술출제
2012 인터넷 교보문고 필독고전 100선

**40 종교적 경험의 다양성**
윌리엄 제임스 | 김재영
2000 대한민국학술원 우수학술도서

**41 명이대방록**
황종희 | 김덕균
2000 한국출판문화상

**42 소피스테스**
플라톤 | 김태경

**43 정치가**
플라톤 | 김태경

**44 지식과 사회의 상**
데이비드 블루어 | 김경만
2002 대한민국학술원 우수학술도서

**45 비평의 해부**
노스럽 프라이 | 임철규
2001 『교수신문』 우리 시대의 고전

**46 인간적 자유의 본질·철학과 종교**
프리드리히 W.J. 셸링 | 최신한

**47 무한자와 우주와 세계·원인과 원리와 일자**
조르다노 브루노 | 강영계
2001 한국출판인회의 이달의 책

**48 후기 마르크스주의**
프레드릭 제임슨 | 김유동
2001 한국출판인회의 이달의 책

**49·50 봉건사회**
마르크 블로크 | 한정숙
2002 대한민국학술원 우수학술도서
2012 『한국일보』 다시 읽고 싶은 책

**51 칸트와 형이상학의 문제**
마르틴 하이데거 | 이선일
2003 대한민국학술원 우수학술도서

**52 남명집**
조식 | 경상대 남명학연구소
2012 인터넷 교보문고 필독고전 100선

**53 낭만적 거짓과 소설적 진실**
르네 지라르 | 김치수·송의경
2002 대한민국학술원 우수학술도서
2013 『한국경제』 한 문장의 교양

**54·55 한비자**
한비 | 이운구
한국간행물윤리위원회 추천도서
2007 서울대학교 추천도서
2012 인터넷 교보문고 필독고전 100선

**56 궁정사회**
노르베르트 엘리아스 | 박여성

**57 에밀**
장 자크 루소 | 김중현
2005 서울대학교 권장도서 100선
2000·2006 서울대학교 논술출제

**58 이탈리아 르네상스의 문화**
야코프 부르크하르트 | 이기숙
2004 한국간행물윤리위원회 추천도서
2005 연세대학교 권장도서 200선
2009 『동아일보』 대학신입생 추천도서

**59·60 분서**
이지 | 김혜경
2004 문화관광부 우수학술도서
2012 인터넷 교보문고 필독고전 100선

**61 혁명론**
한나 아렌트 | 홍원표
2005 대한민국학술원 우수학술도서

**62 표해록**
최부 | 서인범·주성지
2005 대한민국학술원 우수학술도서

**63·64 정신현상학**
G.W.F. 헤겔 | 임석진
2006 대한민국학술원 우수학술도서
2005 연세대학교 권장도서 200선
2005 프랑크푸르트도서전 한국의 아름다운 책100
2008 서우철학상
2012 인터넷 교보문고 필독고전 100선

**65·66 이정표**
마르틴 하이데거 | 신상희·이선일

**67 왕필의 노자주**
왕필 | 임채우
2006 문화관광부 우수학술도서

**68 신화학 1**
클로드 레비-스트로스 | 임봉길
2007 대한민국학술원 우수학술도서
2008 『동아일보』 인문과 자연의 경계를 넘어 30선

**69 유랑시인**
타라스 셰브첸코 | 한정숙

**70 중국고대사상사론**
리쩌허우 | 정병석
2005 『한겨레』 올해의 책
2006 문화관광부 우수학술도서

**71 중국근대사상사론**
리쩌허우 | 임춘성
2005 『한겨레』 올해의 책
2006 문화관광부 우수학술도서

**72 중국현대사상사론**
리쩌허우 | 김형종
2005 『한겨레』 올해의 책
2006 문화관광부 우수학술도서

**73 자유주의적 평등**
로널드 드워킨 | 염수균
2006 문화관광부 우수학술도서
2010 동아일보 '정의에 관하여' 20선

**74·75·76 춘추좌전**
좌구명 | 신동준

**77 종교의 본질에 대하여**
루트비히 포이어바흐 | 강대석

**78 삼국유사**
일연 | 이가원·허경진
2007 서울대학교 추천도서

**79·80 순자**
순자 | 이운구
2007 서울대학교 추천도서

**81 예루살렘의 아이히만**
한나 아렌트 | 김선욱
2006 『한겨레』 올해의 책
2006 한국간행물윤리위원회 추천도서
2007 『한국일보』 오늘의 책
2007 대한민국학술원 우수학술도서
2012 yes24 리뷰 영웅대전

**82 기독교 신앙**
프리드리히 슐라이어마허 | 최신한
2008 대한민국학술원 우수학술도서

**83·84 전체주의의 기원**
한나 아렌트 | 이진우·박미애
2005 『타임스』 선정 세상을 움직인 책
『출판저널』 선정 21세기에도 남을 20세기의 빛나는 책들

**85 소피스트적 논박**
아리스토텔레스 | 김재홍

**86·87 사회체계이론**
니클라스 루만 | 박여성
2008 문화체육관광부 우수학술도서

**88 헤겔의 체계 1**
비토리오 회슬레 | 권대중

**89 속분서**
이지 | 김혜경
2008 대한민국학술원 우수학술도서

**90 죽음에 이르는 병**
쇠렌 키르케고르 | 임규정
『한겨레』 고전 다시 읽기 선정
2006 서강대학교 논술출제

**91 고독한 산책자의 몽상**
장 자크 루소 | 김중현

**92 학문과 예술에 대하여·산에서 쓴 편지**
장 자크 루소 | 김중현

**93 사모아의 청소년**
마거릿 미드 | 박자영
20세기 미국대학생 필독 교양도서

**94 자본주의와 현대사회이론**
앤서니 기든스 | 박노영·임영일
1999 서울대학교 논술출제
2009 대한민국학술원 우수학술도서

**95 인간과 자연**
조지 마시 | 홍금수

**96 법철학**
G.W.F. 헤겔 | 임석진

**97 문명과 질병**
헨리 지거리스트 | 황상익
2009 대한민국학술원 우수학술도서

**98 기독교의 본질**
루트비히 포이어바흐 | 강대석

**99 신화학 2**
클로드 레비-스트로스 | 임봉길
2008 『동아일보』, 인문과 자연의 경계를 넘어 30선
2009 대한민국학술원 우수학술도서

**100 일상적인 것의 변용**
아서 단토 | 김혜련
2009 대한민국학술원 우수학술도서

**101 독일 비애극의 원천**
발터 벤야민 | 최성만·김유동

**102·103·104 순수현상학과
현상학적 철학의 이념들**
에드문트 후설 | 이종훈
2010 대한민국학술원 우수학술도서

**105 수사고신록**
최술 | 이재하 외
2010 대한민국학술원 우수학술도서

**106 수사고신여록**
최술 | 이재하
2010 대한민국학술원 우수학술도서

**107 국가권력의 이념사**
프리드리히 마이네케 | 이광주

**108 법과 권리**
로널드 드워킨 | 염수균

**109·110·111·112 고야**
홋타 요시에 | 김석희
2010 12월 한국간행물윤리위원회 추천도서

**113 왕양명실기**
박은식 | 이종란

**114 신화와 현실**
미르치아 엘리아데 | 이은봉

**115 사회변동과 사회학**
레이몽 부동 | 민문홍

**116 자본주의·사회주의·민주주의**
조지프 슘페터 | 변상진
2012 대한민국학술원 우수학술도서
2012 인터파크 이 시대 교양 명저

**117 공화국의 위기**
한나 아렌트 | 김선욱

**118 차라투스트라는 이렇게 말했다**
프리드리히 니체 | 강대석

**119 지중해의 기억**
페르낭 브로델 | 강주헌

**120 해석의 갈등**
폴 리쾨르 | 양명수

**121 로마제국의 위기**
램지 맥멀렌 | 김창성
2012 인터파크 추천도서

**122·123 윌리엄 모리스**
에드워드 파머 톰슨 | 윤효녕 외
2012 인터파크 추천도서

**124 공제격치**
알폰소 바뇨니 | 이종란

**125 현상학적 심리학**
에드문트 후설 | 이종훈
2013 인터넷 교보문고 눈에 띄는 새 책
2014 대한민국학술원 우수학술도서

**126 시각예술의 의미**
에르빈 파노프스키 | 임산

**127·128 시민사회와 정치이론**
진 L. 코헨·앤드루 아라토 | 박형신·이혜경

**129 운화측험**
최한기 | 이종란
2015 대한민국학술원 우수학술도서

**130 예술체계이론**
니클라스 루만 | 박여성·이철

**131 대학**
주희 | 최석기

**132 중용**
주희 | 최석기

**133 종의 기원**
찰스 다윈 | 김관선

**134 기적을 행하는 왕**
마르크 블로크 | 박용진

**135 키루스의 교육**
크세노폰 | 이동수

**136 정당론**
로베르트 미헬스 | 김학이
2003 기담학술상 번역상
2004 대한민국학술원 우수학술도서

**137 법사회학**
니클라스 루만 | 강희원
2016 세종도서 우수학술도서

**138 중국사유**
마르셀 그라네 | 유병태
2011 대한민국학술원 우수학술도서

**139 자연법**
G.W.F 헤겔 | 김준수
2004 기담학술상 번역상

**140 기독교와 자본주의의 발흥**
R.H. 토니 | 고세훈

**141 고딕건축과 스콜라철학**
에르빈 파노프스키 | 김율
2016 세종도서 우수학술도서

**142 도덕감정론**
애덤스미스 | 김광수

**143 신기관**
프랜시스 베이컨 | 진석용
2001 9월 한국출판인회의 이달의 책
2005 서울대학교 권장도서 100선

**144 관용론**
볼테르 | 송기형·임미경

**145 교양과 무질서**
매슈 아널드 | 윤지관

**146 명등도고록**
이지 | 김혜경

**147 데카르트적 성찰**
에드문트 후설·오이겐 핑크 | 이종훈
2003 대한민국학술원 우수학술도서

**148·149·150 함석헌선집 1·2·3**
함석헌 | 함석헌편집위원회
2017 대한민국학술원 우수학술도서

**151 프랑스혁명에 관한 성찰**
에드먼드 버크 | 이태숙

**152 사회사상사**
루이스 코저 | 신용하·박명규

**153 수동적 종합**
에드문트 후설 | 이종훈
2019 대한민국학술원 우수학술도서

**154 로마사 논고**
니콜로 마키아벨리 | 강정인·김경희
2005 대한민국학술원 우수학술도서

**155 르네상스 미술가평전 1**
조르조 바사리 | 이근배

**156 르네상스 미술가평전 2**
조르조 바사리 | 이근배

**157 르네상스 미술가평전 3**
조르조 바사리 | 이근배

**158 르네상스 미술가평전 4**
조르조 바사리 | 이근배

**159 르네상스 미술가평전 5**
조르조 바사리 | 이근배

**160 르네상스 미술가평전 6**
조르조 바사리 | 이근배

**161 어두운 시대의 사람들**
한나 아렌트 | 홍원표

**162 형식논리학과 선험논리학**
에드문트 후설 | 이종훈
2011 대한민국학술원 우수학술도서

**163 러일전쟁 1**
와다 하루키 | 이웅현

**164 러일전쟁 2**
와다 하루키 | 이웅현

**165 종교생활의 원초적 형태**
에밀 뒤르켐 | 민혜숙 · 노치준

**166 서양의 장원제**
마르크 블로크 | 이기영

**167 제일철학 1**
에드문트 후설 | 이종훈
2021 대한민국학술원 우수학술도서

**168 제일철학 2**
에드문트 후설 | 이종훈
2021 대한민국학술원 우수학술도서

**169 사회적 체계들**
니클라스 루만 | 이철 · 박여성 | 노진철 감수

**170 모랄리아**
플루타르코스 | 윤진

**171 국가론**
마르쿠스 툴리우스 키케로 | 김창성

**172 법률론**
마르쿠스 툴리우스 키케로 | 성염

**173 자본주의의 문화적 모순**
다니엘 벨 | 박형신
2022 대한민국학술원 우수학술도서

**174 신화학 3**
클로드 레비스트로스 | 임봉길
2022 대한민국학술원 우수학술도서

**175 상호주관성**
에드문트 후설 | 이종훈

**176 대변혁 1**
위르겐 오스터함멜 | 박종일

**177 대변혁 2**
위르겐 오스터함멜 | 박종일

**178 대변혁 3**
위르겐 오스터함멜 | 박종일

**179 유대인 문제와 정치적 사유**
한나 아렌트 | 홍원표

**180 장담의 열자주**
장담 | 임채우

**181 질문의 책**
에드몽 자베스 | 이주환

**182 과거와 미래 사이**
한나 아렌트 | 서유경

**183 영웅숭배론**
토마스 칼라일 | 박상익

**184 역사를 바꾼 권력자들**
이언 커쇼 | 박종일

**185 칸트의 정치철학**
한나 아렌트 | 김선욱

**186 클라우제비츠 전쟁론 완성하기**
르네 지라르·브누아 샹트르 지음 | 김진식

●한길그레이트북스는 계속 간행됩니다.